PATOLOGIAS DO SOCIAL
ARQUEOLOGIAS DO SOFRIMENTO PSÍQUICO

*A reconstrução configura-se no Registro de Minha Passagem
sobre a Terra como ato e produto das inscrições que o perfazem.*

José Roberto Olmos, querido amigo e aluno
a quem dedicamos este livro, *in memoriam*.

PATOLOGIAS DO SOCIAL

ARQUEOLOGIAS DO SOFRIMENTO PSÍQUICO

Vladimir Safatle
Nelson da Silva Junior
Christian Dunker
(Orgs.)

1ª edição
6ª reimpressão

autêntica

Copyright © 2018 Os organizadores
Copyright © 2018 Autêntica Editora

Todos os direitos reservados pela Autêntica Editora Ltda. Nenhuma parte desta publicação poderá ser reproduzida, seja por meios mecânicos, eletrônicos, seja via cópia xerográfica, sem a autorização prévia da Editora.

EDITORAS RESPONSÁVEIS
Rejane Dias
Cecília Martins

CAPA
Alberto Bittencourt
(sobre imagem de Efetova Anna/Shutterstock)

REVISÃO
Aline Sobreira

DIAGRAMAÇÃO
Guilherme Fagundes

**Dados Internacionais de Catalogação na Publicação (CIP)
(Câmara Brasileira do Livro, SP, Brasil)**

Patologias do social: Arqueologias do sofrimento psíquico / Vladimir Safatle, Nelson da Silva Junior, Christian Dunker, organizadores. -- 1. ed.; 6. reimp. -- Belo Horizonte : Autêntica, 2024.

ISBN 978-85-513-0319-1
Bibliografia.

1. Psicanálise 2. Psicologia social 3. Sociologia 4. Sofrimento 5. Teoria crítica I. Safatle, Vladimir. II. Silva Junior, Nelson da. III. Dunker, Christian.

18-12784   CDD-302

Índice para catálogo sistemático:
1. Psicologia social : Sociologia 302

Belo Horizonte
Rua Carlos Turner, 420
Silveira . 31140-520
Belo Horizonte . MG
Tel.: (55 31) 3465 4500

São Paulo
Av. Paulista, 2.073 . Conjunto Nacional
Horsa I . Salas 404-406 . Bela Vista
01311-940 . São Paulo . SP
Tel.: (55 11) 3034 4468

www.grupoautentica.com.br
SAC: atendimentoleitor@grupoautentica.com.br

Sumário

7 Introdução – Em direção a um novo modelo de crítica: as possibilidades de recuperação contemporânea do conceito de patologia social
Vladimir Safatle

Problemas gerais para uma análise de patologias sociais

35 O mal-estar no sofrimento e a necessidade de sua revisão pela psicanálise
Nelson da Silva Junior

59 O caso clínico como caso social
Anna Turriani, Christian Dunker, Fuad Kyrillos Neto, Hugo Lana, Maria Letícia Reis, Paulo Beer, Rafael Alves Lima, Valesca Bertanha

81 O corpo como lugar de sofrimento social
Aline Carrenho, Carlos Eduardo Ribeiro, Daniela Smid Rodrigues, Dulce Coppedê, Luiz Eduardo de Vasconcelos Moreira, Mirmila Musse, Nelson da Silva Junior, Pedro Eduardo Silva Ambra, Rafael Alves Lima, Rafael Kalaf Cossi, Stelio de Carvalho Neto, Bruna Martins Coelho, Mariana Pimentel Fischer Pacheco

Categorias clínicas, diagnósticos sociais

111 Anomia e declínio da autoridade paterna
Karen Alves, Daniele Sanches, Danna De Luccia

141 Narcisismo: identidade e diferença – uma unidade em tensão?
Helgis Cristófaro, João Felipe Domiciano, Maria Nakasu, Rafael Gargano, Roberto Propheta Marques, Ronaldo Manzi Filho, Silvio Carneiro

185 O fetichismo: "O mundo é mágico!"
Caio Mendonça Ribeiro Favaretto, Leonardo Paes Muller, Marilia Mello Pisani, Maria de Fátima Galindo, Márcia Ferreira, Ronaldo Manzi Filho

235 A invenção da esquizofrenia ou o naufrágio da razão
Rodrigo Camargo, Luiz F. B. Gonzáles, Ivan do Nascimento Cruz,
José Roberto Olmos (in memoriam), Felipe Scatambulo

257 Paranoia: clínica e crítica
Fabio Franco, Virgínia Helena Ferreira da Costa, Catarina Pedroso,
Raquel Simões, Mariana Sica, Yasmin Afshar, Dario de Negreiros, David Romão

291 A histeria como questão de gênero
Pedro Eduardo Silva Ambra, Julio Cesar Lemes de Castro, Júlia Catani,
Luiz Henrique de Paula Conceição, Luiz Eduardo de Vasconcelos Moreira,
Patricia Porchat, Tiago Humberto Rodrigues Rocha, Nelson da Silva Junior

317 Epílogo – Crítica da razão diagnóstica:
por uma psicopatologia não-toda
Christian Dunker

Introdução

Em direção a um novo modelo de crítica: as possibilidades de recuperação contemporânea do conceito de patologia social

Vladimir Safatle

> *O poder dos reis funda-se na razão e na loucura do povo;*
> *muito mais, porém, na loucura.*
> Blaise Pascal

> *A saúde como literatura, como escrita,*
> *consiste em inventar um povo que falta.*
> Gilles Deleuze

Uma sociedade pode ser analisada como um sistema de normas, valores e regras que estruturam formas de ação e julgamento em suas aspirações de validade. Nesse caso, ela será compreendida em sua processualidade de interação entre fatos e normas, o que nos levaria a uma noção atualmente hegemônica de crítica como exposição de contradições performativas entre fundamentos normativos e realizações práticas.[1] Essa crítica traz, no entanto, consequências importantes na limitação de seu objeto, pois nos vincula à defesa dos fundamentos normativos pressupostos no interior da situação atual. Ela traz em seu bojo a redução dos horizontes de transformação ao espaço dos possíveis pressupostos pelo atual, já que toda crítica só teria validade por ser, de certa forma, *imanente* à situação criticada.

No entanto, poderíamos complexificar o cenário, afirmando que tal processualidade de interação entre fatos e normas seria necessariamente contraditória por operar a partir da produção contínua de conflitos entre normas explícitas e implícitas. Nenhuma sociedade tem apenas estruturas normativas explícitas,

---

[1] Exemplo paradigmático dessa estratégia crítica pode ser encontrada em Jürgen Habermas (1989).

mas se assenta também em um conjunto implícito de disposições de conduta e de inflexão das normas enunciadas. Isso nos levaria então a imaginar que uma perspectiva crítica seria aquela capaz de explorar as contradições no interior do próprio sistema de normas através da explicitação do que precisa continuar implícito para poder funcionar. Explicitar o que deve permanecer implícito, o que tem consistência fantasmática, o que deve ficar pressuposto, mostrar como nossas sociedades têm, necessariamente, uma estrutura dual e contraditória foram estratégias compreendidas, em várias circunstâncias, como fundamento para a crítica social.[2] Nesses casos, a crítica continuaria sendo imanente, mas ela se depararia com um objeto tão contraditório que sua efetivação implicaria, necessariamente, destituição da situação atual.

No entanto, conhecemos várias situações nas quais a explicitação de contradições não leva a uma transformação, mas a uma forma muito peculiar de estabilidade no interior de estruturas em crise de legitimidade.[3] Nesse contexto, uma perspectiva crítica, se quiser conservar sua eficácia, precisará passar a uma "outra cena", relativizando a centralidade do próprio problema da processualidade de interação entre fatos e normas. Ela precisará partir da consideração de que vínculos sociais são fundados a partir de circuitos de afetos, que definem os modos de interpretação e sentido diante de estruturas normativas.[4] Trata-se de partir da compreensão de que a verdadeira base normativa da vida social, seu verdadeiro núcleo de adesão, encontra-se nos afetos que ela faz circular de forma preferencial. Pois, assumida tal perspectiva, poderemos então abrir uma crítica baseada não apenas nas dinâmicas de explicitação de contradições normativas, mas também nos processos de destituição de afetos, tendo em vista a desconstituição de modos hegemônicos de reprodução social.

É levando em conta tal estratégia que devemos atualmente insistir na necessidade de a crítica posicionar-se como análise de patologias sociais. Essa assunção passa pela compreensão de sociedades como sistemas produtores e gestores de patologias. Inexiste sociedade que não se fundamente em um complexo processo de gestão de patologias, e tal gestão é uma dimensão maior, mas nem sempre completamente explícita, de reprodução social de afetos. Não se trata apenas de se perguntar pelas modalidades de sofrimento que sociedades produzem, já que toda forma de restrição e coerção, toda forma de assunção

---

[2] A tópica da estrutura dual pode ser encontrada em autores como Slavoj Žižek (1992). A noção de "estrutura normativa dual" é uma peça maior do processo de autocompreensão do sistema de racionalização de países periféricos e teve sua descrição canônica fornecida por Roberto Schwarz (1977).

[3] Essa era a questão principal de Safatle (2008).

[4] A esse respeito, tomo a liberdade de remeter a Safatle (2016).

normativa é necessariamente produtora de sofrimento. No entanto, nem toda forma de restrição e coerção é produtora de patologias, assim como nem todo sofrimento é traduzível imediatamente na forma de patologia.[5]

Um sofrimento patológico é um sofrimento socialmente compreendido como excessivo e, por isso, objeto de tratamento por modalidades de intervenção médica que visam permitir a adequação da vida a valores socialmente estabelecidos com forte carga disciplinar. A título de contraexemplo, lembremos como o luto, mesmo tendo características de um sofrimento que pode produzir limitação profunda da capacidade subjetiva de ação, não é normalmente considerado uma patologia. Nesse sentido, sofrimentos patológicos são aqueles sujeitos a uma forma bastante singular de gestão, pois uma patologia é uma categoria que traz em seu bojo, ao mesmo tempo e de maneira indissociável, modalidades de intervenção clínica e horizontes de valores. Assim, por exemplo, a esquizofrenia como patologia traz, entre outros, a unidade sintética da personalidade como valor social a servir de horizonte normativo para a multiplicidade de condutas, e não apenas como princípio descritivo de uma dinâmica psíquica funcional. Da mesma forma, o transtorno de personalidade histriônica traz, por sua vez, o autocontrole e a expressão emotiva adequada como horizontes de regulação da conduta. Nesses horizontes e valores expressam-se modalidades de reprodução da vida social imbuídas de julgamentos tácitos sobre ideais.

Há que se insistir nesse ponto, porque se reconhecer como portador de uma patologia é indissociável do ato de se reconhecer em uma identidade social com clara força performativa. A discussão sobre os processos de produção de identidade social tem, no debate a respeito da estrutura do sofrimento psíquico, um setor importante de desenvolvimento. Pois, ao ser traduzido em patologia, o sofrimento transforma-se em modo de partilha de identidades que trazem em seu bojo regimes definidos de compreensão dos afetos e de expectativas de efeitos. Nesse sentido, podemos dizer que as patologias são setores fundamentais de processos de socialização. Socializamos sujeitos, entre outras coisas, ao fazer com que eles internalizem modos de inscrever seus sofrimentos, seus "desvios" e descontentamentos em quadros clínicos socialmente reconhecidos. Não se socializa apenas levando sujeitos a internalizarem disposições normativas positivas, mas principalmente ao lhes fornecer uma *gramática social do sofrimento*, ou seja, quadros patológicos oferecidos pelo saber médico de uma época. Não se socializa apenas através da enunciação da regra, mas principalmente através da gestão das margens.

---

[5] Uma discussão sistemática sobre o conceito de sofrimento pode ser encontrada em Christian Dunker (2015).

Insistamos neste ponto: a natureza fortemente disciplinar dos processos de socialização pode ser percebida, por exemplo, não quando determinadas sociedades impõem a unidade sintética da personalidade como valor fundamental a ser partilhado por quem quiser ser reconhecido socialmente como sujeito. Na verdade, ela está expressa no fato de que todo sofrimento em relação a tal unidade deve ser determinado como "esquizofrenia", com a significação e o encaminhamento que isso implica. Mais do que na enunciação direta dos valores, é na organização taxonômica de seus desvios que se fundamenta a eficácia dos processos de gestão social.

Por tal razão, uma época histórica pode ser descrita a partir das patologias que ela faz circular e das patologias que ela invalida. Assim, se nossas sociedades contemporâneas, a princípio, não tivessem mais histéricas, neuróticos obsessivos, paranoicos, se todas essas figuras parecessem fazer parte hoje de um museu de figuras de cera do universo médico, não é porque tais categorias descrevam entidades inexistentes, como o flogisto descreveu um dia uma categoria química inexistente, mas porque tais narrativas de sofrimento, por razões cujas raízes devem ser procuradas fora do universo estritamente clínico, parecem não ter mais lugar em nossos modos atuais de reprodução material da vida. Elas perderam sua função. Nossas sociedades realizaram o fim das neuroses, mesmo que isso não signifique uma liberação da vida de suas teias de culpabilidade, insatisfação e fixação temporal. Isso significou apenas a eliminação de certas formas de narrativa, de certas dinâmicas do sofrimento, de certos modos de sintoma, inibição e angústia em prol de outros.

Por isso, as categorias clínicas utilizadas para descrever patologias próprias a sofrimentos psíquicos são necessariamente *patologias sociais*. Nesse contexto, percebe-se que falar em "patologias sociais" implica, inicialmente, discutir a maneira como categorias clínicas participam de formas sociais de disciplina. Insistamos que é apenas dessa maneira que poderíamos recuperar, de forma realmente crítica, um conceito que circula no horizonte da crítica social, de forma explícita, ao menos desde meados do século XIX.[6] Assim, voltar a falar em patologias sociais em pleno século XXI não significaria necessariamente operar analogias entre sociologia e biologia a fim de trazer para o horizonte da vida social a compreensão da sociedade como um organismo a lutar contra doenças que poderiam enfraquecê-lo em dissociações fatais e desagregações mortíferas. Esse modo de compreensão nos remeteria, por exemplo, a uma estratégia cujas

---

[6] Nesse sentido, gostaria de recusar a definição de Christopher Zurn (2011) a respeito das patologias sociais como "transtornos de segunda ordem" (*second-order disturbs*) baseados em desconexões, socialmente causadas, entre conteúdos de primeira ordem e compreensão reflexiva de segunda ordem. Mostrarei mais à frente as razões para tal recusa.

raízes encontram-se em *O Leviatã*, de Hobbes, e sua impressionante taxonomia de patologias que poderiam afetar o corpo social dotado de unidade e identidade.[7]

No entanto, falar em patologias sociais nos dias atuais deve envolver inicialmente *uma reflexão sobre as patologias enquanto categorias que descrevem modos de participação social, e não uma reflexão sobre a sociedade como organismo saudável ou doente.*[8] Tal reflexão permitiria, por sua vez, o desenvolvimento de uma articulação entre clínica e crítica no interior da qual a crítica social aparece indissociável do diagnóstico de limitação do campo de experiências implicado na circulação massiva de quadros de patologias, na transformação reiterada de sofrimento em patologias específicas. A desconstituição da aparência de naturalidade de tais patologias pode reconduzir o sofrimento à condição de matriz produtora de singularidades.

Tal compreensão de categorias clínicas como categorias sociais nos leva inicialmente a questões epistemológicas vinculadas ao campo do saber psiquiátrico-psicológico. Nesse ponto, há que se lembrar da existência de uma vasta literatura que procura evidenciar a natureza não realista de conceitos em operação no saber próprio às clínicas do sofrimento psíquico.[9] Normalmente, tais pesquisas visam mostrar como estamos diante de problemas que vão além de questões de cunho estritamente epistemológico, pois se referem também à análise do sistema de valores que estariam presentes em modalidades de intervenção clínica e do seu impacto na produção dos objetos que deveriam descrever. Pois devemos nos perguntar se as orientações que guiam perspectivas hegemônicas de intervenção clínica são neutras em relação a valores. Se elas não são neutras, então é o caso de se indagar se a gênese de tais valores não exigiria uma perspectiva ampliada de análise, na qual modalidades de orientação clínica fossem compreendidas no interior de sistemas de influências compostos por discursos de forte teor normativo advindos de campos exteriores às práticas terapêuticas, como a cultura, a moral, a estética, a política e, principalmente, a racionalidade econômica. Trata-se, nesses casos, não de fornecer às questões clínicas o estatuto de problemas autônomos, mas de reinscrevê-las no interior do sistema de circulação de valores que compõem as várias esferas da vida social como um sistema de implicação constante.

---

[7] Basta lembrarmos aqui dos paralelismos presentes no capítulo XXIX do *Leviatã*, no qual Thomas Hobbes (2002) descreve *"the diseases of a commonwealth"* a fim de nos alertar para "aquelas coisas que enfraquecem ou tendem à dissolução da república".

[8] Um bom exemplo dessa maneira de compreender patologias como modos de participação social pode ser encontrado nos estudos pioneiros de Alain Ehrenberg sobre o advento dos transtornos depressivos. Ver, por exemplo, Ehrenberg (2000).

[9] Essa literatura é extensa e tem seu momento fundador, entre outros, em Michel Foucault (1962). Para desdobramentos contemporâneos, ver, principalmente, Harold Kincaid e Jacqueline Sullivan (2014), assim como Peter Zachar (2014), Rachel Cooper (2005) e Dominic Murphy (2012).

Nesse sentido, afirmar que patologias são categorias sociais implica, necessaria-mente, a recusa em pautar problemas epistemológicos do saber psiquiátrico-psicológico a partir de descrições realistas que tendem a compreender categorias clínicas em chave naturalista. Tal recusa é feita, nesse caso, em nome da tentativa de inicialmente explorar a produtividade de perspectivas caracterizadas como "no-minalistas dinâmicas", ou seja, fundadas na defesa de o campo de intervenção clínica diante do sofrimento psíquico ser animado pela instauração de catego-rias classificatórias com força performativa capaz de organizar retroativamente fenômenos no interior de quadros descritivos que servem não apenas como quadros de produção de sentido para as experiências singulares de sofrimento, mas também como quadros indutores de efeitos posteriores. Esse processo de performatividade retroativa é chamado de "efeito de *looping*". Assim, há de se apoiar nas considerações de Ian Hacking, para quem uma patologia mental não descreve uma espécie natural, como talvez seja o caso de uma doença orgânica como câncer ou mal de Parkinson. Ela cria performativamente uma nova situação na qual sujeitos se veem inseridos.[10] Fato compreensível se aceitássemos que categorias clínicas ligadas à descrição do sofrimento psíquico sejam objeto de elaboração reflexiva e discursiva por parte dos próprios sujeitos que elas visam descrever. Tal reflexão é capaz de produzir um nível significativo de reorientação de ações e condutas, sejam elas conscientes ou involuntárias.

O organismo social e seus descontentes

No entanto, afirmar que o uso da noção de "patologia social" deveria se limitar à definição de patologias como categorias sociais e à desconstituição de sua reificação é uma maneira de passar por cima de toda a história vinculada ao termo. Daí por que tal afirmação deva ser relativizada e melhor desdobrada. Pois devemos também nos perguntar se ainda haveria sentido em pensar fenômenos sociais a partir de quadros utilizados normalmente para a descrição da distinção entre normalidade e patologia, como vemos de forma sistemática no interior da história do pensamento moderno.

Lembremos, nesse sentido, algumas coordenadas históricas relevantes relativas ao aparecimento do termo. Desenvolvido principalmente a partir de Émile Durkheim e suas discussões a respeito da aplicabilidade dos conceitos de normal e patológico para a compreensão de fatos sociais, as raízes do conceito

---

[10] Esse é um importante ponto defendido por Ian Hacking (2004, p. 106), para quem, no que se refere a classificações de doenças mentais, "um tipo (*kind*) de pessoa vem à existência ao mesmo tempo que a própria categoria clínica (*kind*) foi inventada. Em alguns casos, nossas classes e classificações conspiram para aparecer uma suportada pela outra". A respeito desse nominalismo dinâmico, ver também Arnold Davidson (2004).

de patologia social devem ser procuradas no desenvolvimento da medicina social do século XIX, com sua biopolítica das populações.[11] Contribuiu para isso a defesa, já claramente presente em Auguste Comte, do paralelismo entre o desenvolvimento dos indivíduos e o desenvolvimento das sociedades, ou seja, entre ontogênese e filogênese.[12] Aceito tal paralelismo, parecia plausível defender que conceitos utilizados para a compreensão do desenvolvimento individual, como saúde e doença, poderiam ser aplicados às sociedades complexas, aproximando suas situações de crise a processos de adoecimento.

Michel Foucault defende, no entanto, que a medicina social do século XIX é fruto de uma guinada nas práticas de governo do século XVIII, baseada no "aparecimento da saúde e do bem-estar físico da população em geral como um dos objetivos essenciais do poder político" (FOUCAULT, 2000b, p. 16). Não apenas o combate à doença e a arte da cura, mas também a gestão da saúde visando ao fortalecimento da população como condição para o enriquecimento nacional. De fato, o aumento vertiginoso das populações no século XVIII teria criado uma nova escala de técnicas de governo, permitindo que os traços biológicos de populações específicas se transformassem em elementos pertinentes à gestão econômica. A medicina pode aparecer assim, na sua forma mais acabada de tecnologia de governo, como instância de controle social, seja através das políticas higienistas, seja através da transferência de tarefas administrativas e gerais para as mãos de médicos, criando com isso "um saber 'médico-administrativo' que serviu de núcleo originário à 'economia social' e à sociologia do século XIX" (FOUCAULT, 2000b, p. 23).

Nesse sentido, o uso sistemático da noção de "patologia social" a partir de meados do século XIX é indissociável do movimento que visa estabelecer uma nova forma de governo capaz de organizar suas modalidades de intervenção sob a égide da administração da vida e da gestão dos corpos. Falar em patologia social seria uma consequência natural a partir do momento em que "o médico se transforma no grande conselheiro e no grande expert, não exatamente da arte de governar, mas na arte de observar, corrigir e melhorar o 'corpo' social mantendo-o em estado permanente de saúde" (FOUCAULT, 2000b, p. 23). Ela

---

[11] Uma boa discussão sobre a gênese do conceito de patologia social pode ser encontrada em Emmanuel Renault (2008).

[12] Lembremos afirmações com esta de Comte: "O desenvolvimento individual reproduz necessariamente sob os nossos olhos, em uma sucessão mais rápida e familiar, cujo conjunto é então mais apreciável, embora menos pronunciado, as principais fases do desenvolvimento social. Tanto um quanto outro tem essencialmente como objetivo comum a subordinação, na medida do possível, da satisfação normal dos instintos pessoais ao exercício habitual dos instintos sociais, assim como o assujeitamento de nossas paixões às regras impostas por uma inteligência cada vez mais preponderante" (COMTE, 1989, p. 291).

evidenciaria ainda como tal elevação do médico à condição de impulsionador do corpo social mostra que "não é o corpo dos trabalhadores que interessa essa administração pública da saúde, mas o corpo dos indivíduos que constituem, por sua reunião, o Estado" (FOUCAULT, 2000a, p. 214). Não se trata de força de trabalho, mas de força do Estado em face de conflitos externos e internos que possam enfraquecer sua unidade. Daí a insistência na temática de uma patologia que aparece no interior do corpo social. Daí também o fato de tal discurso sobre patologias sociais ser, acima de tudo, um setor evidente de práticas de governo.

Tendo isso em vista, lembremos como, em *As regras do método sociológico*, Durkheim (1988, p. 142) dirá: "para as sociedades como para os indivíduos, a saúde é boa e desejável, a doença, ao contrário, é a coisa má que deve ser evitada". O paralelismo assumido entre indivíduo e sociedade através do uso sociológico de um vocabulário médico permite a Durkheim falar da última como de um "organismo" ou de um "corpo" que precisa de intervenções a fim de se livrar de acontecimentos que a enfraquecem e a fazem adoecer. Por outro lado, essa visão orgânica do social leva Durkheim a insistir na dependência profunda entre sofrimento psíquico e sofrimento social a partir da relação entre o todo e suas partes, como podemos ver em uma afirmação como: "Os indivíduos participam muito estreitamente à vida da sociedade para que ela possa ficar doente sem que eles sejam tocados. De seu sofrimento advém necessariamente o sofrimento deles. Como ela é o todo, o mal que ela sente se comunica às partes que lhe compõem" (DURKHEIM, 2000, p. 229).

A partir de Durkheim, o conceito de patologia social será utilizado de maneira extensa por sociólogos que aceitavam tacitamente o modelo da sociedade como um organismo biológico e que focavam suas preocupações em fenômenos que pareciam colocar em questão a organicidade do corpo social, como a pobreza, o crime, a prostituição e outras formas de "disfuncionamento social".[13] Tal uso foi denunciado por sociólogos como Charles Wright Mills, que viam nele uma clara deriva conservadora. É de Mills a seguinte afirmação: "é significante que, dados seus interesses em reformar a sociedade, usualmente assumidos, tais escritores aceitem sem questionar as normas que usam, tacitamente sancionando-as. Há pouco interesse em tentar descrever desvios em relação às normas em termos das próprias normas, o que acaba por eliminar as implicações vindas do fato de transformações sociais levarem a uma mudança nelas" (MILLS, 1943, p. 169). Ou seja, a noção de patologia social sancionaria todo desvio em relação a normas estabelecidas como algo semelhante a uma doença a desestabilizar o organismo.

---

[13] Ver, por exemplo, Edwin Lemert (1951), Harry Elmer Barnes (1939), David Abrahamsen (1960); além de Robert Merton e Robert Nisbet (1961).

Mas aqui vale uma precisão que fica mais clara se voltarmos a Durkheim. Pois, para o sociólogo francês, descobre-se a normalidade de um organismo social através da construção do tipo médio, derivado da ideia de média aritmética, o que leva a discussão sobre o patológico a se derivar, em larga medida, da noção de desvio quantitativo em relação à norma.[14] O patológico será, assim, um problema de excesso ou de falta em relação ao tipo normal previamente definido através do recurso à média. Essa maneira de definir a normalidade a partir do tipo médio obriga Durkheim a estabelecer uma indistinção importante entre o patológico e o anômalo, como vemos em uma afirmação como: "O mórbido é o anormal na ordem fisiológica tal como o teratológico é o anormal na ordem anatômica" (DURKHEIM, 2005, p. 149). Pois a anomalia é a figura privilegiada de um tipo que não pode mais ser descrito em conformidade aos padrões de uma estrutura média.

Mas a perspectiva de Durkheim era mais elaborada do que a simples patologização extensiva de todo e qualquer desvio em relação à norma social. Nesse sentido, lembremos como Durkheim se recusa, por exemplo, a chamar o crime ou o suicídio de patologias sociais, como será muitas vezes o caso. Ao contrário, "o crime é normal, porque uma sociedade sem crime é impossível" (DURKHEIM, 2005, p. 160). Pois, através do crime, uma sociedade fortalece sentimentos coletivos ofendidos, principalmente em uma época na qual as trajetórias individuais significam, também, intensidades distintas da consciência moral. Por outro lado: "para que ela possa evoluir, faz-se necessário que a originalidade individual possa aparecer à luz do dia. Ora, para que a originalidade do idealista, que sonha ultrapassar seu século, possa se manifestar, é necessário que esta do criminoso, que está atrás de seu tempo, seja possível. Uma não vai sem a outra" (DURKHEIM, 2005, p. 164).

Esta compreensão dinâmica da sociedade permite a Durkheim afirmar que a liberdade nunca seria proclamada se as regras que a proibiam não fossem violadas antes de serem ab-rogadas. No entanto, nesse momento tal violação foi um crime. Da mesma forma, o suicídio é normal, porque não há sociedade sem um certo nível de suicídio.[15] Através dos suicídios uma sociedade mostra sua força diante dos indivíduos (como no caso do suicídio altruísta) ou se fortalece contra um individualismo excessivo (como no caso do suicídio egoísta). Crime e suicídio são "imperfeições necessárias", mas não doenças.

Se nem o crime nem o suicídio são, em si, patologias sociais, é porque o conceito não se refere a fenômenos sociais específicos que encontram seu

---

[14] "Nós chamaremos de normais os fatos que apresentam as formas mais gerais e nós daremos aos outros o nome de mórbidos ou de patológicos" (DURKHEIM, 2005, p. 149).

[15] Ver Durkheim (2000, p. 10).

lugar no desenvolvimento dinâmico da vida social e que, pela via negativa, reforçam seus sistemas de crenças. Ou seja, não apenas simplesmente desvios em relação à norma, mas a desagregação da força de reprodução da vida social. Isso explica por que o conceito de anomia aparecerá como a patologia social por excelência em Durkheim. Ela descreve uma forma de desarticulação do padrão de medida, já que a desregulação das normas indica incapacidade em determinar indivíduos, internalizando sistemas de regras de conduta e crenças, devido à falta de força de coesão social. Dessa forma, as normas sociais não seriam mais capazes de individualizar comportamentos e fundamentar funções sociais de maneira bem-sucedida.

Nesse sentido, fica mais claro por que Mills, em sua crítica ao uso da noção de patologia social, dirá que pulsa nela a tendência em transformar problemas sociais em problemas morais, ou seja, em problemas sobre a desregulação da capacidade das sociedades em produzir tipos desejados de individualidades. Lembremos que as discussões sobre moralidade são, em larga medida, uma discussão sobre como sujeitos devem ser para serem socialmente reconhecidos como capazes de julgar moralmente e, com isso, participar de maneira mais "plena" da vida social. Assim: "o 'social' se transforma em um termo bom quando usado em polêmicas éticas contra o 'individualismo' ou contra certas qualidades morais abstratas como 'egoísmo', falta de 'altruísmo' ou sentimentos 'antissociais'" (MILLS, 1943, p. 173), ou, ainda, se quisermos utilizar um termo mais contemporâneo, "narcisismo". No entanto, em momento algum o próprio social será visto como objeto de crítica, apenas suas desregulações com a consequente produção de desajustes nos indivíduos que perdem a referência de um horizonte comum para a regulação de suas condutas e expectativas.

A recuperação do conceito de patologia social

Notemos como algo dessa perspectiva estará presente na mais importante recuperação contemporânea da temática das patologias sociais, a saber, a levada a cabo por Axel Honneth a partir do final do século XX. É de Honneth o mérito de procurar fazer do conceito de patologia social algo mais do que a descrição de técnicas de governo. Sua aposta é de que ele possa ser um eixo fundamental para a reconfiguração das estratégias da crítica social. Nesse sentido, a recuperação contemporânea do conceito de patologia social segue o modelo de recuperação de outro conceito gerado dentro de reflexões sobre a relação entre biologia e política, mas no início do século XX, a saber, a biopolítica. Da mesma forma como Foucault, ao recuperar o termo, inverte seus sinais, transformando um conceito que visava descrever o Estado como uma forma vivente provida de organicidade própria em um organismo biológico em ponta de lança da crítica à força disciplinar do poder, Honneth recupera a discussão sobre patologias sociais não exatamente para descrever desvios em relação à norma social que poderiam colocar em questão a reprodução de nossas formas de vida, mas para criticar o impacto das normas sociais na limitação das possibilidades de realização da vida, usando como eixo da crítica o diagnóstico do sofrimento social que tal impacto produz.

Para tanto, Honneth precisa insistir que a crítica das patologias sociais teria uma gênese mais antiga, encontrando suas raízes no modelo de crítica aos processos de racionalização na modernidade colocado em circulação por Rousseau, já que Rousseau teria inventado, mesmo sem definir, o conceito central para a discussão a respeito de patologias sociais, a saber, o conceito moderno de alienação com sua denúncia do sofrimento imposto por processos de socialização. Com isso, Honneth procura desenvolver bases filosóficas para um uso categorial que, até então, fora restrito à circulação nos campos da sociologia, da psicologia e da medicina social. Por outro lado, isso permite tentar livrar a temática das patologias sociais de seu vínculo tradicional a uma concepção da sociedade como organismo, como corpo funcional cujas desregulações devem ser comparadas a doenças.

A centralidade do conceito de alienação se justifica por estarmos diante da denúncia do saldo psíquico dos processos de socialização, o que explica por que se trata de um conceito presente tanto na crítica social quanto na clínica do sofrimento psíquico.[16] No entanto, essa ampliação do escopo da tradição da análise de patologias sociais não implica, inicialmente, modificação do horizonte presente em perspectivas como as que se estabeleceram a partir de Durkheim, mesmo que essa proximidade não seja assumida. Por exemplo, sublinhemos a maneira como Honneth introduz o problema da recuperação da análise de patologias sociais como modelo de crítica:

> Contra a tendência em reduzir as questões normativas referentes à ordem social a problemas de justiça, trata-se de insistir no fato de uma sociedade poder também fracassar em um sentido mais global, ou seja, na sua capacidade em assegurar a seus membros as condições para uma vida bem-sucedida. Descrevo como patologias sociais as deficiências sociais no interior de uma sociedade que não derivam de uma violação aos princípios de justiça comumente aceitos, mas de prejuízos às condições sociais de autorrealização individual (HONNETH, 2007, p. 35).

---

[16] O uso clínico do conceito de alienação é solidário com o desenvolvimento da psiquiatria moderna, principalmente através de Pinel. Basta lembrar-se do título de uma de suas obras maiores, a saber, o *Tratado médico-filosófico sobre a alienação mental*, de 1801, que visava estabelecer uma taxonomia das categorias clínicas próprias ao tratamento moral.

Ou seja, o horizonte normativo da vida social não poderia se reduzir ao problema da justiça, seja distributiva ou corretiva, e suas exigências procedurais. Pois o próprio conceito de "justiça" a orientar a maneira como uma sociedade avalia e julga seus conflitos pode ser conjugado de forma a não relevar as "condições sociais de autorrealização individual", condições que se transformam aqui no verdadeiro fundamento de legitimação das normas sociais. Entendem-se tais "condições", por sua vez, como o conjunto de instituições, normas implícitas e explícitas capazes de garantir uma afirmação plena do desenvolvimento de indivíduos, ou, ainda, "o bem estar do indivíduo na medida em que este entra no quadro de possibilidades da sociedade" (HONNETH, 2013, p. 91).

Mas notemos um ponto importante aqui. Como foi dito anteriormente, ao definir seu quadro de análise de patologias sociais, Honneth compreende o aparecimento tácito da noção de "alienação" como um eixo privilegiado de análise, a ponto de elevar a alienação à condição de patologia social paradigmática. Essa temática da alienação chegará a Hegel, com seu conceito de *Entfremdung*, de forma invertida àquela que encontraríamos em Rousseau. Se neste a alienação estaria ligada à negação das condições sociais de desenvolvimento da individualidade,[17] em Hegel, ao menos na perspectiva de Honneth (2007, p. 51), teríamos a alienação como "o efeito destrutor causado pelo fenômeno de exacerbação do individualismo". Assim: "A partir do momento em que os indivíduos, no gozo de liberdades adquiridas universalmente, começam a se reportar apenas a si mesmos, o que agora ameaça se dissolver é, juntamente com a perda do vínculo social, o meio universal graças ao qual eles podem desenvolver uma identidade razoável" (HONNETH, 2008, p. 53).

Ao aparecer no interior do horizonte hegeliano, no entanto, fica claro como a temática da alienação não precisaria mais, segundo Honneth, fazer apelo a um fundamento antropológico bloqueado pelos processos de desenvolvimento social, como seria o caso em Rousseau. O fundamento da crítica não seria mais dado por uma antropologia filosófica, mas por uma filosofia da história. Trata-se, na verdade, de denunciar essa perda da força reguladora do vínculo social em direção à progressão histórica capaz de assegurar a institucionalização de vínculos sociais racionais. No entanto, essa denúncia não deixa de ter um acento profundamente durkheimiano com sua temática do risco de generalização das condições de anomia como saldo das dinâmicas de modernização. Daí por que as formas de sofrimento social descritas por Hegel seriam todas expressões do que poderíamos entender como "sofrimento de indeterminação" advindos da desagregação da força de reprodução das normas sociais já em operação. O que

---

[17] De fato, a matriz individualista do contrato social em Rousseau é conhecida. Para uma discussão sobre esse ponto, ver Gérard Lebrun (2006).

demonstra como a verdadeira matriz do conceito de alienação mobilizado por Honneth é, na verdade, a noção de anomia.[18]

É importante afirmar tal relação para salientar como, seja por meio da temática do fundamento antropológico bloqueado, seja por meio da exacerbação do individualismo no interior de um processo histórico que perdeu seu horizonte, o que temos, através da falta de condições para a afirmação da individualidade ou do excesso de individualismo, é uma crítica social que transforma o próprio conceito moderno de indivíduo em solo pré-crítico e estático capaz de orientar a reflexão. Ou seja, essa crítica se guiará agora a partir do sistema pendular da falta ou do excesso em relação a uma individualidade desejada. Que tal processo esteja assentado em uma antropologia filosófica ou em uma filosofia da história que nos abre à dimensão do porvir nada muda no fato central, a saber, que o conceito moderno de indivíduo aparece como fundamento pré-crítico da crítica social. Para Honneth e sua temática das patologias sociais, sofremos no interior da vida social principalmente por não termos as condições necessárias para o desenvolvimento de uma individualidade almejada. Não são poucas as consequências derivadas desse pressuposto.

Reificação e vida ética

Nesse sentido, há que se notar como mesmo a noção marxista de "reificação" não escapa desse sistema de interpretação ao aparecer em Honneth como denúncia da generalização de uma lógica de valorização que "leva à destruição das condições que permitem ao ser humano alcançar a realização de si" (HONNETH, 2010, p. 57). Tal concepção de realização de si, assim como a noção de "vida boa" (*gutes Leben*) que ela implica, não leva em conta a compreensão do vínculo profundo entre "pessoa", "proprietário" e "indivíduo" que orienta não apenas a crítica social de Marx, mas também sua crítica às formas da individualidade moderna e sua dinâmica possessiva.

Em Marx, como sabemos, o sofrimento social de reificação produzido pela alienação não resulta de uma desregulação das normas sociais, mas

---

[18] Daí um diagnóstico de época como: "expectativas de autorrealização individual, que cresceram rapidamente devido a uma combinação historicamente única de vários processos distintos de individualização nas sociedades ocidentais dos últimos trinta, quarenta anos e que, neste tempo, tornaram-se tão claramente um padrão institucionalizado de expectativas da reprodução social, perderam seu propósito (*Zweckbestimmung*) interno e, mesmo assim, tornaram-se a base de fundamentação do sistema. O resultado desta inversão paradoxal, na qual processos que outrora prometeram um crescimento qualitativo da liberdade tornam-se agora ideologias da desinstitucionalização, é a emergência de vários sintomas individuais de vazio interior, de sentimento de ser supérfluo e desprovido de determinação" (HONNETH, 2010, p. 207-208).

do caráter paradoxal do funcionamento normal das sociedades capitalistas. Lembremos como, em Marx, a alienação não está ligada apenas à espoliação econômica na esfera do trabalho. Devido à divisão do trabalho e à predominância de uma apropriação de si reduzida à condição da possessão, ela está ligada ao caráter restritivo das identidades sociais, com a assunção de si enquanto pessoa funcionalizada e submetida à lógica da determinação por propriedades.[19] O que explica por que a revolução só pode ser feita pela classe dos despossuídos de predicado e profundamente despossuídos de identidade. Classe dos despossuídos de todos os amparos institucionais que garantem a reprodução de processos de reconhecimento de identidades individuais sob a forma social da pessoa, daí por que Marx precisa salientar que "a relação do proletariado com mulher e crianças não tem mais nada a ver com as relações da família burguesa; o trabalho industrial moderno, a moderna subsunção ao capital, tanto na Inglaterra quanto na França, na América quanto na Alemanha, retiraram dele todo caráter nacional. A lei, a moral, a religião são para ele preconceitos burgueses que encobrem vários interesses burgueses" (MARX, [s.d.], [s.p.]).

É nesse horizonte no qual desabam a força institucional da família, da nação, do trabalho, da moral e da religião, na qual a própria forma da "pessoa" portadora de direitos é questionada, que a emancipação se torna pensável.

Assim, é claro que a normalidade em Marx não está presente em uma média aritmética que expressa a funcionalidade do sistema. Mas há que se insistir também que ela só pode aparecer através de uma reconciliação que não é apenas aperfeiçoamento de um progresso histórico, mas que está posta radicalmente fora do ordenamento social atual.[20] Ou seja, ela está em uma situação fora do tempo presente com suas figuras de subjetividade, o que explica por que a temática da revolução é tão central no pensamento de Marx. Por isso, Marx precisa fazer apelo a uma figura do homem que ainda está por vir, e não a uma figura que deveria ser recuperada no interior, por exemplo, de relações originárias que pulsariam como vínculos afetivos familiares relativamente preservados dos processos de reificação. De onde se segue a necessidade do radical anti-humanismo marxista, tão presente desde textos de juventude,

---

[19] Ver, por exemplo, Karl Marx e Friedrich Engels (2017).

[20] Fabian Freyenhagen compreende bem a inadequação da descrição feita por Honneth da perspectiva de Marx. Pois é fundamental para Marx lembrar que: "antecipar o que pode ser a alternativa [à sociedade atual] não é nem necessário nem possível para nos engajarmos em uma crítica radical. Tal alternativa só irá emergir das lutas práticas atuais; e só pode ser apreendida de forma teórica retrospectivamente. Uma simples teorização é muito abstrata e indeterminada para antecipar que modificações serão realizadas em orientações normativas e na organização social" (FREYENHAGEN, 2015, p. 142).

como *Sobre a questão judaica*. Esse ponto deve ser lembrado para insistir na inadequação do modelo de patologias sociais proposto por Honneth mesmo em relação a alguns autores que ele mobiliza.

Honneth, por sua vez, espera unificar a multiplicidade de diagnósticos de sofrimento social ultrapassando impasses ligados a conceitos eminentemente culturalistas e condicionados de normalidade ao fazer apelo a procedimentos próprios a uma ética formal. Assim seria possível escapar da necessidade de defender horizontes de normalidade extremamente impositivos relativos a conteúdos de valores. Poderíamos, com isso, permitir que a singularidade de experiências produzisse múltiplos modelos individuais de "realização de si", desde que adequados a um horizonte ético formal capaz de transcender contextos e garantir as condições para processos gerais de cooperação. Isso pressupõe que as matrizes de sofrimento social deveriam ser procuradas no desrespeito às expectativas transcendentes de reconhecimento depositadas em tal horizonte ético. A vida que fornece o fundamento para a denúncia do caráter patológico de certas construções sociais seria uma versão peculiar da "vida ética" que não deixa de ressoar certas leituras do conceito hegeliano de "eticidade", como ficará cada vez mais claro a partir de *O direito da liberdade*.

Patologias sociais como transtornos de segunda ordem?

Essa vida ética fornece a orientação para a inflexão, proposta por Honneth, entre "patologias sociais" e "patologias da razão". Honneth cunha a noção de patologias da razão principalmente para descrever a ideia, partilhada pela Escola de Frankfurt, de que "as condições de vida nas sociedades capitalistas modernas produziram práticas sociais, configurações e estruturas de personalidade que se precipitaram em uma deformação patológica de nossas capacidades racionais" (HONNETH, 2007, p. 7). Pois essas capacidades racionais deformadas patologicamente pelas sociedades capitalistas estariam ligadas à possibilidade de levar uma vida em comum e cooperativa baseada em princípios e instituições capazes de garantir o autodesenvolvimento de todos os sujeitos a partir de fins racionais. Uma possibilidade de constituir "uma universalidade racional de autodesenvolvimento cooperativo" (HONNETH, 2007, p. 37) cuja ausência seria sentida pelos indivíduos como fonte maior de sofrimento.

Não é difícil perceber que o dado fundamental nessa análise de patologias sociais é a natureza vinculante e universalista dos "fins racionais" pressupostos pelo horizonte crítico, assim como a crença de que tal natureza poderia ser expressa sob uma ética formal. À sua maneira, Lawrence Kohlberg havia aberto essa via ao construir uma teoria do desenvolvimento psicológico que tem como ponto final uma ontogênese para a constituição de sujeitos como operadores da ética deontológica kantiana.[21] No entanto, o recurso a uma ética formal, com suas aspirações universalistas e cooperativas, só pode aparecer a partir do momento em que naturalizamos o vínculo entre uma certa concepção de "sujeito moral" e experiências de "realização de si" adequadas ao horizonte atual de nossas sociedades modernas ocidentais. Isso significa negligenciar as críticas à natureza disciplinar do que devemos internalizar para nos constituirmos como sujeitos morais aptos a enunciar julgamentos na partilha universal de certos procedimentos formais.[22] Várias dessas críticas nos lembram de como nossa constituição enquanto sujeitos morais, com sua crença na força liberadora da autonomia individual, pode ser vista também como fonte de sofrimento social. Por isso, a relativização do recurso a uma ética formal, principalmente a partir de O direito da liberdade, não muda o eixo da crítica que podemos fazer à estratégia de Honneth, já que a figura do sujeito pressuposta por tal ética não se modifica com sua relativização.

Da mesma forma, a perspectiva de Honneth precisa negligenciar os processos de disciplina necessários para que ações de uma multiplicidade de sujeitos possam aparecer como vinculadas a um horizonte cooperativo. Poderíamos questionar essa pressuposição de valor ético baseado na defesa da "estima mútua" como horizonte de reconciliação. Por exemplo, é por ir na contramão desse pressuposto mutualista que Freud define o mal-estar como forma paradigmática de sofrimento social.[23] Tal como no conceito marxista de alienação, o mal-estar é um sofrimento social resultante não da desregulação das normas sociais, mas do funcionamento normal da normatividade social, do impacto normal do processo civilizatório. A agressividade e o sentimento de culpabilidade que aparecem como sintomas do mal-estar são a expressão da maneira como alienação e socialização do desejo aparecem, para Freud, como processos completamente ligados entre si no interior da produção das identidades subjetivas modernas e sua dinâmica de internalização de fantasias e normas. Nesse sentido, a imposição de ideais cooperativos não é possível sem a consolidação de um eixo maior de mal-estar.

Tende-se a compreender a irredutibilidade do mal-estar em Freud a partir da temática do caráter insuperável do conflito pulsional e das tendências pretensamente antissociais da pulsão de morte. Mas podemos seguir a leitura lacaniana do problema e afirmar que a destrutividade da pulsão de morte deve ser

---

[21] Ver, por exemplo, Kohlberg (1984).

[22] Tais críticas podem ser encontradas em Freud e sua análise da gênese empírica dos sentimentos morais (FREUD, 2011), em Adorno e sua crítica da ética kantiana (ADORNO, 2010), em Foucault e sua crítica a uma ética baseada em modelos jurídico-normativos (FOUCAULT, 1984), entre tantos outros.

[23] Para uma discussão sobre o mal-estar como figura de sofrimento social, ver Dunker (2015).

repensada.[24] Pois ela não estaria ligada a alguma tendência a retornar a um estado bruto inorgânico, como o próprio Freud escrevera. A violência da pulsão de morte é violência contra o Eu enquanto modelo de organização psíquica, de unidade e de relação.[25] Nesse sentido, o que vincularia mal-estar e alienação como patologias sociais seria o caráter restritivo dos processos de determinação identitária e egológica. O mal-estar na cultura é mal-estar em relação às identidades produzidas pela cultura e seus modelos pressupostos de interação. Isso deve ser levado em conta quando se tenta defender a ideia não totalmente correta de que, em Freud, "todo adoecimento neurótico surge da restrição do Eu racional" (HONNETH, 2007, p. 52). É muito sintomático que, no lugar da estrutura pulsional e sua "subjetivação acéfala, uma subjetivação sem sujeito" (LACAN, 1990, p. 169), apareça aqui o "Eu racional" (o que não poderia ser diferente para alguém que afirmou estarem tanto a teoria das pulsões quanto os fundamentos biológicos do pensamento freudiano "postos definitivamente em dúvida" (HONNETH, 2007, p. 157)). Essa modificação é estratégica para defender que estaríamos, na neurose, diante de bloqueios à capacidade de determinação do Eu.

No entanto, mais correto seria afirmar que, na neurose, estamos diante da incapacidade de os processos de reconhecimento social disponíveis darem conta da força de indeterminação da pulsão. Nesse sentido, se a anomia é um tipo de sofrimento de indeterminação, poderíamos dizer que Freud (ao menos nesse ponto em consonância com Marx) parece nos apontar para modalidades do que devemos chamar de "sofrimento de determinação" advindo de verdadeiros déficits de reconhecimento da negatividade do sujeito no interior da ordem institucional existente.[26] Tais sofrimentos de determinação tendem a ser negligenciados por Honneth.

Aqui, podemos compreender a inadequação da tentativa de definir patologias sociais como "transtornos de segunda ordem", tal como propõem Christopher Zurn e o próprio Honneth a partir de O direito da liberdade. Tal concepção define patologias sociais como desconexões, socialmente estimuladas, entre a primeira ordem de ações e crenças, próprias ao nível motivado e consciente de comportamentos individuais, e a segunda ordem de normas que definem as formas de cooperação social com suas potencialidades intrínsecas. Daí a ideia de que, em uma patologia social, sujeitos e grupos são levados a não compreender, de forma reflexiva, o significado inerente a práticas e normas socialmente determinantes.

---

[24] Ver, principalmente, Lacan (1986).

[25] Desenvolvi esse ponto de maneira extensa nos dois últimos capítulos de A paixão do negativo: Lacan e a dialética (2006), assim como no quarto capítulo de Grande Hotel Abismo: para uma reconstrução da teoria do reconhecimento (2012).

[26] Fiz uma crítica desta interpretação em Safatle (2012). Ver também Dunker (2015) e sua discussão sobre "experiências produtivas de indeterminação".

Honneth fala de sujeitos que, em razão de influências sociais, são incapazes de "praticar de maneira adequada a gramática normativa de um sistema de ações que lhe é intuitivamente familiar" (HONNETH, 2013, p. 113). Como exemplo, ele fornece o caso de sujeitos que, ao tomarem de maneira reificada as potencialidades das liberdades jurídicas conquistadas, agem de forma completamente estratégica como pessoas jurídicas que calculam o resultado de suas ações a partir da interpretação que elas terão na esfera do direito. Honneth chama essa patologia social de "autonomização da personalidade jurídica". Estaríamos diante de um "transtorno de segunda ordem", porque tais sujeitos não agem como quem apreende reflexivamente o processo de formação da pessoa jurídica, o sentido de suas garantias, as potencialidades próprias ao espaço aberto pela garantia jurídica, mas tomam literalmente sua realidade, agindo através da limitação do potencial de resolução de conflitos e de interação próprio a ações comunicativas.

Notemos, no entanto, que por mais que aceitemos a natureza distorcida de tais reduções das relações intersubjetivas à efetivação de uma "personalidade jurídica", é claro como exemplos dessa natureza, e outros apresentados por Honneth, servem para descrever basicamente o uso patológico da norma, e não exatamente o impacto psíquico das normas tendo em vista o sofrimento por elas provocado. O que temos aqui é a distorção patológica das potencialidades internas aos usos das normas, como se estivéssemos diante de um comportamento patológico que se aproximaria de alguma forma de distorção cognitiva da gramática de ações sociais, de desconhecimento das potencialidades inerentes ao uso de tal gramática, que já em si seria adaptada a exigências de realização institucional da liberdade.

Difícil não perceber que voltamos, com isso, ao horizonte de reconhecimento próprio à consciência cognitiva e sua capacidade de simplesmente re-conhecer de forma correta normas já em operação. Um retorno pré-hegeliano do sentido de reconhecimento, mais próximo da simples operação de recognição. Ao menos para Honneth, tais sujeitos vítimas de patologias sociais não seriam capazes de operar uma recognição correta do espaço de ação aberto pelas normas. O mínimo que podemos dizer é que chegamos assim a uma versão bastante desinflacionada de crítica imanente com baixo potencial de transformação estrutural de realidades sociais.

Patologias sociais e antropologia substrativa

Mas como seria possível então conservar o uso da noção de patologia social se recusarmos a forma contemporânea de sua recuperação? Não seria o caso de simplesmente reduzir a noção de patologia social, como foi dito, frente à descrição da natureza social de categorias clínicas usadas para descrever as modalidades de sofrimento psíquico? Essa seria a alternativa se não fosse possível insistir em outra estratégia. Lembremos, inicialmente, que a temática contemporânea das patologias sociais tem como eixo maior a submissão da crítica a um diagnóstico, no sentido forte do termo, referente às modalidades de sofrimento social, como a alienação, a anomia, o mal-estar, a reificação ou mesmo o fetichismo. Isso, de fato, reposiciona a crítica fora de questões vinculadas à redistribuição e à espoliação. Mas, mais do que isso. Dependendo da maneira como tais sofrimentos sociais forem compreendidos, a análise de patologias sociais nos abre espaço para transcender tentativas de decalcar o horizonte da crítica de temáticas ligadas ao déficit de aplicação de critérios normativos já em operação no horizonte de nossas formas de vida.

A abertura da crítica para além de problemas de justiça permite definir uma dinâmica na qual as matrizes de sofrimento social são compreendidas como expressões de uma "vida mutilada", de uma "vida adoecida". Nesse sentido, a análise de patologias sociais acaba por exigir a elevação do conceito de "vida" à condição de fundamento da crítica social. Honneth usa astutamente o conceito de "vida ética" para não ter de se haver com discussões naturalistas a respeito da vida biológica e sua implicação no interior da vida social. Mas, como foi insistido anteriormente, o problema com tal estratégia reside na elevação das condições atuais do homem e seu desenvolvimento sob a forma do indivíduo a horizonte insuperável de reconciliação.

Fica assim a questão a respeito da possibilidade de, através da crítica, liberar a experiência da vida em sua figura insubmissa aos móbiles de gestão biopolítica. Isso pressuporia uma perspectiva dupla na qual a crítica das sociedades como sistemas gestores e produtores de patologias, crítica realizada através da desconstituição do pretenso realismo de categorias clínicas usadas para a gestão do sofrimento psíquico, poderia ser articulada a uma redefinição das patologias sociais a partir de horizontes normativos fornecidos por uma antropologia subtrativa. Pode-se falar aqui em "antropologia subtrativa" porque se trata de fornecer a figura de um processo que não se esgota na atualização das formas atuais de vida, formas que obedecem aos limites das condições de reprodução material próprias às sociedades contemporâneas. Por isso "subtrativa", pois marcada pelo impulso de um sujeito que se subtrai aos modos atuais de determinação e que procura fazer desse movimento de subtração a expressão do desafio levantado contra o limite dos mecanismos de reconhecimento social.

Notemos como essa estratégia nos coloca mais próximos de perspectivas críticas que são simplesmente negligenciadas no interior do debate contemporâneo sobre patologias sociais, mas que deveriam aparecer como um dos eixos principais da discussão. Refiro-me ao uso de categorias clínicas no interior da crítica social do século XX. Uma reflexão sobre patologias sociais deveria partir da análise do sentido de tal estratégia clínico-crítica. O uso da categoria de paranoia para falar da natureza intrínseca de sociedades totalitárias, assim como das latências autoritárias das democracias liberais (como vemos em Adorno e Horkheimer ou, ainda, em Elias Canetti), o uso de narcisismo para descrever nossas sociedades ocidentais contemporâneas (Richard Sennett, Christopher Lasch e, em outra chave, Jacques Lacan), a aproximação entre esquizofrenia e capitalismo (Deleuze e Guattari) ou a definição do ressentimento como saldo dos processos de constituição do sujeito moral moderno (Deleuze, em consonância com Nietzsche), as relações entre a perversão, como sua estrutura de fetichismo, e o pretenso caráter hedonista de nossas sociedades de consumo: seriam todas elas meras analogias sem maior valor heurístico? Ou seriam, ao menos alguns desses usos, as verdadeiras figuras de análise de patologias sociais tais como desenvolvidas na filosofia do século XX? Nesse sentido, a reflexão sobre patologias sociais não deveria partir desses usos a fim de avaliá-los, compreender suas estratégias e seus impactos?

Longe de serem apenas metáforas sugestivas, a compreensão de vínculos sociais a partir de conceitos como paranoia e narcisismo (na primeira geração da Escola de Frankfurt) ou esquizofrenia (em Deleuze e Guattari) mostrava uma consciência clara de como a crítica deveria se transformar em uma análise da natureza do sofrimento em sua articulação conjunta entre economia psíquica e ordem social. Ela ainda abria a reflexão clínica a uma questão maior, a saber: se tais conceitos clínicos foram utilizados com sucesso para descrever modalidades de sofrimento social (nesse sentido, falar, por exemplo, em uma "sociedade narcísica" tornou-se autoevidente durante um bom tempo, graças a trabalhos de sociólogos como Christopher Lasch e Richard Sennett), não seria porque, enquanto conceitos ancorados na descrição do processo de formação de individualidades, eles já não exporiam desde o início a natureza patológica da própria individualidade moderna?

Na verdade, vários desses usos procuraram mostrar, à sua maneira, como a reprodução social normal do capitalismo, assim como de modelos totalitários de organização, era solidária da circulação hegemônica de disposições de conduta, de produção de discursos e mobilização de afetos que tinham fortes semelhanças com estruturas patológicas anteriormente identificadas pelo conhecimento médico. Isso significava que tais sociedades se reproduziam fazendo circular tipos sociais decalcados de experiências patológicas.

Paranoia e esquizofrenia como patologias sociais

Tomemos como exemplo a duplicidade do eixo paranoia-esquizofrenia na constituição de quadros de patologias sociais. Foram Adorno e Horkheimer que inicialmente se serviram do quadro clínico da paranoia para dar conta da natureza dos vínculos sociais no fascismo, assim como das tendências de segregação inerentes às democracias ocidentais.[27] Essa era uma maneira de lembrar que a compreensão de fenômenos como o fascismo era incompleta se mobilizasse apenas categorias econômicas, sociológicas e políticas. Elas precisariam mobilizar também categorias psicológicas para dar conta da maneira como experiências políticas podem gerir estruturas psíquicas e se enraizar em dimensões nas quais as ações não são motivadas apenas por cálculos de maximização de interesses ou de crença política, mas também por circuitos inconscientes de afetos.[28]

Assim, ao aproximarem o fascismo e outras formas de autoritarismo da paranoia, Adorno e Horkheimer estavam a dizer que a paranoia seria o modo hegemônico de participação social no interior de tais sociedades. O que implicava afirmar que, nesses casos, os vínculos sociais se sustentariam a partir da generalização da paranoia como tipo social, mesmo que os sujeitos, do ponto de vista de suas patologias individuais, tivessem outra forma de organização de seus sintomas. Nesse sentido, não teríamos apenas uma analogia, mas a descrição de uma modalidade de funcionamento social a partir de gestão do sofrimento através da elevação de comportamentos patológicos a forma de participação social. Como condição de participação, os sujeitos deveriam agir como paranoicos. Um "agir como" que não deixará de ter implicações na própria estrutura da personalidade subjetiva.

Mas lembremos como o conceito psicanalítico de paranoia, base do uso dos frankfurtianos, aproximava-a de uma patologia que colocava, a céu aberto, os mecanismos de identificação e introjeção próprios do narcisismo, que, por sua vez, eram a expressão de dinâmicas próprias à constituição mesma do Eu do indivíduo moderno com seus desconhecimentos e denegações. Freud insistira claramente, por exemplo, que o narcisismo era uma fase necessária do desenvolvimento individual e que seu mecanismo expunha dinâmicas próprias da paranoia e da melancolia. Nesse ponto, encontramos uma radicalização dessa perspectiva em Lacan e em sua maneira de mostrar como a própria constituição "normal" do Eu moderno era paranoica, pois produtora de uma instância psíquica que organizava suas relações com o mundo através de projeções, introjeções, e fundava sua identidade a partir de um sistema de denegações e agressividades.[29] Isso o obrigava a pensar uma clínica que fosse, inicialmente, crítica das ilusões

---

[27] Ver, principalmente, o capítulo "Elementos de antissemitismo" em Adorno e Horkheimer (2000).

[28] Lembremos como o fascismo mobilizou reflexões importantes a esse respeito, como as que encontramos em Wilhelm Reich (2010) e Georges Bataille (1996).

[29] Ver, por exemplo, Lacan (1982).

identitárias e sintéticas do Eu, se não quisesse ser o fortalecimento de tendências paranoicas nos indivíduos.

Nesse sentido, é impossível colocar em circulação uma crítica que eleve a paranoia à condição de patologia social sem defender que o indivíduo moderno não seja o esteio da vida democrática, mas a ferida aberta que coloca o corpo social em risco perpétuo de deriva autoritária. Como se ao capitalismo restasse fornecer regressões paranoicas periódicas aos sujeitos que ele socializa e produz. Isso pode nos explicar por que a reflexão dos frankfurtianos não se serve do fortalecimento do indivíduo moderno como contraponto à natureza paranoica dos vínculos sociais, como seria o caso em uma perspectiva liberal. Na verdade, os dois conceitos tecem relações profundas de solidariedade. Dessa forma, Adorno e Horkheimer precisam fazer apelo a um conceito regulador de "natureza interior" reprimida pelos processos de racionalização social. Conceito que muito deve à estrutura pulsional de Freud e suas dinâmicas pré-pessoais, as mesmas que Honneth prefere sumariamente descartar.[30]

Tomemos, por outro lado, a relação entre capitalismo e esquizofrenia desenvolvida por Deleuze e Guattari. Longe de se basear em alguma forma de "elogio da esquizofrenia", como muitas vezes se disse, a crítica de Deleuze e Guattari era direcionada a um modo de gestão social, próprio ao capitalismo, no interior da qual a afirmação do Eu enquanto unidade sintética era inseparável da redução da multiplicidade às formas patológicas de dissociação e esquizoidia.

Do ponto de vista de seus modos de socialização do desejo, o capitalismo seria marcado por um potencial liberador de multiplicidades e de flexibilização, mas regulado pela incidência contínua de uma mesma "axiomática" ligada à generalização da forma-mercadoria como modo geral de objetividade e como estrutura identitária. O projeto crítico aqui é claro, basta nos lembrarmos de afirmações como: "Para dar conta da repressão, da alienação à qual os indivíduos estão submetidos no sistema capitalista, mas também para entender o verdadeiro significado da política de apropriação da mais-valia, devemos articular conceitos que são os mesmos que aqueles aos quais recorremos para interpretar a esquizofrenia" (DELEUZE, 2002, p. 325). Ou seja, o mesmo tipo de repressão social que o sistema capitalista impõe ao sujeito pode ser mobilizado para a compreensão do que está em jogo na esquizofrenia.

Esse vocabulário da alienação e da repressão era sintomático e mostrava como o projeto crítico se orientava por problemas ligados tradicionalmente aos

---

[30] Entre tantas expressões dessa dependência, lembremos como o conceito de mimetismo, fundamental para recuperar uma dimensão não instrumental da relação entre sujeito e objeto, é aproximado por Adorno e Horkheimer ao conceito de "pulsão de morte" (ADORNO; HORKHEIMER, 2000, p. 245).

debates sobre emancipação social. Quem diz "alienação" diz ter sua essência fora de si, *ter seu modo de desejar e de pensar moldado por um outro*. Quem diz "repressão" diz bloqueio de manifestação de algo anterior à relação com instâncias repressoras. Algo que Deleuze e Guattari descreverão a partir de conceitos como "corpo sem órgãos" e sua estrutura libidinal polimórfica, marcada por conexões contingentes e desconexões contínuas.

Mas se o capitalismo pode aparecer como uma patologia social é por ele transformar a atualização de multiplicidades em processos que só terão dois destinos possíveis: ou a submissão à axiomática de valorização do Capital ou a impotência da esquizofrenia. Daí afirmações como: "O que reduz o esquizofrênico a sua figura autista, hospitalizada, cortada da realidade? É o processo [*próprio ao regime do desejo na esquizofrenia*] ou, ao contrário, a interrupção do processo, sua exasperação, sua continuação no vazio? O que força o esquizofrênico a se redobrar sobre seu corpo sem órgãos agora surdo, cego e mudo?" (DELEUZE; GUATTARI, 1972, p. 105). Nesse sentido, a constituição de uma nosografia como a esquizofrenia é indissociável da tentativa de regular, através da construção de patologias, as margens e as experiências de vida que poderiam ter força crítica.

Assim, tanto no caso de Adorno e Horkheimer quanto no caso de Deleuze e Guattari, paranoia e esquizofrenia são categorias clínicas mobilizadas tanto para desconstituir seu pretenso realismo quanto para mostrar a natureza paradoxal do funcionamento normal das sociedades capitalistas e seus modos de gestão social de sofrimento. Elas mostram assim um potencial crítico que leva, necessariamente, à consolidação de demandas de transformação global das estruturas sociais e que abre caminhos para um uso renovado do tema da análise de patologias sociais. Cabe a nós explorá-los de forma sistemática.

Foi tendo em vista problemas dessa natureza que o Laboratório de Teoria Social, Filosofia e Psicanálise dispendeu três anos em um trabalho coletivo que mobilizou mais de 50 alunos de mestrado, doutorado e pós-doutorado do Instituto de Psicologia e do Departamento de Filosofia da Universidade de São Paulo. Coordenado por Christian Dunker, Nelson da Silva Junior e Vladimir Safatle, ele visava colocar em marcha uma análise minuciosa de categorias clínicas mobilizadas para dar conta de patologias sociais (como narcisismo, paranoia, esquizofrenia), assim como de categorias sociais construídas para descrever modalidades de sofrimento social (como anomia, fetichismo). O resultado apresentado agora é apenas o início de uma experiência coletiva de redimensionamento das potencialidades reflexivas da articulação entre crítica e clínica. Este foi o primeiro de nossos trabalhos sistemáticos, desenvolvido nas condições adversas da universidade brasileira. No entanto, ele mostra claramente o caminho a ser trilhado para a consolidação de modelos de crítica social à altura dos desafios do presente.

Referências

ABRAHAMSEN, David. *The Psychology of Crime*. New York: Columbia University Press, 1960.

ADORNO, Theodor. *Probleme der Moralphilosophie*. Frankfurt am Main: Suhrkamp, 2010.

ADORNO, Theodor; HORKHEIMER, Max. *Dialética do esclarecimento*. Rio de Janeiro: Jorge Zahar, 2000.

BARNES, Harry Elmer. *Society in Transition: Problems of a Changing Age*. Upper Saddle River, NJ: Prentice-Hall, 1939.

BATAILLE, Georges. La structure psychologique du fascisme. In: *Œuvres complètes*. Paris: Gallimard, 1996. v. 1. p.

COMTE, Auguste. *Cours de philosophie positive*. Paris: Nathan, 1989.

COOPER, Rachel. *Classifying Madness: A Philosophical Examination of the Diagnostic and Statistical Manual of Mental Disorders*. Dordrecht: Springer Netherlands, 2005.

DAVIDSON, Arnold. *The Emergence of Sexuality: Historical Epistemology and the Formation of Concepts*. Cambridge, MA: Harvard University Press, 2004.

DELEUZE, Gilles. *L'île deserte*. Paris: Minuit, 2002.

DUNKER, Christian. *Mal-estar, sofrimento, sintoma*. São Paulo: Boitempo, 2015.

DURKHEIM, Émile. *Le suicide*. Paris: PUF, 2005.

DURKHEIM, Émile. *Les règles de la pensée sociologique*. Paris: Flammarion, 1988.

EHRENBERG, Alain. *La fatigue d'être soi: dépression et société*. Paris: Odile Jacob, 2000.

FOUCAULT, Michel. *Histoire de la folie*. Paris: Gallimard, 1962.

FOUCAULT, Michel. *Histoire de la séxualité*. Paris: Gallimard, 1984. v. 2.

FOUCAULT, Michel. La naissance de la médicine sociale. In: *Dits et écrits II*. Paris: Gallimard, 2000a.

FOUCAULT, Michel. La politique de la santé au XVIIIème siècle. In: *Dits et écrits II*. Paris: Gallimard, 2000b.

FREUD, Sigmund. *O mal-estar na civilização*. São Paulo: Companhia das Letras, 2011.

FREYENHAGEN, Fabian. Honneth's Social Pathology: A Critique. *Critical Horizons*, v. 16, n. 2, 2015.

HABERMAS, Jürgen. *Consciência moral e agir comunicativo*. Rio de Janeiro: Tempo Brasileiro, 1989.

HACKING, Ian. *Historical Ontology*. Cambridge, MA: Harvard University Press, 2004.

HOBBES, Thomas. *Leviatã*. São Paulo: Martins Fontes, 2002.

HONNETH, Axel. *Das Ich im Wir*. Frankfurt am Main: Suhrkamp, 2010.

HONNETH, Axel. *Das Recht der Freiheit*. Frankfurt am Main: Suhrkamp, 2013.

HONNETH, Axel. *La société du mépris: vers une nouvelle théorie critique*. Paris: La Découverte, 2008.

HONNETH, Axel. *Pathologien der Vernunft*. Frankfurt am Main: Suhrkamp, 2007.

KINCAID, Harold; SULLIVAN, Jacqueline. *Classifying Psychopathology: Mental Kinds and Natural Kinds*. Cambridge, MA: MIT Press, 2014.

KOHLBERG, Lawrence. *The Psychology of Moral Development*. San Francisco: Harper and Row, 1984.

LACAN, Jacques. *Le Séminaire II*. Paris: Seuil, 1982.

LACAN, Jacques. *Le Séminaire VII*. Paris: Seuil, 1986.

LACAN, Jacques. Le *Séminaire XI*. Paris: Seuil, 1990.

LEBRUN, Gérard. Contrato social ou negócio de otário?. In: *A filosofia e sua história*. São Paulo: Cosac Naify, 2006.

LEMERT, Edwin. *Social Pathology: A Systematic Approach to the Theory of Sociopathic Behavior*. New York: McGraw-Hill, 1951.

MARX, Karl. *Manifest der Kommunistischen Partei*. Disponível em: <https://goo.gl/ESSvhV>. Acesso em: 27 out. 2017.

MARX, Karl; ENGELS, Friedrich. *A ideologia alemã*. Rio de Janeiro: Civilização Brasileira, 1996.

MERTON, Robert; NISBET, Robert. *Contemporary Social Problems: An Introduction to the Study of Deviant Behavior and Social Disorganization*. New York: Harcourt, Brace and World, 1961.

MURPHY, Dominic. *Psychiatry in the Scientific Image*. Cambridge, MA: MIT Press, 2012.

REICH, Wilhelm. *La psychologie de masses du fascisme*. Paris: Payot, 2010.

RENAULT, Emmanuel. *Soufrances sociales: philosophie, psychologie et politique*. Paris: La Decouverte, 2008.

SAFATLE, Vladimir. *A paixão do negativo: Lacan e a dialética*. São Paulo: Editora Unesp, 2006.

SAFATLE, Vladimir. *Cinismo e falência da crítica*. São Paulo: Boitempo, 2008.

SAFATLE, Vladimir. *Grande Hotel Abismo: para uma reconstrução da teoria do reconhecimento*. São Paulo: Martins Fontes, 2012.

SAFATLE, Vladimir. *O circuito dos afetos: corpos políticos, desamparo e o fim do indivíduo*. Belo Horizonte: Autêntica, 2016.

SCHWARZ, Roberto. As ideias fora de lugar. In: *Ao vencedor as batatas*. São Paulo: Duas Cidades, 1977. p. 13-28.

MILLS, Charles Wright. The Professional Ideology of Social Pathologists. *American Journal of Sociology*, v. 49, n. 2, 1943.

ZACHAR, Peter. *A Metaphysics of Psychopathology*. Cambridge, MA: MIT Press, 2014.

ŽIŽEK, Slavoj. *O sublime objeto da ideologia*. Rio de Janeiro: Jorge Zahar, 1992.

ZURN, Christopher. Social Pathologies as Second-Order Disorders. In: PETHERBRIDGE, Danielle (Ed.). *Axel Honneth: Critical Essays*. Leiden: Brill, 2011.

Problemas gerais para uma análise de patologias sociais

O mal-estar no sofrimento e a necessidade de sua revisão pela psicanálise

Nelson da Silva Junior

A referência da primeira parte do título deste texto a *O mal-estar na civilização*, livro de Freud de 1930, vai além das consonâncias de significante e de apelo à autoridade do pai da psicanálise. A expressão "mal-estar no sofrimento" indica que, para além de este ser indissociável do mal-estar na cultura, tese de Freud, foi sua essência que se viu alterada desde a publicação desse livro. Em outras palavras, o mal-estar na cultura atual é radicalmente diferente daquele diagnosticado por Freud. Ora, ainda que tal alteração tenha sido diagnosticada desde os tempos de Freud, ela não parece ter sido percebida, ou, se o foi, não foi de fato por ele trabalhada. Donde a justificativa da segunda parte do título: "a necessidade de sua revisão pela psicanálise". De modo que pretendo aqui não apenas apresentar a estrutura dessa mudança cultural e sua relação com o sofrimento psíquico, como também avaliar as razões pelas quais essa mudança não foi levada em conta por Freud, e, portanto, a necessidade de sua revisão.

Tal como demostra Sidi Askofaré (2013, p. 54), um dos principais pivôs que marcam a diferença entre Lacan e Freud diz respeito, precisamente, ao posicionamento de cada um deles frente à ciência. Com efeito, conforme o autor, Lacan via na ciência não um saber, mas uma prática da verdade análoga, ou equivalente, à da psicanálise. Já em Freud, a adesão a uma visão de ciência em sua forma empírico-positivista, sua alienação na *Weltanschauung* científica de sua época, é completa (ASKOFARÉ, 2013, p. 52). Trata-se de uma visão de ciência pautada pela busca paciente e fragmentária do saber, distante, portanto, de uma visão de mundo totalizante. Ora, tal adesão é responsável, segundo pensamos, pela impossibilidade de Freud responder conceitualmente à mudança do lugar social da racionalidade científica a partir do início do século XX. Essa mudança do lugar social da ciência foi acompanhada por processos sociais homólogos, principalmente a recentralização da cultura em torno da economia. De fato, a mudança em tais processos sociais nos interessa assim em três aspectos. Em primeiro lugar, ela permite compreender a origem de novas organizações acadêmico-empresariais que organizam e exploram a compreensão do sofrimento psíquico hoje. Cabe antecipar que esse novo "sentido" do sofrimento, elemento-chave do funcionamento de tais organizações acadêmico-empresariais, tem como seu pressuposto primeiro a absoluta exclusão do sujeito das causas do seu sofrimento. Em segundo lugar, a compreensão do atual funcionamento social da ciência é necessária para que se apreendam seus efeitos no sujeito enquanto novos *modos de subjetivação*, ou seja, de que modo o sujeito participa, ocupa seu lugar e resiste ao que lhe é oferecido como o "sentido do (seu) sofrimento". Finalmente, em terceiro lugar, ela isola o "ponto cego" da teoria freudiana e demonstra a necessidade de uma retomada das patologias do social como objeto de uma pesquisa de amplitude considerável, congregando elementos históricos, filosóficos e clínicos, e cujos primeiros passos são encetados neste livro.

A mudança em questão será retomada a partir de Heidegger, que aponta para um momento de inversão no que se entende como sendo as relações entre ciência e técnica em "A questão da técnica" (HEIDEGGER, 1990). A partir daí, a precipitação concreta dessa mudança do lugar da ciência na cultura será retomada aqui em dois âmbitos: aquele dos discursos acadêmico-empresariais sobre o sofrimento e aquele de sua expressão individual. Assim, será preciso examinar primeiramente o modo como uma nova psiquiatria se estabeleceu na segunda metade do século XX a partir de duas mudanças radicais em seu funcionamento. Em primeiro lugar, pela inversão de lugares entre a teoria e a técnica em sua clínica, e, em segundo lugar, pela sua "elevação" a uma lógica industrial, indissociável da manipulação dos consumidores pelo *marketing*. Isso alterou de modo inédito a própria *diagnóstica* do sofrimento psíquico, isto é, a natureza do conhecimento científico sobre o adoecimento da alma. Em seguida, buscaremos ilustrar como tais mudanças no lugar da ciência se concretizam pela modificação da linguagem natural e seus efeitos sobre os modos de narração do sofrimento. Já avancei anteriormente algumas hipóteses sobre como a extinção da figura do destino nas narrativas autobiográficas do sujeito pode estar intimamente ligada à ascensão das marcas corporais na modernidade (SILVA JUNIOR, 2008). Farei aqui uso do conceito foucaultiano de *modos de subjetivação* para a compreensão dessas novas formas de expressão, o que nos permitirá isolar a espessura social dessa mudança na linguagem e seu efeito na narração que o sujeito faz de seu sofrimento. A descrição das mudanças na *diagnóstica* e na *narração* do sofrimento é uma condição para que possamos examinar a impossibilidade, para a teoria freudiana, de diagnosticar essa mudança do lugar social da ciência e seus efeitos na economia psíquica do sujeito.

Esse caminho permite igualmente apresentar a intenção e a aposta deste livro. Pois a localização desse "ponto cego" na teoria freudiana traz consigo a necessidade de um amplo reposicionamento conceitual da psicanálise diante da cultura. Sem dúvida, a teoria dos discursos de Lacan, referência fundamental neste livro, particularmente aquela do *discurso da ciência* e do *discurso do capitalista*, representa um passo inquestionável nesse reposicionamento. Contudo, na medida em que tais conceitos, ou noções, dizem respeito a formas gerais pelas quais a linguagem se estruturou em nossa época, cabe ainda retomar as alterações nas formas específicas do sofrimento ao longo de sua história social e nosológica, por um lado, e de sua expressão singular, por outro. Apenas assim poderemos obter uma apreciação clínica e uma verificação da pertinência das posições teóricas e clínicas da psicanálise nesse novo contexto. Dessas prospecções singulares em formas específicas de pensar e narrar o sofrimento, espera-se trazer à tona formas e pontos de vista inéditos de trabalho coletivo da linguagem com o real, ou seja, com a ausência de sentido. Em suma, que do jogo de transformações sutis e silenciosas que afetaram as formas particulares do sofrimento possamos melhor compreender as possibilidades e as limitações simbólicas onde se alojam os sujeitos hoje.

Sobre a crítica heideggeriana da metafísica

Foi Heidegger, na segunda parte de sua obra, quem primeiramente expôs ao pensamento a inquietante realidade na qual a cultura estava já imersa. Trata-se aqui basicamente daquilo que Heidegger definiu como "A questão da técnica", título de uma conferência de 1954 que resume e retoma reflexões que estavam sendo feitas pelo filósofo desde os anos 1930. Heidegger diagnostica a partir dessa época uma forma de alienação da verdade fundamentalmente diversa daquela que descrevera em *Ser e Tempo*, de 1927. A diferença diz respeito à origem da alienação, que passa de um regime de "interioridade" e autonomia, em *Ser e Tempo*, para um regime de "exterioridade" e heteronomia na obra posterior de Heidegger.

Em *Ser e Tempo*, trata-se, para Heidegger, de demonstrar como a filosofia havia progressivamente se distanciado de sua pergunta seminal, a saber, "o que é o Ser?". Tal distanciamento haveria sido operado pelo pensamento metafísico, que sistematicamente pensaria o Ser a partir do ente, isto é, a partir das coisas, pensadas enquanto positividade da presença. Para desconstruir a metafísica, Heidegger retoma a questão pelo viés do ente que se questiona pelo ser, isto é, o homem. Nesse sentido, Heidegger fez uma inversão radical, propondo uma antropologia filosófica orientada pela fenomenologia como condição de possibilidade da questão ontológica. Em vez de primeiro definir o que é o Ser, para depois definir o que é o homem, Heidegger afirma que se trata de primeiro entender o sentido desse perguntar, isto é, trata-se de fazer um recuo do *sentido do Ser* para aquele da *pergunta sobre o Ser*, para que se possa continuar a tarefa de reflexão filosófica. Heidegger busca então redefinir o homem não a partir da biologia nem da razão, mas sim a partir do que lhe pertence de modo mais próprio, seu caráter temporal. Do ponto de vista do tempo, o homem é um ser essencialmente aberto à história, ou seja, às suas possibilidades, na verdade ele é "feito" de suas possibilidades. Contudo, entre todas as possibilidades, há uma que se diferencia radicalmente: aquela da morte, a única possibilidade que suprime todas as outras. Em outras palavras, *a possibilidade da impossibilidade*.

O *Dasein* heideggeriano foge da verdade de seu ser constituído pela finitude ao se enredar constantemente em projetos, discursos, curiosidades e ocupações apressadas do mundo cotidiano. Contudo, não poderá fugir para sempre, e mais cedo ou mais tarde receberá o apelo silencioso da possibilidade de *não-mais-estar-aí*. A prova da escuta desse apelo é a angústia, que cala o *Dasein*, isto é, silencia todo e qualquer discurso, extingue toda curiosidade e torna inútil e sem sentido toda pressa. Atingido por esse apelo, e repentinamente tornado órfão de todos os seus ideais, resta-lhe, contudo, uma possibilidade última de afirmação da própria autonomia: o *Dasein* pode tomar uma decisão – *Entschlossenheit* – pela vida autêntica, isto é, pela não fuga de sua finitude, e pela assunção responsável de todas as decisões mundanas e suas consequências. Se a questão essencial para Heidegger era a desconstrução da metafísica em sua pergunta sobre o Ser, podemos agora compreender de que forma isso ocorreria: a pergunta pelo Ser, a pergunta filosófica por excelência, na medida em que foi proferida sob a égide metafísica da eternidade, só pode ser entendida como uma forma de alienação e fuga angustiada da finitude. Caberia então repensar o Ser a partir da finitude, e essa seria a partir daí a verdadeira tarefa para a filosofia.

A ciência e a linguagem na era da instalação: *die Gestell*

Já nos anos 1930, Heidegger começava a perceber os problemas com a via na qual trilhava *Ser e Tempo*. Por exemplo, a afirmação de uma autonomia radical, vivida individualmente pelo *Dasein*, não lhe parecia mais efetivamente ter efeitos sobre uma nova forma de alienação que começava a surgir em uma série de fenômenos sociais. Comecemos por descrever esses fenômenos, para, em seguida, retomarmos a interpretação heideggeriana deles.

Em 1929, Ernst Jünger publicara *A mobilização total*, livro que descrevia uma peculiar forma de organização social que a Primeira Guerra Mundial havia trazido à luz. Jünger descrevia ali uma ruptura na lógica dessa guerra com relação a todas as outras da história. Até então, observa ele, as guerras eram um problema exclusivamente militar, e restrito aos Estados e às formas armadas. Contudo, na guerra de 1914, Jünger observa que todas as instituições sociais, todo o povo dos países envolvidos, viram-se convocados a participar da guerra, donde o título de seu texto *A mobilização total*. Para além dos "negócios de guerra", revelava-se ali uma nova forma de organização da vida social e da cultura.

Para Heidegger, isso apontou para uma questão que transcendia a desconstrução da metafísica em seu âmbito filosófico. Pois tal forma demonstrava que, naquele momento histórico, a essência da experiência de alienação e de sua eventual superação não poderia mais ser pensada como exclusivamente individual, como o fora em *Ser e Tempo*. Não apenas a vida do indivíduo parecia orientada pela alienação metafísica, mas também as formas de vida como tais, as instituições e a linguagem haviam tomado a forma de um sistema metafísico, isto é, a forma de uma afirmação totalitária e totalizante do Ente como presença. Em outras palavras, a negação da finitude que Heidegger diagnosticara na metafísica se expressava agora na própria vida social, para além da reflexão filosófica. Desse modo, não apenas a alienação metafísica do Ser deixa de ser pensável como uma questão individual de fuga, angústia diante da própria morte e sua eventual assunção numa *forma de vida decidida*, como também o problema fundamental da metafísica passa a ultrapassar o âmbito da filosofia e impregna a ordem da cultura como um todo.

Tal impregnação da linguagem cotidiana se mostra como uma modalidade específica de perceber e compreender o mundo, a natureza e as pessoas. Segundo Heidegger, essa modalidade se define por uma gramática de extração e acúmulo, em que os objetos (*Gegenstand*) passam a valer por sua consistência, duração e certeza (*Bestand*). O Reno, que permitia que o camponês transportasse suas frutas e verduras, dependendo do tempo, passa a ser pensado como energia potencial para uma usina hidrelétrica, e sua beleza, como potencial de exploração pela indústria do turismo. Uma nova linguagem havia se apropriado da relação entre os sujeitos e o mundo, uma linguagem instrumental. Nesse sentido, o termo que melhor expressa essa nova gramática de extração e acúmulo, gramática na qual a existência passa a ser dita, seria "técnica". Com efeito, todos os entes, toda experiência valem nessa gramática apenas como instrumento, ferramenta. Contudo, na medida em que essa gramática técnica envolve o mundo inteiro como uma rede, a nada permitindo que lhe escape, nem mesmo aquele que crê criar os novos instrumentos dessa rede, uma diferença fundamental deve ser marcada com o sentido cotidiano de "técnica". Em seu sentido comum, uma técnica é sempre uma opção livre daquele que a emprega. Ora, se nem mesmo a forma como o homem compreende seu mundo escapa a essa gramática de extração e acúmulo, então ele não tem mais a liberdade, a possibilidade de interromper a técnica em sua expressão planetária. Nesse sentido, a técnica não pode mais ser compreendida como um instrumento neutro, à mão do homem. Em seu texto "A questão da técnica", Heidegger busca então um novo termo, capaz de pensar no que subjaz a tal gramática globalizada da extração e do acúmulo planetário, gramática que se infiltrara na própria alma da cultura, propondo o termo *Gestell*. Entre os diferentes sentidos dessa palavra em alemão, presentes na construção de Heidegger desse conceito, um se destaca: a *instalação*, termo que evoca o anonimato e a inquietante mecanicidade do que está sendo descrito.

No tema que nos interessa, a saber, a mudança do lugar social da ciência, o efeito da instalação é bastante claro. Ela se transforma, sob a égide da instalação, no *monopólio da operacionalidade técnica em torno da certeza da representação*. É evidente que esse monopólio exclui, invariavelmente, qualquer outra forma de questionamento do real, mesmo aquela da "curiosidade neutra" que até então caracterizou o fazer científico. A *certeza da representação*, ou seja, a formalização da linguagem necessária ao saber científico (SILVA JUNIOR, 2007), passa, desse modo, a funcionar exclusivamente segundo fins operacionais. Perde-se assim aquilo que foi, até então, a condição por excelência da ciência, a saber, o desconhecimento e o desejo de saber como causa da investigação. Claro está que a *mobilização total* descrita por Jünger era apenas a ponta de um gigantesco *iceberg* que se desdobraria na própria forma de compreensão do humano e da natureza de seu sofrimento. No nível social, isso ocorreria, entre outras formas, com o surgimento de uma nova diagnóstica, isto é, uma forma de compreensão e nomeação dos sofrimentos apoiada na linguagem científica. No nível singular, com o surgimento de novos modos de subjetivação, fundamentalmente impermeáveis aos anteriores.

A superação técnica da ciência psiquiátrica

De fato, talvez um dos exemplos mais claros de como a ciência passa a ser definida pela técnica seja aquele da recente história da psiquiatria. Enquanto testemunha do surgimento de um novo modo de compreensão e de nomeação do sofrimento, essa história teve um papel fundamental em dois sentidos. Em primeiro lugar, pelo seu inédito sucesso como uma ciência prática, com o desenvolvimento – a partir dos anos 1950 – de uma tecnologia de medicamentos finalmente eficaz no controle dos efeitos das depressões graves. Era a primeira conquista capaz de legitimar efetivamente a psiquiatria no campo da clínica médica, após praticamente 200 anos de desconfortável isolamento na mera descrição e taxonomia das doenças. Em segundo lugar, a partir da surpreendente reorientação epistemológica, reorientação com efeitos radicais na produção de conhecimento da teoria psiquiátrica. De fato, a história dos manuais das séries DSM e CID demonstra um progressivo abandono do ponto de vista causal e a paulatina adoção de critérios pragmáticos e convencionalistas de diagnóstico e tratamento das doenças mentais. Tal reorientação epistemológica, que exige da psiquiatria seu distanciamento de uma nosologia crítica e reflexiva em nome de uma nosografia purificada de quaisquer hipóteses, busca oferecer critérios exclusivamente empíricos para o diagnóstico das doenças, apontando não apenas quais sintomas, como também a quantidade e a duração necessárias para a atribuição de um certo diagnóstico. Uma reorientação convencionalista da divisão entre o normal e o patológico completa as condições de base que permitirão à psiquiatria um salto para além das fronteiras da medicina, a saber, para a *indústria do bem-estar*, numa bem-sucedida *joint venture* acadêmico-empresarial.

Cabe antes refletir um pouco mais sobre como esses dois avanços da psiquiatria podem ser interpretados como típicos da era da instalação. De fato, ilustrando com perfeição a inversão entre ciência e técnica indicada por Heidegger, a "história natural da doença", isto é, o pressuposto de uma *coerência interna*, deixou de ser resultado da observação clínica e da dedução hipotética dos processos autônomos do sujeito e passou a ser definida pelos efeitos de novas drogas sobre o comportamento. Nesse sentido, a psiquiatria inverteu a ordem entre o processo de produção de conhecimento e aquele de ação terapêutica vigente até então: em vez de esperar passivamente as doenças surgirem e serem descritas, isoladas e submetidas a sucessivas tentativas terapêuticas, ela passa a definir de antemão e criar ativamente as patologias de sua competência, organizando-as em torno dos agrupamentos de sintomas que desaparecem sob a ação de drogas com ação neuroquímica.

Essas mudanças epistemológicas da psiquiatria precederam o processo de renomeação dos sofrimentos de modo hegemônico e compulsório na era da instalação, o mercantil. De fato, se, por um lado, a psiquiatria adquiriu um maior poder terapêutico apoiada nos avanços da neurofisiologia e da neuroquímica, por outro lado, o princípio convencionalista da classificação das doenças foi um passo estratégico para o desencadeamento e a manutenção de um processo virtualmente infinito de renomeação de grupos de sintomas, numa inquietante importação de uma das estratégias mais eficazes do *marketing*, aquela da *obsolescência programada*, tendo conseguido criar o perfeito consumidor para a indústria farmacêutica. Ora, cabe aqui um breve desvio para que se possa compreender como aquilo que veio a se tornar o principal motor da economia do século XX, o *marketing* e suas estratégias de produção do consumo (Silva Junior; Lírio, 2005), contribuiu para a criação de uma nova *diagnóstica* psiquiátrica no século XX.

O sofrimento nos tempos do *marketing*

A psicanálise não está isenta dessa história. Em 1909, Freud e seus discípulos haviam deixado uma forte impressão sobre o meio médico dos Estados Unidos apresentando uma teoria racional sobre os processos irracionais da alma e demonstrando a presença desses processos irracionais no cotidiano (HALE, 1971; 1995 *apud* ILLOUZ, 2006). A consideração das emoções como realidades em si, fora das categorias do pensamento moralizante, não era mais algo impensável. A literatura e as revistas femininas haviam popularizado esse novo saber sobre o espírito apresentado pela medicina, e um discurso sobre a interioridade começava a tomar a cena pública desse país (ILLOUZ, 2006).

Uma figura-chave na instituição prática e na constituição teórica do *marketing* foi Edward Bernays, sobrinho de Freud e que, supostamente, apoiando-se na teoria psicanalítica, lançou as bases da manipulação simbólica como instrumento do consumo das massas (CASTRO, 2013). Bernays definia sua ciência como uma "engenharia do consentimento", isto é, como "arte de manipular as pessoas", e defendia que essa era uma forma de proteção da democracia, uma vez que as massas eram "fundamentalmente irracionais" e em cuja opinião "não se poderia confiar". Não é uma surpresa sua participação ativa por várias décadas no Comitee for Public Information, órgão estatal do governo estadunidense dirigido a manipular a opinião política das massas a partir da tecnologia desenvolvida no *marketing*.

Assim, na metade dos anos 1920 pode nascer nos Estados Unidos um novo campo de estudos, chamado de "economia de consumo". Este desenvolveu novas técnicas no campo da economia, como o crédito pessoal, mas, principalmente, a publicidade, que deveria descobrir e explorar o poder da carga simbólica dos produtos. Charles Kettering, engenheiro da General Motors e inventor de mais de três centenas de patentes em vários domínios, foi um dos primeiros a capturar o núcleo do que iria então se tornar a máxima da ciência do consumo: "A chave da prosperidade econômica", dizia ele, "é a criação de uma insatisfação organizada" (*apud* RIFKIN, 2006, p. 42). Chegando a conclusões similares, um longo relatório encomendado pelo presidente Hoover ao Comitê sobre as Mudanças Econômicas Recentes foi publicado em 1928. A conclusão desse relatório suscita uma inquietante familiaridade com a teoria psicanalítica do desejo:

> A investigação demonstra de maneira segura aquilo que havíamos tido por muito tempo como verdade em teoria, a saber, que os desejos são insaciáveis; que um desejo satisfeito abre caminho para um outro. Para concluir, diremos que no plano econômico um campo sem limite se abre a nós; novas necessidades abrirão sem cessar o caminho para outras ainda mais novas, desde que as primeiras sejam satisfeitas. [...] A publicidade e outros meios promocionais [...] atrelaram a produção a uma potência motriz quantificável. [...] Nossa situação é promissora, nosso ímpeto, extraordinário (*apud* RIFKIN, 2006, 46-47).

Não se trata apenas de vender imagens e discursos através do cinema, da televisão, do rádio, da internet – veículos de venda de mercadorias de natureza cultural –, mas também da utilização da própria imagem como um sutil instrumento da venda de mercadorias. Não apenas ideais estéticos e sensoriais podem se tornar meio da indústria da produção de consumo de roupas, hábitos de higiene ou produtos alimentares. Pode-se também produzir identidades, prazeres, valores morais e mesmo formas de adoração religiosa, ou seja, qualquer processo psíquico pode tornar-se uma ferramenta eficaz da produção de consumo. Mais especificamente, a cultura adquiriu a função de meio de produção de comportamentos de consumo. Para tanto, deve-se simplesmente, a cada vez, seja criar, seja renomear experiências em comportamentos humanos comercializáveis (SILVA JUNIOR; LÍRIO, 2005). De fato, pode-se dizer que o que caracteriza a versão econômica da instalação diz respeito, sobretudo, ao aspecto exponencial desse processo de tradução de formas de sociabilidade e de cuidados de si em elementos que as tornem acessíveis à lógica mercantil.

Ora, não será uma surpresa que nossas formas de adoecimento sejam incorporadas em tal lógica de renomeação mercantil, numa duvidosa articulação do campo da cultura com o campo da indústria farmacêutica das drogas psicoativas. Para tanto, o sofrimento psíquico cotidiano exige uma série de modificações da linguagem, dos sujeitos, das instituições de saber e da cultura (BOLGUESE, 2004).

Esse segundo processo inclui elementos que vão além da competência psiquiátrica. Em primeiro lugar, aquilo que Maria Silvia Bolguese (2004) apresenta em seu trabalho como a "banalização" e a "naturalização" da depressão. A banalização é constatável na crescente popularização dos discursos sobre a depressão no âmbito leigo, assim como uma inflação inusitada do diagnóstico de depressão no âmbito médico como um todo. Com efeito, para além da clínica psiquiátrica enquanto tal, o diagnóstico e o tratamento da depressão são hoje comumente realizados por clínicos gerais, ginecologistas e outros especialistas sem formação psicopatológica específica. Nesse sentido, não apenas a depressão se banalizou, como também o sofrimento psíquico como tal. Mas tal banalização está associada a discursos que a naturalizam, isto é, que a apresentam como uma condição "natural" do ser humano, resultante de distúrbios orgânicos e, portanto, em última instância, desvinculados do contexto histórico em comum, bem como da historicidade de cada um.

Através do *marketing*, uma verdadeira *Weltanschauung* organicista foi construída para sustentar a identidade do consumidor das drogas psicoativas. Com efeito, o sentido freudiano desse termo vale com perfeição para a promoção dessa narrativa, uma vez que ela visa dar um sentido geral à existência e assim garantir o sujeito contra seu desamparo incontornável. Essa *Weltanschauung*, em sua ressignificação do sofrimento enquanto disfunção puramente orgânica, priva, contudo, o sujeito do sentido do sofrimento como forma de reação aos acontecimentos, invalidando-os, *a priori*, com a marca da desrazão e da ausência de sentido, privando-o assim de sua potencialidade crítica na esfera da vida social.

De fato, na lógica do discurso que naturaliza o sofrimento, o responsável último pela doença se torna o corpo inerte, o *soma*, que apresentaria um déficit ou irregularidade deste ou daquele elemento ou processo neurofisiológico. Sua insatisfação, seu inconformismo e sua tristeza deixaram de ser reações compreensíveis à luz das adversidades de sua existência e passaram a significar distúrbios neuroquímicos, passíveis de uma correção medicamentosa. E esse mesmo discurso o informa de que a ciência já se encontra suficientemente avançada para oferecer uma solução concreta para tais problemas, através de medicamentos capazes de corrigir tais deficiências. Nesse momento o sujeito está preparado para começar a exercer, através do seu sofrimento, seu papel "cívico" no mundo do capitalismo, aquele de consumidor. Contudo, o trabalho de recodificação não termina aqui, já que um novo problema se coloca, aquele de conquistar a fidelidade desse novo consumidor. Será então que outras competências do *marketing* serão convocadas a atuar. Assim, entre outros elementos que constituem um quadro semântico de extrema coerência, o *marketing* medicamentoso não hesita em apresentar a alegria como um estado afetivo à mão, passível de ser obtido pela medicação a qualquer momento e por toda a vida.

Vimos como a renomeação acadêmico-empresarial do sofrimento, voltada para a produção e o controle do comportamento de consumo e apoiada sobre uma ampla gama de processos científicos e do *marketing*, produz e oferece uma *Weltanschauung* no sentido freudiano do termo. Vejamos agora como o sujeito faz para ocupar seu lugar nesse discurso, assim como os efeitos retroativos dessa ocupação sobre ele. Em outras palavras, se há uma "poética" da racionalidade diagnóstica, ou seja, se há uma *produção discursiva* desta, há também uma "estética", uma *forma de recepção* desta última pelos sujeitos que a incorporam e que propagam seus efeitos ontológicos. Esse lugar pode ser pensado como estruturas da linguagem que Foucault nomeou como *modos de subjetivação*.

Novos sofrimentos, novos sujeitos

Vejamos, pois, os efeitos no sujeito dessa nova racionalidade diagnóstica. Um inquietante fenômeno pode ser observado hoje, pois ele articula essa nova racionalidade diagnóstica, promovida pelo programa DSM, a novas formas de subjetivação no sentido foucaultiano dessa expressão. Uma cena da clínica psicanalítica ilustra bem a inquietante modalidade de nomeação do sofrimento a partir dos próprios sujeitos:

> Clara é uma mulher bonita, de 40 e poucos anos, encaminhada para a análise por sua psiquiatra. Ao se sentar na poltrona para a primeira

entrevista, declara, como quem oferece um cartão de apresentação: "Sou bipolar". O silêncio que se segue parece esperar uma confirmação do analista, algum sinal de que este sabe do que ela está falando, antes de poder continuar. Diante da ausência desse sinal de entendimento prévio, ela continua sua narrativa. Hoje está divorciada, é mãe de dois filhos. Fez uma análise longa, aparentemente proveitosa, inicialmente motivada por uma depressão quando foi morar aos 17 anos no exterior, onde fez faculdade e conheceu seu marido.

Podemos pensar que tal forma de autonomeação, "sou bipolar", seja mais do que a comunicação de um diagnóstico psiquiátrico previamente recebido a um novo profissional da saúde mental. Na verdade, trata-se de uma de autonomeação fundada sobre um saber científico. O modo de Clara se apresentar é particularmente comum. Surpreende apenas que ele ocorra em uma pessoa que tenha feito uma análise que foi aparentemente essencial para ela. Outra paciente chega dizendo: "Sou bulímica", o que é raro, em se tratando de uma doença que, em geral, é cercada por sentimentos de vergonha e que dificilmente aparece de modo explícito no início da análise.

Cabe notar que tais formas de autonomeação são transnosográficas. Neuróticos obsessivos, histéricas, *borderlines*, deprimidos e psicóticos frequentemente evocam um diagnóstico sobre o qual não têm qualquer dúvida e ao qual se conformam como quem descreve a cor dos cabelos ou o tipo de comida preferido. A autonomeação a partir de um quadro psiquiátrico descreve contudo uma disfunção. Eis por que um certo incômodo atinge a escuta analítica: temos a nomeação de uma identidade eventualmente disfuncional, mas não uma demanda na qual esteja suposta uma responsabilidade do sujeito. Nada que deixe suspeitar um desconforto, surpresa ou culpa com o que está supostamente subjacente ao nome oferecido como causa da busca de uma análise.

Ora, tais acontecimentos discursivos, isto é, o estabelecimento de identidades a partir de discursos fundados sobre saberes, constituem o foco dos trabalhos de Michel Foucault, particularmente naquilo que ele nomeou como modos de subjetivação. Esse conceito é, portanto, adequado para situarmos a forma de apropriação do sofrimento pelos sujeitos da *Weltanschauung* organicista na era da instalação. Ele nos permitirá localizar com relativa precisão o modo de exclusão do sujeito do inconsciente por essa *Weltanschauung* enquanto uma supressão de sua *potencialidade enunciativa*.

Sob a expressão "modos de subjetivação", Foucault define basicamente duas coisas. Em primeiro lugar, é fundamental que se perceba que os modos de subjetivação são paradoxalmente equivalentes a *modos de objetivação do sujeito*, particularmente na relação dos sujeitos com o saber e o poder (FOUCAULT, 1994, p. 223). Os sujeitos se constituem ao se assumirem como objeto de um saber ou poder.

Nos casos citados anteriormente, trata-se de uma produção de identidades patológicas. São declarações em que o sujeito se nomeia como o objeto de um saber, e, mais particularmente, de um saber médico sobre o sofrimento humano em geral. De um só golpe, essas formas de nomeação transformam os sofrimentos em "casos", em expressões singulares de uma verdade universal e prévia sobre as formas de sofrer do ser humano. Essa verdade universal garante as verdades singulares. A posição dessa verdade universal em cada ato singular é aquela de uma metaverdade, uma verdade sobre as verdades. Ela está suposta em cada autonomeação. Tal estrutura, a metaverdade, ou o metadiscurso, é nomeada por Foucault como *formas de saber*, ou *jogos de verdade*, os quais estabelecem as regras e condições segundo as quais um discurso pode ser considerado verdadeiro ou falso. Há três campos de jogos de verdade estudados por Foucault: aqueles que examinam as condições de acesso ao estatuto de saber científico (como em *As palavras e as coisas: uma arqueologia das ciências humanas*), aqueles que fundam as práticas de segregação (*História da loucura, O nascimento da clínica, Vigiar e punir*) e aqueles pelo quais um sujeito se torna um sujeito moral (*História da sexualidade, Hermenêutica do sujeito*).

É no interior deste último campo dos jogos de verdade que encontramos o sentido mais específico dos modos de subjetivação. Nesse uso ético da expressão, trata-se, para Foucault, de examinar as formas de atividade sobre si mesmo: "A ação moral", diz Foucault, "é indissociável de formas de atividade sobre si mesmo, que não são menos diferentes de uma moral a outra do que o sistema dos valores, das regras e das proibições" (FOUCAULT, 1984, p. 36). Os modos de subjetivação são, portanto, indistinguíveis da própria noção de sujeito em Foucault, seja *ontologicamente*, na medida em que se trata de *construir seu ser* através de sua identidade, seja *moralmente*, na medida em que se trata de praticar *cuidados de si*.

O conceito de modos de subjetivação de Foucault diz respeito a um fenômeno discursivo de natureza social, que envolve a todos. Está presente nas narrativas e nos discursos enquanto condensações da língua e da cultura, enquanto preferências gramaticais, padrões estéticos e morais diferentes de uma região a outra, de um tempo a outro no interior de uma mesma língua. A natureza dos modos de subjetivação é discursiva, e eles servem à diferenciação, à pertença e à exclusão, enfim, servem à legitimação de um sujeito e de seus atos no interior de um código social. Dizem respeito ao que é considerado um bem ou um mal para o sujeito, assinalando sua posição moral. São assim fenômenos coletivos, restritos a grupos sociais, períodos de tempo, e, em certa medida, também comparáveis às modas. São fenômenos discursivos que legitimam saberes, partilham identidades e orientam moralmente.

De que modo o sujeito que interessa à psicanálise, a saber, o sujeito do inconsciente, reage aos modos de subjetivação? De fato, esses processos de ocupação pelo sujeito dos discursos e laços sociais, de acordo com Lacan, são também pensáveis como soluções do sujeito a seus impossíveis, enfim, como modalidades de tratamento do real. Ora, a cisão constitutiva do sujeito pensada pela psicanálise tem como correlato uma forma precisa de oposição, aquela entre o enunciado e a enunciação. O sujeito psicanalítico, aquele que interessa como porta-voz da verdade, é o sujeito da enunciação. A partir de tal posicionamento, Lacan coloca em questão o pressuposto de uma metalinguagem em sua incidência tanto clínica quanto teórica. Isso significa que a afirmação "não há discurso sobre os discursos, ou não há Outro do Outro" é uma posição que implica a renúncia ao amparo ontológico oferecido pelo pressuposto de uma metalinguagem. Assim, estabelece-se em sua crítica uma relação de continuidade entre a história da filosofia, os modos de subjetivação e as formas de sofrimento do sujeito do inconsciente.

Como alternativa a tal renúncia ao enunciado como garantia ontológica, Lacan promove o resgate da enunciação como abertura privilegiada à verdade. Naturalmente, não se trata do mesmo tipo de verdade que a metalinguagem garantiria a todos os discursos, a saber, a verdade como adequação, mas de uma verdade marcada pela fugacidade, uma verdade atrelada à noção de acontecimento irreversível, uma verdade pensada enquanto desvelamento, como Heidegger a retomou do pensamento e do sentido gregos.

Se a experiência da clínica psicanalítica põe em causa o caráter insubstituível da enunciação, na metafísica, por sua vez, temos uma primazia do enunciado. Ora, os modos de subjetivação definidos por Foucault são, nesse sentido, compreensíveis como formas de subjetivação "metafísicas", uma vez que nelas o sujeito se nomeia como o objeto de um saber anterior, um saber que deve garantir a verdade sobre as verdades. Não é, portanto, um acaso que os modos de subjetivação da contemporaneidade tendam a suprimir o valor da enunciação, na medida em que negam a autonomia de sua eficácia.

A declaração de Clara, "sou bipolar", vale, nesse sentido, como um precipitado particularmente exemplar desse modo de subjetivação fundado sobre a estrutura metafísica, em que o sujeito se filia a uma categoria diagnóstica como quem pede abrigo para a própria verdade. De fato, tais modos de subjetivação afetam a relação do sujeito com o discurso, numa inegável direção de obsoletização da enunciação como forma de habitar a linguagem, uma vez que só importa o *já dito*. Os modos de subjetivação contemporâneos evocam, assim, incessantemente, a metalinguagem, a linguagem subjacente a todas as linguagens.

O psicanalista frequentemente recebe tais sujeitos sem perguntas sobre si, que partem do princípio de que a própria fala é supérflua. "Sou deprimido", "sou bipolar" ou "tenho pânico" são sentenças que não raro inauguram uma primeira entrevista. Esse sujeito parece igualmente pouco interessado em qualquer fala do analista que não confirme a resposta que já tem sobre si. Tal indiferença ao saber inconsciente e ao seu deciframento parece, com efeito, ser uma das tendências do modo de subjetivação pós-moderno (ASKOFARÉ, 2013, p. 85). Note-se, contudo, que, uma vez que ele afirma tais identidades, há ali uma implicação pulsional que pede uma participação do outro. Na maior parte das vezes é apenas sobre essa frágil aposta que o analista pode se apoiar para manter sua espera por uma enunciação com espessura subjetivante.

Mas essa derivação clínica não é a única que se apresenta como um desafio para a psicanálise. Na medida em que essas subjetividades contemporâneas são inseparáveis de uma certa economia de mercado que organiza instituições de ensino, hospitais, jurisprudências específicas, assim como sistemas pré-formatados e lucrativos dos cuidados de si, um posicionamento da psicanálise diante da cultura é necessariamente convocado. Retomando o caminho percorrido, os novos jogos de verdade que sustentam os modos de subjetivação atuais, pautados por uma compreensão organicista e convencionalista das patologias, e mantidos em movimento por recursos de persuasão importados do *marketing*, afetam a potência enunciativa dos sujeitos, mais do que suas "estruturas". Estamos, portanto, diante de uma realidade social que afeta a economia psíquica dos sujeitos, suas estruturas de gozo e sofrimento segundo uma modalidade específica. Esse parece ser o efeito mais visível da era da instalação sobre o psiquismo e sua expressão do sofrimento, a saber, o progressivo *silenciamento do sujeito da enunciação* pelo sujeito do enunciado. De certo modo, isso já estava implícito na própria "virada" heideggeriana, que denunciava uma obsoletização do sujeito e de suas decisões autênticas na gramática da alienação introduzida pela instalação. A partir desta apresentação, estamos em condições de isolar melhor o que parece ter sido a deficiência da teoria freudiana para a crítica desse novo cenário das patologias do social. Comecemos, portanto, pela retomada das balizas mestras da teoria freudiana das patologias do social.

As patologias do social entre a antropologia filosófica e a filosofia da história

Do ponto de vista histórico, a ideia de uma oposição estrutural entre a vida pulsional e a cultura como origem do sofrimento aparece relativamente cedo em Freud (1986): no "Manuscrito N", na carta para Fliess de 31 de maio de 1897, seu comentário sobre o incesto é de que "ele é [...] antissocial – a cultura consiste nessa renúncia contínua". Dois anos depois, surge, definitivamente, a tese de que a cultura seja uma das causas das patologias psíquicas. No texto *A sexualidade na etiologia das neuroses*, a relação causal é explícita. Freud ali afirma que podemos "com correção responsabilizar também nossa civilização pela disseminação da neurastenia" (FREUD, 1996, p. 29).

Não se trata, portanto, para Freud, de meramente apontar as "relações antagônicas entre cultura e livre desenvolvimento da sexualidade" (FREUD, 1982b, p. 144), mas também de compreender os efeitos patológicos decorrentes desse antagonismo. Assim, desde o início, tal antagonismo parece se dar em uma estrutura de impasse entre a natureza e a cultura: por um lado, o recalcamento pulsional é necessário para a instauração da cultura; por outro lado, seus efeitos serão patológicos sobre os sujeitos e suas relações "culturalizadas". Há, assim, uma relação de determinação dificilmente contornável entre as condições de possibilidade de instauração da cultura e seus efeitos patológicos sobre essa mesma cultura. Ao longo de sua obra, os efeitos patológicos em questão, ou seja, as patologias do social, sofrem no pensamento freudiano uma alteração de modalidade e de conteúdo (SILVA JUNIOR, 2012a). Quanto à modalidade, elas passam de um estatuto de contingência para um estatuto de necessidade. Em outras palavras, num primeiro momento, Freud concebe uma conciliação possível entre pulsionalidade e cultura sem resto patológico. Mas, a partir de 1920, tal conciliação se torna conceitualmente impossível. Quanto à alteração de conteúdo nessa estrutura de impasse entre pulsionalidade, cultura e patologia, esta será definida pelo advento da pulsão de morte e sua "crueldade sem álibi", expressão com a qual Jacques Derrida (2000) aponta para o caráter sem razão, sem outra finalidade dessa crueldade senão a própria crueldade e sua volúpia de destruição (SILVA JUNIOR, 2012b). Vejamos como se dá essa inquietante passagem do estatuto contingente do sofrimento para aquele de necessidade.

Num primeiro momento, Freud assume que qualquer organização social requer uma renúncia à satisfação pulsional. Ora, tal renúncia é compensada seja por formas deformadas de satisfação, a saber, os sintomas neuróticos, seja pela sublimação. Se esse esquema parecia funcionar bem até 1920, a partir dessa data, a nova teoria pulsional de Freud impede a solução sublimatória com um novo argumento. Segundo Freud, toda sublimação exigiria uma regressão libidinal preliminar ao seu posterior desvio para novos objetos socialmente valorizados. Esse retorno ao narcisismo teria como efeito uma deserotização importante da libido. Essa deserotização, por sua vez, teria como efeito a desfusão das pulsões eróticas e da pulsão de morte, liberando esta última para refusões particularmente nefastas, como aquela presente na origem do masoquismo moral e feminino. De fato, nessa versão final da etiologia cultural do sofrimento, uma implacável lógica é proposta pelo pensamento freudiano: o mal-estar na civilização adquire uma segunda faceta, ao lado daquela dos sintomas neuróticos, a saber, aquela da deserotização e do consequente domínio do psiquismo por uma economia masoquista, expressa fundamentalmente pelo *sentimento de culpa inconsciente* (Silva Junior, 2014).

Nesse nível de teorização, o que está sendo colocado em jogo por Freud é evidentemente de ordem antropológica. Com efeito, está aqui presente uma antropologia filosófica preocupada em compreender a diferença entre a animalidade e o humano, assim como a passagem que leva de uma ao outro. Tal antropologia filosófica pensa o humano não apenas como um ser dividido entre a natureza e a cultura, mas também como um ser que sofre, de forma progressivamente inevitável e em cada um dos polos de sua divisão, o preço dessa divisão. Tanto o corpo quanto a alma do homem culturalizado trarão a marca da dor de modo perene. Claro está que se a concepção freudiana das patologias do social se resumisse a esse eixo antropológico, ela dificilmente poderia escapar à crítica de um impasse frente à ordem política, em que a pressuposição de uma margem de liberdade frente às ações futuras é uma condição de possibilidade.

Contudo, esse é apenas um dos dois centros causais da teoria das patologias do social em Freud, uma vez que sua obra avança outro elemento causal de origem social para o sofrimento psíquico. A figura da elipse[1] me parece ser uma boa ilustração para esse modelo bicêntrico das patologias do social: diferentemente do círculo, cuja formação depende da rotação de um ponto com distância de valor constante em torno de um só ponto fixo, a elipse é formada pelo movimento de um ponto com distância de valor também constante, porém resultante da adição das distâncias desse ponto até dois pontos fixos, os centros da elipse. A elipse tem, assim, dois centros na origem de sua construção. Se o primeiro centro da elipse causal freudiana é aquele de uma antropologia filosófica, o segundo centro se inscreve numa filosofia da história. Nesse segundo centro, Freud atribui uma indeclinável eficácia patogênica não mais ao abandono da satisfação pulsional imediata, mas ao problema da verdade. Mais especificamente, à relação deficitária dos discursos com a verdade histórica dos sujeitos e de sua vida pulsional em comunidade. Assim, concepções sobre a origem e a manutenção de instituições, identidades e tradições culturais, valores e costumes, enfim, tudo aquilo que se define na filosofia contemporânea sob a ordem dos discursos, podem exercer o papel de novos fatores que se articulam ao fator etiológico primeiro das patologias do social, postulado por sua antropologia filosófica, potencializando-o. Em outras palavras, as grandes narrativas de uma cultura, seus ideais, suas exigências morais, podem fazer adoecer na medida em que estabelecem relações deficitárias dos seus sujeitos com a verdade de sua história e de seus desejos.

---

[1] Werner Hamacher (1996) utilizou a figura da elipse em uma excelente exposição da hermenêutica de Schleiermacher. Foi de onde retirei a inspiração para esse modelo da etiologia freudiana para o sofrimento social.

Para Freud, a partir do centro discursivo da elipse causal, é possível modificar, dentro de certos limites, os efeitos patogênicos do centro antropológico tanto aumentando-os como diminuindo-os. Em outras palavras, a relação dos sujeitos com a verdade pode potencializar ou atenuar o sofrimento proveniente da estrutura de impasse entre a natureza e a cultura. Eis onde se localiza, para Freud, o papel propriamente político das teses psicanalíticas. Com efeito, desde 1908, em *A moral sexual civilizada e a neurose moderna*, Freud convida a sociedade burguesa a uma autorreflexão a respeito de suas normas e seus valores, sugerindo explicitamente a franqueza e a verdade a respeito dos assuntos sexuais como os melhores remédios para a hipocrisia moral da época e suas consequências de caráter epidêmico, a saber, a histeria nas mulheres e a impotência sexual nos homens. Em 1930, em *O mal-estar na civilização*, a acusação de hipocrisia moral se volta contra os discursos que negam a natureza incontornavelmente agressiva do ser humano. Claro está que se, por um lado, a psicanálise aponta para o caráter inevitável do mal-estar da vida em civilização, ela também aposta na minimização de tal sofrimento, buscando reduzir a *dor neurótica ao sofrimento humano comum*.

Assim, as teses freudianas sobre o sofrimento inerente e inevitável da vida em sociedade não impedem a realização de uma crítica social genuinamente psicanalítica, que preserva o sentido crítico das formas de sofrimento e sua potência de transformação. Em *Por que a guerra?*, Freud (1982c) nomeia esse tipo de ação sobre o campo pulsional mediada pela palavra como uma terapêutica indireta. Os discursos sociais, seja na forma da religião, seja na da ideologia política, propõem, segundo Freud, valores essencialmente inadequados, e invariavelmente ilusórios, à natureza pulsional humana. Nesse sentido, o impasse político da antropologia filosófica freudiana se abre e permite uma reflexão crítica de longo alcance com relação aos efeitos deletérios, para a vida humana, das utopias políticas e de outras visões totalizantes de mundo. Inversamente, o confronto com a verdade pode atenuar o fator etiológico oriundo da hominização e introduzir o pensamento político a uma lógica simultaneamente crítica e cautelosa: por um lado, uma política inspirada pela suspeita frente ao entusiasmo das soluções utópicas; por outro lado, uma política inspirada pela experiência clínica, em que o cuidado tem a primazia sobre o conhecimento causal da doença e o projeto de sua cura definitiva.

Entende-se desse modo por que, independentemente das mudanças de modalidade e de conteúdo operadas em sua antropologia filosófica – fundamentalmente, a introdução de uma nova economia pulsional e seus correlatos como a pulsão de morte –, as críticas de Freud, quando se trata de encontrar na cultura a origem ou o fator agravante das patologias, dirigem-se invariavelmente a um mesmo alvo ao longo do tempo, a saber, a relação dos discursos com a verdade. Das duas origens de nosso sofrimento, apenas nossa relação com a verdade pode ser eventualmente modificada. Os alvos constantes, considerados por Freud como fontes nefastas e de inverdade, são a moralidade burguesa, fundamentalmente hipócrita com relação à sexualidade, e as religiões, particularmente a cristã, fundada sobre o preceito paulino do "amai ao próximo como a ti mesmo". Nessa cruzada, a baliza inquestionável do pensamento só pode ser oferecida pela ciência, ou seja, pela abordagem racional, e até certo ponto cética, diante dos limites de nosso saber frente aos perigos do mundo. Apenas a *Weltanschauung*, isto é, a *visão de mundo* científica, teria, para Freud, condições de representar uma referência confiável frente à insaciável sede de autoilusão do homem.

De fato, uma visão de mundo é definida por Freud (1982d, p. 586) como "uma construção intelectual que resolve de modo homogêneo todos os problemas de nossa existência a partir de uma hipótese que organiza o todo, e onde, consequentemente, nenhum problema permanece em aberto, e onde tudo pelo que nos interessamos encontra seu lugar determinado". As religiões, a filosofia e alguns movimentos políticos se fundariam, para Freud, nessa forma totalizante de narrativas. Já, a visão de mundo da ciência, contudo, teria uma diferença importante em relação a isso: a homogeneidade por ela buscada em suas explicações seria apenas uma direção, um programa cujo momento de realização não seria previsível. Desse modo, em vez da totalidade e da imediatez, a *Weltanschauung* científica seria definida pela fragmentariedade, pela incompletude e pelo adiamento de sua relação com a verdade. Nesse progresso assimptótico, a ciência se fundaria em observações minuciosas, no incansável trabalho intelectual e em uma constante recusa do conhecimento por revelações, intuições ou arte divinatória.

Resta explorar de que modo esse modelo elíptico da causalidade do sofrimento humano se apresenta como estruturalmente inadequado para a compreensão dos novos sofrimentos introduzidos pela era da instalação, marcados pela inquietante associação do *marketing* com a linguagem científica, e, portanto, igualmente pouco precisos sobre seus efeitos no *sujeito da enunciação*.

Limites da elipse

Como vimos, o modelo de Freud para as patologias do social se funda sobre uma concepção bicêntrica, simultaneamente naturalística e narrativa, dois centros de uma elipse que podem ser tomados como princípios de sua reflexão. Enquanto postulados, esses princípios não são questionados. Primeiramente, Freud parte da ideia de uma continuidade entre a natureza e o discurso, e, em segundo lugar, da ideia de que o discurso científico deve ser considerado como aquele que não cede sobre a verdade, isto é, não se sujeita às ilusões confortáveis, como o faz o discurso religioso. Ora, justamente tais postulados coincidem com precisão com os jogos de verdade que sustentam a nova discursividade do sofrimento:

a natureza radicalmente orgânica da experiência psíquica do sofrimento e a ascensão da racionalidade científica ao estatuto de avalista da verdade. Essa "coincidência", ao tornar impossível um distanciamento crítico – pois não pode haver questionamento daquilo que funciona como um fundamento da verdade – é, a meu ver, responsável pelo "ponto cego" de Freud frente aos fenômenos psíquicos e aos sofrimentos sociais da era da instalação.

Pouco há o que dizer sobre a primeira coincidência, a saber, aquela do postulado de uma continuidade entre a natureza e o discurso com a ideologia de uma essência orgânica do sofrimento psíquico. Ela está presente na ideia de uma fonte biológica da pulsão e sustenta a própria adesão da psicanálise a uma *Weltanschauung* científica (FREUD, 1982d, p. 587). Em outra ocasião, Freud (1982a, p. 583) chega a afirmar que o avanço nas descobertas hormonais e neurofisiológicas poderia, em seu futuro, tornar a psicanálise obsoleta, demonstrando a radicalidade com a qual ele aderia a esse primeiro postulado. Como contraponto a essa adesão, cabe também notar que essa coincidência nunca invalidou, pelo contrário, sempre conviveu muito bem com o segundo centro da elipse freudiana, o centro discursivo enquanto lugar de trabalho com a verdade. Aos olhos de Freud, a verdade pode ser velada ou desvelada justamente pelo fato de a cultura estar sempre em constante conflito com sua origem pulsional. Ou seja, o modelo da elipse é mais "forte" que cada um de seus centros.

Ora, o "ponto cego" mais importante da "coincidência" resulta evidentemente daquela entre o segundo postulado freudiano, isto é, da imunidade que a racionalidade científica gozaria frente às forças inconscientes, e a crescente ideologia científica como garantia da verdade. Sendo aquele discurso que não cederia sobre a verdade, a *Weltanschauung* científica valeria também como uma medida confiável das inevitáveis ilusões e fantasias regressivas.

Como prova desse argumento, a saber, que a concepção freudiana de ciência funcionou como um ponto cego diante dos fenômenos da instalação, vejamos como Freud considerava a utopia de uma sociedade radicalmente organizada por princípios racionais. A interessante discussão que ele trava em "Sobre uma visão de mundo" ("Zur einer Weltanschauung") (FREUD, 1982d) com a revolução marxista pode indiretamente refletir a posição de Freud diante da orientação pela razão em matéria de governo. Ao criticar "os bolcheviques", seguidores da teoria de Marx, a objeção de Freud se limita a um só ponto: ele olha com circunspecção sua energia revolucionária, que se aproxima inquietantemente dos excessos da fé religiosa e seus perigos reformatórios. Trata-se de um movimento revolucionário oriundo de uma teoria científica que derivou, contudo, em uma *Weltanschauung* indistinguível daquela presente nos tempos da inquisição, segundo Freud. Por outro lado, em relação à própria teoria científica na origem desse movimento, ele lembra que uma forma específica de determinação da consciência não parece ter sido levada em conta por Marx, justamente aquela trazida à luz pela psicanálise, a saber, a determinação do passado, que atua por meio dos processos psíquicos inconscientes através de nossos ideais e da tradição cultural, fundamentalmente transmitidos pelo Supereu.

Tal determinação do passado faz três exigências irracionais ao presente, cuja satisfação é propiciada pelas *Weltanschauungen*. Em primeiro lugar, a necessidade de um sentido subjacente à incoerência e à arbitrariedade dos acontecimentos do destino, donde a força das narrativas religiosas. Em segundo lugar, a necessidade de uma direção para nossas ações morais e, finalmente, a necessidade de proteção diante de nosso desamparo estrutural. Dessas duas últimas necessidades, poderíamos compreender a origem intrapsíquica da sedução exercida pelos líderes sobre as massas, assim como aquela da associação Deus/Pai. Deduz-se disso que, para Freud, essas são exigências impossíveis de serem satisfeitas no âmbito da racionalidade científica. Para Freud, a racionalidade é, desde sempre, delimitada, finita em seu poder. Essa característica a imunizaria contra o risco de um funcionamento regredido no psiquismo, ou seja, uma forma de finitude constitutiva que seria simultaneamente o que garantiria à *Weltanschauung* científica sua indiferença frente às ilusões e às demandas inconscientes. A crítica que a psicanálise teria em relação à teoria marxista seria por esta aparentemente ter se esquecido do caráter fragmentário e incompleto da ciência, em nome de uma revolução pela justiça social, ou seja, à redução da causalidade do sofrimento aos fatores atuais e presentes. O reparo não seria difícil de ser feito:

> aquele que conseguir demonstrar em casos singulares de que modo esses diferentes momentos – a disposição pulsional humana, suas variações de raça, suas modificações culturais sob as condições da organização social, do trabalho e dos seus possíveis dividendos – se configuram, impedem e fomentam uns aos outros, aquele que consegui-lo terá conseguido levar as consequências do marxismo a uma verdadeira teoria da sociedade. Pois também a sociologia, que trata das relações dos homens na sociedade, não pode ser mais do que psicologia aplicada. Rigorosamente, só há duas ciências: a psicologia, pura ou aplicada, e a teoria da natureza (FREUD, 1982d, p. 606).

Mas, como vimos no início deste texto, para além desse funcionamento propriamente imaginário da racionalidade sociológica de origem marxista, apontado e "corrigido" aqui por Freud, era notório que algo havia mudado na própria estrutura das instituições e na linguagem cotidiana. Uma mudança que excluíra as formas anteriores, marcadas pela referência divina, e impregnara o novo imaginário social com uma semântica laica (TAYLOR, 2010), mas com uma sintaxe indubitavelmente próxima da *Weltanschauung* religiosa. Uma mudança que já era perceptível no cotidiano da cultura, para além dos movimentos revolucionários ou dos esforços de guerra, a saber, a gramática. Teria Freud percebido tais mudanças da cultura? De fato, alguns pontos de inflexão histórica na cultura, a saber, o movimento *desencantamento do mundo* e a *reificação do psiquismo*, foram percebidos por Freud bastante cedo, mas foram por ele considerados como processos restritos a uma cultura, a *estadunidense*. Para Freud, tais "americanismos" não corriam o risco de atravessar o Atlântico. Em uma carta de 1937 a Marie Bonaparte, Freud resume essa cultura a uma forma de pragmatismo radical citando uma publicidade de lotes de cemitério que havia visto em uma viagem aos Estados Unidos, em 1909: "*Why live, if you can be buried for ten dollars?*".

O que Freud não chega a considerar é a possibilidade de a própria racionalidade científica se transformar em um discurso banalizado e convocado por todos, a ponto de operar como resposta ilusória às demandas infantis do passado. Num funcionamento análogo ao de uma *Weltanschauung* religiosa e com o fornecimento de grandes figuras de liderança que encarnam os avalistas da verdade, foi, contudo, precisamente essa uma das derivações da racionalidade científica sob a batuta do *marketing*. Como "provas materiais" dessa nova verdade, a associação do mercado com a ciência inundou a vida cotidiana de instrumentos tecnológicos que, de fato, significaram uma experiência de domínio e de maestria do real. Com efeito, esse inquietante funcionamento que o discurso científico assume na organização social de seu século e do nosso escapa à crítica freudiana. Tudo se passa como se a racionalização, figura tão familiar a Freud no âmbito da clínica psicanalítica, não pudesse ocorrer em movimentos de massa, mobilizando toda a sociedade. O fato é que a dimensão verdadeiramente planetária já então vigente desse "americanismo" não foi percebida por Freud. Mas ali estava a ponta de um gigantesco *iceberg*: a instalação, forma laica da religião, sustentada por avanços tecnológicos que auxiliam a manter em vigor a ilusão de um mundo absolutamente administrável pela racionalidade científica.

Conclusões

Partimos do diagnóstico heideggeriano, para quem nosso tempo padece da *instalação*, ou seja, da monopolização das formas de vida a partir da gramática de extração e acúmulo: nossa linguagem, nossas relações com os outros e com a natureza estariam condenadas a se realizar nessa estruturação planetária da técnica. Visando compreender como essa gramática modifica as formas de compreensão e de narração do sofrimento, tentamos colocar em evidência duas de suas facetas. Em primeiro lugar, a faceta dos discursos acadêmico-empresariais sobre o sofrimento e, em segundo lugar, os efeitos destes sobre o sujeito. Nesses novos discursos sobre o sofrimento, o sujeito saudável é aquele soberano de si, senhor de suas vontades, seu destino e com dever de satisfazer seus desejos.

Aquele que sofre, contudo, não é de modo algum responsável ou partícipe de seu sofrimento, ele é antes uma vítima inocente de uma disfunção orgânica.

Tal *modo de subjetivação*, marcado pela hegemonia da narrativa organicista do sofrimento, promove uma indiferença, ou mesmo um sufocamento do sujeito do inconsciente, e dificilmente pode ser questionado pela teoria freudiana, na medida em que ele se lhe escapa como problemático. Por um lado, essa teoria permite, a partir da hipótese de uma desfusão exponencial desencadeada por formas privilegiadamente narcísicas de satisfação pulsional – formas de satisfação inerentes à vida cotidiana no universo do consumo –, que se percebam alguns de seus efeitos, como o advento de formações patológicas organizadas em torno do masoquismo erógeno e uma diminuição daquelas organizadas pelo masoquismo moral (SILVA JUNIOR, 2012a, 2014). Por outro lado, essa teoria não basta para que se avance no problema da causalidade dessa situação, a saber, a mudança da função social da ciência, e nos efeitos no sujeito dos modos de subjetivação dela decorrentes, a saber, o sufocamento do sujeito da enunciação.

Ainda que as noções de discurso da ciência e de discurso capitalista em Lacan permitam compreender as estruturas gerais da linguagem nessa situação, sua amplitude recobre as formas clínicas de um modo geral, deixando em aberto os modos como cada uma delas se alterou ao longo dos últimos cento e poucos anos. As estruturas clínicas maiores, isto é, a neurose, a psicose e a perversão, assim como categorias fundamentais da reflexão clínica, como narcisismo e corporeidade, são organizações extremamente sensíveis a mudanças sociais, e suas formas de alteração constituem preciosos indícios a respeito do que se passa na cultura. Ou seja, uma ampla revisão clínica das formas de sofrimento deve ser realizada para que, a partir dos destinos tomados por cada uma de suas modalidades, possamos compreender melhor a significação social do *mal-estar no sofrimento* hoje. O sufocamento do sujeito do inconsciente e o desinvestimento social da enunciação como a forma de existência por excelência do sujeito não são (ainda) hegemônicos, e as reações inconscientes do psiquismo a esse sufocamento se organizam em novas economias do gozo. Trazer à tona essas reações é a aposta deste livro, ou seja, conhecer melhor o *trabalho coletivo da linguagem com a ausência de sentido* na era da instalação.

Referências

ASKOFARÉ, Sidi. *D'un discours l'Autre: la science à l'épreuve de la psychanalyse.* Toulouse: Presses Universitaires du Mirail, 2013.

BERNAYS, Edward. The Engineering of Consent. *Annals of the American Academy of Political and Social Science*, v. 250, n. 1, Mar. 1947.

BOLGUESE, Maria Silvia. *Depressão & doença nervosa moderna.* São Paulo: Via Lettera, 2004.

CASTRO, Julio Cesar Lemes de. Edward Bernays and Freudian Group Psychology. In: The Proceedings of the International History of Public Relations Conference 2013. Bournemouth, UK: Institute for Media and Communication Research, 2013. p. 188-193.

DERRIDA, Jacques. *Estados da Alma da Psicanálise*. São Paulo: Escuta, 2000.

FREUD, Sigmund. [1898]. A sexualidade na etiologia das neuroses. Obras Completas de Sigmund Freud, V.III Rio de Janeiro: Imago, 1996.

FREUD, Sigmund. Aufklärungen, Anwendengen, Orientierungen. In: *Neue Folge der Vorlesungen zur Einführung in die Psychoanalyse* [1933]. Frankfurt am Main: Fischer, 1982a. (Studienausgabe, 1).

FREUD, Sigmund. *Das Unbehagen in der Kultur* [1930]. In: *Gesammelte Werke*. Frankfurt am Main: Fischer, 1999. Bd. XIV.

FREUD, Sigmund. *Die endliche und die unendliche Analyse* [1937]. Frankfurt am Main: Fischer, 1977. (Studienausgabe, 11).

FREUD, Sigmund. *Die "kulturelle" Sexualmoral und die moderne Nervosität* [1908]. Frankfurt am Main: Fisher, 1989. (Studienausgabe, 9).

FREUD, Sigmund. *Drei Abhandlungen zur Sexualtheorie* [1905]. Frankfurt am Main: Fisher, 1982b. (Studienausgabe, 5).

FREUD, Sigmund. *Sigmund Freud Briefe an Wilhelm Fliess: 1887-1904*. Frankfurt am Main: Fischer, 1986.

FREUD, Sigmund. *Warum Krieg?* [1937]. Frankfurt am Main: Fischer, 1982c. (Studienausgabe, 9).

FREUD, Sigmund. Zur einer Weltanschauung. In: *Neue Folge der Vorlesungen zur Erführung in die Psychanalyse* [1933]. Frankfurt am Main: Fischer, 1982d. (Studienausgabe, 1).

HALE, Nathan G. *Freud and the Americans: The Beginings of Psycho-Analysis in the United States*. New York: Oxford University Press, 1971.

HALE, Nathan G. *The Rise and Crisis of Psycho-Analysis in the United States: Freud and the Americans, 1917-1985*. New York: Oxford University Press, 1995.

HAMACHER, Werner. *Premises: Essays on Philosophy and Literature from Kant to Celan*. Stanford: Stanford University Press, 1999.

HEIDEGGER, Martin. *Sein und Zeit*. Tübingen: Max Niemeyer, 1979.

HEIDEGGER, Martin. Die Frage nach der Technik. In: *Vorträge und Aufsätze*. Tübingen: Neske, 1990.

HINE, Thomas. *The Total Package: The Evolution and Secret Meanings of Boxes, Bottles, Cans, and Tubes*. Boston: Little Brown, 1995.

ILLOUZ, Eva. La fabrique de l'âme standard. *Le Monde Diplomatique*, Paris, nov. 2011.

ILLOUZ, Eva. *Les sentiments du capitalisme*. Paris: Seuil, 2006.

JÜNGER, Ernst. *Die Totale Mobilmachung*. In: *Werke*. Stuttgart: Ernst Klett, 1960.

KETTERING, Charles F. Keep the Consumer Dissatisfied. *Nation's Business*, v. 17, n. 1, p. 30-31, Jan. 1929.

LACAN, Jacques. La science et la verité. In: Écrits. Paris: Seuil, 1966.

FOUCAULT, Michel. *L'histoire de la sexualité 2: L'usage des plaisirs*. Paris: Gallimard, 1984.

FOUCAULT, Michel. *Dits et écrits IV*. Paris: Gallimard, 1994.

MILNITZKY, Fátima. Uma psicopatologia do consumo: relação entre narcisismo e situações de consumo. In: MILNITZKY, Fátima (Org.). *Desafios da clínica psicanalítica na atualidade*. Goiânia: Dimensão, 2006. v. 1.

RIFKIN, Jeremy. *La fin du travail*. Paris: Éditions de la Découverte, 2006.

SILVA JUNIOR, Nelson. Corps et narration dans la modernité. In: GASPARD, Jean-Luc; DOUCET, Caroline (Dir.). *Pratiques et usages du corps dans la modernité*. Toulouse: érès, 2008. p. 65-84.

SILVA JUNIOR, Nelson. *Linguagens e pensamento: a lógica na razão e na desrazão*. São Paulo: Casa do Psicólogo, 2007. (Clínica Psicanalítica).

SILVA JUNIOR, Nelson. L'irrémédiable souffrance de la culture. In: COELEN, Marcus; NIOCHE, Claire; SANTOS, Beatriz (Dir.). *Jouissance et souffrance*. Paris: Campagne Première, 2012a. p. 83-94.

SILVA JUNIOR, Nelson. Souffrances dans la culture: une nouvelle architecture du masochisme. In: GASPARD, Jean-Luc (Dir.). *La souffrance de l'être: formes modernes et traitements*. Toulouse: érès, 2014. p. 29-44.

SILVA JUNIOR, Nelson. Sublimation et vie économique. In: MIJOLLA-MELLOR, Sophie de (Dir.). *Traité de la sublimation*. Paris: PUF, 2012b. p. 438-457.

SILVA JUNIOR, Nelson; LÍRIO, Daniel Rodrigues. The Postmodern Re-codification of Perversion: on the Production of Consumer Behavior and Its Libidinal Grammar. *International Forum of Psychoanalysis*, v. 14, n. 3-4, p. 217-223, 2005.

TAYLOR, Charles. *Imaginários sociais modernos*. Tradução de Artur Mourão. Lisboa: Texto e Grafia, 2010.

O caso clínico como caso social

Anna Turriani, Christian Dunker, Fuad Kyrillos Neto, Hugo Lana,
Maria Letícia Reis, Paulo Beer, Rafael Alves Lima, Valesca Bertanha

Introdução

A função de um caso clínico suscita inúmeros debates. De fato, ele ocupa posições diferentes em distintas tradições, sendo possível reconhecer sua centralidade na construção de certas teorias, enquanto em outras aparece como algo quase acessório. O objetivo deste capítulo é justamente trabalhar a questão que permite essas distintas possibilidades de utilização desse tipo de escrito: qual o saber que se pode encontrar em um caso?

Na tradição psicanalítica esse tema é trabalhado desde Freud, direta e indiretamente. É possível reconhecer em seus relatos de casos o percurso que está sendo construído pelo autor, e a importância desses escritos é reforçada pelo fato de se poder explicitar, em desenvolvimentos posteriores, compromissos com relatos anteriores. Em outras palavras, é possível explicitar um movimento de retorno do autor a seus próprios textos, explorando questões ainda não trabalhadas, ou mesmo reconstruindo interpretações a partir de novas estruturas teóricas. Nesse sentido, o caso clínico oferecia um texto estabelecido, porém não esgotado (longe disso), que permitia tanto a releitura de certos pontos como a retomada de trechos a princípio sem importância, mas que, posteriormente, revelavam enorme potência. Dessa maneira, o caso clínico insere-se numa construção teórica, fornecendo material narrativo a partir do qual se torna possível edificar conceitos, além de servir como uma espécie de tela que confere visibilidade narrativa a esses conceitos clínicos e à construção do patológico.

Contudo, algumas questões já podem ser colocadas. Primeiramente, deve-se considerar que a escrita de um caso está condicionada a certas bases estabelecidas no tratamento clínico, de maneira que não só há uma racionalidade específica atuante na experiência que o caso irá relatar (no tratamento em si), como também essa racionalidade tende a se intensificar no processo de escrita do caso. Por sua vez, essa própria racionalidade está conjugada a uma série de fatores não limitáveis somente ao contexto clínico, ideia apresentada, por exemplo, por Jacques Rancière, ao defender que a ideia de inconsciente formulada por Freud já estava presente no campo da arte, especificamente na revolução estética. Desse modo, reconhece-se que não somente a escrita do caso, mas também o campo clínico em si é atravessado por questões externas, que delimitam o modo de leitura e tratamento do sofrimento. Assim, essa mesma dicotomia entre interno/externo não parece se sustentar, de modo que se torna impossível uma separação entre fatos puramente clínicos e outros puramente sociais ou políticos. Nessa economia de influências, o caso clínico apresenta a possibilidade de estabelecimento de um texto referenciado na experiência do tratamento, na qual tanto os pontos privilegiados como os esquecidos podem ser reconhecidos, e, mais que isso, permite que sejam explicitadas as relações entre as formas de se entender e tratar o sofrimento com o social.

Há diferentes modos de apresentação de um caso clínico, mas, entre eles, podemos delimitar mais claramente três propósitos. Um caso pode ser:

1) uma exposição de fatos clínicos que buscam confirmar ou validar determinada teoria sobre a patologia ou técnica de tratamento;
2) a contestação de uma teoria. A narrativa do caso se disporia a atacar certos pontos centrais de uma construção epistemológica;
3) um testemunho, geralmente narrado em primeira pessoa, em forma ensaística, em que o que se enfatiza são aspectos biográficos.

Neste capítulo serão apresentados três casos clínicos que, dentro de distintas abordagens, mostram maneiras de sofrer e tratar o sofrimento. Nesse sentido, pode-se notar, em cada um dos casos, falas que expressam tanto a maneira como pacientes relatam seu sofrimento aos profissionais (analistas, psicólogos, psiquiatras) quanto o modo como essas falas são escutadas e entendidas a partir de determinada estrutura de pensamento. Como resultado, tem-se, mais que o relato da experiência de pacientes, relatos de maneiras de se escutar e tratar aquilo que é colocado como sofrimento.

O primeiro caso chama-se "As duas análises do Sr. Z", escrito pelo psicanalista Heinz Kohut, nos Estados Unidos da década de 1960. Nessa época, horizontes como individualismo e liberdade eram bastante populares, e esse fato não deixava de ressoar na maneira de conduzir o tratamento. Especificamente nos Estados Unidos, esse momento foi marcado por rupturas e dissidências da clínica psicanalítica tradicional, formando-se as psicologias do *self* e do ego.

O segundo caso foi extraído do livro acessório do DSM-IV (FRANCES; ROSS, 2001) de casos clínicos, no interior do qual os especialistas narram os modos como tratam seus pacientes. Publicado no início dos anos 1990, esse caso se insere na tradição da psiquiatria contemporânea, que tem a "medicina baseada em evidências" como principal base de sustentação.

O terceiro relata um caso de histeria tratado segundo a perspectiva da psicanálise lacaniana. É o caso mais recente dos três e, além de ter diferenças teóricas relevantes, também apresenta outro modelo narrativo.

"As duas análises do Sr. Z"

Kohut publica "As duas análises do Sr. Z" em 1979, no *International Journal of Psychoanalysis*, causando uma grande polêmica na comunidade psicanalítica. O autor, ao mesmo tempo, desferia uma crítica aguda à "psicanálise tradicional" e apresentava novas propostas conceituais presentes em uma nova abordagem, a psicologia do *self*. O caso do Sr. Z servia como um claro exemplo de como a nova abordagem era mais bem-sucedida no tratamento.

O Sr. Z foi analisado por Kohut em duas ocasiões, uma primeira análise nos moldes da psicanálise tradicional (que durou aproximadamente quatro anos) e uma segunda análise a partir dos conceitos da psicologia do *self*, que começou cinco anos após o término da primeira e também durou por volta de quatro anos.

O paciente chegou ao consultório com queixas de sudorese, problemas intestinais, problemas de relacionamento com a mulheres, restrição da vida social e performance abaixo de suas capacidades no trabalho. Sua vida social limitava-se a sair com sua mãe e com um amigo. Contudo, pouco tempo antes de o paciente buscar análise, esse amigo começara a se relacionar com uma mulher mais velha e passara a evitar o contato do Sr. Z e de sua mãe. Além disso, também relatava ter um vício em masturbação, que era acompanhada de fantasias masoquistas nas quais ele era subjugado por uma mulher dominante.

Kohut não demora em fazer um diagnóstico de narcisismo,[1] reconhecendo nas falas do paciente fantasias de grandeza e uma demanda frustrada de reconhecimento. Como causa dessas fantasias, ele aponta a ausência do pai na infância do paciente. O pai tivera um caso com outra mulher e ficou dois anos fora de casa, quando o Sr. Z tinha 4 anos. Segundo o analista, essa vivência foi crucial, fazendo com que o paciente se considerasse o único objeto de amor da mãe, visto que não tinha nenhum rival edípico. Desse modo, a fantasia narcísica seria uma maneira de sustentação desse lugar, mas que tinha como real resultado a evitação, por parte do paciente, de qualquer possibilidade de conflito ou rivalização.

---

[1] Uma nova categoria diagnóstica, a de transtornos narcísicos da personalidade, tem origem na prática de Kohut – hoje essa categoria faz parte do DSM-IV e do CID-10, no Eixo II, sob a categoria de Transtornos de Personalidade.

Kohut era bastante direto em suas interpretações, sempre apontando o caráter fantasioso das demandas de reconhecimento e grandiosidade do paciente, e a resposta do Sr. Z era, frequentemente, dizer que o analista não o compreendia. O analista, por sua vez, retrucava que isso era uma forma de resistência que deveria ser vencida. Com o decorrer do tratamento, o Sr. Z passa a reconhecer sua tendência a evitar conflitos e o caráter ilusório de suas fantasias. Ele para de ter fantasias masoquistas, começa a se relacionar com mulheres, faz planos de sair de casa, e seu desempenho no trabalho melhora. A análise termina de modo sereno, e o último conteúdo trabalhado foi um sonho, no qual seu pai estava parado no lado de fora da casa, com as mãos cheias de presentes para o paciente. Kohut interpreta, nesse sonho, um sentimento de ambivalência em relação ao pai, dizendo que, apesar de ele lhe trazer presentes, o Sr. Z não o deixa entrar por ter medo de uma confrontação, medo da castração. Após algum tempo de resistência, o Sr. Z reconhece isso e, alguns meses depois, termina a primeira análise.

Após cinco anos, o Sr. Z procura novamente o analista. Seu sentimento de apatia parece o mesmo: embora se relacione com mulheres, são casos superficiais e insignificantes. Seu trabalho é um fardo, e ele tem medo de voltar a se masturbar com fantasias masoquistas. Frente a essas queixas, o analista pensa que a primeira análise não havia causado uma mudança estrutural, e ele via um claro deslocamento do masoquismo da esfera sexual para o trabalho. Além disso, havia um dado novo, bastante relevante: após a sua saída de casa, sua mãe desenvolvera uma psicose.

O paciente retoma a análise a partir do sonho com o qual termina a primeira: o pai segurando presentes, querendo entrar em casa, e ele segurando a porta. Kohut pensa que talvez fosse justamente o ponto em que ele havia errado, que talvez a questão do paciente com o pai não correspondesse a um medo do enfrentamento de um rival poderoso, mas à falta de um ideal sólido com o qual ele poderia se identificar. Essa demanda de identificação passa a ser atuada na transferência, e, dessa vez, Kohut não a interpreta, mas deixa que o paciente se identifique com uma imagem idealizada do analista.[2]

A possibilidade de estabelecer esse tipo de identificação permite que o paciente relembre alguns fatos importantes de sua vida. Num primeiro momento, essas lembranças dizem respeito a sua mãe, expondo um lado extremamente invasivo e controlador dela. Por exemplo, quando era pequeno (4 anos), a mãe do Sr. Z fazia um minucioso controle das fezes do filho, após cada produção intestinal. Esse controle parou aos 6 anos, dando lugar a um exame de pele, realizado todo

---

[2] Na transferência estabelecida o analisando percebe o analista como sendo uma parte idealizada de si mesmo. Assim, Kohut não entende a idealização na transferência como uma postura defensiva e a vê como uma compensação a uma estrutura (*self*) ausente.

sábado. Neste, a mãe buscava cravos no rosto do filho e os espremia, mostrando sua satisfação em relação ao que conseguia retirar. Segundo o paciente, os piores momentos eram ou quando ele não tinha cravos ou quando a mãe não conseguia retirá-los, o que a deixava muito aborrecida. Segundo Kohut, esse processo de rememoração de características negativas da mãe tinha como resultado a dissolução de uma imagem idealizada que o paciente tinha dela e, junto com isso, o enfraquecimento do vínculo do paciente com sua mãe, que era muito importante para a sustentação de suas fantasias narcísicas, uma vez que era a mãe que respondia às demandas de reconhecimento do paciente. Desse modo, o Sr. Z apresentou muita resistência a seus progressos. Frente à possibilidade de dissolução dessa imagem da mãe, o paciente respondia, muitas vezes, com um medo de desintegração, como se ele mesmo fosse deixar de existir (algo que, segundo o analista, aproximava-se da esquizofrenia). Kohut interpretava isso como uma resultante do abandono de um *self* arcaico invadido pela mãe e o início do estabelecimento de um *self* nuclear autônomo, no qual o paciente não ocupava mais a posição de objeto.

Nesse sentido, o analista também mudou sua interpretação em relação à masturbação masoquista do paciente. Em vez de uma busca de prazer, calcada na evitação do conflito com um rival (como era vista na primeira análise), agora Kohut considerava a masturbação como uma maneira de o paciente se sentir vivo, que não era prazerosa, mas que lhe dava alguma sensação de vitalidade – uma estratégia que o paciente conservara desde sua infância.

Após esse período em que a mãe foi o centro da análise, o Sr. Z começa a falar de seu pai. Ao fazer isso, as atuações transferenciais passam a ficar mais evidentes, de modo que o paciente fica mais agressivo e arrogante em relação ao analista. Porém, Kohut não faz nenhum tipo de interpretação nesse sentido, de modo que, junto com a arrogância, o analista passa a reconhecer um extremo desespero nas fantasias narcísicas. Esse período de agressividade dura pouco tempo, e o Sr. Z começa a buscar traços a partir dos quais ele poderia se identificar com seu pai. Contudo, uma pergunta perdura: seria seu pai fraco e submisso a sua mãe? Sem resposta, o paciente começa a fazer perguntas sobre a vida do analista. Kohut não as responde, o que o Sr. Z vê como um sinal de firmeza. Desse modo, o paciente passa a estabelecer uma identificação com uma mistura de seu pai e da imagem idealizada de seu analista. Kohut permite essa identificação e defende que era necessário que o Sr. Z tivesse uma imagem paterna sólida de identificação para que seu *self* pudesse se desenvolver de maneira saudável.[3] Após algum tempo a análise termina, o Sr. Z se casa, tem uma filha e é bem-sucedido em seu trabalho.

---

[3] Kohut diverge de Freud (2010) quando entende que a libido narcísica não é apenas temporariamente primária, mas sim constitutiva. Assim, enquanto em Freud o

"O contrato"

Kim tinha 29 anos quando foi aceita em um programa ambulatorial recém-iniciado de terapia cognitivo-comportamental (TCC) para prevenção de recaídas de pacientes com transtornos alimentares. O médico responsável pelo desempenho da paciente no programa relata que, nesse momento, ela pesava 59 quilos e media 1,56 metros, índice de massa corporal considerado dentro da normalidade. Contudo, Kim já trazia um longo histórico clínico, incluindo vários tratamentos e quatro internações hospitalares. Embora tenha sido apoiada por seus empregadores durante as internações, nesse momento o tratamento era imposto como uma condição, por seus chefes, para que ela pudesse voltar a seu emprego, como consultora de *marketing* em uma companhia de produção de filmes. Sobre o seu trabalho, afirmava: "é tudo o que eu tenho".

Apesar dos episódios instáveis em sua segunda década de vida, Kim adquirira certa estabilidade que a permitiu trabalhar durante todo esse período. Nesse momento, a paciente era definida como "Kim anoréxica" em seu local de trabalho, onde seu desempenho era afetado tanto por suas constantes ausências para tratamento quanto pela queda em seu rendimento quando estava sintomática. Era reconhecida por seu esforço, dedicação e talento por se manter no trabalho, mesmo afetada pelo seu sintoma.

O médico relata ter oferecido à paciente, além da terapia cognitivo-comportamental, o antidepressivo fluoxetina, um inibidor seletivo da recaptação de serotonina, mas Kim negou-se a tomar o remédio. Embora acreditasse que se alcançariam melhores resultados com o uso associado do medicamento, o médico aceitou a recusa da paciente e deu início à terapia.

Esta consistia em focalizar os detalhes da alimentação, dos exercícios e dos pensamentos da paciente – em especial, a autorreferência recorrente em Kim, às vezes como "Kim gorda", às vezes como "Kim anoréxica". Frente a essas autodefinições cristalizadas que poderiam dificultar a obtenção de bons resultados, propõe-se uma nova denominação à paciente: "Kim saudável". Para corresponder a esse termo, a paciente devia se manter em certo intervalo de peso. Com base nesse novo nome, procurou-se chegar a um acordo entre médico e paciente para um novo padrão de comportamentos. Buscou-se uma maior interação entre ela e sua família e amigos, além da prática de exercícios de forma moderada, em oposição ao exagero com que Kim anteriormente engajava-se em práticas físicas. Assim, comportamentos indesejáveis seriam, aos poucos, substituídos por atividades saudáveis. Segundo o médico, um grande

---

narcisismo é um estado original do bebê que se transforma gradativamente em libido objetal, para Kohut ele é a base para o desenvolvimento de um *self* que define as relações objetais.

incentivo para que Kim seguisse as orientações era uma questão transferencial: a paciente tinha expectativas em relação a como o médico reagiria na próxima sessão, quando ouvisse suas revelações e examinasse seu corpo para a "checagem da realidade". Assim, a adequação em relação ao que seu médico acharia correto (ou, pelo menos, o que a paciente imaginava que ele acharia bom) parecia ser o motor do tratamento.

Contudo, após seis meses, o peso de Kim continuava a cair, o que a deixava fora da categoria de controle de recaídas. Ela precisava, segundo as regras da instituição, de outro tipo de tratamento. Segundo o médico, Kim era capaz de reconhecer os sinais de recaída e sabia falar dos momentos em que se colocava ora como Kim gorda, ora como Kim anoréxica, tentando alcançar a Kim saudável. Porém, o relato desses momentos não era suficiente para implicar alguma mudança. O médico dizia-se frustrado, como a maioria dos terapeutas que trabalham com transtorno de alimentação, e precisava do apoio de sua equipe de supervisores para dar continuidade ao tratamento. Depois de seguidas frustrações, no decorrer de um ano, ele recomenda insistentemente a internação de Kim, que, mesmo resistente, cede, por pressão de seus supervisores no trabalho e de sua família.

Após o período de internação, ela, que teve o ciclo menstrual interrompido por causa do pouco peso, apresentou um ciclo menstrual normal, quando alcançou 54 quilos. Depois de sua alta, retomou o atendimento ambulatorial com o mesmo médico. Dessa vez, médico e paciente estabeleceram um contrato. Esse contrato consistia em dois encontros semanais de sessões individuais de TCC, e, caso seu peso caísse abaixo de um mínimo, ela também entraria num programa ambulatorial intensivo três noites por semana (PAI). Eles combinaram que se o contrato não fosse cumprido, o tratamento terminaria.

Apesar de não acreditar que seu peso pudesse cair, após uma briga com o namorado Kim retoma forte atividade física e perde peso, atingindo as condições para o programa PAI. Quando a cobertura PAI termina, a paciente retoma seu atendimento com seu médico. Ela estava medicada com um antipsicótico que apresentava bons resultados para pacientes refratários a tratamento. A situação se agravava, e, apesar da disponibilidade dos amigos, da família e de seu terapeuta para ajudá-la, ela não conseguia suportar o sofrimento de ver seu corpo ficando maior. Seria necessário, conforme o contrato, cumprir o estabelecido: ela deveria ser internada ou entrar num programa de hospital-dia. Fazendo encaminhamentos cuidadosamente selecionados, o médico encerra o tratamento com a paciente por ela não haver cumprido o contrato. O motivo dessa atitude, segundo o médico, é que o tratamento com ele visava à recuperação plena, e como isso não ocorreu, ele não poderia mais tratá-la, apesar de dizer que respeitava seu dilema. Assim, a principal cláusula do contrato, a de que o tratamento deveria levar a uma adequação total aos termos estabelecidos como saudáveis, foi justamente o motivo da interrupção do acompanhamento. Terminaram o tratamento em bons termos, e a porta, segundo o médico, foi deixada aberta para ela, se um dia estivesse disposta a trabalhar rumo à recuperação. O médico afirma ter sido essa experiência a mais difícil de sua carreira.

Meses depois, Kim atinge o peso mínimo para reingressar no programa. Nesse momento, ela estava medicada com fluoxetina e reencontra então o seu médico, que havia, a contragosto, interrompido o tratamento para manter o contrato. Segundo o médico, seu humor estava diferente, estava mais engraçada, voltada para o futuro. Havia encontrado no grupo de internação uma equipe em que se sentia à vontade para falar sobre suas experiências dolorosas, como subir na balança. Seu ciclo menstrual havia retornado, ela começara a namorar e, após alguns meses de relacionamento, tornou-se sexualmente ativa pela primeira vez na vida adulta. No trabalho, começou a apagar a imagem de "Kim anoréxica" e atingiu níveis mais elevados de realização do que jamais havia atingido antes.

Quando o capítulo "O contrato" foi escrito, o médico afirma que Kim já estava sob o mesmo peso havia quase dois anos. Não sem esforços. Estava morando com o namorado, passando bastante tempo da vida adulta com os amigos e com a família, e já não era a Kim doente. Os episódios de compulsão e vômitos continuaram a ocorrer, mas como lapsos isolados. Nesse momento, o médico propôs sessões com o namorado para pensarem juntos como ajudá-la a voltar rapidamente a uma faixa de peso saudável. O foco de seu tratamento deslocou-se para seus relacionamentos, principalmente com seu companheiro, Bill.

"Prefiro bater a não saber para onde ir"

Vera chegou ao consultório da analista acompanhada por sua mãe, tinha 17 anos e um sorriso apático. A mãe foi a primeira a se queixar: a filha não era capaz de decidir nada por si mesma, sempre recorria ao outro e aceitava tudo passivamente. A analista perguntou a Vera como ela entendia o que estava sendo falado sobre ela. Ao falar do seu próprio mal-estar, uma frase o resume: "tenho medo de decepcionar meus pais", confirmando o diagnóstico feito pela mãe. Vera retorna ao silêncio.

A mãe afirmou, na primeira entrevista: "aqui ela vai cuidar da dor maior". Ela se referia a dois espaços: um, o programa hospitalar para tratamento de transtornos alimentares frequentado por Vera, em que ela recebia cuidados médicos para tratar de sua anorexia, e outro, no consultório, onde o que chamava de "dor maior" seria cuidado. Essa divisão dos tratamentos já chamou a atenção da analista, em relação ao que implicava uma separação entre o sintoma anoréxico e as questões que seriam trabalhadas em análise, como se uma coisa não se relacionasse à outra. Ademais, essa divisão não se limitava a esse fato, visto que no hospital havia dois cadernos em que a paciente deveria escrever: um verde, em que escrevia sobre a doença, e um roxo, em que escrevia sobre si mesma. Um indivíduo apartado de sua patologia, uma patologia separada de sofrimento.

Uma das primeiras falas da mãe em relação à filha foi: "quando Vera era criança e nasceu o seu irmão, ela tinha pavor que eu a esquecesse na escola, e me fazia prometer que eu não a esqueceria. Eu dava mais atenção pra ela, perguntava o que ela queria comer e fazia tudo que ela pedia para comer", reunindo assim uma relação entre a atenção e a alimentação.

Vera aceitou se tratar, porque sua menstruação havia sido interrompida com o baixo peso que tinha atingido, e, como ela temia não vir a ser mãe, aceitou ir ao Hospital das Clínicas. Quando questionada sobre o que era a "dor maior", disse: "só aceitei me tratar porque os médicos disseram que eu poderia ficar estéril, e ser mãe é tudo o que eu quero na vida". Não se tratava apenas de ser fértil; seria um trajeto em se tornar mulher, e uma mulher capaz de ser mãe.

No primeiro encontro a sós com a analista, a paciente dispara: "sou anoréxica". A afirmação forte, certa, revelava ao mesmo tempo algum distanciamento, como se um nome recobrisse as palavras de alguém que não sabia muito bem o que dizia. Vera anunciava, assim, uma apresentação de si? Em meio a esses questionamentos, a analista, inquieta, perguntou à paciente: "O que é a anorexia?". Pergunta desconcertante, já que a analista estava suposta a saber acerca da doença. Mas ela não hesitou em responder e explicar como o sintoma de não comer funcionava nela. Essa pergunta mostrava sua eficiência na instalação da transferência. Parece ter aberto a possibilidade de a paciente falar e saber sobre si. O não saber da analista teria sido determinante para fazer a transferência se instalar. Deliberadamente, não foi perguntado quanto ela pesava.

As sessões aconteciam duas vezes por semana, em torno do funcionamento da anorexia. A paciente se comprazia em descrever sua rotina, a contagem de calorias, as horas dedicadas às idas ao hospital, os juízos médicos, com breves hiatos e parênteses em relação à rotina. O trabalho, a linguagem e o desejo estavam mediados em sua vida social através da doença.

Em uma sessão destacada pela analista, a paciente falou acerca da decisão de terminar o seu namoro. Ressurgiu, nessa sessão, uma das primeiras frases que a paciente tinha falado, "tenho medo de decepcionar os meus pais". Terminar o namoro os decepcionaria, já que os pais aprovavam o relacionamento.

A analista destacou a importância de a paciente falar sobre seus laços sociais. Pedir permissão aos pais para sair, pedir dinheiro, negociar horários, explicar com quem, como e onde estaria eram tarefas que a paciente executava muito bem para não decepcioná-los.

As roupas que usava eram um debate em casa. As blusas curtas que mostravam a barriga incomodavam a paciente, que nunca se achava no peso ideal. Os seios haviam sido ajustados dois anos antes, aos 15 anos, por uma cirurgia plástica de redução. A paciente disse ter convencido seu médico e seu pai a fazer a cirurgia, mas, depois desta, afirmou que enxergava mais a barriga, e que isso virou outro problema. Esse movimento de preocupação com o corpo por partes, segundo a analista, retoma a recorrente lógica do distanciamento: desta vez, um corpo fragmentado, coisificado, no qual só se enxerga a barriga após a diminuição dos seios, revelava o afastamento radical da paciente daquilo que lhe dizia respeito. A analista destaca também que, ao falar dos cadernos de diferentes cores no hospital, parecia não haver espaço para falar sobre a sexualidade, o tornar-se mulher e a ambiguidade entre o medo de que sua feminilidade aparecesse e o seu desejo de ser mãe.

Com respeito a esse aspecto, parecia haver outro paradoxo no caso. Na base do convencimento do pai e do médico havia uma jovem cheia de desejos e insatisfações, e sua palavra tinha poder. Não era tão simples como havia sido dito no primeiro encontro com a analista. Quando chega para a análise, estava triste, sentindo-se só; sua palavra não tinha o mesmo valor de quando tinha convencido o pai e o médico a fazer a plástica.

Vera disse também à analista sobre um de seus maiores sofrimentos na adolescência: a convivência com sua mãe. A relação das duas havia piorado, seus pais encontraram cigarro em sua bolsa, proibiram-na de sair, mudaram-na de escola, o que, segundo a paciente, fez com que ela perdesse suas amizades. Essa narrativa chamou a atenção da analista, já que parecia bem distinta da queixa inicial. Ou seja, houve um tempo em que a paciente sabia sim desejar por si mesma. No início da adolescência ela não tinha, portanto, medo de decepcionar seus pais. O que havia acontecido? Foi nesse período também que Vera desenvolveu o sintoma de não comer. Segundo a analista, não era clara a dificuldade de sua paciente em não desejar. Inclusive ela desejava não comer.

A insatisfação de Vera com seu corpo, com suas roupas, era repousada nos numerosos "sins" da filha para seus pais. Entre desacertos sobre o que vestir e aonde ir, a companhia do namorado era bem vista aos olhos dos pais. Quando Vera decide terminar o relacionamento, a mãe se preocupa, o pai a apoia, e ambos solicitam uma hora com a analista da filha.

A analista destaca o posicionamento paradoxal da mãe de Vera, que, quando levou a filha para "tratar da dor maior", queixou-se de que ela não decidia nada por si só, e justamente no momento em que Vera decide fazê-lo, a mãe desaprova. Junto com essa atitude ambivalente, ressalta-se o funcionamento alimentar na casa, em que a mãe vigiava o que a filha comia, espalhava barras de cereais pela casa e solicitava que a filha se pesasse com frequência. O pai havia aprovado e pagado a cirurgia dos seios e, segundo a paciente, fazia tudo para que ela se sentisse bem com seu corpo e pudesse usar as roupas que desejava. Eram roupas que escondiam as curvas, as formas de seu corpo. Terminar o namoro surgiu como um debate familiar, mas, dessa vez, não dizia respeito ao corpo.

No encontro da família com a analista, o pai de Vera buscava alguma compreensão do assunto para manter seu posicionamento de apoio à filha. Vera sentia-se só na decisão. Com todos na sala, a analista afirma ter feito uma das intervenções mais difíceis no tratamento: ela destacou a importância de Vera manter seu desejo de terminar o namoro, e que aquele tipo de debate que convoca todos a opinarem sobre a vida dela era certamente angustiante. Além disso, destacou e afirmou que as decisões são sempre angustiantes por serem tomadas a sós. O pai continuou com seu apoio, mas a analista percebeu que era um apoio como o apoio da cirurgia. Tinha entrado no discurso "faço tudo para ela estar bem". A mãe se desesperou, preocupando-se com o namorado da filha, afirmando que ele era emocionalmente instável e que o término do namoro não lhe faria bem. O posicionamento da analista ao dizer que Vera deveria manter a sua decisão foi considerado, e ela terminou o relacionamento.

A relação não acabou de modo rápido, e, entre idas e vindas com o namorado, ela norteava sua vida entre idas e vindas às sessões e ao hospital. A autonomia de Vera crescia e era tema recorrente das sessões: o que vestir, comer e decidir passam a ser assuntos relevantes. Ela tem alta do hospital, mantém seu peso, sua menstruação volta à regularidade, e se apazigua seu medo de não vir a ser mãe. Tem encontros amorosos com outros rapazes sem iniciar nenhum novo relacionamento. Começa a pensar em que carreira seguir, inicia cursinho pré-vestibular e tira carta de motorista. Para de tomar o antidepressivo.

Nos momentos em que a paciente estava mais livre para experimentar, sair mais e procurar as antigas amigas, a mãe se deprime. Fica em casa, de cama, por semanas. Vera precisa cozinhar para todos e assume as atividades domésticas. Na mesma época, a paciente escolheu fazer a faculdade de Nutrição, passou no vestibular e começou a cursar o primeiro ano. Preocupada com sua mãe, conversava com seu pai e ambos solicitaram à analista uma indicação de um analista para a mãe. Esta recusa, procura um psiquiatra e começa a tomar medicações fortes. Diante da tristeza da mãe, Vera se angustia e perde peso novamente.

A paciente assumia, a cada dia, mais e mais os cuidados da casa, da comida, do irmão mais novo, das compras etc. Na faculdade, o mesmo posicionamento era estabelecido com os colegas. Assumia os trabalhos de grupo, fazia-os bem, não aceitava que os colegas fizessem o trabalho de qualquer jeito, e sempre dizia que tudo deveria estar bem-feito e que não podia faltar nada. A analista destaca, em relação ao rigor da paciente, o mesmo funcionamento em relação às sessões: ao pagamento (sempre no dia combinado) e à frequência (nunca faltava e sempre chegava no horário).

Apesar do excesso de atividades e de responsabilidades que tomava para si, ela fazia o seu rigor trabalhar a seu favor. Conseguia se organizar, fazer tudo, e ainda assim encontrava tempo para se divertir. Seu peso se tornou estável novamente.

Uma sessão em que, ao contar a experiência da noite anterior, parecia dizer de uma provação a sua autonomia, foi destacada pela analista. Havia uma festa à qual ela queria muito ir, num momento em que falava nas sessões da liberdade que estava alcançando aos poucos. Havia pedido o carro do pai emprestado, que novamente não negou o pedido, apesar dos protestos da mãe. Ela saiu da festa, perdeu o controle do carro e o destruiu, batendo-o numa viatura da Companhia de Engenharia de Tráfego (CET). Na sessão, afirmou: "Perdi a direção e bati de frente com um carro da CET. Tinha como desviar deles, mas era melhor bater do que não saber para onde ir". Novamente a analista destaca o apoio incondicional do pai da paciente, que lhe oferece um carro novo, o que, nessa situação, explicitava certo distanciamento da gravidade dos acontecimentos. Sua mãe novamente se desespera com o fato.

Vera conheceu um rapaz e se envolveu com ele. Segundo a analista, o namoro consistia numa dinâmica que ela nunca havia experimentado. Seu novo namorado solicitava a ela que se decidisse em relação ao que fazer nos finais de semana, e se a decisão era estar com ele, que então assumisse isso para toda a família. Ele não aceitava que ela se posicionasse como uma menina que precisava do apoio, do reconhecimento dos pais, ou que temesse desapontá-los. Ela se apaixonou por ele.

A analista aponta que, através das perdas, ela configurou suas decisões, sua autonomia cresceu e novas formas de se relacionar se abriram. Isso afetou sua vida social. O êxito de Vera nas atividades escolares, a obediência aos pais e às leis não garantiam uma boa vida social. A analista destaca: somente quando pôde se apropriar de suas perdas alcançou a autonomia desejada – essa foi a direção do tratamento analítico.

Ela assume para si a ideia do que denominou estar de "saco cheio de análise", que nesse caso representou o seu fim. A analista escuta essa expressão com interesse, pois, para uma anoréxica, estar de "saco cheio" é no mínimo criativo. Do que se pode encher? Seria do que se pode faltar?

Segundo a analista, o processo analítico abalou a identificação com o sintoma que ela afirmava ter feito por alguma razão. Parte do trabalho consistiu em criar hipóteses acerca do porquê de seu sintoma, abalando a anorexia e fazendo com que Vera desse outros nomes para a sua dor. Isso resultou em uma implicação não somente com o que era considerado patológico no hospital, mas também com outros aspectos, que, embora fossem considerados normais, revelavam um enorme distanciamento entre Vera e sua própria vida. A analista afirma que esse processo proporcionou mudanças notáveis no modo de a paciente experienciar e relatar suas experiências, e termina o relato com a seguinte frase: "Ninguém se mata por não comer, mas talvez se mate por não falar".

Racionalidade diagnóstica

A partir da leitura dos casos, é possível estabelecer de maneira mais clara algumas questões que delimitam o tema deste capítulo. Como já foi colocado, cada caso foi escrito em um momento histórico diferente, marcado por questões teóricas e sociais distintas. Além disso, é fácil notar, pela maneira como cada discurso é estabelecido, que cada um deles se propõe a exercer uma função diferente.

Nesse sentido, o caso de Heinz Kohut propõe uma crítica explícita a uma teoria já estabelecida. Isso é claro na apresentação do caso, que contrapõe duas experiências de análise dirigidas com bases teóricas diferentes. Contudo, esse caso apresenta uma polêmica singular: segundo o biógrafo de Kohut, Charles Strozier, parentes e amigos relatam que o caso do Sr. Z falaria sobre o próprio Kohut – a primeira análise do Sr. Z diria respeito à análise do autor com a psicanalista Ruth Eissler, e a segunda seria uma autoanálise realizada a partir das bases da psicologia do *self*. Pode-se questionar se essa opção do autor invalida as proposições do texto, e a resposta parece ser negativa: de fato, as questões apresentadas nesse caso clínico são de extrema relevância para a psicologia e o campo da saúde mental em geral, independentemente de algumas mudanças realizadas pelo autor. Deve-se lembrar de que muitas vezes é necessário modificar ou omitir alguns dados do caso para que seja respeitada a anonimidade do paciente, fato que não diminui a validade do que foi apresentado.

Por outro lado, pode-se pensar que Kohut poderia ter feito isso de outra maneira, que não modificasse tanto a estrutura do relato. Nesse sentido, deve-se considerar também que o caso foi escrito de maneira estratégica, destacando desenvolvimentos e pontos de discordância entre a psicologia do *self* e a psicanálise tradicional.

Ao se contextualizar essas elaborações, percebe-se uma clara relação entre os desenvolvimentos teóricos e os valores compartilhados socialmente: Kohut desenvolve uma teoria que defende que o narcisismo não só não é necessariamente patológico, mas também que o investimento libidinal dirigido ao eu é necessário para que se desenvolvam a criatividade e a autonomia; essa elaboração é feita nos Estados Unidos dos anos 1960, contexto de clara dominância de valores de individualidade. A partir dessa teoria, será pensado um modo de tratamento que privilegia o desenvolvimento do indivíduo, de acordo com os valores da época. Não obstante, pode-se apontar certo caráter normativo do que é considerado como cura: o tratamento é dado como finalizado com sucesso quando o paciente está bem encaixado em seu meio, trabalhando de maneira produtiva e casado com uma mulher.

Também é interessante notar as formas de sofrimento que aparecem no caso. Esses tipos de sofrimento estão em concordância com fatos sociais expostos por estudiosos da época, como faz o historiador Christopher Lasch em *A cultura do narcisismo* e *O mínimo Eu*. Segundo o autor, a sociedade estadunidense passava por um momento em que diversas questões se misturavam, como a Guerra Fria, uma presente lembrança da Segunda Guerra Mundial e seus campos de concentração, a contestação de muitos valores tradicionais. Como resultado, ele aponta uma intensa crise de sentido, que levaria a um profundo sofrimento de indeterminação. Esse sofrimento de indeterminação levaria a uma defesa narcísica, que teria como principal característica não um *self* fortalecido, mas sim uma fantasia de grandiosidade que esconderia um *self* atrofiado, de indivíduos receosos em estabelecer laços uns com os outros. Isso, por sua vez, levaria a uma relação extremamente rígida com alguns laços que se poderiam estabelecer, mas que, consequentemente, traria consigo o impedimento de muitas outras vivências, de modo que queixas de déficit de experiência apareceriam como resultado.

Concordando ou não com a análise de Lasch, pode-se, no mínimo, dizer que há uma clara correspondência entre sintomas encontrados na clínica e características significativas do modo de organização social. Ademais, é bastante interessante o fato de o primeiro livro sobre o assunto (*Cultura do narcisismo*) ter sido mal interpretado. No prefácio de *O mínimo Eu*, Lasch aponta que seu livro anterior teria sido recebido como um elogio ao narcisismo, tomado aí em seu sentido mais banal, como individualidade, egoísmo. O autor inclusive justifica a escrita do livro posterior justamente para que esses erros fossem percebidos. Ao se ler o livro, é bastante surpreendente que possa ter acontecido uma leitura tão desviante, dado que ele é muito claro em sua argumentação. Pode-se pensar, talvez, que o tema trabalhado deveria estar muito entrelaçado num funcionamento ideológico para justificar tamanho desvio.

Vale lembrar que os livros de Lasch são bastante próximos de um pensamento clínico, uma vez que o autor transita entre fatos psicológicos e sociais. Desse modo, é possível reconhecer tanto na escrita quanto na leitura de um caso clínico o atravessamento de questões sociais na maneira de se sofrer e tratar o sofrimento, constituindo assim um conjunto de patologias que deverão ser tratadas de acordo com essa "visão de mundo".

Esse entrelaçamento do contexto clínico com o social pode ser percebido também no caso DSM, embora se dê de maneira diferente. Como vemos, esse caso é escrito com um referencial completamente distinto, o que implica um modo de organização do texto e uma estrutura narrativa diversos. Assim, pode-se notar que se no caso de Kohut há uma história bastante detalhada que é contada, oscilando entre experiências clínicas e relatos do paciente, o mesmo não acontece no DSM: neste caso, a narrativa é enxugada, o foco limita-se à apresentação de questões objetivas, como exames corporais ou dados de realidade, de maneira que raramente se tem acesso a falas da própria paciente.

Além disso, são claros os ideais que norteiam o tratamento, tendo-se a produtividade no trabalho como principal problema a ser resolvido, de maneira que o sofrimento não aparece propriamente como uma forma de mal-estar, mas mais fortemente como uma inadequação em relação a expectativas. Nesse ponto, os dois primeiros casos não se distanciam muito, uma vez que ambos apresentam um horizonte bastante definido de comportamentos adequados a uma ideia de final de tratamento. Contudo, embora haja pontos de aproximação, a maneira como se estabelece a narrativa é marcadamente distinta, como já foi dito, e esse enfoque em dados objetivos é uma característica do DSM.

De fato, o DSM tem como base de sustentação a "medicina baseada em evidências" (DUNKER; KYRILLOS NETO, 2011). Essa sustentação apresenta uma maneira peculiar de se fazer investigações (que priorizam dados estatísticos) e sistematizar os resultados. Porém, muitas vezes se aponta que esse modo de investigação e sistematização influencia diretamente a clínica, criando um "compromisso prático", que teria como efeito certo empobrecimento da escuta dos profissionais. Por outro lado, pode-se argumentar que o DSM não é um tratado psicopatológico, mas um manual, e que há uma distância considerável entre um manual diagnóstico e a prática clínica. Assim, o DSM ficaria limitado a uma indicação estatística dos transtornos, negando o supracitado "compromisso prático". Contudo, o livro *L'homme selon le DSM: le nouvel ordre psychiatrique*, do psiquiatra francês Maurice Corcos (2011), aponta que essa lógica parece ser soberana no modo de pensar das novas gerações de psiquiatras. Ao comentar os encontros com jovens colegas, o autor descreve: "há, em sua maneira de apreender 'o caso' (mais que o sujeito, em sua história e seu entorno), um processo mecânico de engajar uma apuração diagnóstica (mais que pensar), de se sentir obrigado a entregar um resultado o mais rápido possível (mais que tentar uma hipótese)" (CORCOS, 2011, p. 13).

Com efeito, vê-se claramente que, embora se proponha como manual diagnóstico, a lógica do DSM está presente na clínica, resultando numa prática que não mais demanda uma narrativa de legitimação de seus atos:

> As implicações filosóficas, éticas e epistemológicas do DSM não são assumidas explicitamente e o centro da problemática é deslocado para o campo genérico da fundamentação das ciências biológicas. O que nos interessa é esse rompimento do nexo com os discursos psicanalítico e social, que faziam a patologia mental depender dos modos de subjetivação

e socialização em curso, em um dado regime de racionalidade. Assim, é bastante plausível que tais modos de subjetivação e socialização encontrem-se ainda presentes nas categorias psiquiátricas, pois sua formação histórica acusa essa dependência. Porém, isso se tornou invisível e apagado da prática diagnóstica corrente ou das razões que a justificam (DUNKER; KYRILLOS NETO, 2011, p. 619).

Não será por outro motivo que o título do caso aqui apresentado será "O contrato". Se, por um lado, o esvaziamento das narrativas que legitimariam as categorias diagnósticas do manual caracteriza a forma a-histórica da racionalidade de seus operadores, como se estes fossem autônomos em relação à história de sua constituição, por outro lado uma apresentação do tratamento é reduzida a um aspecto técnico da relação entre médico e paciente, denominado "contrato". Ou seja, a suposição de uma narratividade do caso clínico no DSM está suspensa para que este seja apresentado de maneira a promover resoluções para dúvidas diagnósticas, por exemplo, despido de subjetividades ou de contextos nos quais o caso ocorre.

Há uma justificativa no plano epistemológico em que esse debate se dá. Atualmente, no campo da psicopatologia, parece haver um processo de determinação e unificação do que deve ou não ser considerado patológico. O DSM se torna possível a partir de um projeto de sistematização e classificação das patologias mentais, em que se pode observar uma busca por objetividade que visa constituir uma produção "ateórica", baseada na legitimação somente daquilo que pode ser comprovado empiricamente. Contudo, somente defender a necessidade de fatos empíricos já é uma posição epistemológica. Segundo Mário Eduardo Costa Pereira, em seu texto "A paixão nos tempos do DSM: sobre o recorte operacional do campo da psicopatologia" (2000, p. 119-152), esse não posicionamento é construído de maneira estrutural, de forma que se pode reconhecer uma retórica de desvio dessas questões, por exemplo, na substituição feita, a partir da terceira versão, do termo "patologia" pelo termo "transtorno". Vê-se, nessa troca, a preferência por uma palavra até então ausente dos debates políticos e éticos, que não pressupõe uma definição explícita de normalidade, podendo-se recorrer a termos genéricos como "mau funcionamento", ou "possibilidade de sofrimento".

Por outro lado, há autores que reconhecem uma clara filiação epistemológica à escola do pragmatismo, fundada por Charles Sanders Peirce. Nesse sentido, em concordância com Costa Pereira, a psicanalista Laéria Fontenele (2006, p. 17) defende: "Dessa forma, a roupagem cientificista, que recai por sobre a utilização de critérios de pesquisa empírica aceitos por boa parte da comunidade científica mundial, esconde a sua verdadeira identidade teórica, qual seja, o empirismo e o pragmatismo. Revela-se, sobretudo, em seu caráter pragmático, a marca da tradição hegemônica da psiquiatria americana".

De fato, o pragmatismo será apontado como linha epistemológica adequada ao DSM, e não somente por seus críticos. O psiquiatra francês Pierre Pichot, coordenador das edições em francês, espanhol e italiano do DSM-IV, explicita essa filiação em seu artigo "DSM-III devant la psychopathologie française" (1985), apontando que o ateorismo do DSM seria um desenvolvimento do pragmatismo de Peirce.[4] Contudo, um exame mais acurado indica que essa filiação tampouco se sustenta.

Como indica Michel Balat, em seu texto "Sur le pragmatisme de Peirce à l'usage des psychistes" (2000), o pensamento de Peirce é deveras mais complexo do que faz parecer sua vasta apropriação, o que fez com que o próprio filósofo, frente às concepções errôneas que lhe eram atribuídas, mudasse o termo "pragmatismo" para "pragmaticismo" (na esperança de que um termo tão "feio" não fosse usado de maneira banal). Parte dessa complexidade recai sobre o fato de que, para que possa sustentar sua máxima (um objeto pode ser completamente concebido pela reunião de todas as possibilidades de efeitos práticos que ele pode produzir), Peirce postula outro tipo de argumentação: a abdução (somando-a à indução e à dedução). Ao postular isso, indica-se que, para que possa haver um argumento indutivo ou dedutivo, é necessário que haja uma hipótese anterior, à qual responderão a indução ou a dedução. No comentário de Isidoro Vegh, "Charles Sanders Peirce diz que essa bipartição é insuficiente, que deve haver um terceiro método que as ciências utilizem, incluindo as mais duras, que é a abdução. Na abdução também se parte de um argumento não necessário, é um argumento hipotético, que permite predizer a aparição de uma série de fatos a verificar. Para Charles Sanders Peirce, no início há uma hipótese, há critérios, há teoria" (VEGH, 2012, [s.p.], tradução nossa).[5]

Ora, explicita-se a incompatibilidade da teoria do DSM com o pragmatismo: mesmo visando-se efeitos empíricos, não é possível pensar em uma ciência sem hipótese, sem teoria. Balat, ao considerar o texto de Pichot, reconhece nele uma posição claramente indutiva. Porém, coloca a questão: "Então, ou os autores têm uma hipótese, isso é uma teoria, ou eles não têm o direito de produzir uma indução" (BALAT, 2000, p. 89, tradução nossa).

De fato, essa lacuna permanece, porém o manual não perde sua operatividade. Na base, há a "medicina baseada em evidências", um método estatístico de reconhecimento e classificação que não explicita as razões que fazem determinados comportamentos serem considerados patológicos e outros não. O resultado disso

---

[4] Consideram-se as mesmas bases epistemológicas para a terceira e a quarta versão do DSM, uma vez que isso é assumido na introdução da ulterior.

[5] Agradecemos a Isidoro Vegh, que gentilmente disponibilizou o texto de sua apresentação, ainda não publicado.

é, como já esboçado, uma clínica que se legitima sem recorrer às razões que fazem determinados comportamentos serem considerados patológicos – indicando "sofrimento significativo para si ou para os outros" motivo suficiente para a consideração de algo como fora dos padrões de normalidade. Pois, havendo uma declaração normativa operando explicitamente na conceitografia do DSM, os objetivos do tratamento e o horizonte da cura não se orientam segundo o movimento de um devir.

As vicissitudes, contingências, idas e vindas do tratamento não se constituem como elementos de uma narrativa; antes, são apresentados como fatos e dados de realidade compilados estatisticamente e, portanto, comparáveis a qualquer caso que esteja classificado sob a mesma categoria diagnóstica. Assim temos como produto o caso enquanto emulação de um tipo de discurso científico, cuja particularidade está restrita à sequencialização de acontecimentos no decurso do tratamento.

Talvez o terceiro caso aqui apresentado seja o que mais explicitamente apresente a narratividade como produto das relações entre a paciente e a analista, relações que nada mais são do que "jogos narrativos" que se alternam no tempo do tratamento. Vemos como a analista recebe a queixa da paciente, mas ao mesmo tempo questiona a validade (e mesmo a existência) do ideal ao qual a paciente quer se adequar. A fala da paciente é protagonista no tratamento, mas não sem passar antes por uma troca com as intervenções da analista, que a reposicionam. Dessa forma, o caráter dialético do tratamento é o que determina não somente a sua forma, mas também o seu funcionamento e sua efetividade. Não estamos tratando aqui de uma adequação de um elemento a ideais que lhe são externos, mas de uma construção e de um tratamento que lidem com o conflito. É preciso atentarmos para o fato de que não se trata de incluir o conflito no tratamento para esvaziá-lo, resolvê-lo, mas que sua inserção tenha como efeito uma direção que leve em conta que o tratamento se dá em oscilações e mudanças de posições, que, por sua vez, acontecem quando se privilegia a fala da paciente.

Podemos perceber como o relato do caso, suas viradas narrativas e pontos de transformação se dão com base na relação entre o paciente e seu analista. A escrita, nesse sentido, presta-se a uma legitimação de uma experiência clínica singular – singular, porque ela é o que determina o tratamento, e não determinado *corpus* teórico já presente desde o início. Assim, o relato do caso não cumpre aqui a função de corroboração ou contestação de uma teoria, mas antes comporta uma possibilidade de elaboração de um saber que advém da experiência. Ou seja, a escrita aparece como tentativa de construção ou reconstrução de um saber que, para que o tratamento se desse, foi posto de lado. Daí então esse caso se apresentar como uma produção que oscila entre a perspectiva subjetivista do primeiro caso e a objetivista do segundo caso. Não se trata aqui de uma posição média, mas de uma oscilação entre as duas posições, o que explicita que essas duas perspectivas se alternam em uma relação particular (analista/analisando) que não só não prescinde do campo social, como também se constitui a partir e para ele.

Podemos destacar, com Leda Verdiani Tfouni, que "a autoria de um texto se instala quando o sujeito do discurso ocupa uma posição que lhe permite lidar com a dispersão e aceitar a deriva que sempre se instala" (TFOUNI, 2004, p. 53). Essa deriva da escrita ressoa com a deriva com a qual a paciente do caso tem de se haver. No caso ela acaba por colidir com uma viatura policial, enquanto no texto de Kohut essa deriva encontra pontos (formais, materiais etc.) de restrição que o fazem reencontrar elementos, gerando uma construção.

O fato de o relato do caso comportar diversas falas da paciente enfatiza o alto valor atribuído à fala endereçada à analista para a condução do tratamento em questão. As falas da paciente não são aqui somente reações patológicas ou salutares aos ideais sociais, mas comportam um saber inconsciente que se constituem como saber quando são ouvidas, assim como o caso se constitui como saber quando é lido, transmitido.

Assim, a normatividade presente nesse caso é instaurada posteriormente à escuta da paciente e comporta certo basculamento entre as posições de adequação e não adequação a ideais que acabam por possibilitar um distanciamento dos eixos narrativos propostos por esses ideais e a constituição (que não é simples, tampouco indolor) de uma narrativa mais própria aos conflitos presentes nas falas da paciente. Nesse sentido, é possível reconhecer nesse caso a filiação a uma escola psicanalítica específica, que tem como marca o questionamento de certos ideais normativos que balizariam uma análise. De fato, essa crítica a uma condução analítica que teria como resultado a reprodução de certos valores sociais está presente no percurso do analista Jacques Lacan e pode ser explicitada em diversos momentos de sua obra. Por exemplo, em *O seminário, livro 4*, Lacan fala sobre as relações de objeto, contrapondo-se a um tratamento frequente na psicanálise de escola inglesa que consideraria a existência de uma escolha objetal "certa", ou mais adequada. Ao se opor a isso, Lacan se depara com a impossibilidade de separação entre o clínico e o social, de modo que seu pensamento terá de dar conta dessa relação de não separação existente entre essas duas esferas.

Mas, dada essa imbricação de mão dupla do social na clínica, como escapar de um tratamento orientado por ideais normativos? É o que apontam alguns autores como Michel Foucault, Gilles Deleuze e Giorgio Agamben, ao estabelecerem críticas que partem da noção de clínica psicanalítica como um dispositivo de controle. Não nos cabe reproduzir aqui esse extenso debate, mas podemos apontar, juntamente com Marcelo Amorim Checchia, que há diferença entre controlarmos o paciente e controlarmos o seu tratamento, já que "a associação livre, a transferência, o diagnóstico, o silêncio, a interpretação, o tempo da sessão e o pagamento são os elementos heterogêneos da sessão analítica, que se organizam nas estratégias e táticas subordinadas à política da direção do tratamento" (Checchia, 2010, p. 79).

Assim, como notamos no terceiro caso aqui apresentado, ao se partir da experiência clínica da fala, pode-se produzir uma construção que não seja perpassada por ideais prontos, mas que estabeleça, em sua própria grafia, as coordenadas de um normal e um patológico para aquele sujeito. O que nos recoloca a questão: que saber é produzido na apresentação de um caso clínico? Ao longo deste capítulo tentamos mostrar como esse saber não pode ser categorizado sob a égide de um único sistema epistêmico. Antes, o caso clínico, ao mesmo tempo que se apresenta como uma espécie de núcleo duro de uma teoria, também permite construções epistemológicas que trazem o novo e o incongruente para a mesa. Além disso, o caso permite a cristalização de um momento em que a teoria é colocada em prática e pode ser reconstruída. Como uma fotografia, ele permite que se estabeleçam relações entre a práxis e o campo social; a partir do estudo de um caso e suas referências, é possível reentrelaçar o que muitas vezes é desmembrado, a saber, o clínico e o social.

Um caso apresenta, como já foi algumas vezes repetido neste texto, um modo de sofrer e de tratar o sofrimento. Sua escrita permite que se reconheçam os atravessamentos teóricos e políticos presentes nessas modalidades, indicando o caráter contingencial e ao mesmo tempo normativo de toda experiência. Desse modo, o sintagma "patologia do social" ganha potência, uma vez que é claro que tratar de um dos termos significa tratar o outro. Um caso clínico é, dessa forma, sempre um caso social.

Referências

AMERICAN PSYCHIATRIC ASSOCIATION (APA). *Manual diagnóstico e estatístico de transtornos mentais: DSM-IV-TR-TM*. São Paulo: Artmed, 2002.

ASSOUN, Paul-Laurent. *Freud: a filosofia e os filósofos*. Rio de Janeiro: Francisco Alves, 1978.

ASSOUN, Paul-Laurent. *Introdução à epistemologia freudiana*. Rio de Janeiro: Imago, 1983.

BALAT, Michel. Sur le pragmatisme de Pierce a l'usage des psychistes. *Les Cahiers Henri Ey*, n. 1, p. 83-95, Spring 2000. Disponível em: <https://goo.gl/mV8Y6P>. Acesso em: 5 abr. 2013.

CHECCHIA, Marcelo Amorim. A clínica psicanalítica é um dispositivo? *A Peste*, São Paulo, v. 2, n. 1, p. 89-100, jan.-jun. 2010.

CORCOS, Maurice. *L'homme selon le DSM: le nouvel ordre psychiatrique*. Paris: Albin Michel, 2011.

COSTA PEREIRA, Mario E. A paixão nos tempos do DSM: sobre o recorte operacional do campo da psicopatologia. In: Pacheco Filho, Raul Albino (Org.). *Ciência, pesquisa, representação e realidade em psicanálise*. São Paulo: Casa do Psicólogo, 2000.

DUNKER, Christian; KYRILLOS NETO, Fuad. A crítica psicanalítica do DSM-IV: breve história do casamento psicopatológico entre psicanálise e psiquiatria. *Revista Latinoamericana de Psicopatologia Fundamental*, São Paulo, v. 14, n. 4, p. 611-626, dez. 2011.

FIRST, Michel B. *et al.* (Org.). *DSM IV TR: casos clínicos. V. 2: especialistas contam como tratam seus pacientes*. Porto Alegre: Artmed, 2008.

FONTENELE, Laéria B. O feminino na literatura. In: *II Congresso Internacional de Psicopatologia Fundamental: Psicopatologia e Cultura*. São Paulo: Editora e gráfica Vida e Consciência, 2006. v. 1.

FRANCES, Allen; PINCUS, Harold Alan; FIRST, Michel B. (Org.). *Manual de diagnóstico diferencial do DSM-IV-TR*. São Paulo: Artmed, 2004. (Casos Clínicos, v. 2).

FRANCES, Allen; ROSS, Ruth. *DSM-IV-TR case studies: A clinical guide to differential diagnosis*. Arlington: American Psychiatric Publishing, 2001.

FREUD, Sigmund. Introdução ao narcisismo. In: *Obras completas*. São Paulo: Companhia das Letras, 2010. v. 12.

KOHUT, Heinz. The Two Analysis of Mr. Z. *The International Journal of Psychoanalysis*, v. 60, 1979.

LACAN, Jacques. *O seminário, livro 4: A relação de objeto (1956-1957)*. Rio de Janeiro: Jorge Zahar, 1995.

LASCH, Christopher. *Culture of Narcissism: American Life in an Age of Diminishing Expectations*. New York: Norton, 1979.

LASCH, Christopher. *The Minimal Self: Psychic Survival in Troubled Times*. New York: Norton, 1984.

LECLAIRE, Serge. *Escritos clínicos*. Rio de Janeiro: Jorge Zahar, 2001.

PICHOT, Pierre; GUELFI, Julien. DSM-III devant la psychopathologie française. In: PICHOT, Pierre (Éd.). *DSM-III et psychiatrie française*. Paris: Masson, 1985.

SIEGEL, Allen. *Heinz Kohut e a psicologia do self*. São Paulo: Casa do Psicólogo, 2005.

TFOUNI, Leda Verdiani. Interpretação e autoria: trabalho do analista. *Correio da Appoa*, Porto Alegre, n. 131, p. 53-59, dez. 2004.

VEGH, Isidoro. DSM IV. In: CONGRESSO INTERNACIONAL DE CONVERGÊNCIA, 5., Porto Alegre, 2012. Inédito.

O corpo como lugar de sofrimento social

Aline Carrenho, Carlos Eduardo Ribeiro, Daniela Smid Rodrigues, Dulce Coppedê, Luiz Eduardo de Vasconcelos Moreira, Mirmila Musse, Nelson da Silva Junior, Pedro Eduardo Silva Ambra, Rafael Alves Lima, Rafael Kalaf Cossi, Stelio de Carvalho Neto, Bruna Martins Coelho, Mariana Pimentel Fischer Pacheco

As práticas e usos atuais do corpo são testemunhas de uma inegável sutilização das formas de poder, as quais definem novas modalidades de sofrimento social. Visando demonstrar e qualificar tal hipótese, buscaremos apresentar o corpo como lugar de sofrimento social segundo dois eixos principais: filosofia e psicanálise. Incialmente, apresentaremos alguns apontamentos de Michel Foucault, David Le Breton e Judith Butler a respeito do corpo, para, em seguida, a partir da psicanálise, explicitarmos algumas possíveis leituras de Sigmund Freud, Wilhelm Reich e Jacques Lacan sobre o tema. Finalmente, discutiremos fenômenos sociais contemporâneos para o questionamento do campo teórico proposto: quatro modalidades de sofrimento social encarnado no corpo são apresentadas enquanto testes impostos à proposta de Axel Honneth (2009) da "luta por reconhecimento".

Assim, uma teoria social que não tem como seu objeto o corpo, mas sim uma forma universal da desalienação, é convidada a responder a quatro formas de alienação do sujeito que, entre si, têm em comum apenas o corpo como seu *locus* primeiro e a demanda por identidade como seu motor: a transexualidade; os transtornos de identidade corporal; as demandas de substituição de membros por próteses artificiais; e, por fim, próteses de silicone com finalidade estética. Em cada uma dessas formas de alienação, buscar-se-á também localizar sua articulação com a economia neoliberal. Herdeiro da tradição frankfurtiana, Honneth é, possivelmente, um dos filósofos da atualidade com maior arsenal teórico para discutir e teorizar a respeito das modalidades de sofrimento social. Nesse sentido, o intuito do presente trabalho é utilizar o corpo como objeto de análise das "patologias do social" e propor limites a uma análise que tem no reconhecimento sua base, em que – por fim – Foucault, Butler e Lacan serão igualmente convidados a responder aos fatos sociais em questão.

Filosofia contemporânea:
o corpo disciplinado em Bernard Andrieu

Bernard Andrieu (2004), um dos filósofos contemporâneos com maior destaque no debate atual sobre o corpo, considera que seus pares deixaram aos sociólogos e aos psicólogos a tarefa de constatar a evolução dos costumes e as modificações dos comportamentos. Mesmo que alguns psicanalistas (Donald Winnicott, Melanie Klein, Didier Anzieu, Françoise Dolto) tenham contribuído com propostas, o corpo foi o grande ausente na psicanálise a partir da segunda metade do século XX (ANDRIEU, 2004). De acordo com o autor, essa ocultação do corpo nos escritos psicanalíticos foi uma decorrência da influência de Lacan e do estruturalismo na psicanálise. Veremos adiante algumas reflexões sobre o estatuto do corpo a partir de desenvolvimentos tardios do ensino de Lacan que contrastam com essa crítica.

O corpo foi disperso (ANDRIEU, 1993) em diversas disciplinas (fenomenologia, psicanálise, neurociências) ao longo do século XX, cada qual julgando ser capaz de explicar a complexidade humana a partir de um só modelo. No entanto, apesar de uma aposta na comunicação entre os modelos propostos, voltamos a nos encontrar, ao sair do século XX, diante de uma discussão estéril entre eles. Quanto a isso, Andrieu (2004, p. 12) dirá: "Sem renunciar a uma tentação totalizante, sabemos hoje quão difícil é pretender enclausurar o campo da experiência corporal numa explicação definitiva".

Em sua análise, Andrieu considera que a filosofia reconheceu o problema do corpo por meio do método fenomenológico:

> Iniciada por Husserl e desenvolvida por Merleau-Ponty, a fenomenologia conseguiu constituir a diferença entre o corpo próprio e vivido da pessoa e a carne íntima de cada ser vivo. A percepção foi a faculdade principal da subjetividade, passando a relação do corpo com o mundo a ser o modo central do conhecimento de si e dos outros. [...] o sucesso da psicanálise na cultura privilegiou o inconsciente como a causa do vivido corporal, enquanto a fenomenologia penetrou a psicologia ao ponto de definir terapias corporais (ANDRIEU, 2004, p. 14).

Tal empuxo ao aspecto experiencial do corpo não garantiu, contudo, uma imunidade frente às formas de alienação do modo capitalista de produção. Pelo contrário, do ponto de vista que aqui nos interessa, a saber, uma história do corpo enquanto forma de sofrimento social, a superação do dualismo corpo/espírito realizada pela fenomenologia, longe de realizar a crítica das estruturas de poder, parece se colocar a serviço destas últimas, como demonstram Foucault e Butler, por exemplo.

Michel Foucault

A história do corpo como local de expressão e de precipitação do sofrimento social tem uma vocação plural: não há uma, mas muitas formas de o corpo sofrer, na medida em que tal sofrimento pode ser pensado como efeito de sucessivas estruturas sociais historicamente determinadas. Michel Foucault foi quem, de modo claro e consistente, chamou a atenção para o caráter não evidente da atenção privilegiada que o corpo goza no discurso e nas estruturas de poder em nossa cultura. Privilégio essencialmente ambíguo, pois nele o corpo parece fadado a uma domesticação sem fim, a serviço seja do controle estatal, seja do capital.

Se fosse possível fazer uma "breve história do controle social do corpo" segundo as análises de Foucault, esta seria composta de quatro grandes períodos, ainda que longas intersecções se deem entre eles. Primeiramente, haveria o corpo como "superfície de inscrição de suplícios e penas" do século XVIII. Em seguida, encontraríamos o corpo que, na eventualidade de não poder ser domesticado, deve ser excluído (FOUCAULT, 2005). No período seguinte, já no século XIX, a exclusão passa a ser substituída por uma inclusão específica: o corpo será aquilo "que deve ser formado, reformado, corrigido" e "capaz de trabalhar". Um exemplo é o surgimento dos instrumentos ou aparelhos ortopédicos utilizados nos asilos do século XIX. Já não se tratava mais de instalar no corpo um aparelho que impedisse a ação (cinto de castidade), mas que promovesse uma ação contínua, uma homeostase (camisa de força, em que quanto mais o louco se mexe, mais ele se estrangula). São aparelhos "cujo efeito progressivo deve ser torná-los inúteis; [...] no limite, deve-se poder tirar o aparelho" (FOUCAULT, 2006, p. 132); com isso, alcançava-se em princípio "o equivalente no mecanismo asilar do que Bentham havia sonhado sob a forma de absoluta verdade" (FOUCAULT, 2006, p. 133).

Finalmente, Foucault (2000) indicou o lugar de destaque que o discurso da modernidade ofertava ao corpo, nomeando-o como objeto da razão. A *epistemé* moderna, *o homem*, foi viabilizada justamente por certa análise do corpo. Diz o pensador: "à experiência do homem é dado um corpo que é seu corpo – fragmento de espaço ambíguo, cuja espacialidade própria e irredutível se articula contudo com o espaço das coisas" (FOUCAULT, 2000, p. 433).

Vemos aqui um tipo de análise que claramente constitui um dos germes de uma das principais articulações da concepção foucaultiana de corpo. Com a análise das tecnologias modernas de poder sobre o corpo, uma arqueologia do saber torna possível a percepção de que a constituição do ser do homem moderno passava pelos discursos que o apreendem como ser vivo, impondo-lhe, a um só tempo, um discurso sobre sua natureza vital e seu próprio conhecimento como ser humano. Na fase da genealogia do poder, então, o corpo passará à condição de objeto de disciplina e controle multiplicado em formas ordenadas de saber-poder: é o corpo do panoptismo que pode ser compreendido como o alvo das forças à medida que sobre ele investem, constituindo seu ser. Essa articulação atravessa a obra do filósofo francês especialmente a partir da publicação de *Vigiar e punir* (FOUCAULT, 2008).

Assim, a genealogia como o instrumento para a crítica do ponto de articulação entre corpo e história e suas intersecções podem ser aquilatadas no interior mesmo da obra de Foucault. Podemos destacar alguns momentos em que o corpo aparece diretamente como objeto do investimento discursivo.

Inicialmente, na tese sobre a *História da loucura* (FOUCAULT, 2005), o corpo desfruta de uma posição importante: é a um só tempo objeto de cura e controle, como bem podemos notar a partir do sentido que as doenças venéreas adquirem na Idade Clássica. Nesse momento, uma primeiríssima relação se estabelece: o corpo é um *locus* do acontecimento discursivo da grande internação; sobre ele, o discurso médico irá fazer valer suas formas moralizantes de acordo com os imperativos de regulação próprios de um tempo no qual a exclusão, recuperando a estrutura de banimento do leproso da cidade, exclui agora o não *são*. Em parte, a experiência da insanidade entre os séculos XVII e XVIII esteve ligada ao destino de um corpo a ser curado, isto é, a ser tratado por remédios morais.

Em *O nascimento da clínica*, Foucault (2004) nos mostra como a medicina moderna se determina pelo conhecimento da morte conforme um olhar-observador que circunscrevia a doença: "abram alguns cadáveres" é o convite que o anatomista e fisiologista francês Marie François Xavier Bichat (1771-1802) propõe para que o corpo morto seja o *locus* do olhar médico, como domínio profundo de objetividade para definir a doença.

A clínica moderna é, para Foucault, inaugurada pela anatomia patológica, que, juntamente com a fisiologia, tornar-se-á no século XIX o fundamento objetivo do olhar médico. Isso corresponde à colocação do corpo sob a inteligibilidade de tecidos orgânicos: uma velha ambição de se tornar uma análise desobstruída em seu olhar, que tudo penetra e tudo decompõe, encontra na junção moderna da fisiologia e da anatomia patológica a análise do próprio corpo. A decomposição patológica permite uma classificação nova, geral e não abstrata das espécies mórbidas definidas em classes analíticas. A lesão é a expressão explicativa do sintoma, o organismo é o espaço em que o corpo adoece.

Sob tais genealogias do poder, cabe notar aquilo que, para Foucault, pode definir o homem moderno: ele apreende sua condição sob a forma determinada da finitude, em que o modo de partilha da verdade na modernidade é determinado a partir da analítica da finitude, o homem que vive, fala e trabalha. Trata-se de uma análise que tenta definir-se segundo o objeto que o homem postula: seja conforme os saberes que circularam na modernidade pelo mote do corpo ou da percepção, como a medicina e a neurofisiologia, seja mediante aqueles saberes que pretenderam desfazer a ilusão do espírito e desalienar a história, como a antropologia e a linguística, por exemplo. Por isso, será um ponto de chegada e partida do indefinido, isto é, como possibilidade que só pode ser *dada* na própria finitude e apreendida em suas formas. Isso se expressa como justificativa conforme as *articulações* que ligam não as palavras às coisas, mas agora o *corpo*, a *fala* e o *desejo* ao homem.

Assim, com as empiricidades que marcam o conhecimento e o reconhecimento do homem como âmbito de verdade, surge também uma análise que se centra no espaço do corpo: estudo da percepção, dos mecanismos sensoriais e neuromotores etc.

Podemos dizer que a teoria clássica da soberania construiu um reconhecimento do conjunto da política como um *corpo social*, isto é, conforme a dicotomia *indivíduo* e *sociedade*. Trata-se de uma oposição tradicional no interior da política clássica, em que o indivíduo é visto como o contratante, e a sociedade, como o contrato. Ou ainda, se preferirmos, indivíduo e sociedade compõem a cena do modelo da soberania de poder. Na linguagem foucaultiana, trata-se da representação jurídica do poder. Essa teoria da soberania perde sua eficácia à medida que, sobretudo no século XIX, o poder deixa de atuar na forma da soberania, e passa a agir em termos de tecnologias de poder cujo alvo não é o indivíduo e seu correlato, a sociedade como conjunto da política, mas a população, que é, no dizer de Foucault, um corpo múltiplo.

Os efeitos das análises de Foucault sobre o pensamento filosófico e social em geral foram definitivos. Veremos, a seguir, algumas derivações em análises de campos mais específicos da noção de corporeidade. Em primeiro lugar, no campo da relação de propriedade que a modernidade imprime entre o sujeito e seu corpo. Em segundo lugar, na evidenciação da historicidade da categoria de gênero até mesmo no nível das observações anatômicas.

David Le Breton

Levando em conta as construções teóricas foucaultianas, faz-se então necessário pensar na dicotomia do corpo como forma de poder e manipulação do social em diversas outras áreas do conhecimento. David Le Breton, antropólogo francês, discute o paradoxo de uma apologia do corpo – acompanhada de seu esvaziamento radical –, capaz de transformá-lo em exterioridade, simulacro e mercadoria. No entanto, segundo Le Breton, a história de tal estado de coisas pode ser relativamente curta.

A reflexão de Le Breton baseia-se nas mudanças que o corpo, tomado como conector do sujeito à existência coletiva, sofre na série diacrônica, elegendo meados dos anos 1500 o seu pontapé inicial. Além do surgimento da camada burguesa, o Renascimento inaugura também a ideia de individualidade. Nessa mesma época, Versale (*De corporis humani fabrica*, 1534) propõe um estudo anatômico do corpo. Esses dois movimentos históricos são salientados pelo autor como responsáveis pelo começo da mudança da compreensão corporal que isola o corpo do *ser*.

Na Idade Média, tanto o homem e seu corpo como o homem e o mundo não se dissociam e não podem ser considerados elementos isolados. Fazendo parte de uma mesma esfera, componente e *cosmo*, eles representam a mesma energia comunitária, a da natureza. Não existe a singularidade de se *ter* um corpo, pois, sendo ele uma identidade intangível, não pode ser distinguido do espírito.

No século seguinte, René Descartes compara o corpo a uma máquina dotada de funcionamento automático. Le Breton salienta a semelhança dessa nova racionalidade do corpo com as outras mecânicas, diferenciando-a apenas pelas "singularidades de suas engrenagens" (LE BRETON, 2010). Ao separar cada "peça" do corpo e entendê-la anatomicamente, é possível então pensar em um corpo fragmentado.

Esses movimentos históricos são considerados por Le Breton o ponto de virada na compreensão do conceito de corpo. Se antes ele era visto como sagrado e fazia a conexão do homem com o mundo, agora ele se torna exatamente o rompimento entre o indivíduo e o outro. O corpo é, a partir daí, como orienta o sociólogo Émile Durkheim, um lugar de individualização. A modernidade vive o paradoxo da luta pela liberdade corporal e da defesa da intimidade.

Se os estudos anatômicos propunham-se a entender as complexidades corporais, hoje a ciência o manipula em nome de um bem-estar e seus benefícios. Passa-se a *ter* o corpo no lugar de *sê*-lo. Mas Le Breton não deixa de ressaltar as consequências: "as limitações da carne seguem presentes, ainda que seja como enfermidade, como depressão, como cansaço ou como acidente, ou simplesmente como o inesperado" (LE BRETON, 2010).

Laqueur e Butler: corpo sexuado e poder

Antes de chegar ao ponto onde se imiscui no desejo e nos prazeres, o poder se dissemina pelos cantos e busca dominar os discursos sobre o real do sexo – sustentando uma suposta "verdade orgânica", substitui o discurso religioso em sua função de nomear a essência última do corpo. Veremos neste item que essa suposta essência orgânica e natural, ainda em vigor em grande medida em nossa cultura, é contudo essencialmente plástica e permeável a formações discursivas, ou seja, indissociáveis dos mecanismos de poder. A respeito da diferença sexual, a rica pesquisa de Thomas Walter Laqueur (2001) mostra que o corpo sexuado nunca esteve imune às mudanças sociais e políticas.

A prevalência do modelo de dimorfismo sexual é datada historicamente. Só a partir do século XIX é que passa a predominar o discurso de que a divisão radical entre corpos masculinos e corpos femininos tem como ponto de partida suas diferenças anatomofisiológicas. Na sequência, os corpos determinariam a divisão binária dos gêneros e seus respectivos papéis sociais e lugares políticos, assim como justificariam as desigualdades hierarquizadas entre o masculino e o feminino.

Contudo, da Antiguidade clássica até o século XVIII, prevalecia a ideia de que o corpo-homem e o corpo-mulher não eram opostos – vigorava o "modelo do sexo único". Cláudio Galeno demonstrava no século II que, ao nível dos órgãos sexuais, as mulheres eram basicamente homens "virados para dentro". O órgão sexual feminino era visto como um pênis interno, o útero como escroto etc. Fundamentalmente, era a quantidade de "calor vital" o que distinguia o masculino do feminino: homens tinham mais calor, eram mais potentes e tomados no final do eixo "perfeição". Ou seja, nesse período, a fronteira entre o masculino e o feminino é de grau, não de espécie.

A passagem do domínio do modelo de sexo único para o dimórfico não se deu por conta do avanço dos estudos em anatomia ou em embriologia. Antes do século XVIII, diferenças fisiológicas já eram constatadas pelos cientistas. Descobertas como a do clitóris, efetuada por Renaldus Colombo em 1559, foram facilmente absorvidas pelo modelo de sexo único: naquele caso, o clitóris foi considerado como uma versão feminina do pênis. Mas por que se insistia em tomar a anatomia e a fisiologia reprodutiva de maneira errada e contraintuitiva? Era a ideologia que ditava quais diferenças eram importantes, e as de ordem anatomofisiológicas não o eram. De fato, para a manutenção das fronteiras sociais entre homens e mulheres, o corpo não era um fator decisivo – havia-se sim de se manter estabilizadas e intransponíveis as categorias de gênero. A constatação das diferenças orgânicas entre homens e mulheres só foi posta em primeiro plano quando foi politicamente interessante para redesenhar as relações entre os gêneros. De toda forma, ambos os modelos são produtos culturais. Sexo e gênero são frutos de práticas discursivas e manipulados para a legitimação (ou não) de certas práticas de poder.

Judith Butler traz importantes contribuições a essa discussão. Em *Problemas de gênero* (2003), Butler denuncia a instabilidade das identidades, desnaturaliza a binaridade dos gêneros masculino e feminino e fulmina a matriz heterossexual que determina a aceitação ou não de identidades e práticas sexuais.

A heteronormatividade prevalecente na modernidade se assenta na concepção binária dos sexos e dos gêneros, e postula que os fatores corpo (sexo), gênero, desejos e práticas sexuais devem ser concordantes. Os sujeitos que não se enquadram nesse sistema ideal de coerência e continuidade não correspondem aos gêneros inteligíveis, masculino e feminino, sendo, consequentemente, relegados à invisibilidade e à patologia – Butler os denomina "seres abjetos". Estão fora do cenário social, ao mesmo tempo garantindo sua consistência.

É justamente pela voz do abjeto que se pode questionar as normas que regulam a produção do humano. A dimensão de conflito e sofrimento que aparece nos corpos desses sujeitos é efeito dos mecanismos históricos e sociais que pretendem normatizar os gêneros. Nesse sentido, as identidades patologizadas são produtos das normas de gênero.

Butler (2003) mostra que gênero não tem essência identitária, e que a combinatória sexo/gênero é construída a partir de uma unidade ilusória. Para tanto, ela define gênero como *ato performativo*. Os atos performativos são fabricações manufaturadas e sustentadas por signos corpóreos e outros meios discursivos. A repetição imitativa de tais atos cria a ilusão de substância, naturalidade e a-historicidade como estratégia de manter o gênero em sua estrutura binária. Porém, trata-se de citações encenadas a partir de convenções. Dito de outra forma, o gênero não existe; o que existe é a *paródia de gênero*.

É justamente nessas repetições performativas que pretendem materializar o corpo normativamente que algo escapa – afinal de contas, o corpo não se presta à estabilidade e nunca se submete por completo às normas. Nessas repetições, algo subversivo pode vir à tona, e transformações sociais podem ocorrer. Não essencialismo nem construcionismo. O corpo não é todo passível de ser construído nem é redutível à linguagem – há uma dimensão do corpo que não pode ser representada, como coloca Butler (2010). Pode-se dizer que, nessa vertente, a concepção do corpo butleriano vai ao encontro do corpo pulsional da psicanálise.

Freud e Reich

Freud, já em seus escritos pré-psicanalíticos, inaugura uma nova forma de olhar para o corpo, postulando um corpo pulsional, erogeneizado, subvertendo o corpo biológico. O desenvolvimento de sua teoria assume que o Eu consciente é sobretudo um Eu corporal (Freud, 2011) e, mais do que isso, um Eu corporal consciente em constante interação social.

Invariavelmente, as posições profiláticas de Freud, como em "Moral sexual 'civilizada' e doença nervosa moderna" (1908), dizem respeito à relação entre civilização e pulsionalidade. Ali Freud aponta a civilização como produto da repressão sexual. Para grande parte do bom funcionamento psíquico, há a necessidade da satisfação sexual direta (genital) em certa quantidade e qualidade do seu ato. Entretanto, em nossa sociedade, aquela é limitada visando à manutenção e evolução desta. O texto em questão expande sua discussão para além do campo da saúde, assim como atinge um tom de preocupação referente à construção social, a partir da qual Freud critica a educação severa como meio de repressão sexual. Haveria aqui um Freud transformador do campo social, a cuja perspectiva Reich teria dado continuidade.

Assim como em "Moral sexual 'civilizada' e doença nervosa moderna", as bases para a discussão em Reich são a tríade *civilização – repressão sexual – sofrimento psíquico*, a partir da qual o autor assinala a opressão e a repressão efetuadas pela sociedade, visando a sua manutenção e seu progresso. No entanto, na vida urbana, em que tudo é "pressa e agitação", a libido acabaria por ser expressada inadequadamente, visto que a satisfação genital, para Reich, é tanto necessária para a ordem da saúde psíquica como também ligada à felicidade. Entretanto, as exigências morais que o sujeito impõe a si mesmo sob a influência contínua das normas e valores sociais – nas quais há um embate entre as forças pulsionais e a moral; entre o eu e o mundo exterior – restringem e provocam o desgaste da vitalidade.

A partir de tais reflexões, Reich trabalha a noção de encouraçamento muscular, que insere o corpo como palco de manifestações do sofrimento psíquico, especificamente quando do impedimento da pulsão para a ação, reprimida para sua direção oposta. O encouraçamento, então, seria uma defesa contra a dor e o sofrimento, mas, em contrapartida, contra a alegria de viver, noção cara a Reich, de inspiração bergsoniana.

Há, ainda, outra ponte entre Reich e Freud: a educação severa, vinculada à repressão sexual. Para ambos a repressão sexual é fator influente para o surgimento da falta de confiança e autonomia das pessoas. É partindo desse substrato freudiano que Reich mergulha nos estudos da psicologia social e dos comportamentos políticos. Em "A ideologia autoritária da família", capítulo da obra *Psicologia de massas do fascismo*, o autor faz uma análise da propaganda nazifascista e da adesão de parte significativa do proletariado a essa vertente. Retomando Freud, temos que "a influência prejudicial da civilização se reduz principalmente à repressão nociva da vida sexual dos povos (ou classes) por meio da moral sexual civilizada que os rege" (REICH, 1988, p. 36).

Já no campo das divergências entre Reich e Freud, o afastamento de suas teorias se dá principalmente quando Reich insere a linguagem corporal como material de análise, tão importante quanto o conteúdo verbalizado. Para Freud, as palavras são formas de viabilizar a cura, como também caminhos para o adoecimento ("ideias capazes de gerar patologias"). Assim, pelas brechas da fala, do ato falho, dos sonhos, dos sintomas e da associação livre, é possível aproximar-se do inconsciente. Reich, por sua vez, não descarta o conteúdo verbalizado, mas discorda da visão psicanalítica tradicional ao acrescentar a importância da observação, por exemplo, da postura, da forma como algo é falado (a expressão do dizer). Para ele, o corpo e a expressividade são plásticos às condições emocionais de cada sujeito e, por isso, advêm de uma construção particularizada e singular. Assim, as inovações reichianas em relação à análise do caráter – caráter é entendido, aqui, como o modo como o homem estrutura sua vida – estabelecem-se principalmente por meio da leitura da forma. Reich, como se verá adiante, defende a perspectiva de um corpo construído de acordo com a história emocional do sujeito, que pode resultar na couraça psíquica (manifestada na rigidez muscular), resultado da soma total das forças de defesa recalcadoras, sendo dessa forma um fenômeno psíquico e físico simultaneamente. Assim, a clínica reichiana se fundamenta no trabalho direto sobre a musculatura do paciente como numa análise que funcione como espelho do caráter, sendo ela interventiva por focalizar e apontar a resistência.

Reich, no entanto, refuta a proposta freudiana de incompatibilidade entre civilização e pulsão, indicando que há sim a possibilidade da convivência harmoniosa entre cultura e amor. Para Reich, a satisfação genital seria aliada à boa performance cultural, uma vez que a saúde psíquica do sujeito – possibilitada pelo alívio de tensão pré-genital por meio da satisfação genital – interfere nos processos sociais, já que a rejeição de impulsos infantis e antissociais pressupõe a satisfação de desejos sexuais momentânea e fisiologicamente normais e necessários.

Além disso, o autor indicará cautela e restrição das possibilidades da sublimação, já que esta, na idade adulta, aplica-se somente aos impulsos pré-genitais, e não aos impulsos genitais. A sublimação excessiva, pois, está diretamente relacionada ao sofrimento psíquico e ao adoecimento. Para Reich, o olhar mais cuidadoso da cultura sobre onde deve haver a abstenção e onde deve haver a satisfação direta promoveria a existência simultânea entre amor e cultura; ele assinala, também, que a moral é necessária desde que os impulsos sejam realmente ameaçadores para a convivência humana. Assim, Reich sugere uma revolução sexual baseada na satisfação genital e, para tal, a liberdade do sujeito quanto aos usos e desusos do seu corpo.

Freud, por sua vez, concebe a relação entre a corporeidade e a civilização no interior de uma estrutura de impasse. A civilização depende de um recalcamento dos dois tipos de pulsões, as de vida e a de morte, para que se constitua e se mantenha. Esse recalcamento, contudo, é sistematicamente parcial, gerando os sintomas neuróticos e o masoquismo moral como seus subprodutos. Do ponto de vista da civilização, pode-se dizer que tais efeitos sejam simultaneamente fracassos e sucessos. Mas o caráter incontornável dessa negociação entre civilização e pulsionalidade demonstra que o ponto de vista freudiano sobre o corpo na cultura é inconciliável com quaisquer ideais utópicos de felicidade.

Sofrer menos, ou *do modo como escolhermos*, seria, em última instância, a máxima da terapêutica freudiana em tais condições.

Lacan

Da obra lacaniana pode-se dizer que ela descontrói o corpo cartesiano, exterior ao discurso, e o reinventa numa tópica que transcende o binarismo exterioridade/interioridade. Isso implica a ultrapassagem de grande parte da ontologia e a refundação de uma nova relação entre o ser e a linguagem. Vejamos os elementos conceituais dessa ultrapassagem mais diretamente implicados na questão da corporeidade.

Lacan, em determinado período de seu ensino, parte da ideia de que o corpo no ser falante seria sobretudo um efeito, o produto de um processo de simbolização e de investimento libidinal do organismo. A partir do texto "Radiophonie" (LACAN, 2001), lembramos que, para todo ser falante, o verdadeiro corpo, o primeiro corpo é o corpo dos significantes, do simbólico, ou seja, da linguagem. Assim, o corpo humano é o corpo capaz de gozo, apto ao amor e ao desejo, sendo essa uma atribuição linguística, totalmente oposta à ideia de corpo biológico.

De acordo com Sidi Askofaré (2009), a noção lacaniana de discurso – dispositivo a partir do qual seria possível formalizar um enodamento entre o sujeito e o social – pode ser compreendida como um laço entre corpos. Nesse sentido, o discurso não estaria ligado a qualquer laço natural ou gregário, mas se definiria como um laço e não como uma relação. Basta lembrar o conhecido aforismo "Não há relação sexual", uma vez que aquele elemento que garantiria a coexistência de um ou mais termos heterogêneos simplesmente não pode ser formalizado. Assim, já desde a proposição hegeliana da dialética entre escravo e mestre, retomada por Lacan no desenvolvimento da teoria dos discursos, é o corpo que está em jogo. O agente, como semblante, e o outro de cada um dos discursos fundamentais de Lacan são sempre suportados pelos corpos.

No entanto, há casos em que isso não ocorre. Trata-se do discurso da ciência e do discurso do capitalista, em que haveria a possibilidade de um "discurso" que não funda laço social. Portanto, não os quatro discursos fundamentais, mas antes o discurso capitalista e da ciência seriam mais apropriados para pensar no corpo na atualidade. A presença do corpo na palavra, na relação, no sexual, no encontro do Outro sexo, no amor, no trabalho e seus laços na economia dependem necessariamente de um Outro forte, que não se faz mais presente na atualidade da mesma maneira (ASKOFARÉ, 2009).

Se considerarmos, seguindo Lacan, que a dominação desses dois discursos acarreta a ruína do Outro, podemos concordar com Jean-François Lyotard quanto à subtração progressiva do corpo por uma tripla recusa, rejeição ou recorte: primeiramente, a rejeição da narração e da *historicização* da verdade do sujeito. Aqui se pode ler, por exemplo, o lugar curioso que um trabalho analítico ou psicoterápico tem quando se torna condição necessária para a cirurgia de transgenitalização. Ainda que o espaço possa ser de fato ocupado com um aprofundamento narrativo que levaria ao apontamento de uma divisão subjetiva – como em qualquer análise –, é bastante comum que ele seja vivido pelo sujeito como um "mal necessário" para atingir um objetivo localizado específica e exclusivamente no corpo.

Haveria, em segundo lugar, uma rejeição das "coisas do amor", fundamento do discurso capitalista. Parece tratar-se agora da inexistência da relação sexual pautada não mais pelo real do sexo e do corpo, mas desligada de substratos tradicionalmente imaginários. Aqui, basta lembrar o crescimento dos namoros exclusivamente virtuais e o fenômeno dos jovens assexuados.

Por fim, há a rejeição do corpo produtor em uma economia automatizada, robotizada e financista, de modo que as formas de retorno do corpo são violentas e eruptivas. Assim, se o acento não é mais colocado no corpo diretamente explorado no chão da fábrica – aqui ainda dentro da possibilidade de um laço social –, mas antes no corpo negado, como nos serviços de *telemarketing*, o corpo reaparece como Real a partir de seus fenômenos contemporâneos: transtornos alimentares, de identidade corporal, de gênero etc.

Dessa forma, notamos que fenômenos de sofrimento social que, tal como veremos, seriam desconsiderados em uma análise radicalmente honnethiana – uma vez que podem estar bem integrados dos pontos de vista afetivo, consciente, jurídico e solidário – podem ser problematizados a partir de desenvolvimentos lacanianos sobre corpo e discurso. Primeiramente, uma análise da gramática moral dos conflitos sociais parece um tanto menos eficaz em casos nos quais o sofrimento social não se apresenta nem como conflitivo nem como social, como no discurso capitalista. O dispositivo dos discursos permitiria não apenas localizar os pontos não conflitivos dessa gramática, com uma acepção de sofrimento própria, como também fazer a crítica das possibilidades de uma análise do sofrimento que parte do reconhecimento.

Sublinhamos também um ganho de uma leitura que pensa não apenas as expressões e os laços humanos, mas também o próprio corpo, como radicalmente fundados no inconsciente. Daí que, para além de uma leitura clínica ou geral do sofrimento, este pode ser localizado a partir de fenômenos aparentemente dissociados ou não articulados como tais, uma vez que se mostram no ou pelo corpo.

Por fim, veremos que a leitura honnethiana propõe a interpretação dos conflitos sociais a partir do reconhecimento como teoria maior, cujo rastro metafísico hegeliano poderia ser mitigado a partir das contribuições empíricas da psicologia social de George Herbert Mead. No entanto, metodologicamente, sublinhamos a vantagem de uma análise que não leia no sofrimento um déficit de um modo de funcionamento moral ou normativo, mas antes uma forma privilegiada de análise do real modo de funcionamento do laço social. Assim, seja na histeria para Freud, seja na psicose para Lacan, acreditamos que o modo de proposição de funcionamento social que nasce de fenômenos patológicos apresenta mais ganhos do que a patologização de um funcionamento social preexistente.

Corpos abjetos, indeterminação e o inumano

Em *Problemas de gênero* (2003), Butler utiliza a noção de abjeto, inicialmente forjada por Julia Kristeva, para questionar (e abalar) o funcionamento da matriz heterossexual. Em *Corpos que importam* (BUTLER, 2010),[1] tal noção é expandida e toma formas de um mecanismo, a *abjeção*, cujo campo de ação é preferencialmente o corpo. Ampliando ainda mais o alcance da abjeção, Butler a toma como constituinte do universo da linguagem e da formação do sujeito. Trata-se então de um instrumento de grande interesse e muito útil para se pensar no exercício da norma simbólica, sua função de reconhecimento e seus efeitos.

Corpos abjetos são aqueles que apontam para o menos-humano ou inumano, como os não ocidentais, pobres, "casos psiquiátricos", refugiados libaneses e turcos etc. Corpos abjetos não têm existência legítima e não importam politicamente, estando submetidos à hierarquia e à exclusão; vivem dentro do discurso como figura não questionada, indistinta, sem história, como o que não deveria ter sido possível. Butler chega ao ponto de considerar o abjeto como excluído do binarismo próprio/impróprio – o abjeto é de tal maneira inclassificável e inominável que se torna impróprio à impropriedade (BUTLER, 2002).

Tais corpos deslegitimados fornecem o apoio necessário para os corpos que, ao materializarem a norma, atingem a categoria de corpos que pesam e importam. Butler segue essa linha de raciocínio para pensar na constituição do sujeito: o domínio de seres abjetos forma o exterior constitutivo do domínio do sujeito. Nesse sentido, o sujeito é fundado através do repúdio do abjeto de "dentro" dele. Para desenvolver esse ponto, Butler recorre à noção psicanalítica de foraclusão.

Lacan, a partir da noção freudiana de *Verwerfung*, um tipo de negação que não deixa traço ou vestígio, forja o conceito de foraclusão para instituir uma operação própria à estrutura clínica da psicose – a foraclusão do significante

---

[1] No título original dessa obra, *Bodies that Matter*, Butler joga astutamente com a dualidade de sentidos da palavra *matter*: ao mesmo tempo indica algo que importa e que se materializa. O processo de legitimação comporta a capacidade de materialização dos corpos.

"Nome-do-Pai" acarreta a inexistência da significação fálica e impede que o sujeito se posicione na partilha dos sexos. *Grosso modo*, o psicótico está fora do sexo, fora do discurso, não faz laço social e não é alçado à categoria de sujeito. Podemos considerar esse mecanismo como operador em outras esferas: ele estaria na base da linguagem e atuaria no caráter performativo dos significantes políticos – aqui Butler se volta para Slavoj Žižek.

Há algo que resiste à linguagem e, ao mesmo tempo, a estrutura. Toda formação discursiva tem de se ver com o que não se acomoda dentro de seus próprios termos discursivos ou simbólicos, a contingência constitutiva. A lei simbólica pressupõe a foraclusão dessa contingência em nome da dita lei. Tal contingência parece vincular-se ao real lacaniano foracluído resistente à simbolização. De uma certa leitura da máxima lacaniana "o que é recusado na ordem simbólica reaparece no real", pode-se considerar que algo que já constava no campo simbólico foi excluído (como o ponto êxtimo lacaniano), criando fronteiras de inteligibilidade internas a ele. Toda constituição do registro simbólico tem como condição a foraclusão e o real.

A foraclusão também diz respeito ao abjeto como excluído da significação política, já que não pode ser incluído no circuito discursivo. Os corpos abjetos, ao mesmo tempo que dão consistência ao conjunto "humano", ameaçam as fronteiras, renovam a perturbadora possibilidade do retorno do abjeto ao interior dos próprios termos da legitimidade discursiva, o que os desintegraria, provocando posteriores rearticulações.

Como a materialização dos corpos nunca se dá por completo, são necessárias infindáveis reiterações como trabalho repetitivo de normatização. As instabilidades abertas por esse processo inauguram um domínio no qual a força da lei regulatória simbólica pode se voltar contra si mesma. Butler propõe explorar os operadores ontológicos dessa dita lógica ao extremo, até que não mais funcionem como tal. Emerge do interior dos próprios códigos de legitimidade a possibilidade de seu desmantelamento. Nesse processo de repetição, ressignificações podem trazer o novo.

O sujeito sempre assume uma norma corporal. Para tanto, identificações são estabelecidas, e a função do reconhecimento aqui é fundamental. O não reconhecimento implica sofrimento. Tratar-se-ia então da proposta de legitimar todas as identificações? A partir de então, seriam extinguidos os seres abjetos, já que agora estão inseridos dentro categoria humana? Não é disso que se trata.

A fundação do sujeito se dá através de um ato de foraclusão, e o real impede que o sujeito se identifique consigo mesmo, daí o sujeito nunca ser coerente, mas sempre descontínuo e incompleto. Por mais que os significantes políticos sustentem a ilusão de unidade, os significantes só se estabilizam temporariamente, e novas exclusões contingentes sempre serão requeridas. Vazios e investidos de carga fantasmática, eles produzem uma promessa de reconhecimento pleno que nunca será atingido.

Ainda que certos grupos ou tipos de corpos deixem de ser banidos ao limbo do abjeto, outros continuarão a ser relegados a ele – o incluído passa a fazer parte da norma, que, para continuar funcionando, deslegitimaria outros corpos. Há que se questionar justamente o mecanismo da abjeção com fins de rearticular os próprios termos da legitimidade e da inteligibilidade simbólicas.

Para tanto, os estudos *queer* recorrem ao modelo da desconstrução de Jacques Derrida. O mecanismo dualista cartesiano que implica as oposições binárias simbólicas em geral e sustenta, consequentemente, a oposição corpos que importam/corpos que não importam deve ser abalado. Derrida (2002) propõe um processo de desconstrução dessa organização fixa, o que acarretaria o forjamento de novos conceitos.

Nessa vertente, Butler parece sustentar um projeto político que implica a suspensão do reconhecimento em prol da *desidentificação*. "Tais desidentificações coletivas promoveriam a reconceitualização de quais são os corpos que importam e quais surgiriam como matéria crítica de interesse" (BUTLER, 2010, p. 21).

Vladimir Safatle (2012) traz novas perspectivas para a teoria do reconhecimento, em uma proposta que apresenta familiaridade com a proposta butleriana, além da grande proximidade entre as noções de abjeto e o *inumano*. Segundo ele, na modernidade, o sujeito é submetido a uma redução egológica: o Eu serve de parâmetro para a constituição das individualidades, e a categoria de sujeito é subordinada à determinação identitária – daí Honneth considerar que as experiências de indeterminação, falhas no processo de individuação ou socialização são a causa de sofrimento por excelência. Contudo, essa perspectiva não leva em conta que a negatividade é inerente a todo sujeito e que este só se constitui em confrontação com o indeterminado. Nesse sentido, o sofrimento decorre do bloqueio às experiências produtivas de indeterminação, da incapacidade que nossas instituições sociais, fortemente normativas e reprodutoras das formas hegemônicas de vida, têm de reconhecer a potência interna de indeterminação do sujeito. Safatle (2012), sustentando-se em Hegel, Adorno e Lacan, propõe então uma reconfiguração da teoria do reconhecimento: para além da referência ao Eu, há que se reconhecer a a-normatividade, o indeterminado, como índices do humano.

A teoria pulsional serve como instrumento para essa empreitada. O Eu, instância que pretende promover as sínteses psíquicas, opera o recalque das exigências pulsionais que têm como motor uma potência de indeterminação, o que produz conflito, sintomas e sofrimento. Contudo, as pulsões parciais, polimórficas e fragmentadas, nunca se submetem por completo ao princípio egoico. A pulsão de morte, marca indelével do humano, promove a não identidade no âmago do sujeito, portanto, essencialmente clivado.

Os processos de reconhecimento também são retomados por Safatle (2012) a partir da noção de inumano. Autonomia, autenticidade e unidade reflexiva são atributos da humanidade a partir dos quais o homem atual é entificado. A promessa é que, orientando normativamente nosso agir e julgar em direção a tais atributos, a humanidade do homem seria apreendida, e o sofrimento de indeterminação – resultante da não identidade a si e da perda de relações sociais estáveis – seria mitigado. Projeto malogrado. O inumano denuncia que não existe uma forma de vida a ser determinada completamente pela humanidade do homem; ele é o que o humano nega ou exclui para se constituir como tal e corresponde justamente à desarticulação daqueles três atributos. O inumano existe como potência dentro do humano, e a qualquer momento pode vir à tona – decorre daí seu caráter ameaçador. Em suma, o reconhecimento deve incidir sobre a potência de indeterminação e despersonalização do inumano que habita todo sujeito; tentar anulá-la, atendendo à exigência repressiva de identidade à figura atual do homem, leva a sofrimento.

Honneth: os corpos na luta pelo reconhecimento

No sentido que lhe outorga Axel Honneth, "luta pelo reconhecimento" significa gramática moral dos *conflitos sociais*, isto é, a estrutura lógica da moral na qual os conflitos sociais se expressam. Diz respeito a experiências de desrespeito social, de ataques à identidade pessoal ou coletiva, capazes de suscitar ações que visem à restauração de relações de reconhecimento mútuo. Três esferas estariam aqui implicadas: (1) a esfera emotiva individual, na forma de uma confiança em si; (2) a esfera da estima social, na forma da solidariedade; (3) a esfera jurídico-moral, que garantiria a autonomia individual, na forma da responsabilidade. Ora, a implicação e a articulação dessas três esferas entre si é uma condição para a realização política da *luta pelo reconhecimento*. Em outras palavras, estamos diante de um modelo de ação política no qual as relações emotivas do indivíduo consigo mesmo, dos grupos entre si e a jurisprudência devem necessariamente estar presentes.

Uma série de demandas concretas por reconhecimento pode ser examinada a partir de tal quadro, que se apresenta como puramente formal. Trata-se aqui de estudar algumas questões cuja novidade no interior da psicopatologia em suas relações com o corpo tem tido repercussões que suscitam questões tanto de ordem psíquica quanto de ordem política em seu tratamento individual e social.

No entanto, na esteira dos diferentes temas escolhidos para configurar o projeto do Laboratório de Teoria Social, Filosofia e Psicanálise, gostaríamos de sublinhar um problema no que tange à relação do corpo com o reconhecimento. Tendo em vista não se tratar nem de uma patologia nem de um conceito, o corpo foi analisado a partir de alguns exemplos de seus usos na atualidade. Assim, ainda que o *uso do corpo* possa configurar-se como ferramenta na luta pelo reconhecimento, a posição ocupada pelo corpo parece ser afim a novas formas de alienação, em especial no que diz respeito à identificação.

O que parece escapar a uma teoria do reconhecimento tripartite – emotiva, social e jurídica – é que o apelo ao corpo como instrumento de reinvindicação baseado na identidade é rápida e previsivelmente apropriado por uma quarta instância, não submetida às três inicialmente propostas por Honneth, a saber, a economia.

Utilizaremos como exemplos dessas modalidades de usos do corpo quatro fenômenos contemporâneos distintos: (1) o distúrbio de identidade de imagem corporal, ou BIID (*body identity integrity disorder*), caracterizado pelo desejo de amputação de membros saudáveis; (2) a transexualidade e sua demanda identitária, radicalizada na cirurgia de transgenitalização; (3) a troca de membros saudáveis por próteses de maior performance; e, por fim, (4) a relação financista que se estabeleceu em uma prática de modificação corporal hoje já amplamente aceita, as cirurgias plásticas estéticas.

Observa-se que o uso contemporâneo do corpo conduz o sujeito a participar de diferentes formas da cadeia produtiva. O desenvolvimento de membros biônicos é inicialmente pensado visando reinserir o sujeito no mercado de trabalho. No entanto, a possibilidade técnica e a oferta geram uma potencial demanda que sublinha o caráter de consumo de substitutos ou *upgrades* corporais. Tais *upgrades*, por sua vez, podem exigir retificações no corpo, eventualmente de amputações suplementares, como no caso de algumas próteses mecânicas. Não é mais inconcebível que membros saudáveis sejam substituídos por próteses mecânicas em nome da performance laboral. Mas essa não é a única incidência da economia no corpo. A partir do seu uso, ou melhor, sua função na lógica capitalista, pode-se, em certos casos, falar em *corpos-commodities*, em que a aspiração de reconhecimento social e subjetivo é explorada pelo mercado financeiro, que passa a operar as modificações corporais como objetos de especulação.

O BIID, por exemplo, que pode causar espanto e questionar a lógica diagnóstica tanto da psicanálise – trata-se ou não de psicose – quanto da psiquiatria –, constar ou não da nova edição do *Manual diagnóstico e estatístico de transtornos mentais* (DSM), atualmente em sua quarta edição revisada (APA, 2002) –, é, nesse sentido, um caso interessante. Com efeito, ainda que a sua prática seja aversiva para a opinião pública, nada impede que sua inserção no DSM venha a ser promovida com espetacular rapidez. Basta lembrar que sua natureza a um só tempo bem-comportada e argumentativa o torna potencialmente alvo da exploração mercantil por parte de empresas de seguro ou firmas de advocacia especializadas nas questões legais que envolveriam a amputação. Um caminho paralelo foi encontrado no caso da transexualidade, já que a cirurgia de transgenitalização, no Brasil, é vinculada ao sistema de saúde estatal. Contudo, esse viés assistencialista da saúde pública brasileira apenas demonstra que tais modificações corporais fundadas em demandas de reconhecimento são capazes de conquistas no âmbito da normativização e da valorização social, refletidas nas esferas das políticas públicas. O importante é perceber que, naquilo que concerne ao corpo e suas relações com a identidade pessoal e grupal, as tentativas que obtêm sucesso na luta pelo reconhecimento podem ter, e nada impede que tenham, suas demandas exploradas por articulações mercadológicas. Assim, desde já uma questão se delineia frente à proposição de Honneth de apostar na noção de luta pelo reconhecimento para o epicentro de uma recuperação da ação política segundo o ponto de vista da teoria crítica: se experiências bem-sucedidas de luta pelo reconhecimento de grupos até então excluídos da norma social não são incompatíveis com a exploração mercantil e sua lógica de alienação política, visto que tais grupos encontram um passaporte para o interior da norma "apenas" ao se cristalizarem como filões da exploração mercantil, cabe perguntar até que ponto a noção de "luta pelo reconhecimento" cumpre seu pretenso valor heurístico.

Nesse contexto de discussão, trata-se de examinar a maneira como eventuais demandas por reconhecimento e suas repercussões se articulam com a noção de luta pelo reconhecimento, resgatando assim a espessura política da corporeidade. Ora, a demanda por reconhecimento articulada ao corpo se expressa em todos os quatro casos individualmente. Vejamos primeiramente os casos do BIID e da transexualidade. No horizonte de tais casos está a articulação entre patologia e política.

BIID: a luta pelo reconhecimento de um corpo deficiente

Sob a rubrica BIID, classificam-se os casos de pacientes cujas demandas concernem à amputação de membros saudáveis, semelhantes às apresentadas por pacientes psicóticos em situação crítica, por vítimas de derrames cerebrais e por pessoas em certos casos de parafilia.[2] O psiquiatra Michael B. First, um dos responsáveis pelo DSM-IV, publicou em 2004 um artigo elaborado a partir de entrevistas com pessoas cuja intenção era amputar algum membro saudável, afirmando a especificidade dos casos de BIID (FIRST, 2004). Com base nos questionários de diagnóstico do DSM, ele descarta a hipótese de que esses pacientes sejam sujeitos psicóticos ou perversos – na acepção psicanalítica dos termos –, pois não haveria, respectivamente, perda da realidade ou fetiche por amputações.

---

[2] Mais especificamente, apotemnofilia: atração por pessoas que têm alguma parte do corpo amputada.

Amputar um membro saudável pelo fato de que este não se adéqua à imagem corporal de um sujeito não seria homologar a ideia de que qualquer lacuna entre a imagem de si e o corpo represente uma patologia da subjetividade? Um dos casos estudados por First é de um homem que, depois da tentativa de esmagar sua perna com objetos pesados, diversas psicoterapias com tratamentos psiquiátricos à base de medicamentos antidepressivos, antipsicóticos e "anti-O-CD" – todas sem sucesso –, tem sua perna esquerda amputada numa cirurgia eletiva por um cirurgião que aceita realizar tal procedimento. O paciente não achava que sua perna esquerda era diferente dos outros membros, particularmente feia ou deformada, o que levou o psiquiatra a concluir que se tratava de uma "disfunção inusitada no desenvolvimento do sentido de identidade anatômica", fato que se confirma, segundo o médico, quando o homem diz encontrar sua felicidade e sentimento de completude uma vez realizada a amputação.

Poderíamos tentar entender o desejo desses sujeitos pela amputação de um determinado membro do corpo a partir da psicanálise e do que ela nos oferece para pensar determinados comportamentos e sintomas do sujeito, tendo em vista as estruturas psíquicas, elencando nesse caso um diagnóstico de uma psicose ou perversão. De outro lado, a psiquiatria questiona se o BIID deve ser incluído no DSM-V, acarretando, possivelmente, a autorização da prática de amputações. Caso isso aconteça, a preocupação seria a possibilidade de "contágio semântico", isto é, o risco de que, com a oferta de um diagnóstico, a demanda de que este seja feito cresça exponencialmente. A expressão *body identity integrity disorder*, contudo, já está em circulação, independentemente de sua inclusão no DSM. Existem comunidades *on-line* sobre o tema e designações específicas para diferentes tipos de participantes dessas comunidades. Por exemplo, *devotees* são pessoas atraídas por amputados, *wannabes* querem ser amputados e *pretenders* fingem ser amputados.

É importante ressaltar que o fenômeno do BIID, apesar de atrair por demasiado nossa atenção e incitar posicionamentos, relaciona-se com a questão da falta não de maneira concreta. Ou seja, não defendemos aqui que a amputação de um membro seja uma tentativa de engendrar falta, por meio de uma solução eminentemente imaginária, o recurso ao corpo. De acordo com nossa análise, é secundário o fato de se tratar de uma amputação, e a proposta diagnóstica manter-se-ia caso a requisição fosse, por exemplo, de ter um membro a mais.

Nessa perspectiva pode-se aproximar o BIID das demais modificações corporais que tomam cada vez mais espaço na atualidade. Tanto no caso de um sujeito que deseja amputar uma perna quanto no de uma garota que realiza uma cirurgia estética de implante de silicone, a questão é a mesma: existe uma tentativa de suprimir a distância que separa uma imagem ideal do que é subjetivamente sentido como o corpo. É essa falta, a falta que concerne ao abismo entre a experiência imediata do corpo e um corpo ideal, customizado e desejado, que aproxima esses fenômenos de modificação corporal. Tal fenômeno, tanto do ponto de vista de número de casos quanto de diferentes formas de marcar o corpo, parece-nos perpassar quaisquer categorias estruturais de formação subjetiva.

Assim, desprovidos de uma relação de pertencimento, sujeito e corpo parecem cada vez mais impermeáveis um ao outro. No imperativo imaginário do gozo, o capitalismo encarrega-se de se reapropriar de todos os discursos contestatórios. O que observamos na atualidade é o corpo assumindo um papel central na determinação identitária de si: o corpo torna-se uma espécie de "procurador" da identidade do sujeito.

Trata-se aqui das práticas corporais contemporâneas que dizem respeito à sociedade ocidental. Os inúmeros casos dos usos do corpo em diferentes culturas têm uma relação intimamente ligada às suas práticas e uma permanência temporal que as justifica enquanto eixo central e regulador dos laços sociais. Defendemos que o impressionante aumento de modificações corporais nas últimas décadas nas sociedades de capitalismo tardio é um acontecimento de outra natureza e com outras implicações, inclusive no campo jurídico e político. Esses novos sofrimentos corporais retomam a questão do reconhecimento, tal como é apresentado por Honneth, trazendo consigo uma espessura política aparentemente ignorada pelos próprios atores envolvidos.

Retomando o caso do BIID sob a ótica de Honneth, sua expressão política deve ser examinada em sua potencialidade, dado seu caráter inédito. Devemos responder sobre a possibilidade do surgimento de uma esfera emotiva de reconhecimento e estima social em torno da problemática da amputação voluntária de membros saudáveis do corpo. Essa realidade é uma condição para que a esfera jurídica venha a ser eventualmente implicada.

Num assunto que carrega, como esse, alguma novidade, um recurso é examinar casos análogos. Podemos constatar semelhanças entre o BIID e a transexualidade, nosso segundo exemplo.

A transexualidade e o corpo como sede da identidade de gênero

Na transexualidade, partes do corpo em princípio funcionais, como o pênis e os seios, são percebidas como indesejáveis pelo sujeito. Ele não reconhece seu corpo como adequado ao gênero ou à identidade sexual, discrepância que gera um sofrimento individual insuportável, acarretando, em grande parte dos casos, a demanda por cirurgia de redesignação sexual.

A autonomia do sujeito discursivo é aqui o primeiro registro implicado nessa demanda de reconhecimento. Ele, o sujeito, não é mais entendido como indissociável de seu corpo. Uma relação consigo pensada segundo um princípio de fidelidade à própria originalidade funciona aqui como um critério da excelência moral, cuja origem pode ser retraçada ao século XVIII na cultura ocidental (ver, por exemplo, TAYLOR, 1992, p. 30). Em segundo lugar, está em jogo a responsabilidade da sociedade em reconhecer a discrepância entre o sujeito e seu corpo como sofrimento e mobilizar recursos para sua terapêutica.

Assim como no BIID, na transexualidade não há consenso a respeito do seu diagnóstico em psicanálise. Para Robert Stoller (1982, p. 54), o transexual masculino padece de um "distúrbio profundo no ego corporal [...], pelo que ele se sente como sendo de alguma forma mulher, apesar de ter conhecimento de que é um homem". Lacan (2009) contesta o diagnóstico stolleriano por só se basear, na leitura lacaniana, no registro imaginário, e não levar em conta a foraclusão do Nome-do-Pai como o mecanismo em ação na transexualidade, atrelando-a então diretamente à psicose. Pensamos que toda experiência transexual não pode ser reduzida a um diagnóstico específico. Além do mais, abordar exclusivamente o fenômeno transexual via psicopatologia empobrece-o enormemente, já que obtura a visibilidade das vigorosas determinações e implicações sociais, políticas e econômicas envolvidas.

A transexualidade é um dos fenômenos que mais facilmente descrevem os caminhos contemporâneos referentes à relação da identidade com o corpo. A busca de, por meio de modificações corporais concretas, adequar o sujeito a sua imagem parece ser antes possibilitada pela ordem discursiva do momento atual do capitalismo do que pelos procedimentos cirúrgicos que permitiriam tal operação. Em uma proposição aparentemente idealista, seria o aumento na demanda de cirurgias de transgenitalização que aperfeiçoaria e popularizaria o procedimento, e não o inverso. Da mesma forma, a esfera legal cria mecanismos que garantem direitos para essa população na medida em que se configuram reivindicações.

Nos termos de Butler, transexuais contestam o sistema simbólico regido pela heterossexualidade compulsória por denunciarem a fragilidade e a a-naturalidade da construção de coerência entre os fatores sexo e gênero; porém, podemos pensar que, paradoxalmente, esforçam-se para se enquadrar nesse mesmo sistema, ratificando a força da matriz heterossexual: tais sujeitos, ao se submeterem aos procedimentos médicos, sucumbem a uma experiência produtiva de determinação como meio de aplacar o sofrimento decorrente da indeterminação que seu corpo-gênero aponta, buscando dessa forma reconhecimento e a restituição de seu caráter humano. Sobressai em muitas das biografias de sujeitos transexuais o relato do quanto as intervenções médicas a que se submeteram tiveram efeitos benéficos em várias esferas da vida (NERY, 1984; FREITAS, 1998). Contudo, as histórias de dois transexuais apontam para o outro lado.

Em sua biografia *Trading my Sorrows* (2006), Walt Heyer relata que as intervenções médicas em direção à feminilidade a que se submeteu, apesar de bem-sucedidas, não deram fim às suas aflições. Pelo contrário, seus conflitos só aumentaram, afundando-o ainda mais na depressão, no uso de drogas e álcool, o que acabou acarretando em tentativas de suicídio. Sentiu a cirurgia como uma fraude por não lhe ter proporcionado o que esperava, no caso, transformar-se de fato em uma mulher, e passou a se sentir um "impostor" e escória da humanidade. Como tentativa de solução para seus problemas, recorreu à religião cristã.[3] Mais impressionante é a história de Charles Kane. Originalmente, seu nome era Sam Hashimi; depois do tratamento hormonocirúrgico passou a se chamar Samantha Kane (publica sua biografia *Two-tiered Existence* em 1998) e vive 17 anos como tal – as cirurgias foram extremamente bem-realizadas, ela era cobiçada por diversos por homens, muito bem-sucedida profissionalmente como designer de interiores etc. Com o passar do tempo, foi se decepcionando com sua vida de mulher – relata que os hormônios foram fazendo-o muito emocional e genioso, que as relações sexuais eram ruins e que fazer compras era entediante. Não importava o quão feminino parecesse, ele sempre se sentia como que encenando um papel. Em 2004, decide se submeter a procedimentos médicos que o restituiriam o corpo masculino, e passa a se denominar Charles Kane; atualmente, mantém um relacionamento estável com uma mulher. Também proclama que as cirurgias de transgenitalização são um engodo e se considera uma vítima do discurso médico.[4] Tais histórias denunciam a precariedade do impacto do reconhecimento promovido pelas experiências de determinação via cirurgia como meio de aplacar o sofrimento.

Vejamos agora algumas dessemelhanças entre BIID e transexualidade. A primeira diferença diz respeito à identidade reivindicada em cada um dos casos. Se na transexualidade o corpo reivindicado é um corpo convencionalmente tido como *saudável*, esse não é o caso do BIID, em que o corpo almejado é convencionalmente considerado como deficiente. Com efeito, tanto o corpo de mulher como aquele de homem visado pelas cirurgias de mudança de sexo são corpos adequados à norma saudável para corpos de mulher e de homem, ou, pelo menos, visam a essa norma saudável enquanto seu horizonte. Para o indivíduo que opta por esse procedimento, busca-se uma mudança binária e horizontal de normalidade. Contudo, no caso da amputação, trata-se da demanda por um corpo socialmente concebido como deficitário. A demanda é de se obter um corpo reconhecidamente doente e paradoxalmente saudável para o sujeito.

---

[3] Disponível em: <https://goo.gl/QwbuuP>.

[4] Disponível em: <https://goo.gl/W8aZ4c>.

Contudo, pode-se objetar que um Estado que garanta o direito às diferenças no âmbito das deficiências físicas possa também reconhecê-las no âmbito das psíquicas. Assim, nada impede que, sob o reconhecimento do BIID enquanto patologia por parte do DSM, sejam criados dispositivos institucionais e financeiros que atendam à proposta de reinserção social a partir de ações de cunho paliativo: seguros específicos para cirurgias, escritórios de advocacia especializados na defesa de direitos para as deficiências físicas criadas por tais intervenções médicas.

Esse tipo de demanda introduz uma segunda diferença. A demanda de reconhecimento de uma patologia na transexualidade tem em seu horizonte uma demanda de saúde: um corpo saudável em uma mente saudável. No caso do BIID, a demanda por um corpo deficitário problematiza o reconhecimento da autonomia psíquica do sujeito que a realiza. Contudo, a busca de reconhecimento do BIID como patologia psíquica tem aqui um peculiar efeito sobre a deontologia médica ao permitir e recomendar uma intervenção cirúrgica que crie uma deficiência física ali onde ela não existia. Com efeito, o principal argumento da ordem médica para a realização das cirurgias no BIID é que os pacientes acabam por colocar a própria vida em risco tentando lesionar irremediavelmente seus membros e "forçando" assim o procedimento médico da amputação. O princípio de *non nocere* acaba dando lugar àquele de um "mal menor" que evitaria um "mal maior".

Temos aqui uma terceira diferença entre a transexualidade e o BIID. Uma demanda por uma identidade doente dificilmente pode ser considerada como uma demanda saudável de reparação pelos grupos de uma sociedade. É claro que grupos de pacientes diagnosticados como BIID podem vir a se organizar em associações e sociedades civis que defendam juridicamente seus direitos. Contudo, a esfera social se vê aqui implicada de um modo diferente: ela tem dificuldades em se reconhecer como possível sujeito daquela demanda. É aqui que a força do mercado pode encontrar seu lugar de ação. Pois se apenas a esfera individual da demanda pelo reconhecimento estivesse implicada no BIID, provavelmente este não possuiria a força necessária para criar movimentos sociais capazes de gerar reconhecimento pela sociedade como um todo.

É importante ressaltar, porém, que em um contexto de exploração mercantil da saúde que já transcendeu as formas tradicionais de relação entre a patologia e seus tratamentos, isso não é um empecilho. Em tais formas tradicionais da epistemologia da medicina, haveria primeiramente uma doença definida para a qual se buscariam formas de tratamento. Na atualidade, essa ordem lógica foi invertida: em inúmeros exemplos, tais como a doença do pânico, a hiperatividade e o déficit de atenção, as patologias são construções simbólicas de uma indústria cultural especializada em criar novos nichos do mercado a partir da demanda identitária dos consumidores potenciais de tratamento.

PROBLEMAS GERAIS PARA UMA ANÁLISE DE PATOLOGIAS SOCIAIS

Corpos-capital fixo[5] e corpos-*commodities*[6]

O que poderia ser dito, então, a respeito de uma anormalidade ou insuficiência produtiva? Com efeito, a questão da amputação e substituição de membros ou órgãos por próteses considerados mais eficazes ou simplesmente melhores recoloca a questão da corporeidade em um segundo tipo de debate político, dessa vez em sua interface com a economia. Vejamos um exemplo.

O sérvio Milo perdeu os movimentos do braço direito em um acidente de motocicleta 10 anos atrás. Cirurgias conseguiram recuperar o braço parcialmente, mas sua mão ainda é incapaz de fazer movimentos básicos. Por causa disso, ele optou por amputar a mão disfuncional para colocar uma prótese mecânica em seu lugar. Milo, que tem 26 anos, diz que a solução de amputar sua mão é a melhor que pode imaginar, depois de viver uma década com uma mão deficiente.[7]

O caso não chama a atenção pela intervenção cirúrgica, que visa restituir a normalidade funcional a partir de uma prótese, mas pelo comentário de um especialista em Ética Médica da Universidade de Oxford, Bennett Foddy: "na medida em que a tecnologia evolui, podemos ter mãos biônicas melhores do que as mãos naturais e pessoas com mãos saudáveis querendo fazer substituições".[8]

Foddy é conhecido por seus trabalhos sobre autoadministração de drogas em contexto de adição e por apoiar a sua utilização para aumentar o desempenho de atletas. O pesquisador levanta uma importante questão no que diz respeito às possibilidades técnicas da amputação. Se, tecnicamente, mãos biônicas podem ser "melhores do que as mãos naturais", quais seriam as implicações subjetivas e sociais da reconstrução de um corpo? Nesse caso, não se busca mais a adequação a uma imagem corporal saudável, como na transexualidade, nem o direito de possuir um corpo socialmente compreendido como defeituoso. O que estaria em questão seria o vislumbre – no campo da medicina cirúrgica – de um pensamento não mais pautado exclusivamente pelo eixo saúde-doença, mas diretamente pela funcionalidade e o aumento da produtividade calcado no próprio corpo.

O BIID careceria da possibilidade de reconhecimento mútuo, ligado à solidariedade, e do reconhecimento da esfera jurídica por demandar algo que é socialmente impensável, pois "anormaliza" o são. Já os implantes *hiperfuncionais*, além de estarem completamente alinhados com os desenvolvimentos

---

[5] O capital fixo consiste no que não é consumido durante um ciclo de produção; são os edifícios, máquinas e equipamentos; corresponde ao patrimônio de uma empresa.

[6] *Commodity* é um termo utilizado para designar produtos de origem primária em estado bruto, matérias-primas ou com pequeno grau de qualidade, que em geral são produzidos em grandes quantidades e por diferentes produtores.

[7] Disponível em: <https://goo.gl/84mF3a>.

[8] Disponível em: <https://goo.gl/84mF3a>.

contemporâneos da sociedade capitalista (CHOLLET, 2011), retomam um sonho antigo: libertar a mente da prisão do corpo, como pontua Hannah Arendt.

De acordo com a perspectiva de Honneth, o reconhecimento desse tipo de prática seria, a princípio, garantido em pelo menos duas de suas três esferas, deixando a discussão da propriedade e do conceito de corpo para a instância jurídica. Contudo, a mais-valia relativa, possibilitada pela manutenção das horas de trabalho e aumento da produção pelo desempenho do maquinário, parece mostrar novamente sua face ali onde antes se mostrava a fadiga do trabalhador e seus limites. Com efeito, é fácil imaginar a abertura de linhas de empréstimos especialmente voltadas para a aquisição de membros artificiais e/ou medicamentos psicoativos capazes de multiplicar a performance dos trabalhadores. Ora, essa não é uma especulação futurística. Um dos nichos mais rentáveis do mercado financeiro se localiza naquilo que poderia ser definido como "corpos-*commodities*".

A respeito disso, Laurie Essig, socióloga estadunidense, em seu livro *American Plastic: Boob Jobs, Credit Cards, and Our Quest for Perfection* (2010), investiga o financiamento oferecido pelos bancos para fins de cirurgias estéticas. Segundo a autora, nos últimos 10 anos, os procedimentos estéticos nos Estados Unidos aumentaram 465%, ao mesmo tempo que 85% destes foram pagos por empréstimos bancários.

Essig afirma que dois discursos estão em jogo nessa relação: primeiramente a aparente autonomia e liberdade do sujeito, que se vê condenado a se construir através de manipulações estéticas e corporais, frente ao que é oferecido pelo discurso moderno. Em um segundo momento, o discurso da multiplicação de capitais financeiros, este que está diretamente ligado e a serviço do primeiro. Isso porque os sujeitos entrevistados no livro dizem sentir-se assujeitados a uma norma estética como única saída possível, justificando essa escolha contraditoriamente pela crença da "liberdade de escolha".

A partir daí, é possível se questionar de que maneira se utilizar da gramática moral dos conflitos sociais nos quais um corpo saudável visa se tornar artificial, em nome da performance ou da adequação às normas identitárias e estéticas. Se a concepção de saúde na era da biopolítica já é uma verticalização da relação de poder que se estabelece entre o sujeito e seu corpo, não é de se espantar que a gestão da vida seja uma das resultantes mais visíveis do caráter fragmentário do discurso que a constitui.

Em outras palavras, cabe questionar uma luta pelo reconhecimento realizada a partir de intervenções drásticas corporais que é reforçada, gravemente, a nosso ver, pelo capital e por financiamentos bancários. De qualquer forma, é evidente a inquietação em face das buscas por reconhecimento articuladas às modificações corporais, que, sem gerar quaisquer situações de conflito com as normas vigentes, são, na verdade, reafirmadas e homologadas por estas últimas.

Sem dúvida, pode-se dizer que, nos dois últimos casos analisados, a "demanda por reconhecimento" não é diretamente feita pelo sujeito que a enuncia, mas permeada pela alteridade do capital, donde a ausência de "conflitos morais" entre os protagonistas das expressões concretas dessa gramática.

Diferentemente do uso de uma justificação pela biologia, ou pela identificação a uma certa condição empírica de unidade ou permanência no tempo, fica claro que as escolhas do sujeito por mudanças corporais estão fundamentalmente ligadas a um tipo de reconhecimento normativo, firmado sobre os efeitos da imagem de si sobre o outro, seja pela chave estética, identitária ou funcional. A contemporaneidade apresenta-nos crescentes exemplos de indivíduos que, ao se encontrarem diante de um impasse de resolução da neurose, buscam livrar-se da falta constitutiva do sujeito através de modificações corporais. Dessa maneira, a vivência da falta – localizável em nosso tempo no hiato aberto entre o corpo percebido e o corpo idealizado – passa a ocupar o lugar de uma espécie de mal a ser extirpado. O corpo, sendo palco de expressão das neuroses, pôde ser compreendido como efeito de um discurso desde o tratamento que a psicanálise deu às histéricas vienenses. No entanto, ao que se assiste hoje é o surgimento de uma lógica social na qual cabe incentivar as modificações corporais, o que pode ser vivido pelo sujeito moderno como solução do impasse neurótico. Vende-se a ideia de que a resolução de conflitos está nas tecnologias disponíveis no mercado, que entram para tamponar a falta. Malogrado projeto que muitas vezes põe vidas em risco.

Podemos, a partir do apresentado e à guisa de conclusão, esboçar uma importante relação entre categorias do sujeito e do social. De modo aparentemente análogo aos seus efeitos sobre o sujeito, observa-se que também no campo necessariamente conflituoso da política – que se desagrega em continuidade com um projeto de modernidade em que a técnica, a ciência e o capital são as ferramentas por excelência do "convívio" entre os homens – o capitalismo tardio parece gerir discursos e corpos de forma a se retroalimentar silenciosamente. O uso do corpo na modernidade parece, portanto, valer como o objeto privilegiado de um discurso ideológico que nega o caráter necessário da falta, seja aquela advinda da castração, seja aquela da contingência do horizonte histórico e político.

Por outro lado, é importante lembrar que o corpo é ainda e também *locus* da pulsão, onde a verdade do sujeito pode se afirmar exatamente ali, onde ele a nega. É nesse sentido que Butler privilegia a noção de abjeto – a partir de corpos e gêneros ininteligíveis – e a alça a um patamar estruturante dos laços sociais na atualidade. Lidos a partir do corpo, o inumano e o abjeto são mais do que sintomas compreendidos em uma dicotomia simples entre exterior e interior. O corpo é aqui eleito, portanto, no horizonte discursivo de seu campo possível de enunciação, como objeto não somente de análise, mas também de crítica, pois seu caráter de abjeto o coloca em uma posição para além de toda normatividade. Por ser o ponto último do exercício de poder e, não obstante, da resistência ao poder, o corpo abjeto ao mesmo tempo compactua e denuncia uma ética da totalidade, uma política da determinação e uma erótica do controle – tão próprios das modalidades mais fundamentais de laço social privilegiadas na atualidade. O corpo, desse modo, aparece como uma potência de desconstrução das categorias das quais se dispõe para falá-lo: é assim que ele se torna legível, justamente, enquanto resultado de uma dispersão discursiva que promete completude. Centralizá-lo e valorizá-lo na chave da negatividade da falta constitutiva da experiência humana, à maneira de Bichat, permite-nos abrir alguns cadáveres das nossas categorias da razão. Caso contrário, o corpo sequer será exumado do aparato ideológico que o mantém enterrado – e a soberania de si denunciada por Freud permanecerá insepulta.

Referências

ANDRIEU, Bernard. *Le corps disperse: une histoire du corps au xxe siècle*. Paris: L'Harmattan, 1993.

ANDRIEU, Bernard. *A nova filosofia do corpo*. Tradução de Elsa Pereira. Lisboa: Instituto Piaget, 2004.

AMERICAN PSYCHIATRIC ASSOCIATION (APA). *Manual diagnóstico e estatístico de transtornos mentais: DSM-IV-TR-TM*. 4. ed. rev. São Paulo: Artmed, 2002.

ASKOFARÉ, Sidi. Du corps... au discours. In: GASPARD, Jean-Luc; DOUCET, Caroline (Dir.). *Pratiques et usages du corps dans notre modernité*. Toulouse: érès, 2009.

BOËTSCH, Gilles *et al.* (Dir.). *La belle apparence*. Paris: CNRS Éditions, 2010.

BUTLER, Judith. Como os corpos se tornam matéria: entrevista com Judith Butler. *Revista Estudos Feministas*, Florianópolis, v. 10, n. 1, jan. 2002. Entrevista concedida a Baukje Prins e Irene Costera Meijer. Disponível em: <https://goo.gl/sPeiSu>. Acesso em: 23 jun. 2012.

BUTLER, Judith. *Cuerpos qui importan: sobre los limites materiales y discursivos del "sexo"*. Buenos Aires: Paidós, 2010.

BUTLER, Judith. *Problemas de gênero: feminismo e subversão de identidade*. Rio de Janeiro: Civilização Brasileira, 2003.

CHOLLET, Mona. Refazendo o mundo a golpes de bisturi. *Le Monde Diplomatique*, 4 mar. 2011.

DERRIDA, Jacques. *A escritura e a diferença*. São Paulo: Perspectiva, 2002.

ESSIG, Laurie. *American Plastic: Boob Jobs, Credit Cards, and Our Quest for Perfection*. Boston: Beacon Press, 2010.

FIRST, Michael B. Desire for Amputation of a Limb: Paraphilia, Psychosis, or a New Type of Identity Disorder. *Psychological Medicine*, v. 34, p. 1-10, 2004.

FREITAS, Martha C. *Meu sexo real: a origem somática, neurobiológica e inata da transexualidade e suas consequências na reconciliação da sexualidade humana.* Petrópolis: Vozes, 1998.

FOUCAULT, Michel. *As palavras e as coisas.* São Paulo: Martins Fontes, 2000.

FOUCAULT, Michel. *História da loucura.* São Paulo: Perspectiva, 2005.

FOUCAULT, Michel. *O nascimento da clínica.* Rio de Janeiro: Forense Universitária, 2004.

FOUCAULT, Michel. *O poder psiquiátrico. Curso dado no Collège de France (1973-1974).* São Paulo: Martins Fontes, 2006.

FOUCAULT, Michel. *Vigiar e punir.* Rio de Janeiro: Vozes, 2008.

FREUD, Sigmund. *O eu e o id e outros textos.* São Paulo: Companhia das Letras, 2011.

FREUD, Sigmund. Moral sexual "civilizada" e doença nervosa moderna [1908]. In: *"Gradiva" de Jensen e outros trabalhos (1906-1908).* Rio de Janeiro: Imago, 1977. (Edição Standard Brasileira das Obras Psicológicas Completas de Sigmund Freud, v. 9).

HEYER, Walt. *Trading My Sorrows*: a True Story of Betrayals, Bad Choices, Love and Journey Home. Colorado Springs: Nav, 2006.

HONNETH, Axel. *Luta por reconhecimento: a gramática moral dos conflitos sociais.* São Paulo: Editora 34, 2009.

KANE, Samantha. *A Two-Tiered Existence.* London: Writers and Artists, 1998

LACAN, Jacques. *O seminário, livro 18: de um discurso que não fosse semblante.* Rio de Janeiro: Jorge Zahar, 2009.

LACAN, Jacques. Radiophonie. In: *Autres écrits.* Paris: Seuil, 2001.

LAQUEUR, Thomas Walter. *Inventando o sexo: corpo e gênero dos gregos a Freud.* Rio de Janeiro: Relume Dumará, 2001.

LE BRETON, David. *Expériences de la douleur: entre destruction et renaissance.* Paris: Métailié, 2010.

NERY, João W. *Erro de pessoa: Joana ou João?* Rio de Janeiro: Record, 1984.

REICH, Wilhelm. *Psicologia de massas do fascismo.* São Paulo: Martins Fontes, 1988.

SAFATLE, Vladimir. *Grande Hotel Abismo: por uma reconstrução da teoria do reconhecimento.* São Paulo: Martins Fontes, 2012.

STOLLER, Robert. *Observando a Imaginação Erótica.* Rio de Janeiro: Jorge Zahar, 1982.

TAYLOR, Charles. *Multiculturalism and "The Politics of Recognition".* Princeton: Princeton University Press, 1992.

Categorias clínicas, diagnósticos sociais

Anomia e declínio da autoridade paterna

Karen Alves, Daniele Sanches, Danna De Luccia

Introdução

Diferentemente de outras categorias diagnósticas que são utilizadas de modo cruzado, tanto na clínica psicanalítica quanto na teoria social, a anomia não é uma categoria que tenha em sua essência um pertencimento clínico. O seu uso está articulado a outros campos de conhecimento, como a sociologia e o direito, para indicar períodos temporários de indeterminação da lei jurídica e moral. Etimologicamente, "anomia" significa "ausência de normas", e sua análise foi consagrada na sociologia de Émile Durkheim como a patologia social típica da organização complexa das sociedades modernas, cuja marca é o aumento do individualismo.

Apesar de não carregar um pertencimento clínico de origem, o uso do conceito de anomia nessa dimensão já foi articulado em alguns estudos psicanalíticos contemporâneos, como o apresentado por Marilucia Melo Meireles (2001), em *Anomia, a patologia social na virada do milênio*. Nesse estudo, a psicanalista justifica a translação do conceito da teoria social durkheimiana para a clínica, por sua característica limítrofe entre o que é individual e o que é da ordem coletiva. Ela também recorre a outros autores que retomaram o uso do conceito para repensar a prática clínica, a partir de casos cuja sintomatologia somente poderia ser satisfatoriamente compreendida ao se considerar uma reflexão social que escaparia ao arcabouço da diagnóstica psicanalítica tradicional. Esses casos interrogariam a psicanálise por se situarem para além do Édipo.

Para Hélio Pellegrino (1987), o pacto edípico expressa uma lei subordinada ao amor. Essa lei é confirmada na vida adulta por meio do pacto social, em suas funções relacionadas ao trabalho e à linguagem. Refletindo sobre a patologia social que levaria à ruptura do pacto, o autor argumenta que a imersão dos indivíduos numa malha de injustiça social, que não sustenta condições físicas e psíquicas para o exercício dessas funções, justifica a resistência em se adequar aos valores da cultura dominante. De acordo com a análise de Marilucia Meireles, o trabalho de Pellegrino discorre sobre o sentido psicanalítico da anomia como a expressão da dinâmica psíquica de um *esvaziamento simbólico da lei*.

Já a socióloga Heloísa Fernandes (1996) entende a anomia não como derivação do enfraquecimento dos valores comuns, mas como fortalecimento dos valores da cultura moderna, predominantemente narcísica, uma consequência do "enfraquecimento da encarnação psíquica do Outro". Nessa maneira de pensar, a exacerbação do individualismo contribui para o declínio do controle das normas sobre as condutas pela corrosão dos valores coletivizantes. Em suas palavras, "foi-se erodindo a crença de que os conflitos da modernidade seriam os portadores da energia necessária à realização dos grandes projetos de emancipação. Nesse caso, a anomia teria passado a ocupar o lugar de onde foi desalojada a autonomia. Desce a utopia, sobe anomia" (FERNANDES, 1996, p. 73). Enquanto a autonomia comparece como forma de individualismo, em que a exigência de originalidade atinge grau elevado, aumenta o risco de configurar-se um estado-limite de individualismo, expressão pura da anomia.

Neste contexto, pretendemos trabalhar a articulação dupla da anomia, partindo, de um lado, principalmente, do resgate conceitual do termo tomado pela sociologia de Durkheim e atualizado pelos autores da sociologia contemporânea, e, de outro lado, de autores que justificaram a pertinência clínica desse conceito.

Nesta retomada clínica, entretanto, evidenciaremos que há pontos de convergência que fazem coincidir a abordagem sociológica com a abordagem clínica, mas a tese que tentaremos imprimir no texto consiste em propor a existência de duas expressões distintas da categoria de anomia na atualidade: na primeira delas a anomia seria entendida como um efeito de déficit, efeito de um declínio nas relações com a lei, com moralidade e com os representantes da autoridade paterna (essa linha é diretamente derivada da análise de Durkheim e de fato possui alguns correlatos de sofrimento evidentes clinicamente, tal como veremos em alguns recortes de caso ao final do texto); a segunda linha de interpretação da anomia, como uma patologia do social, não a entenderá como efeito de um déficit, mas sim como a expressão de uma indeterminação ontológica que ganha evidência na atualidade. Essa hipótese pretende trazer a indeterminação enquanto constitutiva do sujeito cujo alicerce argumentativo se valerá já não mais da análise das relações do sujeito com os aspectos da lei, mas sim dos efeitos pulsionais, do sofrimento anômico engendrado pela pulsão de morte e conduzido pelos fracassos das identificações que dali decorrem – essa hipótese nos levará a pensar em anomia dentro de outras formas de sofrimento, tais como as patologias do Eu, as esquizotipias, os fenômenos *borderlines*. Tal remontagem da leitura da anomia nessa versão dupla (ora pelo déficit, ora pela indeterminação constitutiva) implica uma redescrição da categoria que estamos tomando por objeto de análise.

Retomar a análise de Durkheim em sua intencionalidade original sobre a patologia social da anomia consiste em recompor as variáveis de um problema clínico que permanece atual e é intrínseco a seu pensamento, o do estabelecimento de formas de autoridade legítimas sobre o sujeito, ligadas à dinâmica da criação pulsional do sujeito.

Em Durkheim, a anomia está presente tanto em fenômenos decorrentes do incremento da divisão social do trabalho e a consequente ausência de regulamentação jurídica para esse novo fenômeno social da época, quanto em alterações econômicas abruptas na ordem social, como o aumento súbito de riquezas ou de perdas de fortunas. Esta última perturbação da ordem coletiva altera o senso de classificação dos indivíduos entre si e seu senso de satisfação pessoal.

O sociólogo enfatiza que a falência da regulação da lei moral no estado de anomia interfere na dinâmica dos desejos e nos modos de obtenção de satisfação, apontando para o risco de uma situação patológica, a saber, a insatisfação crônica da sociedade, na qual imperaria uma "sede insaciável de infinito" cuja expressão individual no homem é "desejar tudo, sem satisfação" (DURKHEIM, 2012, p. 267). Com o avanço do capitalismo, o que era um fato isolado tornou-se crônico devido a um enfraquecimento do poder regulador da moralidade social sobre os indivíduos.

Se a sociedade de consumo possui uma lógica semelhante a essa "satisfação sem limites", poderíamos pensar que houve uma normalização, ou positivação, do estado de anomia na contemporaneidade? Se essa hipótese se fundamenta, interessar-nos pensar as consequências da anomia na atualidade, conceito que teria também sua aplicabilidade na prática clínica.

A consequência disso para o plano individual é a perda de referência subjetiva para o desejo. No estado social de anomia, poder-se-ia argumentar, a ausência de regras para o desejo possui o sentido de uma libertação da autoridade moral; entretanto, o que está em questão é um mais além do afastamento da moralidade, uma ausência de referências tão radical e intensa que conduz à experiência de perda de sentido da própria vida, a um afastamento não apenas concreto, mas também das referências simbólicas.

Os indicadores de anomia da atualidade na sociologia contemporânea estão ligados, de maneira geral, ao surgimento de uma sociedade de incertezas e riscos derivada da desagregação dos elos sociais. A dissolução do pensamento de patronato flexibilizou os vínculos de trabalho, abrindo novas possibilidades de mobilidade e ascensão social, o que contribuiu para um incremento no processo de individualização. Passou-se a valorizar a autonomia e a liberdade, mas tais conquistas exigiram a renúncia de antigas garantias materiais e psicológicas das sociedades tradicionais. Investigaremos as mudanças ocorridas no final do século XX, especialmente no que tange às organizações de trabalho, com o intuito de compreender os processos de subjetivação derivados de um espaço social anômico. Na atualidade, entendemos que as formas de autoridade que se relacionam com a patologia social da anomia estão relacionadas aos ideais da especialização da esfera do trabalho que produz uma redução identitária do sujeito à sua performance (EHRENBERG, 2010; BOLTANSKI; CHIAPELLO, 2009).

Anomia na divisão social do trabalho

"Insistimos várias vezes, ao longo deste livro, no triste espetáculo de anomia jurídica e moral em que se encontra a vida econômica", anunciou Durkheim na introdução de sua tese de doutorado, *Da divisão social do trabalho*, de 1893 (DURKHEIM, 2010, p. VI). O termo "anomia" compareceu nesse autor, pela primeira vez, como uma patologia social referida ao avanço do capitalismo no interior dos processos de organização da vida moderna. Em primeiro lugar, esse avanço era mostrado pelas transformações ocorridas nas relações de trabalho, em especial no que diz respeito à especialização de profissões, típicas do cenário urbano e industrializado, do qual a sociologia tomou parte. A ausência de critérios no campo social do trabalho, o fenômeno da anomia, era uma manifestação, para Durkheim, do arranjo imperfeito entre o declínio de antigas leis morais ou jurídicas, inaptas a uma realidade econômica em ascensão, e a recomposição lenta de uma moralidade, por assim dizer, em estado de indeterminação.

A anomia foi compreendida como o resultado indireto das transformações estruturais que a sociedade europeia atravessou durante as revoluções industriais, tais como a expansão do comércio e da tecnologia, e o surgimento das concentrações urbanas e da massa de trabalhadores. Se as relações de trabalho não fossem reguladas por valores, regras e leis – substitutivas àquelas que entraram em decadência –, perpetuar-se-ia o estado de indeterminação. Nessa primeira definição, a anomia é um período de indeterminação passageiro atribuído às mudanças.

Em razão dessa ameaça, Durkheim concebeu um tipo de solidariedade ideal, adaptada ao aumento de divisão do trabalho, "a solidariedade orgânica" (DURKHEIM, 2012, p. 85). O direito restitutivo tinha como função harmonizar a concorrência entre as diferentes profissões, expressando esse tipo de solidariedade mais complexa. A elaboração desse conceito de solidariedade coincidia com a fundação da ciência sociológica, que emergiu como o projeto social, cuja vocação era tanto diagnóstica (o destino da indeterminação que acompanhava os períodos de mudanças) quanto profilática (as novas formas do direito que viriam a regular as configurações de trabalho típicas dos grandes centros).

Isso porque, para Durkheim, a característica da modernidade, o incremento da divisão do trabalho pelo advento da tecnologia industrial, "esse complexus mal definido a que chamamos civilização", é incapaz de gerar vida social em si mesma. Nesse ponto, Durkheim volta a Rousseau (DURKHEIM, 2012, p. 14-16), para afirmar que as necessidades introduzidas pelo mundo do comércio e da indústria são até certo ponto artificiais e não suprem as necessidades humanas, ditas morais. A moralidade é tomada como sinônimo de solidariedade, de coesão social e coerção moral, como aquilo que "torna possível que a sociedade exista" (DURKHEIM, 2012, p. 27) e não se dissolva por completo.

O problema surgiu quando as modificações no corpo social terminaram por produzir o mero declínio das representações coletivas, trazendo o efeito contrário do que se esperava com o progresso tecnológico. A anomia é pensada como indeterminação da regra, que tem efeitos progressivamente apagados. Como algo que está ali, mas sem eficácia, sem poder, tanto de coesão quanto de coerção. A indeterminação surge então como um desvio no processo de modernização da sociedade mesma.

O tipo de solidariedade que se dirigiu a sanar a indeterminação, a solidariedade orgânica, tinha por finalidade fazer a recomposição do estado das regras sociais, pela representação da individualidade própria aos grupos que surgiam no tecido social. Tal processo de tornar o estado de regras adequado à individualidade (que ocorreu devido à mudança) configurava-se em torno da exigência de adaptação. Entretanto, sempre havia o risco de que o individualismo fosse produzido em excesso, fazendo surgir o egoísmo, e não a solidariedade.

Dessa maneira, o egoísmo e a anomia surgiam desse excesso de individualismo na sociedade. No primeiro caso, há o excesso de individualismo, que manifesta o excesso de interesse sobre si; no segundo caso, há o excesso de individualismo, sem uma direção preestabelecida.

Vimos que, na visão de Durkheim, sem a atuação das instâncias mediadoras do direito, o destino do incremento de tecnologia na vida moderna seria a produção de um tipo sociedade voltada excessivamente para os próprios interesses, excessivamente individualizada. E, ao mesmo tempo, indeterminada, deixada ao sabor das marés, porque não haveria nada que a regulasse. Esse tipo de indeterminação foi denominado "divisão do trabalho anômica" (DURKHEIM, 2012, p. 367) e entendido, genericamente, como um período marcado pela ausência de normas, leis ou regulamentações na esfera do trabalho.

Tal efeito de anomia era também acentuado pela necessidade de se proteger de crises econômicas. Neste último caso, ela é produzida pelo fato de que, nos grandes centros urbanos, a relação entre trabalho, produção e consumo tende a não acontecer mais de forma direta. Como o trabalho se especializou, ele se tornou dependente de outras formas de trabalho, também mais especializadas e também dependentes de outras tantas formas de trabalho. A relação com o trabalho se tornava complexa e incerta, porque a produção e o consumo eram projetos em larga escala e em nível internacional.

A rede que sustentava as relações de trabalho ultrapassava o universo simbólico dos sujeitos que a compartilhavam. É como se, nessa ampla divisão do trabalho, o indivíduo não mais dependesse de um outro social, próximo e conhecido, mas, de um outro social, distante e indeterminado. Disso surge o sentimento social que é vivido como o temor de crises econômicas.

Em sua tese de doutorado, Durkheim faz menção a mais uma forma de anomia, que ocorria mediante a especialização de funções políticas, administrativas, jurídicas, artísticas ou científicas. Nesse exemplo, a anomia é ligada à especialização do conhecimento na atividade científica. Um de seus primeiros sinais, segundo Durkheim, foi o declínio da filosofia e do apreço pelos intelectuais eruditos, que teriam sido marcados, na sua origem histórica, pelo surgimento de um imperativo categórico da consciência moral moderna: "coloca-te em condições de cumprir proveitosamente uma determinada função" (DURKHEIM, 2012, p. 6). Para ele, a característica de nosso tempo é a de ver "a perfeição no homem competente que tem uma tarefa delimitada" (DURKHEIM, 2012, p. 5). Essa tendência previa que "o cientista não abarcasse mais o conjunto da ciência inteira e que seu círculo de pesquisa se restringe a uma única ordem ou um único problema" (DURKHEIM, 2012, p. 3). Nesse caso, a fragmentação do conhecimento era um indicador de anomia.

Nos demais casos de anomia, a relação do indivíduo com as instituições sociais resulta em um tipo incompleto e enfraquecido de solidariedade, característica de um momento histórico em que a moralidade associada ao mundo trabalho tendeu a se reduzir à solitária tarefa de produzir. É somente em *O suicídio* (1897) que a terceira modalidade de anomia, ligada aos efeitos das crises econômicas e das falências de empresas, compareceu definitivamente. Sem dúvida, esse é o maior exemplo da ausência de coesão social simbolizada na fragilidade do laço que une o trabalhador à empresa, rompido de forma imediata, sem compensações financeiras ou restrições morais.

Perda de solidariedade e descrença social

A conhecida nomenclatura durkheimiana de solidariedade orgânica refere-se ao organismo como o modelo de funcionamento complexo da sociedade urbanizada e coesa. A especialização dos órgãos é comparável à individualização ocorrida na sociedade moderna, que necessitaria estabelecer parâmetros externos para o funcionamento harmônico das partes que a compõem. Esse parâmetro seria fornecido por um outro sistema, o de diferenciação de regras jurídicas pelo direito restitutivo, que funcionaria nos moldes desse organismo que abriga uma diversidade de funções e uma especificidade de sistemas. Nessa comparação, cabe dizer que a anomia funcionaria como o equivalente a um órgão que se individualizou em excesso, sem manter relação com os sistemas que o rodeiam, resultando em degeneração do corpo social.

Esse raciocínio partiu de uma premissa básica, salientada por Durkheim, que diz respeito ao caráter fundamental da ordem social na formação da consciência individual: a consciência individual é sempre parte de uma realidade *sui generis*, estabelecida em um plano ideal de representações comuns à sociedade como um todo. Na visão sociológica, a consciência individual não adquire sentido fora do corpo social e é sempre determinada por parte dessa realidade.

Com base nessa compreensão social do indivíduo, em *Da divisão social do trabalho*, Durkheim estabeleceu um modo distinto de compreender os pontos críticos da vida coletiva. Um dos maiores focos de tensão social, a divisão do trabalho, é observado sob a ótica da moralidade atribuída às instâncias coletivas representadas pelo direito, que se encarregariam de gerar solidariedade entre as diferentes ocupações sociais. Em um período histórico de grande fertilidade econômica, Durkheim chamou a atenção para o fato de que a então "vida financeira" (Durkheim, 2012, p. 16), em ascensão, não seria capaz de engendrar, sozinha, modos satisfatórios de convívio social.

A especialidade profissional, por mais avançada que seja do ponto de vista técnico, apenas se tornará integrada à vida psicológica quando esta participar ativamente da vida social. Isso quer dizer que a vida psicológica também depende da solidariedade que a especialidade profissional produz. Caso contrário, torna-se um problema para o indivíduo e para a coletividade, devido à ausência de vida social que ela produz. Isto é, a ausência de moralidade seria uma marca naquelas profissões que ascenderam socialmente e sem uma função social preestabelecida, gerando uma espécie de caos moral.

Isso também nos leva a pensar que se a sociedade se diversificou a tal ponto que determinada profissão sobreviveu, mas perdeu seu valor moral para a coletividade, esse seria um caso de anomia. As formas de bloqueio à solidariedade são, também, exemplos do modo como a indeterminação pode ser visualizada no corpo social.

Já a ideia do desvio social em Durkheim, que toma como exemplos o suicídio e o crime, é atravessada por uma noção coletiva das perdas. Durkheim concebeu a leitura de que as atitudes individuais eram produzidas socialmente. Em primeiro lugar, o desvio social se afastou daquela visão intuitiva sobre o crime que compreendia, a qual visava aos objetos da vida concreta, ou, então, que o suicídio buscava a dissolução da própria vida de forma imediata. Se um objeto material é visado em primeira instância no crime, tal busca é secundária à moralidade que tornou o trabalho indesejável. Da mesma maneira, se um indivíduo busca a morte voluntária, ele acredita que sua vida perdeu valor moral. O crime e o suicídio são fenômenos da crença e, como tal, não são individuais, mas coletivos. Se há suicídios ou se há crimes, é porque as instituições fracassaram em manter os indivíduos ligados a elas.

E, fundamentalmente, na anomia, perdeu-se a confiança nas instituições em seu papel de restituir direitos e conduzir verdadeiramente ao que Durkheim denominou "progressos da felicidade" (DURKHEIM, 2012, p. 223). A noção de patologia da anomia está relacionada, portanto, à descrença social generalizada. Por isso, a anomia é definida tanto como "ausência de regulamentação jurídica", na ausência de regulações concretas, como "ausência de regulação moral", que passou a afetar a psicologia individual e induziu os indivíduos a quebrarem as regras sociais, por não acreditarem que elas possuam valor moral real.

A individualização da anomia: o suicídio

Do mesmo modo como Durkheim buscou estabelecer o estatuto próprio da realidade social, ele terminou por conceber uma teoria do desejo individual, sem a qual se tornaria mais difícil fundamentar a análise sobre as causas sociais do ato individual do suicídio. Nesse estudo de 1897, Durkheim progrediu em sua concepção de anomia.

A anomia não é mais sustentada por um plano de transformações coletivas, que afetam esferas igualmente coletivas (como a solidariedade). Nesse caso, ele pretendeu investigar o modo como a esfera coletiva seria capaz de atingir o sujeito, de forma capilar, promovendo a desregulação da satisfação pessoal, conduzindo-o à morte voluntária pela impossibilidade de definição dos objetos de desejo.

Análogo à realidade social, o desejo não encontraria equilíbrio orgânico nos processos de maturação, sua natureza tenderia ao infinito (DURKHEIM, 1996, p. 240-242). O desejo individual, assim como a coletividade, necessitaria de parâmetros externos, sempre fornecidos pela moralidade, sempre ancorados em crenças compartilhadas, visibilizadas em estruturas sociais de poder normativo, como o casamento. Para entender o modo como ele progrediu de uma concepção de sociedade ideal, fornecida progressivamente pela modernização do sistema jurídico, para uma teoria psicológica normativa, será necessário refazer alguns passos do pensamento de Durkheim em seu estudo sobre a morte voluntária.

Em "Suicídio anômico" (DURKHEIM, 1996, p. 233-273), ele realizou duas perguntas principais, que aparentemente se opõem: o que pode explicar o número elevado de mortes voluntárias durante as crises econômicas? E o que pode explicar que o aumento de riqueza também provoque um crescimento na taxa de suicídios?

Os fenômenos de regularidades estatísticas do suicídio viriam a confirmar o papel da moralidade na determinação de referências psicológicas individuais.

O sociólogo observou que a cada crise econômica o suicídio aumentava sensivelmente, e, no período agudo da crise, a taxa de suicídios era ainda maior (DURKHEIM, 1996, p. 233). Essa estatística, somada a outras que obedecem ao mesmo padrão em vários países, permitiu chegar à consideração preliminar sobre a correlação positiva entre a taxa social de suicídios e as crises econômicas: mais crises, mais suicídios. É intuitivo pensar que mais pessoas procurem a morte voluntária durante o período das crises, porque mais pessoas perdem bens materiais. Nesse raciocínio, a perda dos bens é uma das causas do aumento de suicídios, mas essa não seria uma explicação sociológica verdadeira, porque estaria estreitamente vinculada aos objetos da realidade, e não à realidade social.

Uma prova disso é que, nos aumentos de fortuna, também ocorrem mais suicídios. Iremos relatar aqui um único exemplo dessa correlação (DURKHEIM, 1996, p. 235), apesar de seus exemplos serem abundantes. Em 1870, durante a conquista de Roma que unificou a Itália, tornando-a uma das grandes potências da Europa, houve um enorme desenvolvimento econômico correlacionado ao aumento de suicídios. O comércio e a indústria receberam um grande impulso, que conduziu ao aumento de 35% nos salários entre os anos 1873 e 1889. A riqueza passou de 45 bilhões para 51 bilhões durante os anos 1870-1885 e, ainda, para a impressionante marca de 54 bilhões e meio em 1885-1890. Nesse mesmo período, a cada aumento de fortuna, eleva-se a taxa social de suicídios em um total de 28%.

Isso fez com que Durkheim passasse a considerar que a causa do suicídio era a indeterminação provocada. No aumento de fortuna, o desejo abria-se para um abismo de possibilidades, um estado de efervescência no qual o indivíduo é levado a crer falsamente que há uma satisfação a mais para realizar. A impossibilidade de se ligar a um objeto com constância definida e a ausência de critérios que limitem a satisfação pessoal tornariam a satisfação pessoal desregulada, uma doença. É nesse ponto que a busca pela realização dos desejos se converteria na sua moeda oposta, ou seja, na figura do sofrimento de indeterminação.

Para ele, em ambos os casos, na diminuição e nos aumentos de fortuna, o que existe é a ausência de referências sociais estáveis, devido a alterações bruscas na ordem social. Além disso, Durkheim apontou a tendência de cronificação da anomia na expansão do comércio em escala mundial (DURKHEIM, 1996, p. 248).

A liberalização das regras econômicas que delimitavam o ganho pessoal tendia para o desregramento, levando a uma competição sem controle, o que inclinaria o indivíduo a sempre ser dominado pelas suas próprias paixões. Esse efeito era produzido em cascata, porque a legitimidade das ações sociais também entrava em crise. "Já não se sabe o que é possível e o que não o é, o que é justo e o que é injusto, quais são as reivindicações e esperanças legítimas, quais são exageradas. Por conseguinte, não há nada que não se pretenda" (DURKHEIM, 1996, p. 246).

Na anomia em estado crônico, a vida social tendia a uma "apoteose do bem-estar", as imaginações se tornavam "febris"; haveria uma "ansiedade por coisas novas", uma busca por "prazeres ignorados" e "sensações desconhecidas", características que apontavam para a perda do indivíduo no infinito do desejo.

Outro exemplo que Durkheim utiliza para justificar a correlação entre o suicídio e a desestabilização das estruturas normativas é a anomia na vida conjugal, deduzida a partir de pesquisas que apontavam correlação entre os divórcios e os suicídios.

O relaxamento da regulamentação do matrimônio através da instituição jurídica do divórcio ampliou a autonomia dos indivíduos para vivenciar novas formas de satisfação. No entanto, segundo o autor, a insistência na satisfação com múltiplas metas e a instabilidade dos livres desejos produziria um *temperamento moral sui generis* caracterizado por uma permanente e intensa agitação.

A conclusão de Durkheim é que a regulação através do casamento previne o suicídio na medida em que exerce uma função de moderação das tendências humanas, gerando um bem-estar moral. Nesse sentido, a correlação entre divórcio e suicídio justifica-se pelo *estado de anomia* que a instituição do divórcio provoca. Durkheim faz, assim, uma defesa moral das instituições, em seu poder de preservar a saúde moderada do desejo.

Percepção social do risco e culto da performance

Durante o final do século XX, os sucessivos deslocamentos do capitalismo propiciaram o desprendimento progressivo de certos dispositivos de proteção estruturados pela moral burguesa em troca da autonomia e da autorrealização. A cultura dominante exaltava a liberdade, a criatividade e a autenticidade e os indivíduos passaram a depender menos da sustentação operada por grupos e hierarquias. Podemos assim dizer que a cronificação da anomia, diagnosticada no último Durkheim, adquiriu valorização social, ou seja, o afrouxamento da regulação moral e o aumento do individualismo tornaram-se condições essenciais para se realizar na vida.

Contudo, o que se observa é que esse relaxamento da regulação nas democracias modernas não impediu o surgimento de novas formas de coação e ameaça, não facilmente visíveis e tampouco controladas. Trata-se, portanto, de uma falsa libertação ou falsa anomia. Para delinear essa hipótese, buscaremos compreender como se deu a reorganização do capitalismo a partir da década de

1970 e suas consequências políticas, econômicas e sociais. Percorreremos autores que se preocuparam em analisar em detalhes de que maneira novos valores se inseriram no mundo do trabalho contemporâneo e quais efeitos produziram no interior da dinâmica social.

Em *O novo espírito do capitalismo* (2009), Luc Boltanski e Ève Chiapello partem da história dos anos pós-maio de 1968 para demonstrar como os deslocamentos do capitalismo promoveram a abdicação gradual das reinvindicações da crítica social (garantias trabalhistas) em troca da valorização da autonomia. Para tanto, não se observou grande resistência, já que outra corrente crítica da época parecia estar sendo satisfeita: a crítica estética. Favorável à realização das potencialidades humanas, em especial da criatividade, a crítica estética é aproveitada pelo novo espírito do capitalismo como resposta de renovação. Assim, através do desarmamento da crítica, revaloriza-se o capitalismo e supera-se o anticapitalismo. Nas palavras dos autores: "Enunciada numa retórica libertária, a crítica ao Estado dos anos 70 podia não reconhecer sua proximidade com o liberalismo: ela era de algum modo liberal sem saber" (BOLTANSKI; CHIAPELLO, 2009, p. 238).

Foram várias as formas como a crítica estética foi assumida: exigência de autonomia (substituição dos custos com o controle pela economia do autocontrole); criatividade (produtividade através da inovação); autenticidade (valorização do status pelo consumo); liberação (comercialização de artigos interditos pela moral burguesa). Desenvolveu-se o projeto de autorrealização que vinculou, por um lado, o culto ao desempenho individual e a exaltação da mobilidade e, por outro, a transitoriedade dos projetos, a fragilidade dos contratos e a precarização do emprego em formas temporárias de trabalho.

A nova moral cotidiana passou a legitimar formas heterogêneas e provisórias de vínculos nos campos do trabalho e da família. Os elos se formam e se desfazem e a organização das cidades passa a ser feita por projetos. Essas referências mobilizáveis são facilitadas pelos novos instrumentos técnicos de comunicação e transporte. Vale aqui lembrar as análises de Daniel Bell, que introduziu a noção de sociedade da informação em 1973, em seu livro intitulado *O advento da sociedade pós-industrial*. Para esse autor, a revolução tecnocientífica teria elevado o papel da ciência e da técnica da informação a força produtiva predominante, configurando um espaço social sustentado na informação e ideologicamente enfraquecido.

A formação dos vínculos sociais passa a depender da tessitura de uma rede de conexões, e o valor na mobilidade, na agilidade e na transformação sobrepõe-se à estabilidade, "frequentemente considerada como sinônimo de inação" (BOLTANSKI; CHIAPELLO, 2009, p. 193). Contudo, as exclusões se mantêm e o poder fica nas mãos dos mais influentes, os "redeiros", enquanto os menos conectados à rede ficam relegados às suas margens. A renovação da crítica estética dependeria não só da análise intelectual dos fenômenos associados ao novo espírito do capitalismo, mas também da percepção de um sofrimento difuso que subjaz a essas novas organizações sociais. Tal mal-estar, ou inquietações, como preferem denominar, associadas a uma dificuldade de identificar de onde vem a ameaça num mundo conexionista, devem ser buscadas através dos "indicadores de anomia", que são identificados nas dissoluções dos elos sociais. As antigas formas estão desorganizadas, enquanto as novas são inconsistentes e descontroladas.

As incertezas do futuro e a transitoriedade das relações de trabalho e sociais vão em oposição ao valor da durabilidade das coisas. Rupturas e interrupções dos vínculos e dos projetos trazem sofrimento, porém são interpretadas não como inerentes a essa lógica da transitoriedade, mas como fracasso pessoal.

> A insistência nos valores de autonomia e autorrealização confere caráter pessoal a este fracasso [...] Os indicadores de anomia apontam para um efeito paradoxal da libertação, pois o aumento do número de pessoas que se encontram em situações ansiogênicas acompanhou as conquistas de autonomia, de tal modo que pode parecer que as promessas de autorrealização não se realizaram para todos (BOLTANSKI; CHIAPELLO, 2009, p. 421-423).

Há ainda uma correlação entre a frustração das aspirações e a desagregação dos elos sociais como responsáveis pelo aumento do suicídio. Entre os adultos de 25 a 49 anos, a curva de desemprego e de suicídio têm o mesmo perfil (NIZARD *apud* BOLTANSKI; CHIAPELLO, 2009). "As incertezas causariam um *vazio* de futuro e até de sentido, para usar os termos frequentes em Halbwachs e Durkheim" (CHAUVEL *apud* BOLTANSKI; CHIAPELLO, 2009, p. 423).

Sob outros aspectos, os indicadores de anomia também podem ser exemplificados na reorganização política que se desenvolveu a partir do capitalismo pós-industrial. O sociólogo alemão Ulrich Beck (2010) traz uma análise sobre a influência que os riscos da industrialização exerceram para o surgimento de uma nova cultura política no final do século XX. O desastre ecológico de Chernobyl, na década de 1980, serviu como exemplo paradigmático para demonstrar o reconhecimento social da imprevisibilidade dos riscos ambientais derivados do crescimento econômico. Agora os efeitos nocivos não atingem mais somente a classe operária (época em que os riscos se resumiam às más condições no ambiente de trabalho), mas ultrapassam a fronteira de classes e ameaçam a todos, transformando-se numa questão global.[1]

---

[1] Vale lembrar outros teóricos sociais contemporâneos que também tematizaram as transformações políticas e os efeitos da degradação do ambiente com o desenvolvimento do capitalismo industrial nas sociedades modernas, como André Gorz. (A discussão

A consciência pública da insegurança provoca um movimento de contestação da população sobre a ciência. A sociedade passa a exigir a administração de problemas, como poluição, lixo tóxico, radioatividade, tecnologia genética, e também de consequências sociais, econômicas e políticas, como colapsos de mercado, desvalorização do capital, constrições políticas, desemprego em massa, entre outras. Trata-se de um processo autocrítico da sociedade, ao qual Beck chama de *reflexividade*, ou seja, o julgamento sobre os efeitos que a própria sociedade produz. O conceito de reflexividade foi compartilhado com Anthony Giddens e Scott Lash na publicação de *Modernização reflexiva* (1995), embora haja diferenças nos desenvolvimentos teóricos de cada autor. Beck argumenta que, se na época da industrialização houve uma modernização da tradição agrária, o que se observa na virada do século XXI é uma segunda fase da modernização. É nesse sentido que ele faz uma diferenciação entre modernização simples e modernização reflexiva; a segunda contaria com uma espécie de "racionalização de segundo grau" (Beck, 1995, p. 13), ou seja, a autocrítica sobre os efeitos da modernização.

O que Beck observa é que, devido à inacessibilidade dos conteúdos das experiências científicas ao homem ordinário, as ameaças são invisíveis e, por esse motivo, passíveis de ser "domesticadas por meio de interpretações" (p. 92). Assim, os problemas são justificados como "efeitos colaterais" (p. 94) inerentes ao progresso. As interpretações, advindas de diversas instâncias de poder, assumem a função de controlar a percepção social do risco, e o resultado disso é que os riscos são tomados como ameaças, gerando um jogo político e especulativo. Quanto maior o reconhecimento sobre os riscos da modernização, maior é a sua dimensão política e a disputa de interesses econômicos.

Com o aumento das especulações sobre a vida moderna, muitas instituições adquirem autonomia e passam a obter estatuto de autoridade dentro do corpo social. Ocorre uma progressiva descentralização do poder constitutivo e a falência da regulação política estatal. As decisões do sistema político, submetidas à democracia parlamentar, são cada vez menores, e as regras passam a ser produzidas e modificadas por diferentes instâncias sociais. Elevam-se o que Beck classifica como subpolíticas, ou seja, amplia-se a influência política de instituições como a indústria, a medicina, a economia, a imprensa, a sociedade civil, os movimentos sociais, entre outras. Até que o perigo assuma uma forma naturalizada e institucionalizada, todos opinam e formulam hipóteses sobre determinado problema, motivo pelo qual não se sabe ao certo quem é ou deveria ser o responsável.

---

do autor pode ser encontrada mais especificamente em um ciclo de artigos: GORZ, André; BOSQUET, Michel. *Écologie et politique*. Paris: Seuil, 1975).

Essa nova cultura política pode ser compreendida pela via da anomia. Trata-se, de acordo com Beck, de uma democracia contemporânea altamente desenvolvida, na qual se ampliou a anomia através de uma "política dirigista do estado de exceção". A sociedade de risco, revela Beck, *é uma sociedade catastrofal, nela o estado de exceção ameaça converter-se em normalidade"* (p. 96).

Além de buscar os indicadores de anomia nas novas formas de regulação política, Beck também identifica seus efeitos na vida cotidiana. De acordo com o sociólogo, na sociedade individualizada, os riscos sociais não só aumentam em quantidade, mas também passam a ser vivenciados qualitativamente na esfera pessoal. Em consequência da individualização dos riscos, conclui Beck, "os problemas sociais convertem-se imediatamente em disposições psíquicas: em insuficiência pessoal, sentimento de culpa, angústias, conflitos e neuroses" (p. 147).

A análise sobre as formas de individualização dos conflitos sociais também é aprofundada na pesquisa de Alain Ehrenberg sobre a proliferação de discursos em torno da performance no mundo corporativo no final da década de 1980. O sociólogo explorou o modo como as práticas de gestão passam a incentivar um modelo de funcionário análogo ao do esportista, cujo exercício envolve competitividade e bom desempenho. Assim como o sucesso do esportista depende da eficácia produtiva de seu corpo, na potência máxima, o funcionário depende de sua performatividade no trabalho. Além disso, a cultura empresarial também inclui a ideia da aventura, que seria uma modalidade esportiva acrescida de um ambiente de condições instáveis. O método de treinamento dos funcionários baseia-se na exposição dos profissionais a modalidades de esporte e aventura, na expectativa do desenvolvimento da responsabilidade do sujeito em face dos seus resultados.[2]

Assim como os demais autores abordados, é ponto pacífico considerar que o aumento do individualismo adquiriu características mais exacerbadas. A seu ver, tal declínio dos valores de "filiação coletiva" que acompanha o culto da performance decorre da diminuição do poder regulador de instituições sobre o indivíduo, como o dos grandes partidos políticos ligados à esquerda. Há menos discursos que coletivizam as perdas e os ganhos, e, portanto, há uma maior

---

[2] Cabe aqui lembrar a interessante intuição de Max Weber sobre as consequências do declínio da autoridade das referências tradicionais em relação ao trabalho. No último capítulo de *A ética protestante e o espírito do capitalismo*, ele afirmou: "quando a realização (do dever) do profissional não pode ser vinculada aos valores espirituais e culturais mais elevados – ou, colocando inversamente, quando ela não pode ser sentida como uma simples obrigação econômica – o indivíduo, em geral, renuncia a justificá-la. Nos Estados Unidos, nos lugares mesmo de seu paroxismo, a busca pela riqueza, desprovida de seu sentido ético-religioso, tem hoje uma tendência a se associar às paixões puramente agnósticas, o que lhe confere, na maioria das vezes, a característica de um esporte" (WEBER, 2011, p. 315).

individualização tanto do sucesso quanto do fracasso no trabalho, que passou a ser considerado como um desvio de trajetória, uma anormalidade do processo.

Para Ehrenberg, as grandes narrativas organizadoras da relação do indivíduo com o trabalho entram em declínio. Embora não explicite o papel da anomia, ele pensa a valorização da ausência de regras no âmbito das empresas relacionada ao valor identitário que a performance passou a assumir. Não é necessário mais um número de regras para manter a produtividade econômica: "a disciplina não é mais o fundamento da eficácia do trabalho" (EHRENBERG, 1991, p. 121). Basta controlar a performance que o processo de reprodução do capital está garantido. Isso porque um dos últimos objetos de culto que não sofreram indeterminação foi a performance.

A cultura empresarial passa a inflamar ícones que alcançaram o sucesso com eficácia e trajetória individual, como Bernard Tapie e Stéphanie de Mônaco. Tapie, executivo bem-sucedido em diversos ramos da indústria, do comércio e da mídia na França, homem que "veio de baixo" (EHRENBERG, 2010, p. 56) e adquiriu sucesso em razão de sua trajetória individual no mundo do trabalho: "Em um futuro longínquo, sem dúvida, nos lembraremos de Tapie, como o homem que na França [...] simbolizou a popularização da ação de empreender" (p. 56). O sobrenome Tapie nada significou antes de Bernard. Ele é o executivo-modelo em qualidades pessoais: a inteligência, a flexibilidade e a disposição ao risco tornaram esse empreendedor um gênio do mundo dos negócios. Já Stéphanie é a "mulher que veio de cima" e que também buscou realização no trabalho. Curiosamente, Stéphanie abandonou seu sobrenome ao entrar no mundo dos negócios e do comércio; no trabalho, ela é apenas Stéphanie, que busca a satisfação das "mulheres comuns".

Fica claro que houve mudança no âmbito de gestão e controle de empresas influenciadas pela transição da sociedade industrial para a de consumo. Essa mudança macroeconômica refletiu-se no plano das microrrelações de trabalho, em que o modelo administrativo, cuja hierarquia era organizada com base na dedicação do funcionário à empresa, tende a dar lugar ao modelo de gestão de recursos humanos, baseado na meritocracia individual. Nesse novo modelo, estima-se a disposição ao risco, característica evidente ao lembrarmos o profissional dedicado ao mercado financeiro.

Desde o final da década de 1980, as indústrias se fundiram em grandes corporações, e o poder dentro das empresas se tornou, nessa nova lógica de produção, necessariamente descentralizado. Os funcionários de longas carreiras são substituídos por uma gama de diferentes especialistas, e não há mais a figura central do poder que coordena a disciplina laboral. O trabalho diário e repetitivo de manutenção da produção industrial não é mais tão necessário. A empresa de hoje prepara os funcionários para se adaptarem à constante instabilidade do mercado, estimulando o desenvolvimento da autonomia individual e o aprimoramento contínuo da formação. Por isso, o uso modelo do esporte.

Os modelos de gestão de riscos que se apresentam em consonância com as transformações nas relações de mercado demandam que o sujeito esteja constantemente disposto a romper limites (físicos e psíquicos), superando-se a cada momento. Em livro anônimo sobre as drogas de performance, seus propagandistas defendem a sociedade dopada, diferenciando seu caráter de assessoria e não de fuga.

Para o campo clínico, como nota Ehrenberg (2010, p. 149), "as drogas não são distinguidas dos medicamentos". Tem-se aí a vantagem de podermos incluir os medicamentos psicotrópicos e as drogas ilícitas, cabendo-lhes a referência de alterar o estado da consciência. No entanto, psicotrópicos e drogas ilícitas são novamente diferenciados quando passamos a buscar o índice de uso de que se servia o sujeito que viveu numa sociedade situada por referências às instituições de autoridade, como a família e a igreja, e o sujeito da atualidade. Para o primeiro, as drogas traziam a possibilidade de fuga da realidade, drogas ilícitas eram providenciais a um estado de alteração da consciência que buscava novas experiências. Hoje, o uso de psicotrópicos não mais se caracteriza em termos de resistência, mas eles passam a ser ferramentas de auxílio a um melhor desempenho frente a sua realidade, profissional por exemplo. É o quadro que Ehrenberg vai chamar de autoassistência.

Numa sociedade onde os próprios limites humanos são convocados a não se tornarem limitações, a modernidade incita à anomia, à pluralidade, à descentralidade. A linha entre possibilidade e realização tende a ser ofuscada ininterruptamente no interior dessa dinâmica. "Não é a competitividade em si mesma que traz problemas, mas seu desenvolvimento ilimitado" (EHRENBERG, 2010, p. 160).

Ao compreender a nova organização do capitalismo pela via da anomia, pudemos identificar um paradoxo no qual, ao mesmo tempo que os indivíduos ganham liberdade, eles sucumbem ao desamparo frente ao surgimento de uma atmosfera de indeterminação. O relaxamento da regulação moral, a descrença na ciência, a falência do Estado e a reorganização no campo do trabalho produziram efeitos sistêmicos nas formas de vida contemporâneas. A conquista da mobilidade social e a valorização do individualismo vieram acompanhadas de situações de sofrimento derivadas de uma desorientação quanto ao significado da vida. Assim, ao mesmo tempo que o indivíduo ganha autonomia para conduzir sua autobiografia, assume uma responsabilidade carregada pelos riscos dessa trajetória.

A liberdade para a autoria da própria vida é relativa, pois fica atrelada a modelos instituídos de sucesso que acabam sendo assumidos como escolha pessoal. O problema é que o êxito nem sempre é compatível com a disponibilidade que a sociedade tem para que todos alcancem os modelos de sucesso que ela mesma impõe. A culpa pelo fracasso é lançada para o indivíduo, já que é responsabilizado pela evolução de sua carreira e sua realização pessoal. A sociedade produz a crença na liberdade individual, mas esta é, na verdade, atravessada por inúmeros aspectos coercitivos e experienciada pelo indivíduo à custa de consequências psicológicas importantes.

A função paterna e o Nome-do-Pai

Até aqui acompanhamos o tema da anomia enquanto efeito das relações sociais que respondem às mudanças significativas no campo econômico, no campo do trabalho, das relações com as normas coletivas e com os ideais morais tradicionais. Agora propomos inverter o ângulo de leitura para pensar no campo da indeterminação e da anomia desde o ponto de vista do sujeito. Investigaremos, portanto, em que medida as hipóteses sobre os fenômenos de indeterminação no campo do sujeito acompanham ou contrapõem as teorias sociais.

Com Durkheim, a anomia foi estabelecida como o "efeito patológico" sofrido pelo ambiente social, advindo da perda da normatividade moral em sua dimensão coletiva. Como visto, para o sociólogo, "sem uma instituição moral básica não há vida que se diga social" (DURKHEIM, 1995, p. 8). Nessa leitura particular, a anomia não é entendida como o "efeito no sujeito" gerado pelo individualismo, mas, ao contrário, o individualismo e sua consequente corrupção das normas compartilháveis provocam uma indeterminação tamanha que é a própria atmosfera social que adoece, passando a ser anômica. Verificamos que Durkheim sugeriu duas possíveis respostas do sujeito a esse ambiente social anô-mico: em primeiro lugar, a especialidade profissional geraria uma diversificação tal que a "profissão perde seu valor moral" (p. 9); em segundo, haveria uma reação de "busca por um estado de felicidade através de uma intensificação das experiências corporais individuais" (p. 12). Nesta segunda metade do capítulo seguiremos essas duas previsões de Durkheim e de fato constataremos que possuem sua representação em sofrimentos clínicos específicos. A "perda do valor moral da profissão" tem aparecido intimamente ligada aos sofrimentos de "inação" (então, entramos nos fenômenos clínicos da depressão), e, por outro lado, a segunda suposição durkheimiana "do aumento das experiências corporais individuais" é também expressa por um mal-estar específico, caracterizado pelo justo oposto da inação, que é a performance. Essa segunda alternativa de resposta do sujeito à atmosfera anômica foi aparentemente a linha comum seguida pelos demais autores sociais. Acompanhamos Ehrenberg (2010) fazer a leitura de um mundo corporativo que convoca o homem a ignorar seu limite de humano através do culto da performance individual. Beck (2010) observou que quanto maior a cobrança individual, mais as pequenas instituições ganham autonomia e obtêm o estatuto de "autoridade", ocasionando a fragmentação do poder e a falência da regulação central. Boltanski e Chiapello (2009) argumentaram que o culto ao desempenho individual gera uma precarização do emprego, criando um ambiente frágil e de mutabilidade constante. Em suma, todas essas leituras acabam por chegar à constatação de que as antigas modalidades de organização social (antes centralizadas) estão em decadência e que as novas formas são "inconsistentes e descontroladas"; consequentemente, o campo social fica sujeito à indeterminação, e portanto ao "adoecimento" anômico.

Acompanhamos essas teses sociais, reconhecendo que há no campo privado alguns sofrimentos psíquicos que podem estar ligados a esse declínio das antigas formas de centrais de autoridade; mas, por outro lado, não concordamos que todos os tipos de fenômenos de indeterminação e da anomia possam ser lidos somente por essa perspectiva. Ao contrário, supomos que haja um segundo grupo de fenômenos, igualmente ligados ao campo da indeterminação, que não cabem à explicação pela teoria do declínio, mas poderiam ser interpretados através da ideia de que há no humano uma disposição constitutiva à fragmentação e à indeterminação.

Essa nossa segunda perspectiva não pretende substituir a primeira, mas sugere que ambas as formas de anomia coexistem lado a lado.

Há no mundo pós-moderno lugar tanto para a expressão dos sofrimentos de indeterminação causados pelo declínio (ou obscurecimento) da forma central de autoridade quanto para aqueles sofrimentos de indeterminação que revelam uma anomia constitutiva – deste lado situamos no campo clínico as patologias do Eu, as esquizotipias, e situamos no modo de vida social um dos dois tipos de errância que iremos trabalhar. Esses fenômenos que carregam a anomia em sua própria lógica de funcionamento não necessariamente se explicam por terem perdido a suposta referência ao "elemento organizador central", mas podem justamente indicar a existência de modalidades de funcionamento psíquico que não são constituídas através da mediação de um "organizador central".

Aqueles já familiarizados com a teorização psicanalítica sabem que a suposição desse "organizador central", uma espécie de regente do aparelho psíquico, é representada, na psicanálise, pelo conceito de "falo".

Para a teoria freudiana sobre a organização do aparelho psíquico (FREUD, 1981), a criança passa por um desenvolvimento psicossexual, que se inicia nas fases oral e anal (organizadores parciais de suas vivências com os objetos do mundo), e depois se instaura a *fase fálica*, na qual ressignifica todas as suas vivências anteriores e organiza as posteriores em projeção com seu Ideal. Este elemento organizador central (o falo) foi dado por sua posição na dialética amorosa com o pai e a mãe – de acordo com Freud. Com Lacan, essa conceituação freudiana da organização psíquica segue a mesma lógica. Entretanto, imerso no ambiente estruturalista da França dos anos 1950 e 1960, Lacan substitui na leitura a presença da figura do pai e da mãe por uma ideia de função: função materna e função paterna.

A lógica fálica, portanto, ordena as vivências do sujeito na sua relação com os objetos e com seu Ideal. Uma vez que o diagnóstico social prevê uma falência dos ideais socialmente compartilháveis, somos levados a investigar se alguns fenômenos podem de fato decorrer de um "desajuste" na relação do sujeito com o falo, elemento organizador central. Considerando ao menos duas figuras diferenciadas da errância (privilegiadas aqui como modos de vida que ganham destaque na contemporaneidade) e sofrimentos expressos tanto pela paralisia quanto pela performance, pretendemos oferecer diferentes perspectivas dessa articulação da teoria do sujeito com os fenômenos observáveis na esfera social, considerando sempre como pano de fundo esse horizonte identificado pelos teóricos sociais sobre a falência das formas do declínio de autoridade da organização central.

Como consequência dessa leitura social sobre o declínio da organização patriarcal, a teoria lacaniana sobre a constituição do sujeito foi escolhida como interlocutora do debate. Ao contrário dos outros autores pós-freudianos (que priorizam conceitos relativos ao vínculo materno ao falar da constituição do aparelho psíquico), Lacan sugere a lógica da constituição psíquica valendo-se primordialmente de conceitos pensados a partir do Pai, da função paterna, da instauração de uma lei central, estabelecendo, por exemplo, o "Nome-do-Pai" como o conceito absolutamente indispensável para o entendimento de toda organização do funcionamento psíquico. A predileção de Lacan pelo tema paterno tem consequências. Segundo Ian Parker (2013) – teórico que trabalha justamente o vínculo da psicanálise lacaniana a temas sociais –, as consequências que essa visão da constituição do sujeito orientada pelo Pai trouxe à própria psicanálise lacaniana são pesadas e determinam o modo como ela foi absorvida na cultura, tomada como uma espécie de restauradora da imagem paterna, num mundo onde essa ordem só faz declinar. Parker (2013) verifica que esse tipo de predileção de Lacan pelos temas paternos, sua filiação religiosa, seu famoso pedido ao irmão padre para que lhe arranjasse uma audiência com o papa e os incontáveis conceitos teóricos referidos a nomes e temas católicos fizeram com que Lacan e sua teoria fossem equivocadamente interpretados dentro dessa promessa restauradora, que em verdade não faz jus à própria subversão que a teoria sugere.

Assim advertidos dessa representação social da teoria lacaniana, num contexto onde a anomia está sendo lida como "efeito patológico do declínio da autoridade central" (autoridade historicamente paterna), uma teoria do sujeito cujo cerne é o conceito de Nome-do-Pai deve ser considerada.

O lacaniano conceito de Nome-do-Pai ganhou consistência e força na teoria principalmente a partir de *O seminário, livro 5* (1957-1958), intitulado *As formações do inconsciente*. Para Lacan (1957), é o fato de a criança se submeter aos desígnios de uma lei comum, que ele chamou de paterna, que permite ao sujeito um funcionamento organizado pela lógica fálica. Desse modo, em regime de mutualismo, na teoria lacaniana, o falo seria a consequência direta da inscrição da lei paterna, do Nome-do-Pai. Esse pensamento orienta toda a interpretação lacaniana sobre a constituição psíquica, por pelo menos duas décadas.

Como se sabe, a obra teórica de Jacques Lacan não foi prioritariamente escrita, e sim falada. Os primeiros 10 anos foram elaborados enquanto ele ainda era membro da International Association of Psychoanalysis (IPA) e abrangem um período que vai do início dos anos 1950 até 1963, quando Lacan foi banido daquela instituição. A décima primeira aula desse seminário, datado de 1964, é aberto por Lacan com o título de "A excomunhão", falando justamente de sua expulsão da IPA. Para além do curioso percurso, esse resgate histórico tem relevância para nossos propósitos de pensar qual teoria do sujeito foi sendo formulada. Em 1963, ainda como membro da IPA, Lacan havia anunciado para o próximo ano um seminário sobre *Os Nomes-do-Pai*. O anúncio de "Nomes" do pai, no plural, gerou alvoroço, pois indicava uma mudança na perspectiva de Lacan interpretar o ordenamento psíquico. "Nomes" aventava a possibilidade de deixar de ler a constituição do sujeito mediada por único organizador central (o Nome-do-Pai) para sugerir formas de organizações psíquicas que carregavam uma fragmentação, uma descentralização do poder do "Nome", mas não necessariamente caos, como numa psicose. Constatamos, portanto, que não é só a atmosfera social que sofreu o processo de indeterminação e fragmentação da autoridade central, mas também a própria teoria lacaniana sobre o sujeito cogitou a mesma lógica de descentralização.

O seminário de Lacan que abordaria a "fragmentação" do "Nome-do-Pai" para "Os Nomes-do-Pai" nunca foi dado. Ao ser expulso da IPA, em protesto disse que nunca mais voltaria a falar sobre os Nomes. No ano da expulsão, Lacan retoma em outro lugar a transmissão de seu ensino, propondo novo retorno aos conceitos fundamentais da psicanálise, tema que dá título a seu 11º seminário. Veremos adiante que a promessa de "nunca mais" falar sobre os Nomes-do-Pai não foi exatamente cumprida.

Indeterminação e declínio da autoridade

De qualquer forma, antes da concretização desses desenvolvimentos teóricos que envolviam a pluralização dos Nomes-do-Pai, por quase duas décadas o conceito de Nome-do-Pai reinou sozinho e no singular, como autoridade no pensamento lacaniano. Vemos essa sua solitária regência na função de organizador central do psiquismo ser precisamente demonstrada em dois textos cruciais: o já mencionado *Seminário, livro 5* (no qual Lacan refaz todo o percurso freudiano de organização do aparelho psíquico lido numa perspectiva estrutural) e, principalmente, num texto de 1958, intitulado "De uma questão preliminar a todo tratamento possível da psicose". Esse segundo texto é de importância inequívoca na obra e ilustra principalmente o modo lacaniano de realizar um diagnóstico clínico, através de seu entendimento da constituição do sujeito. O texto contém dois famosos esquemas (o esquema R e o esquema I) que oferecem uma imagem elucidativa daquilo que seria um funcionamento "organizado" e regido pelo Nome-do-Pai (o Esquema R – p. 559), diferenciando-o do que seria um funcionamento psíquico tomado pela indeterminação, pelo caos e pela desordem, por não ter sido constituído através do Nome-do-Pai (o Esquema I – p. 578). O primeiro esquema (R), organizado pela amarração fundamental do Nome-do-Pai (cujo espelho imaginário é o falo), representa para o pensamento lacaniano a estrutura de funcionamento neurótica; já o segundo esquema (I), mostrando a desordem e aberto ao infinito, representa na teoria o funcionamento psicótico.

As elaborações teóricas contidas nesse famoso texto "De uma questão preliminar a todo tratamento possível da psicose" têm importância fundamental para o estabelecimento de toda a racionalidade diagnóstica lacaniana na primeira metade da obra. Composto por uma espécie de condensado teórico dos desenvolvimentos de Lacan desde o início de seu ensino até o início dos anos 1960, e dotado de um grande poder elucidativo, o texto foi involuntariamente eleito como uma espécie de fio condutor do pensamento lacaniano. A infiltração de suas ideias foi vasta e ficou arraigada de tal modo que ainda hoje vemos muitos pós-lacanianos se valerem, de forma explícita ou implícita, exclusivamente da racionalidade expressa por esses dois esquemas (R e I) para pensar todo e qualquer tipo de fenômeno clínico, e, então, dar o diagnóstico se o fenômeno clínico estiver inscrito no campo da psicose ou da neurose.

Para nosso tema da anomia, há um interesse adicional nesse texto: nele, a indeterminação, o caos e a desordem estão relacionados dentro do campo da psicose. Em outras palavras, se a nossa racionalidade diagnóstica fosse pautada exclusivamente por esse modelo datado de 1960, tenderíamos a interpretar que certo grupo dos fenômenos de indeterminação (por nós localizados nas patologias do Eu, nas esquizotipias e nos fenômenos *borderlines*) estaria inscrito no campo da psicose. Em alguns casos essa interpretação pode ser uma opção válida de leitura, mas iremos sugerir outra possibilidade.

De qualquer modo, pensando ainda dentro do modelo de regimento do organizador central fálico, determinado pelo Nome-do-Pai, para inscrevermos os fenômenos que decorreriam de certo declínio ou obscurecimento dessa função central, tentaremos ler alguns dos fenômenos de indeterminação não através da imagem fornecida pelo esquema da desordem, mas sim através do esquema ordenado e simbolicamente sustentado pelo Nome-do-Pai.

Seguindo as duas suposições de Durkheim sobre a resposta do sujeito contemporâneo ao ambiente anômico, sugerimos no item anterior que a primeira delas (a perda do valor moral da profissão) tem aparecido intimamente ligada aos sofrimentos de inação trazidos aos consultórios dos psicanalistas através de queixas da perda da vontade de agir, da ausência de atribuição de valor para seu ato. Conforme indicamos, capturados pela perda do desejo e pela paralisia, anunciam-se os fenômenos clínicos da depressão. A depressão, segundo reportagem do jornal *Valor Econômico* (MARTINEZ, 2007), terá se tornado a segunda causa de morbidade no mundo – atrás somente das doenças do coração. Chama a atenção que uma reportagem sobre saúde mental esteja ocupando boa parte de um jornal destinado ao universo da economia e do trabalho. A relação é, entretanto, óbvia. Os sujeitos acometidos pela depressão, pela perda da volição, encerram-se em seus leitos e, assim, não compartilham da frenética lógica produtiva, do culto da performance. O sujeito deprimido não entra na lógica *time is money*. "A depressão é a expressão de mal-estar que faz água e ameaça afundar a nau dos bem adaptados", define Maria Rita Kehl (2009, p. 22). "Minha hipótese" – diz a autora – "é que as depressões, na contemporaneidade, ocupam o lugar de sinalizador do mal-estar na civilização" (p. 22).

Nossa leitura – considerando a depressão como uma das formas possíveis do sofrimento anômico – supõe, portanto, que a dinâmica desse tipo específico de sofrimento se passa (no campo do sujeito) como se aquele seu ponto de amarração central estivesse encoberto por um borrão, por uma neblina. Os sujeitos capturados pelo sofrimento de indeterminação em pauta na depressão possuem nas entrelinhas de sua fala a queixa comum de não mais reconhecerem dentro de si a eficiência da referência central, aquela que anteriormente organizava e dava o sentido ao seu "levantar da cama". "O sujeito deprimido se esconde porque seu maior sintoma é a culpa. A culpa de ter desistido do desejo e de não ter consentido com ele", dizem Mauro Mendes Dias e Dominique Fingermann (2005, p. 124), que estudam o campo clínico da depressão há anos. O grande sofrimento daqueles que desistiram de seu próprio desejo perturba muito o campo social, atrapalha a lógica econômica. Por isso esses pacientes sofrem os mais diversos preconceitos, são discriminados e interpretados como moralmente frágeis; igualmente por isso, a indústria farmacêutica e a sociedade civil se unem movendo bilhões para levantá-los e fazê-los produzir. Absolutamente contrária a essa imposição de "levantar" o sujeito a qualquer custo, a psicanálise incomoda boa parte da sociedade, quando se oferece a escutá-los respeitando a lentidão do seu tempo. Em contrapartida, quando em análise há algum resgate e alguma reordenação do campo do desejo e o sujeito levanta-se (dando algum destino a si), então a psicanálise incomoda novamente, agora outra parte da sociedade, que a acusa de comparsa da lógica produtiva. A lógica produtiva não interessa à direção do tratamento, mas o sofrimento desses sujeitos por terem paralisado a si próprios, sim.

A contrapartida desse sofrimento paralisante é justamente a conversão sintomática em seu oposto, numa forma socialmente aceita e elogiada, mas, em nossa visão, igualmente adoecida: o culto da performance individual – aqui chegamos à segunda sugestão durkheimiana de resposta do sujeito. A frenética busca pela produção ininterrupta, que desconsidera os limites humanos, valendo-se de artifícios energéticos que dão "asas" aos homens – para usar o *slogan* da bebida energética mais consumida na atualidade, que promete um homem que jamais se cansa –, "salva" os sujeitos da inação e da paralisia, mas não os "salva" do sofrimento de indeterminação impregnado nessa performance infindável. Tal é a imagem recolhida no seguinte fragmento clínico.

Uma moça, executiva bem-sucedida, busca a psicanálise, porque as pessoas (amigos, filhos, marido, pais) acusam-na de não saber escolher. Ela não consegue decidir o prato que quer comer ou a viagem que quer fazer e diz:

> Estamos todos numa mesa, todos conversam entre todos, mas eu não existo, eu não sei do que falar. Eu trabalho, trabalho muito, mas não tenho objetivos, não quero comprar um carro, nem nada". Alguns meses em atendimento e ela faz uma hipótese: "Talvez eu não consiga decidir se quero tomar sorvete de chocolate ou limão, simplesmente porque sei que não tenho dinheiro real. Eu tenho o cartão, ele passa, eu posso comprar tudo, mas eu sei que desde que trabalho só estou no negativo.

Desde seu primeiro emprego, ela gasta muito mais do que ganha, é performática o suficiente para sempre cobrir sua dívida e com isso sempre ganha o aumento do limite de crédito (que em verdade é a diluição da fronteira de onde acaba seu dinheiro e onde começa o da instituição credora). Tanta satisfação e tanta performance fazem neblina no ordenamento de suas experiências, tanto com os objetos de satisfação quanto com sua perspectiva de ideal, não lhe permitindo localizar nessas vivências seu desejo: a "organização do sentido" da experiência aparece borrada ao próprio sujeito.

A lógica desse tipo de sofrimento de indeterminação na atualidade é analisada por Axel Honneth (2003), que sugere que esse campo poderia ser entendido como "patologias da liberdade individual": "A liberdade de definir por si mesmo sua própria identidade se torna sofrimento de indeterminação" (HONNETH, 2003, p. 87).

Finalizando esta primeira leitura acerca da parcela de sofrimentos de indeterminação que poderiam ser lidos na chave do declínio da autoridade central, resgatamos uma imagem que ilustra alguma tentativa de o sujeito contemporâneo evitar ser mergulhado na indeterminação.

A liberdade dessa jovem com seu carro, examinada no capítulo anterior, a liberdade da jovem executiva, a liberdade de horário dada aos funcionários performáticos, a decadência da engessada moral socialmente compartilhável e das formas de organização centralizada aproximam o sujeito de seu ideal de autonomia, mas não os salvam do sofrimento de indeterminação – essa é a tese de Axel Honneth.

Honneth (2003) sugere, portanto, que o exercício da liberdade individual está comprometido inevitavelmente, seja porque a liberdade de dar a si próprio seu destino abre ao sujeito o campo da indeterminação, seja porque a própria concepção de autonomia é contestável. Entretanto, ao nomear esse tipo de sofrimento como "patologia da liberdade individual", não poderíamos deixar de convocar a própria imagem da liberdade individual cristalizada nos anos 1960 pelo romance de Jack Kerouac, *On the Road* – que recentemente ganhou adaptação para o cinema pelo diretor brasileiro Walter Salles. *On the Road* mostra a escolha deliberada pela indeterminação como forma de protesto ao regimento organizado pela lei central, ao Ideal linear (que antes previa a liberdade reservada à aposentadoria e ao fim da vida). *On the Road* revela uma tentativa de exercício da liberdade e do indeterminismo que não necessariamente encerra seu fim na depressão, mas de qualquer maneira revela a "falsa autonomia", pois, quanto mais longe vai o sujeito, mas clara fica a lei da qual ele quer se livrar. Para forçar a retomada do conceito lacaniano que orientou nossa análise até aqui, nessa modalidade de errância, em *On the Road* o sujeito tenta livrar-se do Nome-do-Pai, que, entretanto, impera dentro dele. Essa forma específica de errância, claramente dirigida por oposição a uma lei central (historicamente paterna) e sustentada por um discurso libertário, não é a única modalidade da errância contemporânea. No mundo atual também verificamos sujeitos cuja vida errática revela sua própria organização psíquica, ou seja, não dispõem de um organizador central, uma lei central à qual precisam se opor, da qual fugir ou contra a qual discursar. Trata-se de sujeitos que são erráticos, não por convicção pessoal ou por tese de liberdade, mas sim por indeterminação constitutiva.

Esquizoidia, errância e fragmentação

Sugerimos, desde o início desta segunda parte do capítulo, haver outro grupo de fenômenos de indeterminação que não seriam decorrentes do declínio, mas sim de uma humana disposição ao indeterminado, uma disposição constitutiva à fragmentação e à não unicidade. Dentro desse grupo, situamos a série clínica das patologias do Eu, das esquizotipias e dos fenômenos *border-lines* – uma série de fenômenos de indeterminação através dos quais vemos o sujeito sofrer. Essa série recebe pela interpretação clínica inequivocamente todos os qualificadores usados pelos teóricos sociais para descrever o ambiente anômico atual, ou seja, em todos esses fenômenos psicopatológicos estariam em questão: a fragmentação, a fragilidade, a mutabilidade constante, a inconsistência, o descontrole. Enfim, situa-se aqui um campo da psicopatologia que acomoda a mesma descrição feita pelo diagnóstico social trabalhado na primeira parte: a anomia sociológica.

Considerando esse grupo de sofrimento de indeterminação na interlocução com a psicanálise lacaniana, já vimos que, se eles fossem lidos e interpretados segundo a racionalidade diagnóstica dos anos 1960, prioritariamente orientada pelo texto "De uma questão preliminar a todo tratamento possível da psicose", eles seriam alocados como pertencentes à lógica demonstrada pelo Esquema I (desordem, caos, aberto ao indeterminado e ao infinito), um esquema paradigmático do funcionamento psicótico nos primeiros 10 anos da obra lacaniana.

E, de fato, muitos desses fenômenos hoje são lidos como psicose, através do conceito de "psicose ordinária". Basicamente elaborado por Jacques-Alain Miller (2006), a categoria clínica de psicose ordinária implica o diagnóstico de certas psicoses que não possuem uma "descompensação" delirante e fragmentária, mas são funcionamentos psicóticos cuja organização e não irrupção do delírio estariam sustentadas por uma "prótese" ao Nome-do-Pai, que foi chamada de "suplência". Essa é a interpretação de leitura que muitos clínicos fazem sobre a análise de Lacan a respeito do escritor James Joyce e sua relação com a escrita – uma ideia fundamentalmente apresentada em *O seminário, livro 23*, de 1973. O conceito de psicose ordinária, bem como o de suplência, está amparado pelo modelo "borromeano" do aparelho psíquico, modelo desenvolvido nesse seminário. Interpretar como psicose a série de fenômenos de indeterminação que estamos aqui tentando descrever é, portanto, uma possibilidade de leitura. Entretanto, há nessa interpretação uma operação de redução ou retroação conceitual, ou seja, um modelo teórico elaborado em 1973 (que poderia fornecer instrumentos para ler outras psicopatologias), ao ser utilizado apenas para reler a psicose, estaria sendo válido para reafirmar a mesma racionalidade diagnóstica já descrita 10 anos antes.

Nesta segunda parte de nosso capítulo, já acompanhamos um pouco a trajetória histórica da teoria lacaniana, através do condutor conceito de Nome-do-Pai. Em 1963, ao anunciar para o próximo ano *Os Nomes-do-Pai*, na interpretação de boa parte de seus ouvintes e dos seguidores de sua obra, Lacan estaria anunciando muito mais que o título de um seminário, estaria anunciando mudanças significativas no modo de pensar na constituição psíquica e consequentemente o diagnóstico clínico; estaria anunciando que nem toda forma de organização psíquica deveria ser regida por um nome central e que a ausência desse nome não necessariamente implicaria psicose.

Conforme dissemos anteriormente, Lacan não cumpriu exatamente a promessa de nunca mais falar dos Nomes-do-Pai. Dez anos depois da expulsão, em 1973, ele oferece um seminário intitulado *Les non-dupes errent* (Os não-tolos erram), título cuja pronúncia em francês tem homofonia com *Les noms-du-père* (Os Nomes-do-Pai). A partir dali sua elaboração teórica sobre a constituição da organização psíquica sofreria lentamente o mesmo processo identificado pelo diagnóstico social como "declínio da autoridade paterna". Em outras palavras, Lacan foi retirando do cerne da teorização sobre o sujeito o poder único e centralizado no conceito do Nome-do-Pai para ir sugerindo a existência de funcionamentos psíquicos não necessariamente regidos pelo elemento organizador central.

Importante notar que nesse processo de elaboração teórica que sugere a passagem do Nome para Os Nomes (um percurso que posteriormente levou Lacan ao desenvolvimento do modelo chamado "nó-borromeano") não existiria exatamente uma proposta de Lacan para uma "substituição de paradigma", a fim de pensar na constituição do sujeito e sua organização psíquica, mas sim estaria em jogo a sugestão de diferentes modelos coexistentes na obra, que serviriam para pensar categorias diagnósticas distintas e modelos de constituição psíquica organizados segundo lógicas diferentes – em termos gerais, essa é a tese de Christian Dunker (2018) para a interpretação da obra lacaniana, tese que nomeou de "psicopatologia não-toda".[3]

Nessa leitura, na medida em que a obra lacaniana sugere a passagem de "Nome" para "Os Nomes", ele faz então um movimento de abertura e de reacomodação nosográfica em sua teoria, uma reacomodação que lhe permitiria interpretar essa série de organizações psíquicas que respondem por uma fragmentação, mas que não corresponderiam necessariamente a psicoses. Aparentemente essa também é a visão de uma das principais comentadoras do trabalho de Lacan, Colette Soler. Num trabalho intitulado *La querella de los diagnósticos* (2009), a autora faz forte crítica ao fato de os lacanianos continuarem, após tanto tempo, interpretando e fazendo uso da teoria de Lacan, "como se nada tivesse mudado desde 'De uma questão preliminar a todo tratamento

---

[3] Surge aqui a possibilidade de pensar na aplicação das teses de Lacan sob a lógica do não-todo, envolvendo a articulação entre modalidades irredutíveis de gozo (feminina e masculina) ao interior da racionalidade diagnóstica da psicanálise. Dunker (2018) vem chamando essa possibilidade de "psicopatologia não-toda".

possível da psicose'. Continua-se funcionando com as categorias clássicas como se o novo esquematismo não desse abertura a qualquer reacomodação ao nível da nosografia clínica", diz Soler (2009, p. 59).

Conforme nossa leitura anterior, vimos que de fato o texto "De uma questão preliminar a todo tratamento possível da psicose" organizou todo um modo lacaniano de pensar na constituição psíquica, um texto cuja leitura de fato indica que, na ausência da inscrição do Nome-do-Pai, (Nome que inscreve o "falo" como organizador central), estamos no "mar aberto" da psicose. Esse percurso teórico, que aqui nomeamos de "fragmentação do império do Nome-do-Pai", corresponde a uma passagem de difícil leitura na obra lacaniana, na qual vemos Lacan falar, por exemplo, de "um nome que faz função", depois sobre "função de nominação", entre outros vários desenvolvimentos. A crítica de Soler (2009) é justamente que não podemos acompanhar Lacan fazendo todo esse esforço para supor que nada de novo ele acrescentaria em sua perspectiva clínica. Refazendo esses desdobramentos, a autora assim descreve a "queda do Pai", na teoria de Jacques Lacan: "Insisto porque quando diz 'o pai porta um dizer que nomeia', não há problema. Mas, quando se acrescenta, tal como faz Lacan, 'o dizer que nomeia tem a mesma função que o pai', isso muda tudo [...]. Dito de outro modo, a função de nominação que é uma função de ano-damento é precisamente o que certifica nesses anos todos, parece-me, a queda do privilégio do Pai (SOLER, 2009, p. 81, tradução nossa).

Assim, do declínio da autoridade paterna, diagnosticada na primeira parte do capítulo, que leu a anomia e os fenômenos de indeterminação sob a perspectiva das teorias sociais, chegamos ao declínio da autoridade paterna na teoria lacaniana do sujeito. Entretanto, vale novamente ressaltar que, em nossa perspectiva, esse movimento de "queda do Pai" não implica que haja na teoria a retomada do poder por outro modelo mais forte e consistente, mas sim, como afirma Dunker (2018), implica a coexistência de formas de pensamento. Implica uma suposição de que, além daqueles funcionamentos psíquicos inteiramente organizados pelo falo (regente central do psiquismo), há a existência de funcio-namentos psíquicos regidos por outra lógica ou por outras lógicas que não essa centralizada. Do ponto de vista referente ao campo clínico, já situamos dentro dessa leitura as esquizotipias, as patologias do Eu e os fenômenos *borderlines*. Dentro dessa mesma hipótese, mas resgatando os fenômenos da anomia no am-biente social contemporâneo, situamos também outra modalidade de errância cuja imagem extrairemos de dois recortes clínicos que se seguem.

Nossa primeira imagem para demonstrar a errância – enquanto possível espelho de uma "constituição psíquica não orientada pelo regente central (o falo)" – é retirada de uma publicação de Contardo Calligaris, *Hipótese sobre o Fantasma* (1989), em que o psicanalista narra o caso de um paciente atendido por ele.

Seu paciente havia sido militar no Vietnã, voltou para os Estados Unidos, onde trabalhou por alguns anos, morou algum tempo na Índia e finalmente chegou à Europa, onde encontrou uma mulher com a qual se casou, tornando-se o diretor da empresa dela. O psicanalista nos conta que esse paciente desapareceu da análise, e então por muito tempo ficou sem notícias dele, até que soube do motivo de seu desaparecimento: seu paciente estava num bar e algumas pessoas que estavam ao lado dele eram bandidos planejando um assalto a um banco, "acharam que ele tinha a cara do negócio" e o convidaram para participar da empreitada. Ele topou. O assalto saiu mal e ele foi preso – conta Calligaris, que soube da história através de um telefonema da esposa do paciente. Na interpretação desse caso, o autor afirma que "o mais extraordinário neste paciente" era justamente ele e a sua vida serem disponíveis a qualquer coisa, a qualquer possibilidade, e não no sentido de se tratar de uma pessoa "dócil e boazinha". Qualquer direção era uma opção válida para esse sujeito. E, nesse contexto teórico em que o autor está justamente trabalhando o tema do diagnóstico diferencial da psicose, ele não inclui esse paciente na categoria de psicótica, sugerindo que a única coisa que se pode afirmar sobre caso é: "o certo é que ele não está medindo a sua significação do mesmo modo que qualquer neurótico mede continuamente sua significação com respeito a um lugar central" (CALLIGARIS, 1989, p. 16).

O lugar central ocupado pelo falo, dado pelo privilégio do Nome-do-Pai na teoria lacaniana e na constituição do sujeito, não oferece, em outras palavras, elementos suficientes para ler esse tipo de fenômeno de indeterminação e anomia. A mesma errância é extraída indiretamente da seguinte fala de uma paciente, que busca a psicanálise em função da angústia de ver seu filho "não tomar um rumo na vida": "não suporto mais, criamos um filho com amor para quê? Ele é um ótimo professor de educação física. Por causa dos intercâmbios que fez, fala alemão e italiano fluente. Passou num concurso para ser da Polícia Federal e não tomou posse, para experimentar ser chefe de cozinha na França? Meu Deus!". O sofrimento dessa mãe ao ver a errância do filho mostra a angústia de um sujeito que tem sua organização psíquica constituída através de um regente central (o falo), tentando entender e interpretar um sujeito que pode não ter sido constituído psiquicamente segundo a mesma lógica ordenadora. Vemos nesse caso que o sofrimento de indeterminação é da mãe, e não necessariamente do filho. Com esses dois recortes clínicos sugerimos um tipo de experiência de errância e indeterminação que não obedeceria necessariamente à leitura anterior de Honneth sobre os sofrimentos da tentativa de liberdade individual. A errância exposta nesses dois casos não dispõe de uma tese de liberdade nem de uma busca deliberada pela autonomia, tal como dispõe o romance de Kerouac.

Para finalizar, se ao final do tópico anterior evocamos o romance *On the Road* para representar a imagem de uma errância cujo fundamento não é uma fragmentação constitutiva, e sim uma tentativa de busca da experiência de indeterminação, a imagem cinematográfica que podemos evocar aqui, para representar esse segundo tipo de errância que estamos tentando definir, é oferecida pelo filme *Happythankyoumoreplease*. Dirigido e produzido por Josh Radnor, o filme – que não é um épico, como *On the Road* – revela a errância constitutiva de seus personagens, cujo roteiro fragmentado sequer deixa claro que tipo de vínculo existe entre eles. Personagens sem qualquer menção à história familiar, sem grandes narrativas, sem grandes teses de vida. Tal como nossos teóricos sociais diagnosticaram, o filme traz jovens anômicos com empregos provisórios e carentes de valor, vivendo num ambiente de fragilidade e mutação constante; entretanto, não fazem da sua indeterminação um necessário sofrimento, tampouco uma boa tese de vida. O filme, tanto na sua estrutura de filmagem quanto nos personagens que apresenta, traz a errância, a anomia e a indeterminação constitutiva, a começar por seu título fragmentado e desprovido de qualquer significação fálica: *Happythankyoumoreplease*.

Referências

BASAGLIA, Franco. *Psiquiatria alternativa: contra o pessimismo da razão, o otimismo da prática*. São Paulo: Brasil Debates, 1982.

BECK, Ulrich. *Sociedade de risco: rumo a uma outra modernidade*. São Paulo: Editora 34, 2010.

BELL, D. *O Advento da Sociedade Pós-Industrial*. São Paulo: Cultrix, 1974.

BOLTANSKI, Luc; CHIAPELLO, Ève. *O novo espírito do capitalismo*. São Paulo: *Martins Fontes,* 2009.

CALLIGARIS, Contardo. *Hipótese sobre o fantasma*. Porto Alegre: Artes Médicas, 1989.

DIAS, Mauro Mendes; FINGERMANN, Dominique. *Por causa do pior*. São Paulo: Iluminuras, 2005.

DUNKER, Christian. História e estrutura: razão diagnóstica e psicopatologia psicanalítica. In: LEITE, Nina Virginia de Araújo; MILÁN-RAMOS, J. Guillermo (Org.). *EntreAto: o poético e o analítico*. Campinas: Mercado das Letras, 2011.

DUNKER, Christian. *Por uma psicopatologia não-toda*. *São Paulo*: Nversos, 2018.

DURKHEIM, Émile [1895]. As regras do método sociológico. Trad. Paulo Neves. São Paulo: Martins Fontes, 1995.

DURKHEIM, Émile. *Da divisão do trabalho social*. São Paulo: Martins Fontes, 2012.

DURKHEIM, Émile. *O suicídio: um estudo sociológico*. Lisboa: Editorial Presença, 1996.

EHRENBERG, Alain. *Le culte de la performance*. Paris: Calmann-Lévy, 1991.

FERNANDES, Heloísa Rodrigues. Um século à espera de regras. Tempo Social; *Rev. Sociol. USP,* S. Paulo, n. 8, v. 1, p. 71-83, maio/1996.

FOUCAULT, Michel. *Doença mental e psicologia.* Rio de Janeiro: Tempo Brasileiro, 1984.

FOUCAULT, Michel. *História da loucura na Idade Clássica.* São Paulo: Perspectiva, 2007.

FREUD, Sigmund. Três ensayos para uma teoria sexual [1905]. In: *Obras completas de Sigmund Freud.* Traducción de Luis Lopez-Ballesteros y de Torres. 4. ed. Madrid: Biblioteca Nueva, 1981. v. 2.

GIDDENS, A.; BECK, U.; LASH, S. *Modernização Reflexiva.* São Paulo: UNESP, 1995.

GOLDMANN, Lucien. *Ciências humanas e filosofia: o que é sociologia?* São Paulo: Difel, 1980.

HONNETH, Axel. Patologias da liberdade individual: o diagnóstico hegeliano de época e o presente. Tradução de Luiz Repa. *Revista Novos Estudos CEBRAP,* n. 66, p. 77-90, jul. 2003.

HORKHEIMER, Max. Autoridade e família. In: *Teoria crítica I: uma documentação.* São Paulo: Perspectiva, 2008.

KEHL, Maria Rita. *O tempo e o cão: a atualidade das depressões.* São Paulo: Boitempo, 2009.

LACAN, Jacques. De uma questão preliminar a todo tratamento possível das psicoses [1958]. In: *Escritos.* Tradução de Vera Ribeiro. Rio de Janeiro: Jorge Zahar, 1998.

LACAN, Jacques. *O seminário, livro 5: As formações do inconsciente* [1957-1958]. Rio de Janeiro: Jorge Zahar, 1999.

LACAN, Jacques. *O seminário, livro 23: O sinthoma* [1975-1976]. Tradução de Sergio Laia. Rio de Janeiro: Jorge Zahar, 2007.

LACAN, Jacques. *Os complexos familiares* [1938]. Tradução de Marco Antonio Coutinho Jorge e Potiguara Mendes. Rio de Janeiro: Jorge Zahar, 2002.

LYOTARD, Jean-François. *A condição pós-moderna.* São Paulo: José Olympio, 2010.

MARTINEZ, Chris. Uma indústria do bem-estar. *Valor Econômico,* São Paulo, 7 dez. 2007.

MEIRELES, Marilucia Melo. *Anomia, a patologia social na virada do milênio.* São Paulo: Casa do Psicólogo, 2001.

MILLER, Jacques-Alain. *La psicosis ordinária. (La convención de Antibes). Instituto Clínico de Buenos Aires.* Buenos Aires: Paidós, 2006.

PARKER, Ian. *Psicanálise lacaniana: revolução na subjetividade.* São Paulo: Annablume, 2013.

PELLEGRINO, Hélio. Édipo e Paixão. In: Novaes, A. *Os Sentidos da Paixão.* São Paulo: Companhia das Letras, 1987.

SOLER, Colette. *La querella de los diagnósticos. Curso em el Colegio Clínico de Paris.* Traducción de Pablo Peusner. Buenos Aires: Letra Viva, 2009.

WEBER, Max. *La Ética Protestante y el spírito del Capitalismo.* México: Fundo de Cultura Econômica, 2011.

Narcisismo: identidade e diferença – uma unidade em tensão?[1]

Helgis Cristófaro, João Felipe Domiciano, Maria Nakasu,
Rafael Gargano, Roberto Propheta Marques, Ronaldo Manzi Filho, Silvio Carneiro

Este texto foi desenvolvido sob a luz das seguintes questões: o que faz do narcisismo um conceito tão vasto, presente ainda hoje nos mais diversos campos do saber, sejam eles concernentes à clínica ou às teorias sociais? Seria essa plasticidade um sinal de força conceitual ou própria de uma insuficiência explicativa, espécie de conceito vazio, que incorpora as mais diversas teorias no interior de si?

A partir dessas questões, procuramos entender o desenvolvimento do termo "narcisismo". Buscamos apreender o conceito desde suas primeiras aparições em teorias sociais, ainda no século XIX, sob a ordem jurídica, passando aos seus desdobramentos no terreno clínico, mediante as investigações freudianas e sua centralidade em algumas escolas pós-freudianas. Entretanto, ao ser tomado como uma "patologia social", o narcisismo parece ter sido submetido a um uso inflacionado que deu margem à "vulgarização" do conceito nas mais diversas áreas. Lembremos, por exemplo, como Christopher Lasch, em seu *A cultura do narcisismo*, desenvolve uma análise sociológica que foi fundamental na divulgação desse termo. É nesse sentido que analisamos como a tradição de revisão do conceito de narcisismo nos anos 1960-1970, com autores como Heinz Kohut, Otto Kernberg e André Green, teve um papel fundamental nos desenvolvimentos da sociologia estadunidense.

Isso nos parece importante, porque até hoje, no território oficial do DSM-V, o distúrbio de personalidade narcísica foi uma questão central para os seus formuladores. No entanto, antes de envolver o narcisismo em uma ordem pragmática de questões, podemos questionar: o que faz do narcisismo esse conceito movediço?

---

[1] Este texto é o resultado de uma incessante discussão sobre o estatuto do narcisismo enquanto categoria que poderia indicar ou não um diagnóstico social. Agradecimentos especiais a Dyogo Leão, Luís Moreno, Luiz Felipe Bruder González, Maira Barbosa Marques, Maria Rita Kehl, Marilia Mello Pisani, Maurício Descragnole e Sandro Cano, que participaram de nossas discussões de uma maneira ou de outra.

Narcisismo: dos tribunais à clínica

Remeter o narcisismo ao grupo das patologias sociais leva-nos a considerar inicialmente suas primeiras manifestações no campo clínico nos fins do século XIX. Desde as origens, o termo "narcisismo" surge entre autores que dividem seu olhar entre os campos jurídico e clínico. Aparece, segundo Elisabeth Roudinesco e Michel Plon (1997), pela primeira vez, em Alfred Binet, descrevendo uma forma de fetichismo, em 1887. Doze anos depois, Paul Näcke utilizou o termo a fim de comentar pontos de vista de Havelock Ellis, que havia descrito, em *Autoerotismo, um estudo psicológico*, de 1898,[2] o relacionamento perverso através da referência ao mito de Narciso (ELLIS, 1927a, p. 368). Cabe aqui a questão: por que um estudo desse gênero surge em fins do século XIX?

É importante lembrar que tanto Ellis quanto Näcke, embora com abordagens metodológicas diversas, cumprem um projeto semelhante. Ambos participam como criminologistas nas políticas de higiene social, em voga naquela época. Näcke e Ellis estudaram os fenômenos das perversões sexuais, sobretudo o que denominavam "inversões sexuais" – conhecidas atualmente como "homossexualidade". Já na nomenclatura é possível notar certo juízo de valor sobre esse modo de sexualidade, tratado como "invertido".

Em *Tarefas da higiene social*, de 1912, Ellis discute historicamente a homossexualidade e os registros pelos quais se tentou reprimir esse ato. Constata que, entre os países em que a lei é mais rígida, a homossexualidade é mais presente, e vice-versa (ELLIS, 1916, p. 286-287).

Não por acaso, essa seria a contraprova de uma perspectiva moral-religiosa sobre o tema, que tratava a inversão sexual como pecado a ser punido. A análise de Ellis, entretanto, vai mais longe. Aceitando em grande medida a perspectiva genética na qual a homossexualidade seria inata entre os instintos sexuais de alguns indivíduos, seria preciso repensar o quadro da homossexualidade.

Para Ellis, as manifestações narcísicas seriam um fenômeno psíquico autoerótico, ou seja, um "fenômeno de emoção sexual espontânea gerado na ausência de um estímulo externo proveniente, direta ou indiretamente, de uma outra pessoa" (ELLIS, 1927a, p. 9). Dentre os diversos fenômenos autoeróticos descritos por Ellis, a "tendência a ser como Narciso"[3] seria uma espécie de

---

[2] Obra que retomamos aqui a partir da versão de 1927, publicada na coletânea de textos *Estudos sobre a psicologia do sexo*.

[3] Ao preferir denominar o fenômeno como "tendência a ser como Narciso", muito embora concorde com o psiquiatra Näcke, quando este utiliza "narcisismo", Ellis preserva explicações tanto fisiológicas (automonossexualismo de Rohleden) quanto psíquicas do fenômeno. Desse modo, são apresentados tanto casos de psicóticos que beijam seu próprio corpo ou sua imagem como a primeira excitação sexual que meninos e meninas têm diante do espelho (ELLIS, 1927a, p. 48-49).

excitação sexual espontânea da pessoa em relação ao próprio corpo. Trata-se de comportamentos por vezes normais, que podem se tornar patológico-sexuais quando, segundo Ellis, resultam de um *excesso* de autoerotismo sobre as formas desviantes da vida humana.

Tratava-se, em suma, de um modo de compreender o fenômeno da homossexualidade no interior de uma inscrição moral-jurídica, discriminando diversas categorias de inversões sexuais, dividindo-as entre aquelas que convivem ou não socialmente. Não se trata, assim, de uma condenação da homossexualidade, mas da compreensão do fenômeno a fim de orientar uma *educação sexual*.

O narcisismo passa a ocupar uma posição de destaque nos debates das formações sociopsíquicas, quando Freud o incorpora em suas reflexões clínicas, estabelecendo um diálogo de confrontos e convergências com Ellis.[4]

O narcisismo e a clínica freudiana

Para Freud, parece problemática a aposta de Ellis em torno de um impulso espontâneo autoerótico. Afinal, o que seria o fundo patológico nessa perspectiva? A "tendência a ser como narciso" é registrada tanto nos casos de psicóticos que beijam seu próprio corpo ou sua imagem quanto na primeira excitação sexual que meninos e meninas têm diante do espelho (ELLIS, 1927a, p. 48-49).

Para Ellis, a patologia sexual é efeito de um excesso de autoerotismo sobre as formas desviantes da vida humana. Já para Freud, desde a primeira edição dos *Três ensaios sobre a teoria da sexualidade*, o autoerotismo é concebido não como um princípio ou uma monção, mas como agenciamento de uma economia libidinal que assumirá formas e destinos necessariamente individuais. Não será mais possível sustentar uma concepção gradativa de patologia segundo uma não correspondência em maior ou menor grau com um princípio geral de organização do autoerotismo. Desse modo, afastar-se do autoerotismo tomado como princípio regulador demarca de maneira essencial a proposta freudiana sobre o fenômeno.

Nesse contexto, o conceito de narcisismo surge de modo discreto na obra freudiana, em uma nota de rodapé acrescentada em 1910 aos *Três ensaios sobre a teoria da sexualidade*.[5] Nesse texto, Freud definia a libido com dois destinos possíveis: libido do objeto e libido narcísica, ou do eu. A libido narcísica seria

---

[4]   Para ambos, tanto o autoerotismo quanto o narcisismo não seriam elementos estritamente fisiológicos, embora deixem suas marcas corporais. Para Ellis, o impulso autoerótico não é teleológico, mas um elemento cheio de desvios diante das vias culturais e naturais que atravessa. "A vida não é natural", afirma Ellis, ao explicitar que os fenômenos autoeróticos não são mais do que impulsos intermitentes que alimentam todas as manifestações da vida, sem nenhuma finalidade predeterminada.

[5]   Publicado originalmente em 1905, o ensaio é revisado em períodos diversos por Freud.

a condição original da qual a libido partiria em direção ao objeto, e para a qual ela retornaria quando *retirada* dos objetos: "a libido narcísica ou do eu parece-nos ser o grande reservatório de onde partem as catexias de objeto e no qual elas voltam a ser recolhidas, e a catexia libidinosa narcísica do eu se nos afigura como o estado originário realizado na primeira infância, que é apenas encoberto pelas emissões posteriores de libido, mas no fundo se conserva por trás delas" (FREUD, 1996f, p. 206).

Nesse momento de sua obra, Freud admitia que a psicanálise ainda não teria uma teoria segura que pudesse compreender o porquê de a libido ser retirada dos objetos, ou, ainda mais, estabelecer uma distinção entre a libido e outras formas de energia que operam no eu. Somente após cinco anos, com o texto "Leonardo da Vinci e uma lembrança de sua infância", Freud formularia, pela primeira vez, o tipo de escolha objetal narcísica. Quando considera a possível homossexualidade de Leonardo da Vinci e elabora novas reflexões teóricas, o narcisismo adquire centralidade em sua obra.

Segundo suas observações, todos os casos de homossexualidade masculina estavam relacionados a pessoas que tiveram uma ligação muito forte com uma figura feminina (normalmente a mãe) no primeiro período da infância. Entretanto, como a criança, num dado momento, deve recalcar esse amor pela mãe, o menino o faz ao se colocar em seu lugar, *identificando-se com ela*. Continua a amar a mãe inconscientemente, fixado a sua imagem, mas recalca esse amor. Essa identificação implica tomar da mãe um modelo de escolha objetal em que a própria pessoa seria o objeto: ela só conseguiria amar alguém que se assemelhasse a ela mesma – o que mostra um problema sobre a alteridade: o homossexual seria incapaz de amar alguém diferente de si.

O que de fato ocorre, para Freud, é que a criança realiza uma *regressão* e uma *substituição*: uma regressão ao autoerotismo, amando nos outros, no fundo, a si mesmo, "pois os meninos que ele agora ama à medida que cresce são, apenas, figuras substitutivas e lembranças de si próprio durante sua infância – meninos que ele ama da maneira que sua mãe o amava quando era ele uma criança" (FREUD, 1996a, p. 106). Nesse momento, Freud relaciona o narcisismo a uma escolha homossexual: a criança continua fiel ou fixada ao seu amor pela mãe, por meio da identificação, e foge de qualquer outra figura feminina, uma vez que uma ligação a outra mulher seria como uma traição ao seu amor pela mãe.

A mesma relação entre narcisismo e homossexualidade é recolocada um ano depois em seu caso Schreber, no qual Freud introduz uma novidade. O termo passa a ser empregado não apenas para designar um tipo de escolha de objeto, mas para descrever uma fase *necessária* do desenvolvimento da libido na criança. Assim, enquanto em seus *Três ensaios* Freud havia falado de duas fases do desenvolvimento infantil, o autoerotismo e a relação objetal, com o estudo da paranoia em Schreber Freud acrescenta um estádio intermediário a essas fases: o narcisismo.

Em *Totem e tabu*, de 1913, o conceito de narcisismo realça um tipo de crença presente nas crianças, nos povos ditos "primitivos" e nos neuróticos: estes estariam sob o domínio de fixações patológicas no estágio narcísico de desenvolvimento da libido. Nos três casos, estaria presente a crença mágica nas palavras e na onipotência do pensamento, na qual o simples ato de desejar determinaria de imediato sua realização. Tal crença expressaria produções psíquicas da fase narcísica em que o Eu, engrandecido, teria a ilusão de produzir ações a partir tão somente de seus pensamentos e desejos. Além disso, Freud afirma que esse narcisismo presente na vida infantil, em certa medida, nunca desaparece. Mesmo sob relações objetais, os objetos escolhidos são alvos de emanações da libido que revestem o Eu e podem voltar a ele a qualquer momento.

A observação, já presente nos *Três ensaios*, é desdobrada por Freud em "À guisa de introdução ao narcisismo", 1914, texto que reorganiza conceitualmente as elaborações atravessadas pelo termo até então. O narcisismo torna-se, a um só tempo, uma etapa *necessária* do desenvolvimento normal da libido e um tipo de comportamento. A essa etapa narcísica de desenvolvimento da libido, anterior à escolha de objeto, Freud denomina *narcisismo primário*.

O debate com Jung

Tal relação entre libido, narcisismo e construção do psiquismo na teoria freudiana foi confrontada por Carl Gustav Jung. No livro *Símbolos da transformação*, de 1913, Jung questiona a eficácia da teoria das pulsões proposta por Freud no caso da esquizofrenia, afirmando que há um fracasso em sua aplicação ao sujeito esquizofrênico, contrapondo pensar na libido como uma *energia psíquica dirigida* em geral.

O confronto com Jung gera uma resposta de Freud, em 1914, quando dedica boa parte do estudo sobre o narcisismo para justificar seu rompimento com Jung, em um movimento que repensa pontos de suas concepções sobre narcisismo, libido e a constituição e funcionamento do aparelho psíquico.

Nesse contexto, devemos lembrar que Karl Abraham, em *As diferenças psicossexuais entre histeria e demência precoce*, de 1908, apresenta uma perspectiva do funcionamento e da gênese dos distúrbios psicóticos pautada inteiramente em uma reflexão comparativa das dinâmicas de fixação e circulação libidinal na neurose (histeria) e na psicose (demência precoce).

Valendo-se de uma concepção de autoerotismo emprestada dos *Três ensaios*, Abraham pensa a psicose como uma impossibilidade de investimento nos objetos em termos de transferência sexual, que seria possível ao neurótico, mas se encontra barrada ao psicótico em virtude de um retraimento da libido na etapa autoerótica de seu desenvolvimento. A enfermidade se caracterizaria por uma inviabilização do interesse pelo mundo e seus objetos, implicando um sobreinvestimento dos delírios e do próprio exercício simples do gozo das partes do corpo não integradas em um primado genital.

Muito embora o termo "narcisismo" não seja utilizado explicitamente por Abraham, sua noção de impossibilidade de transferência sexual evoca uma dinâmica de retraimento da libido ao eu e a consequente diminuição do mundo de objetos do indivíduo.

Freud falará em uma fixação na fase do narcisismo: "cada estádio no desenvolvimento da psicossexualidade fornece uma possibilidade de 'fixação'" (FREUD, 1996a, p. 106). E à frente complementa: "as pessoas que não se libertaram completamente do estádio do narcisismo [...] tem nesse ponto uma fixação que pode operar como disposição para uma enfermidade posterior" (p. 69-70).

Ao constatar que casos de paranoia, em sua maioria, são acompanhados de certa megalomania, que seria causada por um retorno da libido ao Eu acarretando seu engrandecimento, Freud considera que, "com base nesta evidência clínica, podemos supor que os paranoicos trouxeram consigo uma *fixação no estádio do narcisismo*" (FREUD, 1996a, p. 79). A fixação foi um passo necessário para a revisão da sua teoria do desenvolvimento da libido e será de importância ímpar para situar o narcisismo como um momento, uma fase no desenvolvimento "normal" da libido.

Jung observa que Freud podia não ter ainda inteira clareza sobre a questão da dualidade pulsional e, citando o próprio Freud, coloca em dúvida a consistência dessa dualidade. Eis a passagem retomada por Jung do caso Schreber: "neste caso, deveríamos ou fazer coincidir aquilo que chamamos de conteúdos libidinosos (interesses de fontes eróticas) com o interesse em geral, ou aventar a hipótese de que um distúrbio acentuado da colocação da libido possa induzir também um distúrbio equivalente dos conteúdos do eu. Entretanto, estes são problemas para cuja solução estamos ainda totalmente desamparados e inábeis" (FREUD *apud* JUNG, 2008, p. 121).

Assim, quando o esquizofrênico perde o interesse pelo mundo, "aquilo que se perde é mais do que só o interesse erótico" (JUNG, 2008, p. 122). Freud, então, estaria fazendo uma espécie de *inflação* do conceito de sexualidade ao explicar a esquizofrenia mediante a retração da libido (pulsão sexual). Quanto a isso, o próprio conceito de sexualidade aparece como um dos pontos nodais da discordância entre os dois autores. Por exemplo, ao se referir à fase oral, Jung afirma que "a importância da boca nesta idade ainda tem significação exclusivamente nutritiva. [...] Não há razão para dar a este prazer uma interpretação sexual" (JUNG, 2008, p. 147-148). Jung não acompanha a ideia freudiana de *apoio*: "a ingestão de alimento é uma atividade genuína e gratificante por si mesma e, como é uma necessidade vital, a natureza lhe concedeu o prêmio do prazer" (JUNG, 2008, p. 148).

Dessa forma, Jung, ao colocar em evidência uma passagem em Freud, questiona o pilar essencial da teoria freudiana, qual seja, o estatuto erótico da energia libidinal, e, por extensão, toda a teoria freudiana.

Sándor Ferenczi, um dos primeiros a se situar no interior desse debate, empreende uma crítica ao modelo libidinal de Jung, no qual observa uma homogeneização indevida do conceito de libido para além daquilo que seria estritamente sexual. Jung argumenta que nos casos de psicose ocorreria uma supressão da realidade em geral, e não apenas daquilo que estaria sob vinculação erótica, levando-o a assimilar o conceito de libido ao de energia psíquica, conferindo-lhe assim dimensões tais que, como observa Ferenczi (1912), "ele se volatiliza integralmente, ao mesmo tempo que, por assim dizer, torna-se supérfluo". Ferenczi vê nesse movimento um equívoco que atribui à falta de atenção de Jung à hipótese freudiana de que, ao experimentar distúrbios na libido, o psiquismo do sujeito age diretamente sobre os investimentos do eu, o que deriva secundariamente em distúrbios da função do real, característicos da paranoia e da parafrenia.

Considerando a profundidade da discordância, vê-se que Jung estava certo ao afirmar, anos depois, em 1950, que "este livro [*Símbolos da transformação*] se tornou um marco, colocado no lugar onde dois caminhos se separaram" (JUNG, 2008, p. 143).

Freud retomará a crítica de Ferenczi a Jung, oferecendo uma perspectiva inteiramente nova do estatuto da função do Eu e reafirmando a possibilidade de o Eu ser investido de libido narcísica, em oposição à libido de objeto. Inicia sua "À guisa de introdução ao narcisismo" respondendo a Jung da seguinte maneira: "a afirmação de Jung é, no mínimo, precipitada. Suas justificativas são pobres" (FREUD, 2004, p. 102). Ora, para Freud, Jung se utiliza do termo "introversão" sem diferenciar entre o ato de *desligamento da libido* do mundo exterior (esquizofrenia/parafrenia) e a *desistência* da relação com a realidade (histérico/neurótico). No caso de desistência, há uma suspensão do vínculo erótico com o mundo real, embora o conserve em fantasia. Já o parafrênico não realiza essa substituição de vínculos por fantasias, há realmente desligamento. Para Freud, Jung parece se confundir quando afirma: "falta uma quantidade tão grande de 'fonction du réel' que necessariamente devem estar incluídos na perda outros instintos aos quais não se pode atribuir caráter sexual; ninguém há de se convencer que a realidade nada mais é que uma função sexual. Além disso, se tal fosse, a introversão da libido (*sensu strictiori*) já nas neuroses deveria acarretar uma perda da realidade comparável àquela da esquizofrenia. Mas isso não acontece (JUNG, 2008, p. 122).

Jung teria associado a introversão da libido a uma regressão, sem dizer para onde, apenas um *tender para*, em geral (JUNG, 2008, p. 124). Ou seja, a introversão seria o recolhimento da libido, fazendo com que o sujeito perca sua relação com a realidade. Porém, ele não diz que esse recolhimento se direciona ao próprio Eu, tal como é a proposta de Freud ao pensar no narcisismo.[6]

Contudo, qual é o estatuto do Eu? Se antes Freud já havia postulado a necessidade de introduzir o narcisismo entre o autoerotismo e a relação objetal, restava a questão: quando surge uma unidade tal como o Eu? A resposta de Freud surge em "À guisa de introdução ao narcisismo": "é uma suposição necessária a de que uma unidade comparável ao Eu não esteja presente no indivíduo desde o início; o Eu precisa ser antes desenvolvido" (FREUD, 2004, p. 99). Compreender o que Freud propõe nesse texto parece ser o cerne da discussão em torno do narcisismo.

A questão do narcisismo já havia sido introduzida como uma etapa do desenvolvimento da libido infantil, algo que Freud denomina narcisismo primário. Entretanto, "a pesquisa analítica nos revelou outro tipo [de escolha por vinculação sustentada] que não esperávamos encontrar" (FREUD, 2004, p. 107). É essa escolha que Freud irá denominar *narcisismo secundário*: quando o sujeito, por algum motivo, toma o Eu como objeto de investimento libidinal, configurando um retorno inesperado ao modo próprio do narcisismo primário. Ou seja, uma forma de investimento libidinal que seria típica de uma fase do desenvolvimento do psiquismo reaparece posteriormente como uma regressão do funcionamento psíquico.

Se, para Freud, narcisismo primário designa um processo inerente ao desenvolvimento normal da libido, ao termo "narcisismo secundário" associará um tipo patológico, por assim dizer, de comportamento. A observação de sintomas melancólicos e paranoicos, entre outros, o conduz à identificação de um mecanismo psíquico marcado pela retirada libidinal dos objetos em direção ao Eu. Esse movimento de regressão da libido ao Eu acarretaria, no plano da cura, uma impossibilidade de se estabelecerem quaisquer relações transferenciais, já que o sujeito não reproduziria, junto ao analista, os padrões estabelecidos pelas primeiras relações objetais. Por essa razão Freud incluirá a melancolia, a paranoia e a hipocondria no quadro das *neuroses narcísicas*, em oposição às *neuroses de transferência*, tais como histeria, fobia e neurose obsessiva.

---

[6] Ele trata, por outro lado, dessa operação como um retorno ao passado individual: "Quem introverte a libido, quem a desvia do objeto externo, sofre inicialmente as consequências inevitáveis da introversão: a libido, voltada para dentro do indivíduo, retorna ao passado individual e, do mundo das recordações, traz à tona aquelas imagens antigas que revivem os tempos em que o mundo ainda era cor de rosa. São, em primeiro lugar, as recordações da infância e, entre elas, as imagens do pai e da mãe" (JUNG, 2008, p. 78).

A partir dos deslocamentos que Freud proporciona às suas concepções de narcisismo, o termo passa a ser decisivo nas mais diversas tradições clínicas e de crítica social.

Primeiramente, concordando ou não com essa definição de narcisismo primário e secundário, será a partir dela que a clínica irá se balizar. As tradições inglesas e francesas, por exemplo, estão sujeitas a variações extremas em relação ao narcisismo, mas sempre o termo assume um papel relevante, seja de maneira implícita, seja de maneira explícita, como veremos adiante.

Os destinos do Eu

No campo da clínica, Melanie Klein representa uma discordância fundamental do modelo de narcisismo freudiano, a ponto de dar origem a um ramo teórico clínico que veio a ser denominado *psicologia das relações objetais*.

Se, para Freud, é preciso supor que uma unidade comparável ao Eu não esteja presente desde o nascimento, para Melanie Klein, ao contrário, haveria um supereu primitivo integrado a uma unidade primeira de ser, um *Eu preliminar orgânico*. Dessa forma, a ideia de um narcisismo primário e secundário, como propõe Freud, é descartada por Klein, uma vez que estão presentes desde sempre os instrumentos que constroem relações objetais internas, a saber, *splitting* e identificação projetiva. Os processos infantis de introjeção e projeção estabelecem, para a autora, a dinâmica pulsional do narcisismo, pois haveria nesses mecanismos uma relação do eu com o mundo que, por um lado, expulsaria do eu – via identificação projetiva – partes ruins de si e, por outro, introjetaria para si as partes que fossem consideradas boas dos objetos. Por conseguinte, o narcisismo é expressão direta da atitude agressiva em relação a objetos que desde o nascimento estão presentes, com base em inveja ou ciúmes.

Um segundo bloco teórico, protagonizado por Anna Freud, aprofundou-se na investigação da psique infantil, assim como Klein, mantendo, porém, o modelo proposto na última metapsicologia de Freud. Esse outro bloco é conhecido como *psicologia do ego*, levantando a famosa disputa teórica em torno da constituição do Eu.

Entre desacordos teóricos, a clínica psicanalítica floresceu num conjunto amplo de teorias, ganhou espaço e reconhecimento social, concretamente pelo volume significativo de analistas e analisandos. A prática extensiva enfatizou demandas por revisões das teorias então estabelecidas para que explicassem os fenômenos que estavam fora das possibilidades de tratamento.

Na França, Lacan, em uma perspectiva diversa aos desdobramentos de Klein, seria um dos primeiros a dispensar, após Freud, a possibilidade de tomar o Eu como uma unidade fundamental de partida. Em suas investigações clínicas,

Lacan concorda com Freud, ao investigar o Eu como algo a ser constituído, formando assim uma leitura do narcisismo nos círculos psicanalíticos franceses, algo observado desde seu "Estádio do espelho", de 1936. Decerto, o conceito de narcisismo, na obra de Lacan, é introduzido como peça fundamental de sua metapsicologia, sendo a relação narcísica tomada como "condição primordial de toda objetivação do mundo exterior" (LACAN, 1978, p. 125). O que significa afirmar que o narcisismo é tomado como o próprio modo de estruturação do Eu e elevado à condição de possibilidade da constituição de relações objetais.

Para introduzir suas reflexões a respeito do processo de constituição do Eu, Lacan fará extensivo recurso à etologia, principalmente na figura do biólogo estoniano Jakob Von Uexküll. Recurso cujo saldo será a elucidação do peso da imagem não somente no que diz respeito à emissão do comportamento, mas principalmente na formação da subjetividade.

O texto central, aqui, é "Estádio do espelho", que trata da transição de uma experiência corporal caótica (o corpo despedaçado com suas pulsões parciais), característica da primeira infância, para uma experiência corporal unificada a partir da assunção da imagem especular como organizadora da experiência.

Trata-se, *grosso modo*, da identificação do Eu a sua imagem corporal, relação que funda uma experiência de si aos moldes de uma unidade corpórea. Sendo a imagem exterior ao indivíduo, tal identificação é tomada como alienante. Com isso, estaríamos no plano do narcisismo primário, conforme a postulação freudiana, momento em que as pulsões libidinais se confundem com as pulsões do Eu, quer dizer, todo o investimento libidinal do *indivíduo-em-formação* dirige-se para a constituição de sua subjetividade em sua unidade imaginária.

Essa instauração da imagem especular como polo formador do sentimento de si torna-se, então, passagem necessária à inscrição do sujeito na ordem social do desejo. Ocorre, assim, uma segunda transição, que se caracteriza pela "desfuncionalização" do desejo e da sexualidade humana, na medida em que estes estariam, daí em diante, mediados pela linguagem, submetidos a ela, algo que inscreveria o sujeito numa lógica intersubjetiva de reconhecimento, na qual a relação com o outro se estabeleceria como polo central da economia narcísica.

Temos, assim, uma espécie de desnaturalização da sexualidade, cujo sentido não poderia mais ser encontrado sobre bases biológicas, mas sociais. Eis o campo das relações objetais. Sem se distanciar de Freud, o narcisismo, para Lacan, funciona como pano de fundo para quaisquer relações que se estabeleçam dentro daquilo que tomamos como normalidade.

Assim, a concepção do narcisismo é central na obra lacaniana, ainda que não nomeadamente, porque sua reflexão abre um campo ético por excelência, uma vez que, se há a primazia do objeto nas relações, então não é o "modo de relação" que estaria em jogo na relação com o Outro, apesar de sempre pressuposto. O que estaria em jogo é aquilo que ele nomeia como um "amor cortês": os objetos de amor nas relações eróticas contemporâneas seriam objetos de privações; de inacessibilidade (LACAN, 1986, p. 178). Ou seja, em vez de nos ligarmos na tendência ou no *modo* de se relacionar com outrem, fixar-nos-íamos no ponto imaginário que daria satisfação parcial à pulsão (LACAN, 1986, p. 135).

Dessa forma, Lacan propõe uma teoria social pela qual nossa civilização cultuaria, sobretudo, objetos "idealizados". Os vínculos sociais estariam em uma esfera na qual a identificação entre os sujeitos seria guiada por imagens idealizadas, marcados por uma lógica própria do imaginário, de projeções e introjeções: o narcisismo. Isso permite ainda a compreensão do paralelismo entre o narcisismo e a paranoia. Lembremos como Lacan afirmou a correspondência entre personalidade e paranoia, quer dizer, o Eu como uma estrutura eminentemente paranoica. Assim, se o narcisismo costuma ser objeto de estudo naquilo em que ele funda dinâmicas de identificação, a outra face do narcisismo, conforme aponta Lacan e que diz respeito às relações objetais, é a paranoia.

Quase que simultaneamente a Lacan, Heinz Kohut, partindo de uma clínica fundamentada na psicologia das relações objetais e já dentro do entorno norte-americano de absorção e prática da psicanálise, empreende um novo movimento teórico-clínico no qual a concepção de narcisismo será central em termos inovadores.

A análise do *self*

Após a Segunda Guerra Mundial, surge um vigoroso movimento de interesse sobre o termo *"self"*, em especial pelas mãos dos psicólogos europeus emigrados para os Estados Unidos, que trazem da Europa uma tradição de discussão em torno do conceito de *self* nascida do conflito Freud-Jung e do confronto Klein-Anna Freud.

No interior desse movimento, Kohut desenvolve a noção de narcisismo para a reflexão clínica e social em uma abrangência sem precedentes. Sua doutrina terá como principal conceito operativo uma instância relacional da personalidade: o *self*, concebido como *agenciador da personalidade*, responsável pela própria identidade e pelas dinâmicas de relacionamento. Assim, a unidade referente ao *self* está longe de ser definida pela unidade de Eu, que compartilha com o supereu e o isso o conjunto próprio do aparelho psíquico.

Assim, o *self* surge como complexo unitário que integra isso, eu e supereu, e cuja falta de coesão explicaria a queixa frequente de fragmentação de si mesmo. Seria a ausência de um *self* coeso que determinaria e qualificaria o vazio interior e a impossibilidade de ter objetividade no contato com esse sofrimento de não se sentir uno. É nesse sentido que Kohut afirma: "o *self* se configura como um sentimento de ser um ponto central independente único e perfeitamente determinado de percepção e movimento, sendo esse ponto central integrado e expressivo de uma essência consciente de ambições, valores e ideais e uma realidade experimentada de que corpo e mente são uma unidade em continuidade no tempo e no espaço" (Kohut, 1977, p. 155).

Por isso a pergunta: qual a origem do *self*? Segundo Kohut, haveria um *self* rudimentar presente na criança no início da vida que se manifesta entre a ira e as ansiedades narcísicas, resultantes de um receio da fragmentação e desintegração: um *self* ameaçado pela presença de objetos primários exteriores. A mãe, partindo de sua própria condição de *self* mais ou menos coeso, estabelece uma relação de empatia[7] com o bebê, tratando-o como um todo integrado e coeso, formando assim a primeira instância de "*self object*", capaz de consolidar, ainda que sujeito a fracassos, o *self* da criança através das relações objetais com vários "*self objects*".

No processo de consolidação do *self*, a necessidade e a satisfação dos anseios da criança ocorrem fora de seu controle e a despeito da cronologia e da intensidade de suas necessidades, mas conforme os limites físicos e emocionais da mãe cuidadora, implicando duas construções psíquicas reparadoras do equilíbrio interno perdido quando há frustração ou medo: o *grandioso self* e o *perfeito cuidador*, definidos por Kohut como a "imago idealizada dos pais".

De um lado, o *grandioso self* responde pela crença onipotente de um mundo emanado e comandado pela criança que existe por ela e para ela, e se manifesta como onipotência, megalomania e exibicionismo, entre outros comportamentos. Em contrapartida, com o *perfeito cuidador*, expressão projetiva indissociável do seu grandioso *self*, o aparelho psíquico da criança determina internamente que certos *self objects* são perfeitos, livres de falhas, faltas ou erros, aliviando a ansiedade da distinção entre criança e mãe, e sucessivamente entre a criança e seus *self objects*, equacionando a raiva e o desespero de não receber o que necessita ou quer. Tudo que está fora, mas que define e pertence à criança, é grandioso e infalível.

---

[7] Conceito central na perspectiva não apenas ontogenética, mas também terapêutica, da formação do *self* rudimentar. Pela própria natureza da prática que se realizaria na empatia, Kohut jamais a definiu em termos precisos. Empatia seria algo como uma completa disponibilidade de entender o outro em seus próprios termos, distinta, portanto, da identificação projetiva, da contratransferência ou de qualquer outra figura de relacionamento interpessoal ou objetal, simplesmente porque requereria do analista uma ausência momentânea de toda e qualquer referência a sua própria identidade. Para Kohut, não haveria qualquer referência moral, social ou cognitiva que contaminasse e determinasse o entendimento do outro. No entanto, a empatia se manterá misteriosa ou confundida com outros conceitos clínicos. Talvez por esse motivo Kohut tenha centralizado a empatia em seu último discurso, "Reflections on Empathy" (disponível em: <https://goo.gl/mmv2oc>), em 1981, na Self Psychology Conference em Berkeley, Califórnia. Em boa parte, a compreensão da empatia, nos termos kohutianos, requer sua experimentação.

Por outro lado, o perfeito cuidador se transformará de ilusão onipotente e indispensável em um conjunto de valores e crenças sobre a vida, o mundo e a inserção social. Dessa forma, Kohut pode falar de distúrbios narcísicos pela observação da presença, na vida adulta, de traços próprios do *self* grandioso e do perfeito cuidador, remetendo a falhas, ausências, obstáculos e desvios daquele processo desejável de amadurecimento que resultariam em um *self* sem coesão e desconhecido para si mesmo.

Assim, considerando o *self* uma categoria que condicionaria toda e qualquer relação, as patologias de fundo narcísico seriam concebidas a partir de alguns traços específicos, que apareceriam como formas de interação com o outro, num sentido genérico. Em linhas gerais, tais traços seriam: uma incapacidade de estabelecer relações duradouras, vulnerabilidade constante, mal-estar relacional e um sentimento de vazio e inferioridade.[8] Dessa forma, Kohut protagoniza uma nova prática clínica denominada *psicologia do self*.

Narcisismo infantil, narcisismo adulto, narcisismo patológico

Não foi apenas Kohut que respondeu aos desafios da resistência ao tratamento, da queixa frequente do *self* ausente e do *borderline* com uma nova teoria e prática. Otto Kernberg elaborou uma resposta que, da mesma forma, implicou uma teoria da formação psíquica que trouxe o narcisismo para o centro e o positivou como referência de normalidade, e não como patologia.

Assim como Kohut, Kernberg dedicou especial interesse aos casos que se situavam para além da teoria e da prática do tratamento das neuroses. Seu conceito de *borderline*[9] refere-se a um espaço de sintomas e causas decorrentes de uma dispersão (*diffusion*) da identidade que essencialmente decorre de relações objetais contraditórias, que geram uma descontinuidade do *self*, que "salta" entre diferentes identificações e por consequência sem unidade.

Kernberg compartilha do entendimento de Kohut quanto à limitação do instrumental psicanalítico para compreender os distúrbios de esvaziamento das identidades, acrescentando ao quadro a constatação de que a resistência de muitos pacientes tem uma fundamentação narcísica, decorrente de problemas na formação do *self*. Para Kernberg, *self* é a soma de identificações introjetadas na forma de

---

[8] Não deixariam de estar associadas, em muitos casos, formas reativas como a arrogância, a resistência ao tratamento, a necessidade constante de que o outro lhe reafirme seu valor e o autocentramento. Haveria aqui uma queixa reincidente e quantitativamente significativa de um sofrimento indistinto, intraduzível de vazio de identidade, uma ausência de unidade e coesão em torno de um si mesmo, latentes desde o *self* rudimentar.

[9] Para Kernberg, em confronto frontal com Kohut, uma personalidade com desordem narcísica tem semelhança estrutural com uma personalidade com desordem *borderline* quanto aos mecanismos de defesas preferenciais, sobretudo dissociação e identificação projetiva.

díades de relações objetais. Assim, a falta de integração, ou o conflito intrínseco das díades de relações objetais, cria a descontinuidade do *self*. Por essa via, o *self*, como unidade definidora de um Eu, é a soma de diferentes imagens introjetadas de si, boas e más e que trazem em si investimentos libidinais e agressivos.

Note-se que *self* e Eu não são equivalentes. *Self* é uma construção nova que adiciona um conjunto de investimentos e cria compatibilidade entre relações objetais e a teoria pulsional. Ato contínuo, o investimento libidinal nos *selfs* particulares e a partir do *self* para o Eu, Supereu e Isso é o que Kernberg entende por narcisismo normal. Ora, da mesma forma que Kohut, Kernberg estabelece a referência positiva do narcisismo e constrói um primeiro nível de tipificação: narcisismo infantil; narcisismo adulto (ambos considerados normais); e narcisismo patológico. Este último é subdividido em três subtipos: regressão do adulto ao narcisismo infantil; escolha narcísica de investimento em objetos; e desordens narcísicas de personalidade.

Narcisismo de vida e narcisismo de morte

Ambos, Kohut e Kernberg, foram largamente reconhecidos nos Estados Unidos, onde suas teorias e clínicas foram e ainda são extensamente aplicadas e aceitas. Porém, foi André Green quem, no continente europeu, pensou o narcisismo com centralidade na teoria e na clínica de maneira completamente distinta das duas linhas estadunidenses. De fato, Green percebe o narcisismo como um ponto cego na última teoria das pulsões de Freud, que indevidamente "deu as costas para o narcisismo" (GREEN, 1988, p. 12) sem maiores cuidados e explicações. Isso porque o advento freudiano da pulsão de morte situaria o narcisismo, de forma errônea, segundo Green, inteiramente no campo da pulsão de vida.

Ora, lembremos como, ao lado das modificações e reformulações acerca do narcisismo, Freud realizou um percurso paralelo na teoria das pulsões que principia perfeitamente integrado à centralidade do narcisismo nas catexias. No entanto, em busca de poder explicativo e precisão, a teoria pulsional foi sendo modificada, resultando no deslocamento da centralidade do narcisismo na dinâmica libidinal para a centralidade do par vida/morte. O par pulsão de vida e pulsão de morte surge incialmente como uma ideia de reversão da pulsão no seu contrário, inspirada nos pares sadismo/masoquismo e voyeurismo/exibicionismo.

Essa formulação da teoria das pulsões foi modificada e expandida até ser radicalmente revista em "O problema econômico do masoquismo", de 1924, no qual Freud introduz a compulsão à repetição que conduz o sujeito a se colocar de modo repetitivo em situações dolorosas, réplicas de experiências anteriores (ROUDINESCO; PLON, 1997, p. 859). A pulsão de morte é então reconceituada como tributária dessa compulsão que afinal busca um retorno contínuo ao estado anterior em que o movimento libidinal estaria ausente.

Nesse contexto, Green argumenta que, se é lícito associar o narcisismo à pulsão de vida, como fonte e condição da unidade do Eu, é implicação direta e necessária estabelecer uma relação do narcisismo com a pulsão de morte, que estabelece o outro na forma de um conflito continuo entre o objeto real e o internalizado pelo Eu. Assim, a imortalidade do Eu requer a morte como consequência indispensável da fragmentação do Eu na catexia. Ou seja, Green retorna à Freud, partindo da dualidade pulsional morte-vida, mas resgata o narcisismo, retirando-o de uma exclusividade da pulsão da vida.

Com efeito, Green propõe uma dupla face do narcisismo: aquele de caráter *positivo*, que sustenta a unidade e a unificação do Eu através das pulsões sexuais; e outro de caráter *negativo*, que é o "duplo invertido" do próprio narcisismo positivo e se expressa pelo princípio de nirvana, aspirando à redução de toda libido a um zero, um repouso absoluto de movimento e energia que significa a completa aniquilação da vida psíquica. São nessas duas faces que encontramos o que Green denomina *narcisismos de vida e de morte*, uma vez que, "além do despedaçamento que fragmenta o Eu, o narcisismo primário absoluto anseia pelo repouso mimético da morte" (GREEN, 1988, p. 300).

Mas como opera a dinâmica narcísica no pensamento greeniano? Ora, o narcisismo de vida é *imitação atuante do desejo*. Ou seja, o narcisismo é no fundo um modo de falar que toda relação visa a um objeto que é eleito como fusional. Enfim, uma eleição ideal que não se sustenta, mas que ativa aquilo que Green denomina um *desejo branco*: um desejo que anula a si mesmo, porque promete um alívio da tensão instalada por algo que jamais foi ou será experienciado: o ideal.

Como se fosse possível um círculo sem centro, o narcisismo de morte soluciona a busca impossível da satisfação incondicional pelo abandono de qualquer satisfação, iguala a vida com a morte, porque quer a libertação do desejo que escraviza. Esse jogo entre positivo e negativo, entre vida e morte, estabelece a dinâmica do aparelho psíquico. A impossibilidade ou incapacidade de oscilar e integrar esses polos estabelece o desequilíbrio que se apresenta como distúrbio narcísico.

DSM: diagnóstico e estatística do narcisismo

Em comum, esses três últimos teóricos do narcisismo pós-Freud têm a proposição de que o narcisismo seja central na constituição e no desenvolvimento do aparelho psíquico, com uma consequente distinção entre narcisismo saudável e patológico. Convergem na escolha de vetores conceituais basilares. *Borderline*, *self* e narcisismo são termos essenciais nas três teorias, mas com diversidade de significados e contextos funcionais próprios a suas metapsicologias.

Também nos três estão presentes formulações que se endereçam ao campo social. Em Kohut, um conceito de *self* social; em Green, uma expansão do individual para o social que pensa o duo narcísico vida e morte por analogia entre indivíduo e sociedade. Kernberg dialoga continuamente com o DSM desde o final dos anos 1950, até que, no DSM-III, em 1980, é incluído o diagnóstico de *desordens narcísicas de personalidade*, nos termos precisos da descrição de sintomas proposta e praticada por ele.

A partir do surgimento do DSM, na década de 1950, muita ênfase foi dada ao modelo de traços de personalidade. O narcisismo não escapa a esse movimento e, a partir da sintomatologia de Kohut e Kernberg, foi seguidamente conectado a instrumentos de psicometria, com uma concatenação mais recente com a neuropsicologia. Tais instrumentos foram largamente utilizados, em especial no Estados Unidos, e igualmente explicam a absorção do narcisismo no DSM-III.

Especificamente na versão atual do DSM, revisão denominada como DSM-V, o narcisismo foi mantido enquanto patologia no grupo das desordens de personalidade sob a denominação de desordem narcísica (NPD, *narcissistic personality disorder*). No entanto, essa manutenção ocorreu a partir de uma grande controvérsia que merece ser compreendida, uma vez que parece representar boa parte das questões que cercam a atualidade do uso clínico e categorial do narcisismo.

A revisão do DSM-V foi estruturada segundo duas forças motoras principais. De um lado, foram constituídos grupos temáticos, formados por pesquisadores reconhecidos naqueles conteúdos, que deveriam interagir entre si e com as proposições e críticas voluntárias da comunidade de profissionais e operadores institucionais de alguma forma ligados às questões de saúde mental no contexto das duas APA (American Psychiatric Association e American Psychological Association). A segunda força motora foi a consulta pública a partir de uma versão preliminar elaborada pelos grupos temáticos que serviu para "calibrar" o conteúdo preparado, precedendo a ajustes finais.

A revisão DSM-V representou a tentativa mais ambiciosa de ruptura com a influência psicanalítica presente nos manuais anteriores. O processo e a metodologia adotados foram muito além de realizar acréscimos ou ajustes a partir das modificações e inovações na prática clínica. Para compreender a gênese dessa busca por uma "pureza psiquiátrica", é preciso revisitar a função reguladora teórica e prática que o manual foi adquirindo ao longo de seus 60 anos de existência.

O DSM nasceu em 1952 como referencial para estruturar diagnósticos de desordens mentais realizados a partir de conjuntos determinados de sintomas, de tal modo que fosse estabelecida uma unificação semântica e metodológica que possibilitasse a troca de experiências e o apoio entre profissionais de saúde mental. Os possíveis diagnósticos se apresentavam então como uma lista de 103 desordens mentais acompanhadas por uma composição determinada e determinante de um conjunto específico de sintomas para cada desordem. Essa versão inicial, DSM-I, vigorou por 16 anos, até 1968, quando a versão DSM-II foi publicada, sem grandes mudanças em termos de fundamentação, metodologia e finalidade, mas com o acréscimo de novas desordens, chegando a 182.

O conflito latente entre psiquiatria e psicologia veio à tona na terceira edição, que se iniciou em 1974, tendo como mote da revisão tornar o manual compatível com a Classificação Estatística Internacional de Doenças e Problemas Relacionados à Saúde (CID), da Organização Mundial de Saúde (OMS). Partindo dessa necessidade de compatibilidade, houve uma mudança significativa de fundamento. A escolha conceitual do comitê revisor foi por eliminar a abordagem psicodinâmica em benefício de um modelo normativo e regulatório fortemente baseado em Kraepelin, escolha de um modelo puramente fisicalista que pensa a doença mental como um distúrbio de origem fisiológica e, portanto, tratável, sobretudo, pela via dos medicamentos.

No entanto, dos seis anos de trabalho de revisão, o que surgiu foi um manual, na essência, com a mesma convivência entre modelos psicodinâmicos e modelos normativos fisicalistas. Especificamente, foi no DSM-III que as desordens de personalidade foram consolidadas, com o acréscimo, entre outras, das desordens narcísicas e *borderline*. Tal inclusão foi motivada pela realidade clínica estadunidense, que desde os anos 1960 vivia sob o sucesso da psicologia do *self* de Kohut e Kernberg.

Foi precisamente nesse momento que ficaram evidenciadas as funções econômica, social, pedagógica, jurídica, médica e científica da normatividade do DSM. O manual passou a orientar a relação entre o sistema de saúde, público e privado, na aceitação e no custeio deste ou daquele tipo de tratamento e de profissional conforme o diagnóstico estivesse sob a proposição DSM.

Em suma, o DSM-III estruturou as fatias de mercado que cada tipo de abordagem poderia obter. Psicanálise, terapias breves, psiquiatria com seus medicamentos e assim por diante, todos tiveram seu espaço de reconhecimento econômico, jurídico, médico etc. validado, restando a partir daí estratégias de *marketing* que convencessem as pessoas a adquirirem este ou aquele tratamento, vale dizer, aceitar este ou aquele diagnóstico. Explicitamente, a partir já da primeira revisão, a APA defende uma estrutura de diagnóstico baseada em uma linguagem altamente acessível à população em geral. Ou seja, o indivíduo comum é o principal destinatário do diagnóstico. Daí a preferência pela forma de traços de personalidade como o instrumento de construção dos diagnósticos.

Essa lógica ambivalente de uma força conceitual científica temperada pelas forças de mercado está igualmente presente no DSM-IV e no DSM-V.

A tentativa de dar objetividade científica ao manual ficou menos presente na montagem do DSM-IV, retornando com força nos trabalhos do DSM-V, no qual o grupo de desordens de personalidade foi reduzido de 10 para cinco tipos, com a exclusão da desordem narcísica (NPD) quando foi apresentada, em 2010, a primeira versão para consulta pública.

A exclusão da NPD foi o ponto central da batalha contra o estreitamento do manual para critérios de diagnóstico exclusivamente de natureza médica, batalha contra a forte aproximação com a psiquiatria e a indústria de medicamentos. Dentre os argumentos fundamentais estiveram a importância clínica do diagnóstico de NPD, o que mostra a presença ainda relevante da psicologia do *self* nos Estados Unidos, e o risco de que as pessoas que estavam correntemente sob tratamento com diagnóstico de NPD perdessem o suporte financeiro dos planos de saúde e do sistema público (PIES, 2011; DE VOS, 2012).

Apenas um ano após ser excluída, a NPD retornou ao DSM-V e está presente na versão definitiva, publicada no início de 2013. O DSM, apesar de questionar o grupo das desordens de personalidade, mantém as desordens narcísicas, em conformidade com a teoria de Kernberg.

Se, por um lado, a manutenção do narcisismo no DSM-V, como desordem de personalidade, significou a manutenção de todo um conjunto teórico e clínico sob a tradição psicodinâmica, por outro lado, como apontou Kohut já no final da sua vida, o narcisismo foi facilmente retomado por uma perspectiva pejorativa (KOHUT, 1988, p. 101).

O narcisismo na teoria social

Decerto, os desdobramentos teóricos e práticos do narcisismo não se restringiram às diversidades nos campos clínicos e normativos (DSM e CID, por exemplo). Se encontrar sua unidade conceitual na clínica é duvidosa, fica ainda menos óbvio o reconhecimento de alguma unidade nos modos como o narcisismo foi utilizado no campo social. É comum encontrar afirmações como "vivemos numa cultura narcísica", "nossa cultura sofre de narcisismo" etc. Tais expressões serviram de mote a teorias sociais que operam uma espécie de redução epistemológica do termo e se tornam, por que não dizer, uma comodidade intelectual. Sociedade de consumo, sociedade da informação, aldeia global, sociedade do espetáculo etc. são exemplos dessa estratégia que parece ter o mérito de identificar algo de fato relevante, mas que simplifica a busca de algum domínio causal no contexto social.

Alain Ehrenberg, por exemplo, insiste que as correntes da psicologia do *self* já anteviam o deslocamento dos modelos sociais de instauração de subjetividades e os sofrimentos daí decorrentes de forma diversa à que Freud vivenciou em seu *setting* analítico. Desde os anos 1930-1940, com a ordem nefasta dos totalitarismos do século XX, operaram-se modificações profundas que promoveram a contrapartida de um movimento intelectual que aproximou os recursos da psicanálise às teorias sociais a fim de entender aqueles fenômenos.

O conceito de narcisismo ganha, aos poucos, espaço na literatura sociológica, destacando-se cada vez mais de mecanismos isolados a ponto de configurar uma *cultura narcísica*, sobretudo entre os anos 1940 e 1970, com autores como Theodor Adorno, Christopher Lasch e Richard Sennett. Trata-se de uma sociologia que se serve da clínica psicanalítica, conectando a sintomatologia narcísica individual ao mal-estar social.

Ao analisarem as marcas de um longo processo cultural que culminou na tortura e no extermínio, Theodor Adorno e Max Horkheimer reconhecem a centralidade do conceito de narcisismo ao discutirem a interpretação freudiana da irracionalidade, da injustiça e da dominação, presentes na relação do indivíduo com a sociedade[10] (ADORNO; HORKHEIMER, 1985). No entanto, nada disso significava afirmar, naquele momento, que a sociedade totalitária fosse narcísica, ideia introduzida ao final dos anos 1970, com a publicação de *A cultura do narcisismo*, de Lasch, de 1978.

Durante muito tempo, a psicologia do *self* forneceu as bases para as principais teorias sociológicas da segunda metade do século XX, principalmente na década de 1970, nos Estados Unidos, onde foi amplamente difundida. *Grosso modo*, o que essas teorias buscavam compreender eram as mudanças sociais envolvidas nas novas formas de sofrimento psíquico.

Análises como as de Sennett e Lasch tornaram-se clássicas, sendo apropriadas de diversas formas em universidades, nos meios de comunicação[11] e por autoridades governamentais.[12] Da mesma forma que Kohut na clínica, Sennett buscou compreender qual o lastro social dos novos sintomas da vida moderna, apontando para uma invasão da esfera pública pela privada. Por exemplo, redes sociais como Facebook, LinkedIn etc., e *reality shows* como Big Brother, atualizam, como Sennett indicou, uma "troca mercantil das intimidades", na qual o indivíduo buscaria o reconhecimento constante de seu valor como resposta a uma demanda narcísica. Sem dúvida esses fenômenos não se reduzem ao

---

[10] Ver nota da *Dialética do esclarecimento* intitulada "O interesse pelo corpo".

[11] Ainda hoje encontramos traços dessas teorias em artigos de jornais de grande circulação, como o *The Guardian*, periódico inglês que publicou recentemente, a respeito dos 10 anos dos acontecimentos de 11 de Setembro nos Estados Unidos, um artigo intitulado "Os Estados Unidos podem se mover para além do narcisismo de 11/09?", disponível em <https://goo.gl/9EW4cp>.

[12] Ver o discurso "Malaise", do presidente dos Estados Unidos Jimmy Carter, realizado no congresso em 15 de julho de 1979.

narcisismo e admitem a contribuição de outros fatores sociais e psicológicos, mas certamente remetem a questões de fundo narcísico.

Por outro lado, Lasch tenta compreender em que medida a sociedade, ao incitar o narcisismo dos indivíduos, pode fornecer as bases para uma cultura do narcisismo, marcadamente patológica.

Contudo, *seria o narcisismo um conceito válido para estabelecer um suposto diagnóstico social?* Por que o conceito de narcisismo, nascido na área jurídica e abundantemente explorado pela psicanálise, seria interessante para se pensar no sofrimento social? Estaríamos diante de uma "inflação conceitual", no sentido de que o que vale no jurídico e na clínica valeria também no social? Seria essa transitoriedade entre campos um sinal de força conceitual? Ou seria própria de uma insuficiência explicativa, espécie de conceito vazio, que incorpora as mais diversas teorias no interior de si e conforme o campo?

A utilização do narcisismo na crítica à sociedade de consumo tornou-se banalizada e confusa, já que o conceito foi, muitas vezes, superestimado em seu potencial explicativo. Isso conduziu alguns pensadores, como Lichtenstein, a afirmar que, "desde que foi sistematizado por Freud, o narcisismo vem sofrendo um verdadeiro 'stress conceitual'" (LICHTENSTEIN *apud* COSTA, 2003, p. 155).

É fato que o termo "narcisismo" continua circulando tanto nas teorias clínicas quanto nas sociais, bastando lembrar a importância que assume em Kohut, Kernberg, Green e no DSM-V. Além disso, é preciso considerar que o narcisismo, desde suas origens, procurou dar conta de uma dupla problemática: por um lado, pensar na constituição dos indivíduos e, por outro, fornecer um substrato teórico que permita pensar processos variados de socialização, como dinâmicas de identificação e de relação objetal.

A experiência de Lasch serve-nos de advertência. Nesse território limí-trofe ocupado pelo narcisismo, duas tendências devem ser identificadas. Por um lado, sublinhar o conceito pelo viés da constituição individual implica o risco de psicologizar fenômenos sociais ao denominá-los narcísicos. Por outro, ao tomá-lo por conceito explicativo das dinâmicas sociais, corre-se o risco de sociologizar o sofrimento individual.

No interior dessas discussões a respeito das *patologias do social*, a crítica da composição entre sociologia e psicologia pode ser formulada, ao menos, a partir da análise de quatro estratégias: *analogia funcional*, *normalização*, *ancoragem* e *unidade*.

Quatro estratégias de composição do narcisismo com o social

A *analogia funcional* responde pela transposição do modelo de formação e funcionamento de um indivíduo para o plano social de tal forma que um grupo, uma comunidade e uma nação teriam a mesma lógica constitutiva e operativa de um indivíduo, e, assim sendo, qualificações e explicações dos fenômenos sociais seriam similares às dos fenômenos individuais. Nessa linha, uma comunidade seria narcísica analogamente ao que ocorre com uma pessoa e com a mesma estrutura causal explicativa de uma determinada teoria clínica.

Por exemplo, Kohut e Green[13] utilizam a analogia para propor uma análise social. Kohut fala de um *"self* grupal" que "se forma, se mantém unido, oscila entre a fragmentação e a reintegração, [...] tudo isso em analogia com fenômenos da psicologia individual a que temos comparativamente fácil acesso na situação clínica (psicanalítica)" (Kohut, 1988, p. 230).

Green, por sua vez, fala de um social em que "a civilização é apenas o resultado do equilíbrio entre as pulsões de vida e as pulsões de morte" (Green, 1988, p. 300). E, a propósito do narcisismo negativo, que "anseia pelo repouso mimético da morte", levando adiante a analogia ao dizer que "não há somente indivíduos que se deixam morrer. Há também civilizações inteiras que parecem sofrer de apatia" (Green, 1988, p. 300).

O recurso à analogia funda-se sobre a teoria e a prática clínica individuais, que oferecem um conjunto "razoável" de estruturas causais e classificatórias. No entanto, exige aceitar a *homologia funcional* entre o social e o individual, que garante e permite a transposição da teoria. Esse postulado só se sustenta pela *redução* dos fenômenos sociais a uma perspectiva individual de modelagem. Reduzir implica inevitáveis perdas, restrições e parcialidades.

Contudo, o procedimento analógico não é condenável *per se*, mas possui limitações e sempre precisa ser lembrado da diferença que lhe é própria de origem e que frequentemente é desconsiderada. A semelhança de objetos não lhes confere igualdade; aproxima-os na razão, mas não elimina as diferenças que os fazem irreconciliáveis. Ou seja, ao estabelecer uma analogia, é preciso lembrar que não *é possível transportar o que foi subsumido no contexto de uma teoria sobre o indivíduo ao campo social, muito menos é permitido subsumir o social e o individual em um conjunto operativo e conceitual único.*

Uma segunda estratégia, a *normalização*, estabelece uma espécie de "democracia representativa" sociopsíquica, em que a maioria numérica define o "normal", fruto da avalanche métrica do instrumental estatístico dos indutivistas. A normalização estrutura o social como reflexo direto de uma maioria de fenômenos expressos em uma distribuição em curva normal. Daí o conceito de normalidade. Toda a psicometria e as conexões entre métrica, teoria e prática clínicas estão, de um modo ou de outro, assentadas nessa estratégia. O DSM

---

[13] Mas não só Kohut e Green. Freud, em *O mal-estar na civilização* (2010, p. 114-116), deixa clara sua opção por essa estratégia, ao afirmar que se trata de uma analogia a relação entre psicologia individual e social.

floresce nessa fundamentação, juntamente com a expansão do tratamento via medicamentos para a mente.

As dificuldades teóricas e clínicas são evidentes sob o ponto de vista de uma redução da singularidade a padrões de conformidade. Ademais, a constituição de padrões a partir de incidência estatística leva à mistura de teorias variadas e até mesmo epistemologicamente conflitantes.

Foi pela significância estatística do narcisismo, como teoria e prática, dada a expansão das clínicas do *self*, em especial nos Estados Unidos, que as desordens narcísicas passaram a integrar a família DSM na sua terceira edição. A partir desse ponto de vista, o social é uma massa amorfa de padrões de classificação de fenômenos e de teses explicativas particulares.

A estratégia da *ancoragem* é, a rigor, uma particularidade da analogia, na qual é feita a escolha de um fenômeno ou conceito específico que será o nexo essencial na relação entre individual e social. A partir desse nexo, pode ser pensada como uma teoria com a característica essencial de elevar um conceito ao estatuto de elemento conector entre o eixo individual e o social.

Essa estratégia foi utilizada por Lasch, por exemplo, e resultou na qualificação do social sob duas vulgarizações. Por um lado, o retorno a um entendimento simplificador do narcisismo como pejorativo que o condena *a priori*. Por outro, a absorção conceitual do constructo "cultura do narcisismo", que alcançou não só o senso comum, mas, sobretudo, a academia – que o vulgarizou em um contexto eminentemente crítico sem muitas restrições de precisão ou questionamentos de fundamentação.

Cumpre lembrar que essa estratégia de ancoragem não foi privilégio do narcisismo. Ao lado de modismos clínicos de diagnóstico como paranoia, esquizofrenia, *borderline* e depressão, foram concebidos constructos sociais que definiram a sociedade como esquizofrênica ou paranoica, para citar apenas dois exemplos.

Por fim, a estratégia da *unidade* pensa o individual indistinto do social. Assim, a suposta contradição entre o individual e o social seria uma falsa questão na medida em que o sujeito só é um sujeito como ser social.

Apesar das diferenças, as quatro estratégias concordam que o sujeito, seja qual for sua gênese, é um ser social. Entretanto, na estratégia da unidade, não há uma analogia: não se trata de pensar por que o social é de tal modo a partir do individual, ou vice-versa; não é uma ancoragem: o social não está proposto a partir de algum aspecto ou elemento específico do individual; tampouco é uma normalização, já que não se baseia numa estatística que apura conjuntos de individualidades.

A estratégia de unidade propõe que a fala de um sujeito diz, no fundo, como o sujeito se formou numa dada sociedade, e, por isso, diz, afinal, o que é o social. Lembremos, por exemplo, das análises de Lacan sobre a assunção pela criança de sua unidade corporal: a criança só passa a ter uma unidade de si, ou seja, ser capaz de seguir um certo ideal de conduta, a partir de algo que não é ela mesma: não só a imagem especular, mas, principalmente, a entrada na linguagem. Nesse sentido, o narcisismo seria constitutivo da formação do Eu, sendo vã qualquer possibilidade de tentar distinguir o que é individual e o que é social.[14]

Em suma, ainda que o narcisismo tenha um poder explicativo central como elemento constitutivo da individualidade, ele não deve ser central na conexão entre uma teoria social e uma teoria psíquica, sem nos questionarmos com mais acuidade o que tal conexão quer, no fundo, dizer – e pode de fato produzir – enquanto instrumental crítico.

Considerando a natural restrição de reduzir o social ao psicológico e vice-versa, seu uso frequente parece ser um sintoma que pede, ou possibilita, uma teoria social crítica. É nesse sentido, ainda, com um foco mais acentuado na redução do individual ao social, que Axel Honneth fala em sofrimento de indeterminação através da retomada da reificação.

Independentemente das diferentes estratégias de utilização do narcisismo para conjugar social e individual, algo específico as atravessa e se mantém como próprio do narcisismo.

Um duplo caráter do narcisismo: o excesso e a falta de um Eu

Seja em referência à clínica, seja ao social, o narcisismo teria uma função fundamental e determinante na constituição do indivíduo em diferentes teorias.

Dentre as várias concepções de narcisismo assumidas pelas tradições clínicas psicanalíticas, inclusive aquelas que desconsideram dois tipos de narcisismo, todas elas concordam em um ponto: tal como Freud apontou, o narcisismo, em seu caráter primário, é constitutivo da formação do Eu. A partir desse ponto comum, no entanto, ocorre uma série de fragmentações conceituais quando se parte para o terreno das patologias, seja individuais, seja sociais. Pode-se pensar, nos *extremos*, em duas variantes fundamentais e antagônicas das patologias do narcisismo: em uma, como se encontra na perspectiva de Lacan, sofre-se por excesso de determinação, quer dizer, sofre-se por ser um Eu; em outra, a exemplo de Kohut e Kernberg, sofre-se, ao contrário, pela falta de determinação, por não se constituir como uma unidade.

Em uma perspectiva, Lacan coloca em questão o próprio processo de constituição do Eu no qual o narcisismo figura como elemento central.

---

[14] Entre outros autores nessa estratégia estão: na tradição dialética marxista, teóricos críticos como Adorno e Marcuse; na fenomenologia, como Sartre e Merleau-Ponty; e, por fim, na crítica pós-estruturalista, Guattari e Deleuze.

Ou seja, o desenvolvimento do sujeito se dá, fundamentalmente, em uma dinâmica que articula as pulsões e as exigências da vida social. Trata-se de um processo de individuação que coloca em operação uma dinâmica própria à paranoia: de identificações e de alienações de si. Tais alienações, próprias aos processos narcísicos de constituição de uma unidade corporal e de inscrição do desejo na linguagem, marcam um mal-estar constitutivo que pode se configurar como uma experiência subjetiva de excesso de determinação.

Simultaneamente a Lacan, Kohut, partindo de uma clínica fundamentada na psicologia das relações objetais e já dentro do entorno estadunidense de absorção e prática da psicanálise, empreende outro movimento teórico-clínico no qual a concepção de narcisismo constitutivo também será central.

Suas análises terão como principal conceito operativo o *self*, concebido como *agenciador da personalidade*, responsável pela própria identidade e pelas dinâmicas de relacionamento. O *self* surge como complexo unitário que integra as instâncias psíquicas (isso, eu, supereu), cuja falta de coesão explicaria a queixa frequente dos sujeitos quanto a uma espécie de fragmentação de si mesmos. É a ausência de um *self* coeso que determinaria o sofrimento de não se sentir uno.

Essa conceituação e essa dinâmica de *self* também estabelecem o narcisismo como central na formação e no funcionamento do psiquismo. Nesse sentido, para Kohut, o narcisismo é tido como um processo de desenvolvimento normal do *self*, que permitirá a autoestima saudável e produtiva, tanto para o indivíduo quanto para os outros que se relacionam com ele. O narcisismo passa pela constatação de uma unidade desejada e possível do *self*. De outro modo, o narcisismo pode ser patológico enquanto sintoma de um *self* fragmentado.

Numa perspectiva semelhante à de Kohut, Kernberg traz o conceito de narcisismo ao centro da teoria, como *referência de normalidade*. Para ele, *self* é a soma de identificações objetais introjetadas. A falta de integração, ou o conflito intrínseco das relações objetais introjetadas, cria a descontinuidade do *self*, que por seu turno leva a patologias, entre as quais a desordem narcísica da personalidade.

Ficam estabelecidas, então, duas perspectivas *extremas* para pensar no conjunto narcisismo, indivíduo e sociedade. Uma assume a implicação patológica do narcisismo como excesso de determinação do Eu em si mesmo. Outra acentua o narcisismo como possibilidade de um Eu que pode e deve se estabelecer como unidade em resposta a um excesso de indeterminação do Eu em si mesmo.

No entanto, a reflexão crítica sobre o narcisismo não pode ser limitada ao Eu, na medida em que o outro está inexoravelmente presente na sua constituição, tendo no narcisismo um termo central. Assim, também a vinculação entre o narcisismo e o social deve ser investigada considerando-se as formas de composição entre o Eu e os outros.

O Eu ideal e o ideal do Eu

Para Freud, o sujeito se esforça por moldar seu próprio Eu para agir segundo uma eleição modelar de Eu com base em alguém com quem se identifica, um *agir como se* de tal modo que, para o sujeito, o modelo funciona com real. A identificação seria como um derivado da fase oral da organização da libido, uma espécie de incorporação. Haveria algo de devorador na identificação: assimilar algo seria como ingeri-lo, tragá-lo para dentro de si. Esse processo de identificação, Freud o apresenta em *As pulsões e seus destinos*:

> na medida em que os objetos que lhe são apresentados constituem fontes de prazer, ele os toma para si próprio, os "introjeta" (para empregar o termo de Ferenczi); e, por outro lado, expele o que quer de dentro de si mesmo que se torne uma causa de desprazer. [...] Se depois um objeto vem a ser uma fonte de prazer, ele é amado, mas é também incorporado ao eu, de modo que para o eu do prazer purificado mais uma vez os objetos coincidem com o que agora é estranho e odiado (FREUD, 1996c, p. 140-141).

A identificação também é relacionada ao complexo de Édipo. No capítulo VII da *Psicologia das massas e análise do eu* está a passagem mais ilustrativa de como Freud estabelece essa relação: "a identificação é conhecida pela psicanálise como a mais remota expressão de um laço emocional com outra pessoa. Ela desempenha um papel na história do complexo de Édipo. Um menino mostrará interesse especial pelo pai; gostaria de crescer como ele e tomar seu lugar em tudo. Podemos simplesmente dizer que toma o pai como seu ideal" (FREUD, 1996d, p. 115).

Na verdade, nesse célebre capítulo, Freud destaca três modos de identificação possíveis: "primeiro, a identificação constitui a forma original de laço emocional com um objeto; segundo, de maneira regressiva, ela se torna sucedâneo para uma vinculação de objeto libidinal, por assim dizer, por meio de introjeção do objeto no ego; e, terceiro, pode surgir com qualquer nova percepção de uma qualidade comum partilhada com alguma outra pessoa que não é objeto de instinto sexual" (FREUD, 1996d, p. 117).

Apesar de Freud descrever três formas de identificação, a literatura psicanalítica costuma acentuar apenas as duas primeiras: a identificação que se dá com o complexo parental, como na saída do Édipo, e as outras identificações, que têm em comum algum tipo de fixação a uma tensão com um objeto.

De toda forma, os três tipos de identificação trazem também em si a ideia de similitude. Tomar algo como modelar é também realizar uma espécie de imitação; um processo fundamental no desenvolvimento infantil, mas que encontramos também nos animais, pois todo ciclo do comportamento animal é dominado pelo imaginário (LACAN, 1975, p. 158).

Freud descreve um ideal resultante do narcisismo primário, em que a criança idealiza uma espécie de eu modelar ao qual busca se conformar, o Eu ideal. Dirá também de um outro ideal ligado ao declínio do complexo de Édipo, possibilitando à criança se identificar com seu pai, ou com quem quer que exerça essa função, incorporando as críticas parentais e da sociedade: o ideal do Eu.

Trata-se, portanto, de dois processos, como defende Lacan. Uma coisa é dizer de um Eu ideal; outra, de um ideal do Eu. Freud usa as duas formas com precisão para nomear distintos modelos de ideal. A primeira vez que utiliza os termos "ideal do Eu" e "Eu ideal" é em 1914, no seu famoso texto sobre o narcisismo, formulando uma diferenciação sutil. Freud diz do Eu ideal em relação ao narcisismo: "a condição para o recalque é essa formação ideal por parte do Eu. O amor por si mesmo que já foi desfrutado pelo Eu verdadeiro na infância dirige-se agora a esse Eu-ideal. O narcisismo surge deslocado nesse novo Eu que é ideal e que, como o Eu infantil, se encontra agora de posse de toda a valiosa perfeição e completude" (FREUD, 2004, p. 112).

Ou seja, o Eu ideal representa a possibilidade de uma revivência da "completude" sentida na infância. No entanto, como esse Eu ideal não pode ser mantido diante das "admoestações próprias da educação", como afirma Freud, não tendo, desse modo, como se pautar pela perfeição do Eu completo, busca recuperar essa completude em um ideal de Eu, uma formação substituta: "ele [o ser humano, no caso a criança] procurará recuperá-lo então na nova forma de um ideal de Eu. Assim, o que o ser humano projeta diante de si como seu ideal é o substituto do narcisismo perdido de sua infância, durante a qual ele mesmo era seu próprio ideal" (FREUD, 2004, p. 112). Um modo de falar que o sujeito cria uma alternativa para reencontrar a satisfação narcísica perdida.

Freud insiste, desse modo, em relacionar esse ideal do Eu com o afastamento do narcisismo primário, como se o ideal fosse um saldo desse processo: "o desenvolvimento do Eu consiste em um processo de distanciamento do narcisismo primário e produz um intenso anseio de recuperá-lo. Esse distanciamento ocorre por meio de um deslocamento da libido em direção a um ideal-de-Eu que foi imposto a partir de fora, e a satisfação obtida agora pela realização desse ideal" (FREUD, 2004, p. 117).

É também nesse texto sobre o narcisismo que Freud anuncia o que viria a ser o Supereu, afirmando que "não seria de admirar se encontrássemos uma instância psíquica especial que, atuando a partir do ideal do Eu, se incumbisse da tarefa de zelar pela satisfação narcísica e que, com esse propósito, observasse o Eu atual de maneira ininterrupta, medindo-o por esse ideal" (FREUD, 2004, p. 113). É essencial, portanto, manter em mente a distinção entre esses termos, que frequentemente são tomados sem a devida conexão entre si e com o narcisismo: ideal do Eu, Eu ideal e Supereu estão em relação entre si através do narcisismo como constituinte do psiquismo.

Pode-se apontar uma associação entre o declínio do Édipo e aquilo que a criança idealiza dever se tornar, uma vez que ela foi privada de ser o falo imaginário da mãe. É preciso que a criança enfrente essa nova falta e passe a se identificar com seu pai, mesmo que este seja, nesse momento, um rival do desejo materno. É a identificação com esse rival que fará com que haja um ideal do Eu.

Por outro lado, o Eu ideal, como Lacan apropria no estádio do espelho, é a assunção jubilatória da criança de sua imagem especular. Esse Eu ideal, elaborado a partir da imagem adquirida do outro, seria o suporte de identificações do sujeito em seu estado mais primitivo; o Eu ideal seria como o ponto de onde surge a alienação primeira do sujeito enquanto uma redução imaginária de si na imagem do outro.

Com essa diferenciação entre o Eu ideal e o ideal do Eu, Lacan realiza uma importante distinção nos modos de identificação do sujeito: por um lado, há identificações imaginárias constitutivas (uma vez que a imagem especular é a entrada da criança no registro imaginário); e, por outro, a identificação simbólica fundadora do sujeito (pois o ideal do Eu é o declínio de Édipo e a possibilidade do sujeito se guiar no mundo da cultura).

Assim, nos termos freudianos, com a introjeção desse ideal do Eu, a subjetividade da criança passa por uma transformação que conserva certa relação com o objeto introjetado, ele está ao mesmo tempo presente no interior do sujeito e em jogo nas relações sociais. O ideal do Eu comporta em relação ao eu, no interior do sujeito, a mesma relação que entre dois sujeitos, como se houvesse uma alteridade no interior do próprio sujeito. Sendo assim, de certo modo, a criança se torna seu pai. Claro, não o pai real, mas o pai enquanto ideal do Eu.

Entretanto, tornar-se seu pai implica, ao mesmo tempo, estar sujeito a uma dada sociedade com valores e pressupostos definidos. Tornar-se um pai é também tornar-se um sujeito no social.

Como o narcisismo pode estar vinculado ao social

Em *A sociedade de mal-estar* (2010), Ehrenberg se propõe a examinar o mal-estar nas sociedades estadunidense e francesa a partir da noção de autonomia, que, ao longo de sua obra, aparece associada ao narcisismo. O mal-estar, na França, estaria apoiado em uma dupla ideia de que os laços sociais, especificamente os laços entre cidadãos e Estado, enfraqueceram-se, e, por consequência, o indivíduo é atolado por responsabilidades e provações inéditas e imprevistas, uma redução, ou perda, do suporte social esperado do Estado. No discurso sobre sofrimento psíquico e saúde mental, a referência à vida social, às transformações institucionais e normativas, seria permanente.

Na tradição do individualismo estadunidense, em contrapartida, a vida social seria pensada em termos de responsabilidade individual. A crítica de Ehrenberg se apoia em leituras de autores para os quais a psicanálise foi referência central para uma teoria social. Dentre esses autores, Lasch é, sem dúvida, aquele cuja recepção gerou, e ainda gera, as repercussões mais impactantes.

Em seu *A cultura do narcisismo*, Lasch teria retomado o debate em torno do declínio da autoridade paterna nas sociedades de consumo, afirmando o quanto essa mudança de paradigma social influenciou na constituição de comportamentos sociais narcísicos. De acordo com Ehrenberg, Lasch estaria pautado pela identificação do liberalismo com o *big government* (diminuição de pequenas empresas familiares e aumento de grandes empresas e da organização burocrática), pelo enfraquecimento da ética puritana, pela ascensão do hedonismo e pela emergência do "homem da organização". Reflexos da crise de três aspectos da autonomia: *competição, cooperação e independência*.

Lasch evidenciaria, por meio da centralidade da concepção de narcisismo, os "custos pessoais" de tais mudanças históricas, cujo pano de fundo teria sido a tirania do mundo privado, a perda da moral e o declínio da autoridade vertical. A privatização da psique e o engrandecimento do Eu com suas políticas confessionais teriam conduzido o estadunidense a buscar respostas em dispositivos terapêuticos. "A atual atmosfera não é religiosa, mas terapêutica", escreve Lasch (1983, p. 192), para quem a meta atual das pessoas não seria sua salvação pessoal, mas sua saúde, sua segurança psíquica e a ilusão momentânea de bem-estar.

Nesse sentido se estabeleceria a correlação entre as patologias narcísicas e traços de personalidade narcisista produzidos pela sociedade estadunidense. Tal correlação apoia-se na noção de narcisismo patológico, introduzida pela psicologia do *self*, conforme a concepção de Kohut, para quem o Supereu se tornou mais destrutivo nas sociedades modernas.

Apropriando-se das teorias de Kohut e Kernberg, Lasch explica os sintomas narcisistas pela tendência irrefreada do ódio recalcado e pelo medo a esse mesmo ódio, pelas insatisfações provenientes de demandas orais não atendidas, pela incapacidade de introjetar a imago ambivalente boa e má e, finalmente, pela persistência da cisão entre o bom objeto idealizado e o mau objeto persecutório. "Em última instância, contudo, toda essa dinâmica seria determinada pela existência de um superego punitivo e arcaico" (COSTA, 2003, p. 190).

Mudanças específicas em nossa sociedade e cultura, tais como a proliferação de imagens e de ideologias terapêuticas, a racionalização da vida interior, o culto ao consumismo e as mudanças da vida familiar e de padrões de socialização, teriam conduzido à emergência de desordens de personalidade que refletiriam uma mudança na estrutura da personalidade do homem moderno.

O fundamental dessa estratégia crítica é que ela aponta para vinculações entre *teorias psicanalíticas, individualidades* e *modos de organização social*. Entretanto, *Ehrenberg,* ao contrário de Lasch, que a rigor pretende sua tese universal, entende a "cultura do narcisismo" como uma composição entre social e psicanálise completamente inserida na sociedade estadunidense naquela época.

Nessa ótica, as formas de vida, em uma dada sociedade, refletiriam o mal-estar individual, o que definiria as possibilidades de explicá-lo. Assim, o narcisismo poderia ser explicado por concepções opostas, como Kohut, na psicologia do *self*, e Lacan, na sua psicanálise, na medida em que estariam remetidas aos modos específicos como os indivíduos sofrem em espaços sociais determinados. Essa tese é aprofundada pelo filósofo francês Maurice Merleau-Ponty: "a psicanálise nasceu como a expressão de uma sociedade ocidental nessas ou naquelas condições históricas. A psicanálise pode ser considerada o retrato dessa sociedade. Mas, reciprocamente, os mecanismos psicológicos que a psicanálise descreve intervêm no funcionamento social, sem por isso se reduzirem a fatos 'individuais'" (Merleau-Ponty, 1988, p. 382).

Tal afirmação expressa a compreensão de que a psicanálise refletiria a situação dos homens em um dado tempo, trazendo à tona os processos contemporâneos de socialização, e estabelece, ademais, uma influência recíproca e modificadora entre o social e a psicanálise.

Dessa reciprocidade entre social e individual não decorre que o narcisismo desapareça do debate. Ao contrário, mantém-se a perspectiva da presença essencial do narcisismo por conta da constituição do Eu, agora em uma possibilidade de reciprocidade social, observável naqueles processos contemporâneos de socialização.

Dentre esses processos de socialização, um em especial pode ser tomado como patologia social frequentemente vinculada ao narcisismo: a violência.

Violência e narcisismo

A violência surge, nesse contexto, justamente, porque haveria uma conexão a ser compreendida com o narcisismo.

Foi proposto anteriormente que o narcisismo, estando presente em todas as teorias psicanalíticas, está presente sob uma perspectiva comum, a da constituição do Eu. Por outro lado, também foi assinalado que constituir um Eu implica alguma forma de relação com o outro, ou os outros. Não se trata de estabelecer uma teoria social na constituição do Eu, mas sim de compreender a alteridade como uma faceta funcional inerente ao narcisismo.

A presença inerente do outro implica uma tensão de delimitação e determinação entre Eu e não Eu. Essa tensão tanto poderia ser tolerada quanto poderia passar à violência, pela intolerância a essa diferença que constitui obstáculo à determinação do Eu.

Desse modo, como aponta Lacan, para que a experiência individual possa se manter na forma de um Eu estável, é necessário que o outro, suporte imaginário da constituição do Eu, não lhe apareça como diferença radical. Nesse sentido, Lacan identifica nos fenômenos de agressividade primitiva uma tentativa de eliminar a diferença inerente ao outro, de modo a se afastar de uma possível dissolução do Eu e consequente fragmentação da experiência corporal.

Em muitas escolas da psicologia e da sociologia, a diferença seria um desafio à pretensão de estabilidade de uma identidade, e por essa via se constituiria em ameaça que deveria ser equacionada ou eliminada. Daí um primeiro estímulo à agressividade, entendida como *tensão destrutiva do sujeito em vistas ao próximo como face a face dele mesmo* (CHEMAMA; VANDERMERSCH, 2009, p. 45) e que, ademais, pode ser considerada como intrínseca das ligações sociais. Cumpre ressaltar que nem sempre a agressividade implica violência, mas de fato toda violência expressaria uma agressividade.

Por outro lado, não necessariamente toda violência seria um ataque à diferença, mas há certa forma de violência que está em direta relação com a diferença, e por consequência está ligada ao narcisismo, uma vez que o ataque ao diferente decorre de uma agressividade latente que foi mobilizada pela sensação de ameaça à estabilidade da identidade, sendo o narcisismo a pedra angular constituinte da identidade.

Nesse contexto, Freud retoma exemplos retirados da história dos povos para ilustrar o que, em *O mal-estar na civilização*, ele denomina de *narcisismo das pequenas diferenças*: momento em que ele discute o fenômeno de comunidades vizinhas entrarem em conflito, zombarem uma da outra, por mais próximas que elas sejam (FREUD, 2010, p. 81).

Ao ingressar no contexto grupal, o indivíduo renunciaria às repressões de suas pulsões e exteriorizaria sua agressividade, desaparecendo o sentimento de responsabilidade e a função coercitiva da consciência moral. Nesse ambiente, ele regrediria, como os selvagens e as crianças, a um estágio anterior da organização psíquica que favoreceria justamente a desinibição dos afetos e total descarga na ação. Isso porque a essência de um grupo, como a Igreja ou o Exército, exemplos dados por Freud, seria baseada nos laços libidinais que nele existem e que limitariam o narcisismo, favorecendo um processo de identificação maciça entre os pares do grupo e com o líder.

O líder exerceria uma influência irrestrita sobre o sujeito na medida em que é colocado no lugar de um ideal de Eu. No processo de deslocamento do ideal de Eu sobre o objeto, o eu é esvaziado de libido narcísica, e esta é transferida maciçamente ao objeto, no caso o líder ou mesmo o grupo. O objeto torna-se, por assim dizer, foco de investimento de libido narcísica e estabelece-se como uma instância de identidade.

Decerto, o modelo freudiano possibilitou atentar para variações históricas do narcisismo no interior dos processos de socialização. Não por menos, teóricos sociais buscaram compreender o quadro de violência institucionalizada do nazismo mediante o instrumental psicanalítico e das categorias do narcisismo.

A pista oferecida por Freud do narcisismo das pequenas diferenças providenciou um novo instrumental para, anos depois, responder-se à demanda social de compreender o nazismo e suas barbáries genocidas. Por essa via da intolerância à diferença, seria nas projeções que seguem processos próprios da paranoia em sociedades atomizadas e seus grupos uniformizados que o fenômeno da violência passaria a eleger inimigos públicos a serem sistematicamente perseguidos e eliminados.

Mais do que uma exceção, o totalitarismo seria um espelho *que refletiria a imagem mais terrível da sociedade moderna*. Nesse sentido, o narcisismo não seria só uma patologia social, mas uma *categoria* que nos ajuda a compreender o que a nossa sociedade realiza.

O narcisismo como retrato do social?

Em especial, a reflexão sobre o fenômeno nazista e sobre as outras formas de totalitarismo foram marcadas pelo trabalho de Adorno e Horkheimer. A brutalidade nazista não seria um distúrbio coletivo, mas a consequência mais direta de uma sociedade que levaria ao extremo a alienação das subjetividades, ou a violência da reificação.

Conforme Adorno e Horkheimer, o que estaria em jogo seria a produção de uma paranoia que implicaria gerar sucessivas representações do mundo como projeções de si. No entanto, tratar-se-ia de "falsas projeções", na medida em que partem de uma falsa certeza de autonomia e identidade, com as quais o exercício da razão passa a sofrer a todo instante. Em contrapartida, o exercício crítico da capacidade de julgar, tomada como autonomia subjetiva, seria um dos principais antídotos contra esses sofrimentos.

Daí uma das explicações possíveis, na *Dialética do esclarecimento*, para a aproximação da paranoia e do narcisismo enquanto formas coexistentes de vida. Ambos se configuram como formações inflacionadas do exercício da razão, como o próprio Freud já desconfiava em seus primeiros trabalhos.

O "eu que projeta compulsivamente só pode projetar a própria infelicidade cujos motivos se encontram dentro dele mesmo, mas dos quais se encontra separado em sua falta de reflexão" (ADORNO; HORKHEIMER, 1985, p. 179). Nessa falta de sentido que estereotipa o mundo ao seu redor, todos os impulsos socialmente condenados do sujeito são "transferidos para o objeto": o mundo é uma ameaça para o seu campo de identificações tipificadas.

No entanto, e essa é uma contribuição frankfurtiana fundamental, a violência gerada pelo narcisismo não é irrestrita, uma luta de todos contra todos. Na violência alimentada pelos mecanismos narcísicos há uma eleição de objetos específicos, "privilegiados".

No interior da ordem social totalitária, preconceitos e agressividade intolerante não seriam apenas um sinal de reconhecimento das diferenças do grupo, mas também a incapacidade de reconhecer seus próprios desejos condenáveis projetados na existência estereotipada de um alvo: o diferente. Aferrado ao sistema de normas sociais, o sujeito procura eliminar tudo o que considera "fracasso do sistema", ou pior, procura eliminar tudo o que considera parasitário ao sistema, excedente que ameaça, porque representaria seu próprio fracasso.

Contra esse elemento, a única expressão possível deverá ser o terror: o outro, que é, em verdade, a parte dele próprio naquilo que há de mais fracassado, ou de ameaça de fracasso, deve ser colocado sob limites, a saber, "o terror sem limites". No interior dessa condenação de si no outro, a punição e o castigo deveriam ser tão atrozes e arbitrários quanto seja considerada a existência desses "parasitas". A estes que cometem o crime hediondo, restaria a pior das penas: a existência enquanto mortos-vivos, conforme mostrado por Giorgio Agamben (por exemplo, em *O que resta de Auschwitz*).

Walter Benjamin uma vez escreveu que os episódios mais sórdidos de nossa história devem ser lembrados sempre. Nesse sentido, o totalitarismo representa a imagem mais sombria da modernidade, e não sua exceção histórica; e os tipos narcísicos de vinculação com o objeto, sua forma de relação mais frequente. O narcisismo seria, assim, um modo de nomear aqueles atos.

O vínculo narcísico toma proporções maiores conforme ocorre uma redução social em uma "sociedade totalmente administrada". Muita confusão decorre ao se associar o narcisismo exclusivamente aos paradigmas totalitários, ressaltando-se excessivamente a perspectiva paranoica do fenômeno da violência.

O que o exemplo do caso nazista pode trazer à luz é esse vínculo fundamental entre narcisismo e violência, sobretudo na eleição dos objetos de preconceito, um mecanismo social que carregaria consigo a imagem do fracasso dessa engenharia "fechada em si mesma". Está na projeção narcísica o movimento fundamental para compreendermos os desvios que um projeto social da identidade contém.

No entanto, seria um equívoco interpretar o modelo da sociedade administrada como um todo social sem brechas, a constatação de uma história de violências que se repetiria em um lastro pessimista. Como lembraria Jürgen Habermas, para escapar do mito da racionalidade com respeito a fins convertidos em poder objetivo, a *Dialética do esclarecimento* dificilmente abre alguma perspectiva (HABERMAS, 2002).

No entanto, é preciso atentar que a perspectiva adorniana sobre o narcisismo não é a manutenção do "campo de concentração" como paradigma social. O diagnóstico de Adorno sobre o capitalismo tardio se inscreve em uma sociedade do terror que incita projeções paranoicas, continuamente presentes na análise da *Dialética do esclarecimento*, concebendo uma nova ordem social baseada em uma realidade cada vez mais fragmentada e organizada pelo regime de trocas de mercadorias.

Desde então, o narcisismo, que aparecia como uma sombra da personalidade paranoica do fascismo, passa a revelar um mecanismo fundamental na relação entre o indivíduo e a sociedade administrada.

Diversamente da acusação de Habermas, Adorno não esquece as possibilidades "universalistas do direito e da moral", ou mesmo a "personificação dos padrões individualistas na formação da identidade" (ADORNO; HORKHEIMER, 1985, p 115) que se instauram no regime do capitalismo tardio. Também não deixa de lado o fato de que esses elementos, antes de serem produtos de um fechamento da sociedade do capitalismo tardio, são mitos da racionalidade que, cada vez mais, fragmentam a realidade social, cujas formas de sociabilidade incitam, a cada ciclo de reprodução e produção social, modelos narcísicos de comportamento.

Assim, Adorno nota o Eu como o produto da autopreservação diante da realidade fragmentada. Essa é a defesa astuciosa na sociedade administrada, onde as estratégias de insatisfação administradas inserem as individualidades entre os desejos estimulados do isso (no consumismo das indústrias de massa, bem como na violência banal contra o inimigo pressuposto), mas também no preconceito da razão cega e descentralizada (seja no mercado planejado, seja nos processos burocráticos).

Ao Eu é reservado apenas o papel reduzido do narcisismo: um Eu reificado que se apresenta como um veículo da autopreservação correspondente ao seguinte papel da civilização: relembrando o "protoburguês" Odisseu, o narcisismo é o artifício "pelo qual o Eu aventureiro perde a si mesmo no sentido de preservar-se a si próprio" (p. 223). Eis o diagnóstico, presente na *Dialética do esclarecimento*, que Adorno reforça cada vez mais nas suas análises do capitalismo tardio. Ao eleger, algum tempo depois, o narcisismo como um dos conceitos mais avançados da psicanálise, estaria em vista um processo que atravessa, *mutatis mutandis*, os horrores do fascismo e os sofrimentos da realidade fragmentada próprios à sociedade administrada.

Neste último caso, no entanto, é preciso lembrar que a estratégia adotada pelo impulso narcisista não está, necessariamente, em se vincular com uma "raça", ou uma "classe social", ou uma "elite cultural"; paralelamente, os mecanismos narcísicos imergem na fragmentação social a ponto de se autopreservarem nos mais diversos estereótipos de personalidade.

Esse desafio de olhar para as feridas da sociedade está presente na história de muitas nações. Do imperialismo romano às intervenções estadunidenses no Oriente Médio, dos constrangimentos soviéticos à Primavera de Praga e à intolerância colonialista francesa na Argélia, do Holocausto judeu aos massacres na Bósnia e aos extermínios na África, será encontrada essa violência sórdida motivada pela diferença.

O caso brasileiro não difere desses exemplos, na essência da violência contra a diferença, e, em especial, apresenta-se eloquente na tentativa de negar, reescrever ou mesmo eliminar a memória dos episódios recentes da ditadura militar em que o Estado foi o protagonista dessa tentativa de estigmatizar e exterminar toda diferença.

Identificação e ameaça: o caso do Brasil

Em todos os casos citados aqui de bárbara agressão ou extermínio de diferenças, um ponto surge em comum: todos se movem sob um manto de legalidade institucional, sob a forma de uma constituição vigente que define um Estado de direito, ainda que direito apenas para os iguais.

No caso da Alemanha de Hitler, houve recurso a uma constituição que previa um Estado de exceção, ou, como no caso do Brasil de 1964, a instituição *a posteriori* de um regime de legalidade aparente pelo Ato Institucional n. 1 (AI-1), e que prosseguiu em 17 atos institucionais, por mais de 15 anos.

Em todos esses casos é difícil explicar como é possível que os sujeitos que vivem sob um regime de barbárie se identifiquem, de algum modo, com esse processo. Essa foi, para Adorno, uma das mais difíceis questões que buscou responder em seu célebre *A teoria freudiana e o modelo da propaganda fascista*. Parecia-lhe incompreensível a sociedade alemã identificada com o regime nazista e com seu líder.

Adorno recorre à teoria freudiana para entender que há um ganho psíquico nos sujeitos ao se identificarem com um líder, de tal forma que se pode compreender como a irracionalidade da propaganda fascista se torna racional através da economia da libido. Entretanto, a análise de Adorno também se serve da *Psicologia das massas e análise do eu* de Freud, ou seja, há um remanejamento do narcisismo individual, segundo Adorno, em direção à identificação com a imagem de um líder que, de algum modo, traz alguma gratificação, ainda que à custa da exclusão de outros pela barbárie (ADORNO, 2006, p. 150-151).

Assim, mesmo que os nazistas não passassem de sujeitos mal instruídos, que jamais desenvolveram uma teoria tão sofisticada quanto a de Freud sobre o mecanismo das identificações, eles aplicaram tal teoria sem o saber, pois, "sem saber sobre isso [sobre esses mecanismos de identificação], ele [o agitador fascista] é então capaz de falar e agir de acordo com a teoria psicológica pela simples razão de que a teoria psicológica é verdadeira. Tudo que ele precisa fazer para acionar a psicologia da sua audiência é explorar intensamente a sua própria psicologia" (ADORNO, 2006, p. 148).

Entretanto, ao considerar o caso brasileiro, temos um problema adicional. O caso brasileiro, a ditadura militar de 1964 a 1985, não pode ser analisado tal qual o caso do nazismo: dificilmente alguém poderia dizer que a maioria dos brasileiros se identificava com qualquer um dos líderes do Estado totalitário. Por um lado, como se tratou de um golpe de Estado à margem da constituição vigente à época, não houve qualquer tipo de legitimação popular explícita, como ocorreu na evolução do partido de Hitler na Alemanha. De outro lado, ainda que a presença dos militares fosse corriqueira na política brasileira (um dos candidatos no pleito que elegera Jânio Quadros era um general aposentado do Exército), todos os presidentes do período da ditadura, a começar pelo primeiro presidente, general Humberto de Alencar Castello Branco, eram ilustres desconhecidos que foram literalmente apresentados à população e jamais adquiriram o estatuto de um grande líder, muito menos de idolatrado. É necessário, portanto, explicar como a sociedade brasileira se identificou com esse regime ditatorial por 21 anos.

Ainda que alguns milhares de pessoas tenham se colocado contra a ditadura, a grande maioria se calou em aceitação ante a violência do Estado, que silenciou pelo exílio, pela prisão ou pela morte aquela minoria contrária. A grande maioria da população não só aceitou o processo ditatorial como também se identificou com os valores, ideais e procedimentos continuamente apresentados: uma ideologia, enfim.

Segundo Marx, o que torna possível o surgimento da ideologia é a divisão social (separação entre proprietários e trabalhadores, explorados e exploradores, trabalho intelectual e trabalho material, sociedade civil e Estado, interesse privado e interesse geral). A ideologia aparece como um conjunto de ideias ou representações cuja função é camuflar o modo real como se constituem as relações sociais e os processos de dominação que perpassam a atividade dos homens. É a esse "ocultamento da realidade social", como sugere Marilena Chaui, que chamamos ideologia. É por seu intermédio que relações de exploração e dominação são legitimadas. Um discurso ideológico é uma tentativa de eliminação do conflito, supressão e justificação, por fim, apagamento e rejeição da diferença (LYOTARD, 1970). "Desse modo, podemos dizer que a função da ideologia é a de apagar as diferenças como de classes e de fornecer aos membros da sociedade o sentimento da identidade social, encontrando certos referenciais identificadores de todos e para todos, como, por exemplo, a Humanidade, a Liberdade, a Igualdade, a Nação, ou o Estado" (CHAUI, 1997, p. 114).

Em suma, a ideologia mostra que é possível constituir uma identificação massiva sem a presença de um líder. No caso da ditadura militar brasileira, a instância de identificação foi distinta daquela com um líder que subsume valores e ideais, como aconteceu com Hitler, Stalin, Mao etc. A identificação se fez pela apresentação continuada de valores e realizações, de um mito de Brasil Novo com uma nova moeda (em 1967 a moeda brasileira passou a se chamar Cruzeiro Novo), um novo povo, enfim, à imagem de uma ideologia. Em lugar de um povo que constrói um país, que valida um governo, a ditadura militar pretendeu criar por decreto e à força um povo adequado ao país imaginado naquela ideologia.

Reforçou essa identificação ideológica um efetivo "progresso" econômico e social ocorrido no início da década de 1970 e que fora seguidamente prometido pelos presidentes anteriores e jamais realizado. O bordão "Ordem e Progresso" nunca foi tão bem representado, mesmo à custa da liberdade dos sujeitos.

Com demasiada frequência, a presença real do medo que os indivíduos vivenciam perante um Estado opressor é destacada levando à consideração quase unânime de que se trata exclusivamente da mobilização de um mecanismo de paranoia. Ou seja, como se tudo aquilo que entrasse em conflito com as projeções imaginárias do sujeito fossem ameaças. O mesmo pode-se pensar no campo social: a sociedade age como se devesse excluir, seguindo a ideologia da ditadura, toda e qualquer forma de ameaça, portanto qualquer diferença é algo hediondo, como Adorno aponta.

De fato, poderíamos afirmar que existe certa forma de "paranoia social" diante de um regime ideológico que ameaça como forma de imobilizar, submeter e silenciar a maioria dos indivíduos. Isso ocorre porque, com o passar do tempo, a face mais visível e ativa no cotidiano dos indivíduos sob um regime totalitário é a do temor encetado pelos delírios persecutórios, ampliados a níveis inimagináveis pela presença real da violência do Estado.

Mas seria ilegítimo afirmar que as pessoas se silenciam ou, como foi o caso brasileiro, aceitam o Estado de exceção ditatorial, "somente" porque existe uma ameaça real de violência do Estado. É essencial que os sujeitos incorporem, literalmente, a ideologia da ditadura. Mais do que temor, deve estar presente uma *identificação*: a naturalização de uma forma de pensar unificada. Os sujeitos não mais questionam por que eleger certos inimigos no espaço social, como foi o caso daqueles que ousaram contestar o sistema, e passam a tratá-los como abjetos. Claro que, para que isso funcione, é necessário que a ameaça esteja presente, mas é também preciso conivência com o que está ocorrendo ao lado.

Seria ingênuo imaginar que um regime ditatorial tenha perdurado por 21 anos sem que, no fundo, os sujeitos se reconhecessem nele. Seja de forma compensatória, seja de forma projetiva, é fato que a sociedade brasileira esteve identificada.

Mas a identificação não foi constituída apenas de maneira afirmativa, foi amplamente utilizada pelo regime militar a destruição dos líderes passados. De imediato os ex-presidentes Juscelino Kubitschek, Jânio Quadros e João Goulart tiveram seus direitos políticos cassados e foram sumariamente condenados como corruptos. Todos os três haviam sido amplamente votados em pleitos livres e, portanto, eram líderes reconhecidos.

Ao mesmo tempo, as três Forças Armadas realizaram amplos expurgos de servidores que foram identificados com ideologias socialistas e comunistas. Foram instaurados inquéritos policiais militares que investigaram a vida de todos os políticos do legislativo e do executivo, implicando quebrar sigilos fiscais, financeiros e de comunicação. As lideranças importantes foram sumariamente cassadas. Todo esse processo de expurgo foi amplamente publicizado a partir de uma imprensa subserviente e submetida a censura constante. Em suma, além de propor uma identificação ativa na forma de uma ideologia e de um conceito de país desenvolvido, a ditadura brasileira de 1964 mostrou à população aquilo com que não seria bom se identificar, aquilo que seria a marca da diferença necessária ao senso de identidade.

Vale ainda ressaltar que essa identificação dos cidadãos brasileiros com certa ideologia não muda, necessariamente, a lógica descrita por Freud em *Psicologia das massas e análise do eu*. No capítulo sobre "Um grau no interior do eu", Freud afirma: "cada indivíduo é um componente de muitos grupos, tem múltiplos laços por identificação, e construiu seu ideal de Eu segundo os mais diversos modelos. Assim, cada indivíduo participa da alma de muitos grupos, daquela de sua raça, classe, comunidade de fé, nacionalidade etc." (Freud, 2011, p. 92).

Logo à frente, Freud complementa que, com a psicologia da alma dos grupos, o indivíduo apaga esse ideal de Eu: "percebemos tal prodígio como significando que o indivíduo renuncia ao seu ideal do Eu e o troca pelo ideal da massa corporificado no líder" (Freud, 2011, p. 93).

O que percebemos no caso do Brasil é que essa renúncia pode ser encontrada não em relação ao líder, mas a uma ideologia. Não por acaso o espírito ufanista se instalou na década de 1970: no progresso econômico, como no crescimento do PIB incomparável que ocorreu; na identificação do povo com a seleção brasileira de futebol; nos *slogans*, tais como "Brasil, ame ou deixe-o"; na música, como nos bordões do tipo "Moro num país tropical, abençoado por Deus"; etc.

O curioso desse mecanismo ideológico é que ele tem dois lados. Por um lado, vemos um sistema totalmente autoritário que suprime a liberdade individual, tal como veremos no enunciado do Ato Institucional n. 5 (AI-5), momento de máxima determinação das identidades de pessoas e instituições, implicando estigmatizar toda e qualquer diferença como ameaça. Por outro, vemos um povo que se identifica não com os enunciados autoritários, mas com a forma de vida ideológica e ufanista que estava presente na época da ditadura, de tal modo que foi incorporado ao ideal de Eu um ideal de nação.

A ambiguidade psíquica da ditadura militar brasileira: supressão da liberdade e atmosfera ufanista

O AI-5 mostrou com clareza as vísceras de um Estado totalitário não muito diferente do Estado nazista ou da Rússia stalinista, para citar dois exemplos apenas, tese que se confirma com a citação de alguns trechos do referido ato, a saber:

> CONSIDERANDO que o Governo da República, responsável pela execução daqueles objetivos e pela ordem e segurança internas, não só não pode permitir que pessoas ou grupos antirrevolucionários contra ela trabalhem, tramem ou ajam, sob pena de estar faltando a compromissos que assumiu com o povo brasileiro, bem como porque o Poder Revolucionário, ao editar o Ato Institucional n° 2, afirmou, categoricamente, que "não se disse que a Revolução foi, mas que é e continuará" e, portanto, o processo revolucionário em desenvolvimento não pode ser detido (BRASIL, 1968).

Tem-se aqui um ato performativo, o dito "Poder Revolucionário" valida a si mesmo como se fosse emanação popular em vez de força bruta. Ao mesmo tempo condena toda e qualquer diferença de pensar em nação como ameaça à ordem, e ainda mais justifica a perpetuidade do modelo totalitário de ataque à diferença por conta de ameaças indeterminadas. Uma segunda passagem do AI-5 diz: "CONSIDERANDO, no entanto, que atos nitidamente subversivos, oriundos dos mais distintos setores políticos e culturais, comprovam que os instrumentos jurídicos, que a Revolução vitoriosa outorgou à Nação para sua defesa, desenvolvimento e bem-estar de seu povo, estão servindo de meios para combatê-la e destruí-la" (BRASIL, 1968).

Nessa passagem, faz-se a retórica contra a diferença interna ao poder, que se expressaria pela independência dos três poderes, como sendo subversiva. Assim, foi revogado nesse AI-5 o direito a *habeas corpus*, bem como foi eliminada a divisão do poder entre judiciário, legislativo e executivo. Os atos do poder executivo se tornaram absolutos em si mesmos, sem a possibilidade de discussão pelo Supremo Tribunal Federal (STF), e o Congresso foi colocado em recesso. Uma astúcia legitimada caprichosamente por um jogo de determinação e indeterminação que alcança tudo e todos, como mostra o trecho seguinte do ato:

Art. 5° – A suspensão dos direitos políticos, com base neste Ato, importa, simultaneamente, em: [...]

IV – aplicação, quando necessária, das seguintes medidas de segurança:

a) liberdade vigiada;

b) proibição de frequentar determinados lugares;

c) domicílio determinado,

§ 1° – o ato que decretar a suspensão dos direitos políticos poderá fixar restrições ou proibições relativamente ao exercício de quaisquer outros direitos públicos ou privados (BRASIL, 1968).

A indeterminação aparece claramente na indefinição implícita em "quando necessária", em "determinados lugares", que a rigor significa dizer em qualquer lugar e em qualquer tempo que se julguem inapropriados. Ademais, há indeterminação quando as restrições de direitos políticos podem se estender "a quaisquer outros direitos". Assim, foi arquitetada uma completa indeterminação do poder do Estado para exercer uma completa e irrestrita determinação dos indivíduos, eliminando as diferenças.

Na aparência, a redação do AI-5 aponta para grandes diferenças, irreconciliáveis. Ora, em verdade, não seriam pequenas diferenças? Não eram, *não somos, todos e ao mesmo tempo, brasileiros, ainda que com visões diferentes das histórias sobre nós, sobre os outros e sobre o nosso país?* Por que a visão outra, diferente, é tão ameaçadora, se a dessemelhança é inerente a ser um Eu?

A certeza de que atos da diferença são atos subversivos está assentada pela lente embaçada através da qual um Narciso, sem espelho d'*água, deseja ver, projetivamente, uma imagem de si em todos e vê, também projetivamente, na diferença inerente ao outro uma ameaça terrível.*

O recurso ao narcisismo, na literatura crítica da geração AI-5, seria uma resposta às ordens repressivas desse *cenário ditatorial.*

Jurandir Freire da Costa, por exemplo, observa na sociedade brasileira dos anos 1970-1980 elementos subjacentes ao diagnóstico narcísico que dominou a literatura sociológica da década de 1970, em particular o modelo da cultura do narcisismo, de Lasch, com ênfase especial na corporeidade. Afinal, aquela violência contra os opositores da ditadura militar parece exprimir uma necessidade, ou determinação, narcísica de aniquilar a diferença inerente à outra identidade, seja entre indivíduos, seja entre indivíduo e grupo, seja entre grupos. Atacar o corpo se tornou uma marca da violência do Estado contra o indivíduo, quer pela tortura física e psíquica, quer pelo desaparecimento do corpo vivo ou morto.

O que se pode avaliar é que a ditadura militar, ao mesmo tempo que destruía corpos, oferecia o seu ideal de corpo perfeito, derivado de uma educação física de forte inspiração militar, cujo ápice foi a propaganda ufanista do poder dos corpos dos jogadores da seleção brasileira campeã mundial em 1970.

Naquele momento, contribuiu fortemente para a disseminação do ideário da ditadura a explosão da tecnologia televisiva. Além do triunfo da Copa do Mundo de 1970, que assumiu ares épicos, em que os motes e valores do ideário da ditadura encontraram campo fértil, foi o tempo do refrão "Brasil, ame-o ou deixe-o", das telenovelas heroicas, da integração nacional pela televisão e da uniformidade estética e comunicativa com o Jornal Nacional, a Voz do Brasil e o programa Fantástico. A principal via da propaganda oficial foi a Rede Globo de Televisão, nascida em 1965, concebida e financiada pelo governo militar, que ardilosamente tornou suportável a pobreza, a desigualdade crescente e a falta de liberdades democráticas com a oferta de um amplo espectro de identificações que geravam, no plano imaginário, a satisfação de desejos que a realidade negava.

Como vemos, a ambiguidade que está em jogo na ditadura militar se deve a mecanismos astutos de identificação. Ao mesmo tempo que vivemos num progresso econômico, a realidade brasileira é de desigualdade e pobreza, mas a propaganda ufanista é de crescimento; ao mesmo tempo que se propagava a realização de si num país "abençoado por Deus", não há liberdade. Certamente, os mecanismos de propaganda, principalmente os televisivos, doavam uma imagem, um ideal de nação, sem qualquer realidade, apagando os conflitos reais que existiam em prol de um ideal de nação-una, que retomava o lema de ordem e progresso. A astúcia está no ocultamento do real através de elaboradas construções no imaginário que utilizam e constroem símbolos de unidade e sucesso da nação.

Maria Rita Kehl, por exemplo, compreende a noção de um Estado de violência que subjaz ao narcisismo. Para a psicanalista e crítica social, o narcisismo corresponderia a um modo especial de violência: a "violência imaginária", que percorreria os corpos, embruteceria as relações e silenciaria o universo simbólico das palavras (BUCCI; KEHL, 2004, p. 87-106). Significa dizer que o imaginário é expandido freneticamente em busca de atualidade, enquanto o simbólico é atrofiado, e o real, ocultado. Um ocultamento, aliás, que não desapareceu com o fim da ditadura.

A plasticidade do narcisismo

Voltamos enfim à pergunta fundamental do início deste ensaio: *seria o narcisismo uma categoria válida para pensar em patologias do social?*

O narcisismo como categoria clínica foi efetivamente incorporado, de diferentes maneiras, em várias críticas sociais. Elencamos quatro estratégias em que essa incorporação ocorreu: analogia funcional, ancoragem, normalização e unidade. Em comum, todas essas estratégias parecem responder a certas demandas sociais e, ao mesmo tempo, as determinam, a ponto de haver uma reciprocidade entre a intervenção da psicanálise e o social.

Assim, a categoria narcisismo foi utilizada segundo diferentes modelos clínicos, em sociedades específicas e atendendo a suas demandas particulares no tempo, possibilitando pensar patologias naquelas sociedades. Nesse sentido, o narcisismo tem sido uma categoria válida para pensar nas patologias do social. Não se trata de validar, como Lasch o fez, o narcisismo enquanto patologia social *em si*, e sim como instrumental crítico para pensar patologias do social em geral, porém sob certas condições.

"Certas condições" no sentido de estabelecer delimitações que garantam a objetividade crítica e a força conceitual que deve ter uma categoria para um contexto de crítica social, como se mostrou com efetivo poder explicativo para a análise do nazismo, conforme os estudos frankfurtianos, e do caso do regime militar no Brasil, conforme propusemos aqui.

A necessidade de estabelecer delimitações decorre de dificuldades próprias ao narcisismo, em especial de sua flexibilidade, tal qual a propriedade física da resiliência, em que certos materiais, quando tensionados, acumulam energia sem ser rompidos e, após a tensão cessar, retornam a um estado tal que permite outra tensão sob outra finalidade, e assim sucessivamente – como uma espuma, uma esponja ou uma mola. Por consequência, aprofundando essa analogia, há um limite de tensão possível de ser aplicada a um material. Se tensionado além de sua capacidade, ele se rompe, modificando sua estrutura. Seria o caso de estressar o conceito de narcisismo por um uso para além de sua abrangência.

Por conta dessa flexibilidade resiliente, o narcisismo se tornou um conceito que abrange várias dimensões do sujeito, como sua constituição e sua relação com outrem. Essa abrangência notável envolve uma diversidade de temas em diferentes teorias de constituição do Eu, tais como a identificação, a diferença, a unidade de si, a introjeção de um ideal de Eu e do Eu ideal, a projeção paranoica de si no mundo, a determinação de si, a indeterminação de si, certo tipo de esquizoidia, o problema da agressividade/violência, a aceitação incondicional do líder, a constituição do *self*, a gênese empírica do Eu, o *falso self*, as demandas de reconhecimento, conflitos das pequenas diferenças etc.

Essas mesmas dimensões do sujeito também se encontram no social, levando em conta qualquer uma das quatro estratégias de composição entre psicanálise e teoria social que citamos anteriormente. O desafio, assim, parece se multiplicar.

Referências

ABRAHAM, K. Esquisse dúne histoire du développement de la libido basée sur la psychanalyse des troubles mentaux. In: *Oeuvres complétes*. s.d. v.2.

ADORNO, Theodor W.; HORKHEIMER, Max. *Dialética do esclarecimento: fragmentos filosóficos.* Tradução de Guido de Almeida. Rio de Janeiro: Jorge Zahar Editor, 1985.

ADORNO, Theodor W. Freudian Theory and the Pattern of Fascist Propaganda. In: *The Culture Industry.* London; New York: Routledge, 2006.

ADORNO, Theodor W. Relación entre psicología y sociología. In: *Actualidad de la filosofía.* Traducción de Antonio Aguilera. Barcelona: Paidós, 1991.

AGAMBEN, Giorgio. *O que resta de Auschwitz: o arquivo e a testemunha (Homo Sacer III).* Tradução de Selvino Assmann. São Paulo: Boitempo, 2008.

BENJAMIN, Walter. Teses sobre a história. In: *Magia e técnica, arte e política: ensaios sobre literatura e história da cultura.* Tradução de Sergio Paulo Rouanet. São Paulo: Brasiliense, 1986. (Obras Escolhidas, 1).

BRASIL. Ato Institucional n. 5, de 13 de dezembro de 1968. Brasil, 1968.

BUCCI, Eugênio; KEHL, Maria Rita. *Videologias.* São Paulo: Boitempo, 2004.

CHAUI, Marilena. *O que é ideologia?* São Paulo: Brasiliense, 1997.

CHEMAMA, Roland; VANDERMERSCH, Bernard. *Dictionnaire de la psychanalyse.* Rodesa: Larousse in Extenso, 2009.

COSTA, Jurandir Freire. *Violência e psicanálise. Rio de Janeiro: Graal, 2003.*

DEBORD, Guy. *La societé du spectacle.* Paris: Gallimard, 1992.

DUNKER, Christian; MILNITZKY, Fátima. Narcisismo e o corpo sem limites. In: MILNITZKY, Fátima (Org.). *Narcisismo: o vazio na cultura e a crise de sentido.* Goiânia: Dimensão, 2007.

EHRENBERG, Alain. *La societe du malaise.* Paris: Odile Jacob, 2010.

ELLIS, Havelock. *Sexual Inversion.* In: *Studies of Psychology of Sex.* 1927a. v. 2. Disponível em: <https://goo.gl/Njde2w>. Acesso em: 5 nov. 2013.

ELLIS, Havelock. *Auto-erotism.* In: *Studies of Psychology of Sex.* 1927b. v. 1. Disponível em: <https://goo.gl/EFddra>. Acesso em: 5 nov. 2013.

ELLIS, Havelock. *The Task of Social Hygiene.* Boston; New York: Houghton Mifflin Co., 1916. Disponível em: <https://goo.gl/2ghCbQ>. Acesso em: 5 nov. 2013.

FERENCZI, Sándor. Referat über C. G. Jung, Wandlungen und Symbole der Libido. *Internationale Zeitschrift für Psychoanalyse,* Leipzig, Wien, v. 1, 1912.

FREUD, Anna. The Ego and the Mechanisms of Defense. In: *The Writings of Anna Freud.* New York: International Universities Press, 1966. v. 2.

FREUD, Sigmund. À guisa de introdução ao narcisismo. In: *Escritos sobre a psicologia do inconsciente.* Tradução de Luiz Hanns. Rio de Janeiro: Imago, 2004.

FREUD, Sigmund. Leonardo da Vinci e uma lembrança de sua infância. In: *Cinco lições de psicanálise, Leonardo da Vinci e outros trabalhos (1910).* Traduzido sob a direção geral de Jayme Salomão. Rio de Janeiro: Imago, 1996a. (Edição Standard Brasileira das Obras Psicológicas Completas de Sigmund Freud, v. 11).

FREUD, Sigmund. Notas psicanalíticas sobre um relato autobiográfico de um caso de paranoia (Dementia Paranoides). In: *O caso Schreber, Artigos sobre técnica e outros trabalhos (1911-1913).* Traduzido sob a direção geral de Jayme Salomão. Rio de Janeiro: Imago, 1996b.

(Edição Standard Brasileira das Obras Psicológicas Completas de Sigmund Freud, v. 12).

FREUD, Sigmund. *O mal-estar na civilização*. In: *O mal-estar na civilização, Novas conferências introdutórias à psicanálise e outros textos (1930-1936)*. Tradução de Paulo César de Souza. São Paulo: Companhia das Letras, 2010. (Obras Completas, v. 18).

FREUD, Sigmund. *Obras completas de Sigmund Freud*. Traducción del alemán por Luis López-Ballesteros y de Torres. Buenos Aires: Santiago Rueda, 1953. 23 v.

FREUD, Sigmund. Os instintos e suas vicissitudes. In: *A história do movimento psicanalítico, Artigos sobre a metapsicologia e outros trabalhos (1914-1916)*. Traduzido sob a direção geral de Jayme Salomão. Rio de Janeiro: Imago, 1996c. (Edição Standard Brasileira das Obras Psicológicas Completas de Sigmund Freud, v. 14).

FREUD, Sigmund. *Psicologia das massas e análise do eu*. In: *Psicologia das massas e análise do eu e outros textos (1920-1923)*. Tradução de Paulo César de Souza. São Paulo: Companhia das Letras, 2011. (Obras Completas, v. 15).

FREUD, Sigmund. Psicologia de grupo e a análise do ego. In: *Além do princípio do prazer, Psicologia de grupo e outros trabalhos (1920-1922)*. Traduzido sob a direção geral de Jayme Salomão. Rio de Janeiro: Imago, 1996d. (Edição Standard Brasileira das Obras Psicológicas Completas de Sigmund Freud, v. 18).

FREUD, Sigmund. *Standard Edition of the Complete Works*. London: Ivan Smith, 2000.

FREUD, Sigmund. *Totem e tabu*. In: *Totem e tabu e outros trabalhos (1913-1914)*. Traduzido sob a direção geral de Jayme Salomão. Rio de Janeiro: Imago, 1996e. (Edição Standard Brasileira das Obras Psicológicas Completas de Sigmund Freud, v. 13).

FREUD, Sigmund. *Totem und Tabu*. Frankfurt am Main; Hamburg: Fischer Bücherei, 1956.

FREUD, Sigmund. *Três ensaios sobre a teoria da sexualidade*. In: *Um caso de histeria, Três ensaios sobre a teoria da sexualidade e outros trabalhos (1901-1905)*. Traduzido sob a direção geral de Jayme Salomão. Rio de Janeiro: Imago, 1996f. (Edição Standard Brasileira das Obras Psicológicas Completas de Sigmund Freud, v. 7).

GREEN, André. *Narcisismo de vida, narcisismo de morte*. Tradução de Claudia Berliner. São Paulo: Escuta, 1988.

GREEN, André. *The Fabric of Affect in the Psychoanalytic Discourse*. London; New York: Routledge, 1999.

HABERMAS, Jürgen. *O discurso filosófico da modernidade: 12 lições*. Tradução de Luiz S. Repa e Rodnei Nascimento. São Paulo: Martins Fontes, 2002.

JUNG, Carl Gustav. *Símbolos da transformação*. Tradução de Eva Stern. Petrópolis: Vozes, 2008.

KERNBERG, Otto F. *Aggressivity, Narcissism, and Self-Destructiveness in the Psychotherapeutic Relationship*. New Haven; London: Yale University Press, 2004a.

KERNBERG, Otto F. *Contemporary Controversies in Psychoanalytic Theory, Techniques and their Applications*. New Haven; London: Yale University Press, 2004b.

KLEIN, Melanie. *Envy and Gratitude and Other Works 1946-1963*. London: Vintage, 1988.

KLEIN, Melanie. *Love, Guilt and Reparation and Other Works 1921-1945*. New York: The Free Press, 1984.

KOHUT, Heinz. *Psicologia do self e a cultura humana*. Porto Alegre: Artes Médicas, 1988.

KOHUT, Heinz. *The Analysis of the Self*. New York: International Universities Press, 1971.

KOHUT, Heinz. *The Chicago Institute Lectures*. Chicago: Marian and Paul Tolpin, 1991.

KOHUT, Heinz. *The Restoration of the Self*. New York: International Universities Press, 1977.

LACAN, Jacques. Le stade du miroir comme formateur de la fonction du Je. In: *Écrits*. Paris: Éditions du Seuil, 1966.

LACAN, Jacques. *Le seminaire I: Les* écrits techniques *de Freud (1953-1954)*. Paris: Éditions du Seuil, 1975.

LACAN, Jacques. *Le seminaire II: Le moi dans la théorie de Freud et dans la technique de la psychanalyse*. Paris: Éditions du Seuil, 1978.

LACAN, Jacques. *Le seminaire III: Les psychoses*. Paris: Seuil, 1981.

LACAN, Jacques. *Le seminaire IV: La relation d'objet*. Paris: Seuil, 1994.

LACAN, Jacques. *Le seminaire V: Les formations de l'inconscient*. Paris: Seuil, 1998.

LACAN, Jacques. *Le seminaire VII: L'ethique de la psychanalyse*. Paris: Éditions du Seuil, 1986.

LASCH, Christopher. *A cultura do narcisismo: a vida americana em uma era de esperanças em declínio*. Tradução de Ernani Pavaneli. Rio de Janeiro: Imago, 1983.

LYOTARD, Jean-François. *Investigação sobre o poder e sua inversão*. 1970. Curso inédito.

MERLEAU-PONTY, Maurice. *Merleau-Ponty à la Sorbonne* : résumé de cours (1949-1952). Dijon: Cynara, 1988.

PIES, Ronald. How to Eliminate Narcissism Overnight: DSM-V and the Death of Narcissistic Personality Disorder. *Innovation in Clinical Neuroscience*, v. 8, n. 2, p. 23-27, Feb. 2011.

ROUDINESCO, Elisabeth; PLON, Michel. *Dictionnaire de la psychanalyse*. Paris: Fayard, 1997.

SENNETT, Richard. Narcissism and Modern Culture. *October*, v. 4, p. 70-77, Autumn 1977.

SENNETT, Richard. *O declínio do homem público: as tiranias da intimidade*. São Paulo: Cia das Letras, 1998.

DE VOS, Jan. *Narcissism and the DSM-V: Christopher Lasch and the Political Leftovers of the Debate*. Belgium: Ghent University, 2012.

O fetichismo: "O mundo é mágico!"[1]

Caio Mendonça Ribeiro Favaretto, Leonardo Paes Muller, Marilia Mello Pisani, Maria de Fátima Galindo, Márcia Ferreira, Ronaldo Manzi Filho

O fetichismo é um termo que foi criado no século XVII e ainda hoje está em circulação nos discursos midiáticos, acadêmicos, clínicos, estéticos etc. Ele parece se referir a coisas tão diversas que se torna difícil tentar desvendar ao que exatamente ele se relaciona. O primeiro objetivo deste *ensaio* é tentar delimitar o conceito de fetichismo – mostrar como esse termo foi criado em um contexto muito específico, mas extrapolou esse contexto a tal ponto que passou dos registros dos viajantes portugueses, depois holandeses e ingleses, para os manuais médicos contemporâneos (DSM, CID).

O que guia a nossa investigação é tentar compreender o que esse termo significa, a sua extensão para pensarmos o indivíduo e, principalmente, sua utilização no campo social. Ou seja, interessa-nos compreender *como* e *por que* o fetichismo foi e é usado nas mais diversas áreas do saber, sendo referido enquanto um conceito que dá conta de explicar algum tipo de fenômeno social. Nossa questão central, portanto, pode se resumir assim: *seria o fetichismo uma patologia social?*

Pequena gênese do conceito de fetiche e fetichismo

O termo "fetichismo" teve uma longa história antes de chegar a ser pensado e desenvolvido teoricamente. Se a palavra "fetiche" (*fetisso*/feitiço) (PIETZ, 2005, p. 32) surgiu no século XVI, a partir do contato do colonizador português com os povos da África, querendo assinalar a "desconfiança quanto ao apego, supostamente arbitrário, que esses povos tinham a objetos materiais carregados junto ao corpo" (STALLYBRASS, 2008, p. 42), somente no século XVIII, dentro da epistemologia científica então nascente, a palavra "fetichismo" foi inventada na França, por Charles De Brosses.

---

[1] Gostaríamos de agradecer a todos aqueles que participaram dos estudos e contribuíram para a elaboração deste capítulo: André Luiz Henriques, Cláudia Carvalho, Fabrício Armond, Ivi Machado, Luana Fúncia, Helgis Cristófaro e Micaela Cuestra.

Influenciado pelas descrições dos viajantes sobre os povos "bárbaros e primitivos", De Brosses sugere, em *Do culto dos deuses fetiches* ([1760] 1988), uma analogia, através dos tempos, entre as diversas formas de crenças religiosas. O fetichismo seria, dentro de sua classificação geral, a forma mais primitiva de crença, e o fetiche seria "o primeiro objeto material que atrai cada nação ou cada particular a escolher e consagrar em cerimônias seus sacerdotes: é uma árvore, uma montanha, um pedaço de madeira, o rabo de leão, uma pedra, um peixe, uma planta, um animal" (De Brosses, 1988, p. 52).

O conceito de fetichismo é, portanto, uma criação *acadêmica*, cuja inovação designa a elevação do termo "fetiche" ao patamar de crença religiosa geral e a tentativa de criar uma ciência natural da religião. Assim, o termo opera um movimento de *generalização*, próprio ao pensamento científico. Interessante notar que esse movimento de generalização é a imagem oposta, negativa, daquilo que vai atrair o olhar do viajante, pois justamente o que caracterizaria esse culto seria a ausência de mediação e generalização, como indica De Brosses ao definir o fetichismo como o culto direto e sem figuração, dedicado às entidades naturais. A ênfase aqui está na ausência de mediação, e ele insiste na imediatez do culto fetichista, em que o "animal é tomado em si mesmo" (De Brosses, 1988, p. 52), e não como uma alegoria ou representação de uma divindade. Portanto, podemos apontar duas das principais características dessa primeira teoria do fetichismo.

Primeiro, a especificidade dessa crença seria ser uma "religião de objeto", diferenciando-o com isso das formas de idolatria que, segundo Pires (2011), estariam relacionadas à capacidade de os objetos mediarem a relação dos sujeitos com entidades espirituais. Nessa medida, o ídolo seria uma representação, ao passo que o fetiche seria a materialidade pura e crua do objeto. Como demonstra Pires:

> os negros da África não teriam adoração de falsos deuses, heróis ou astros, como centrais em suas crenças: de fato, alguns grupos pareciam totalmente desprovidos de ídolos. Não se curvavam diante de estátuas para prestar homenagens a um ou vários deuses, por elas representados, e quase não rezavam. Suas principais atividades religiosas pareciam girar em torno de pequenas figuras que talhavam, de amuletos que carregavam, de sacos ou chifres entupidos com diversos e aparentemente banais ingredientes, ou objetos naturais como animais, árvores, montanhas ou corpos d'agua extraordinários, os quais acreditavam ter força sobre a natureza e as pessoas, ser capazes de curar doenças, prever o futuro, trazer bons augúrios, fulminar inimigos, fazer prosperar os negócios, dentre outros fins mundanos. Não haveria transcendência, não haveria força ou entidade suprema, falsa que fosse, a ser venerada (Pires, 2011, p. 63).

Esse culto implicaria uma veneração dos próprios objetos, diferentemente do ídolo, que exigiria uma representação. Segundo Paul-Laurent Assoun (1994, p. 20), "enquanto a religião civilizada constrói sua relação com um *Outro* assumindo uma dimensão de ausência, o fetichismo se endereça a um objeto onipresente". Ainda segundo Assoun, trata-se aqui do que posteriormente Sir James Frazer e Edward Tylor chamaram de "animismo antropomórfico", quer dizer, a tendência a atribuir potências humanas a seres inanimados, a personificar os seres, o que é mais uma das formas de interpretação do fetiche religioso.

A segunda característica é aquilo que Hume, Kant, Hegel e Comte apontaram em suas análises sobre o fetichismo: a *crença* como motor cognitivo e como noção central atrelada ao fetichismo (ASSOUN, 1994, p. 21). Essa crença articularia internamente o *visível* e o *invisível*, uma vez que os poderes mágicos do objeto-fetiche seriam dotados pelos próprios sujeitos, e não por um poder abstrato transcendente, como "algo feito", *factice*. Porém, há certas "potências invisíveis" ligadas a esse objeto. Esse "enigma do fetichismo", entre aquilo que é visto e aquilo que ele esconde, seria um dos problemas legados por essa primeira teoria do fetichismo às teorias filosóficas e antropológicas posteriores e, sobretudo, à psicanálise (ASSOUN, 1994, p. 22). Frente à dificuldade de classificar essa forma de culto, que não é idolatria, nem superstição, nem politeísmo, o europeu nomeará essa religião "feitiçaria" (PIRES, 2011, p. 63).

Originária do vocábulo português "feitiço" no século XVI, a palavra "fetiche" apareceu no momento de espanto do colonizador português frente ao encontro com um modo de vida aparentemente diferente do seu, na África e posteriormente nas Américas. Nesse susto, primeiro duvidou que fossem humanos, que tinham uma alma; depois, por piedade e interesse, pensou que poderia trabalhar com eles, em prol do Progresso, de Deus e da Nação. Mas não seria o fetichismo a revelação da autoimagem da civilização que, assustada com o rosto que viu no espelho, inventou seu Outro primitivo? As características atribuídas pelos primeiros viajantes aos povos ditos "primitivos" e "selvagens" não apontariam para um não reconhecimento de algo que poderia também lhes ser familiar?

Como o fetiche se volta contra o feiticeiro: a análise de Marx

Inspirado pelo conceito etnológico de fetichismo definido por Charles De Brosses, Marx retoma essa ideia para pensar no contexto das sociedades modernas, citando-o pela primeira vez em um artigo da *Nova Gazeta Renana* de 1842 e transformando-o em "operador crítico da modernidade capitalista" (ASSOUN, 1994, p. 36). Isso significa que, se a etnografia então nascente julgava o outro a partir de si, cunhando a divisão entre primitivos e civilizados, Marx inverte essa lógica, revelando o primitivo no coração do civilizado. A crítica a essa crença em relação ao poder dos objetos-fetiche é invertida em direção à própria economia moderna capitalista, tal como será apresentado em *O capital*, de 1867.

Para apresentar a análise da mercadoria e do dinheiro, Marx utiliza-se do conceito de fetichismo. A seu ver, esse termo, se retomado numa ótica econômica, pode desmistificar a mercadoria e serve para explicar o processo de troca capitalista.

Já no primeiro capítulo, Marx aponta para o enigma da mercadoria, uma coisa que satisfaz necessidades, seja do estômago, seja da imaginação (MARX, 2013, p. 113), e que adquire novas características no processo de produção e circulação do capital. Principia Marx mostrando que a mercadoria contém não apenas um valor de uso, mas também um valor, sendo essa a sua especificidade. Desvendar o que é o valor da mercadoria exige reconhecer sua relação com o trabalho e as características sociais de ambos, trabalho e mercadoria. Em seguida, terá de lidar com o duplo caráter do trabalho representado na mercadoria e apresentar o desdobramento da forma simples de valor e do valor de troca na forma dinheiro. Não por acaso Marx termina o primeiro capítulo com a análise do caráter fetichista da mercadoria e seu segredo – análise que será desdobrada na análise do fetichismo do dinheiro e do fetichismo do Capital.

Nesse célebre subcapítulo, Marx mostra que a análise econômica tradicional naturaliza a nossa relação com as coisas e, consequentemente, o seu valor, e que essa naturalidade não questionada encobre as características historicamente determinadas da relação com as coisas no processo mercantil. A naturalização de nossas relações com as coisas produz um tipo de magia que será denominada "fetichismo da mercadoria". Ou seja, segundo Marx, no âmago da modernidade subsiste uma relação mágica com as coisas, e não à toa ele utiliza um conceito antropológico, conferindo-lhe nova roupagem. Mas, afinal, o que seria esse fetichismo da mercadoria? De que se trata? Que tipo de diagnóstico social é esse e o que ele revela?

A aparência de que a mercadoria é uma coisa "óbvia e trivial" esvai-se com sua análise: na verdade, a mercadoria é "uma coisa muito intrincada, plena de sutilezas metafísicas e melindres teológicos" (MARX, 2013, p. 146). O objetivo de Marx é desvendar o "caráter místico da mercadoria": "De onde surge, portanto, o caráter enigmático do produto do trabalho, assim que ele assume a forma-mercadoria?" (MARX, 2013, p. 147). Sua resposta, nada óbvia: o enigma surge da própria forma-mercadoria. Não há nada de misterioso no valor de uso, tampouco nos determinantes do valor (tempo de trabalho abstrato socialmente necessário), mas sim na equiparação qualitativa e quantitativa que ocorre na troca: 1 feijoada = 5 garrafas de cerveja implica que feijoada = casaco (e que 1 = 5). Eis o mistério da mercadoria que Marx denomina de seu fetichismo: a forma mercadoria permite a equiparação qualitativa e quantitativa das coisas as mais diversas. O que permite a mercadorias diferentes serem trocadas é a igualdade abstrata dos trabalhos, e é a constatação dessa mágica realizada na troca de mercadorias que leva Marx ao fetichismo como caminho para desvendar o misticismo da mercadoria:

> É apenas uma relação social determinada entre os próprios homens que aqui assume, para eles, a forma fantasmagórica de uma relação entre coisas. Desse modo, para encontramos uma analogia, temos de nos refugiar na região nebulosa do mundo religioso. Aqui, os produtos do cérebro humano parecem dotados de vida própria, como figuras independentes, que travam relações umas com as outras e com os homens. Assim se apresenta, no mundo das mercadorias, os produtos da mão humana. A isso eu chamo de fetichismo, que se cola aos produtos do trabalho tão logo eles são produzidos como mercadoria e que, por isso, é inseparável da produção de mercadorias (MARX, 2013, p. 147-148).

Do mesmo modo que, na civilização "primitiva", os europeus acreditavam ter visto uma magia de coisas que pareciam suprassensíveis, Marx aponta para a civilização moderna: as coisas-mercadorias carregam uma analogia com aquelas coisas-fetiche que tanto assustaram os europeus. Em ambos os casos, coisas deixam de ser apenas coisas. Ao se assustarem com uma sociedade que tem uma relação mística com coisas, os fetiches, os europeus não perceberam que eles também mistificam a sua relação com as coisas, porém de um modo singular e velado. Ao apontarem para o outro, eles apontam para um Outro que, como um espelho, reflete algo de si. O que provocou um susto na verdade lhes é familiar.

Marx vê nessa familiaridade com as coisas místicas um modo peculiar de o europeu se relacionar com os seus próprios fetiches, relação que denomina como "reificada", termo que remonta ao latim *res* (coisa) e que significa literalmente *coisificação* (GIACOIA, 2006, p. 152). Esse conceito é o núcleo de uma das questões maiores legadas à tradição que passa de Georg Lukács aos pensadores da Escola de Frankfurt e seus herdeiros e seguidores.

O que está em jogo no fetichismo da mercadoria, portanto, é uma relação social entre trabalhos específicos que aparece como relação natural entre coisas. O valor aparece como próprio às coisas mesmas, e não como resultado de uma interação social entre homens. Para os produtores, "as relações sociais entre seus trabalhos privados aparecem como aquilo que elas são, isto é, não como relações diretamente sociais entre pessoas e seus próprios trabalhos, mas como relações reificadas entre pessoas e relações sociais entre coisas" (MARX, 2013, p. 148).

No mundo da coisa-mercadoria, Marx descreverá ainda um outro encobrimento: uma cisão que constitui tanto o produto do trabalho (cisão entre valor de uso e valor de troca) quanto o próprio trabalho, que adquire a partir daí o duplo caráter social como produtor de meios de subsistência e de valor. Esse processo só se realiza quando a produção de mercadorias se generaliza e passa a determinar a totalidade da organização do trabalho social. A partir daí, o próprio trabalho se torna um equivalente geral dos tipos específicos de trabalho, sendo ele abstraído e podendo servir de medida para a quantificação do valor das coisas produzidas por ele. A mercadoria seria então um invólucro coisificado que encobre trabalhos variados, reduzindo-os a um trabalho humano de tipo igual – processo que ocorre à revelia dos próprios sujeitos.

Se quisermos falar em sofrimento, teremos de nos deslocar da esfera pública do mercado para a esfera privada do consumo, em especial do consumo produtivo. É lá que ocorre o que ele denomina de "subsunção do trabalho ao capital": a conformação do trabalhador (corpórea e mentalmente) aos ditames da produção capitalista. O mesmo pode ser dito da esfera de consumo privada, onde os indivíduos têm de lidar privadamente com as exigências do consumismo.

A astúcia de Marx foi mostrar que as relações entre os homens no mundo das mercadorias escondem no mínimo alguns segredos, entre os quais: 1) uma forma de naturalização da relação dos homens com as coisas, 2) uma fetichização das coisas-mercadorias, 3) uma forma de relações entre pessoas que é reificada, e 4) uma cisão entre valor e valor de uso. Nesse momento, Marx apresenta a mercadoria como um grande hieróglifo social:

> Portanto, os homens não relacionam entre si seus produtos do trabalho como valores por considerarem estas coisas como meros invólucros materiais de trabalho humano de mesmo tipo. Ao contrário. Porque equipararam entre si seus produtos de diferentes tipos na troca, como valores, eles equiparam entre si seus diferentes trabalhos como trabalho humano. Eles não sabem disso, mas o fazem. Na testa do valor, não está escrito o que ele é. O valor converte, antes, todo produto do trabalho num hieróglifo social. Mais tarde, os homens tentam decifrar o sentido desse hieróglifo, desvelar o segredo de seu próprio produto social, pois a determinação dos objetos de uso como valores é seu produto social tanto quanto a linguagem (Marx, 2013, p. 149).

Tal como o europeu tentando desvendar os mistérios do fetiche dos povos primitivos, Marx mostra como há hieróglifos em todas as produções humanas – há como que "ideogramas figurativos" em toda relação humana, quase ilegíveis por terem sido naturalizados. A tentativa científica de ler esses ideogramas contidos em todo produto do trabalho social em nada altera a forma de produção de mercadoria: "do mesmo modo como a decomposição física do ar em seus elementos deixou intacta a forma do ar como forma física corpórea" (Marx, 2013, p. 149).

Talvez, o quinto segredo contido na troca das mercadorias seja aquele que tenta mostrar que a proporção pela qual se trocam mercadorias, as quantidades diferenciadas que realizam o valor na troca, esteja encoberto pelo costume. O fato de determinada quantidade de ferro ser intercambiável por determinada quantidade de ouro não é nada natural, apenas o costume o legitimou. O que houve foi um longo processo histórico em que coisas diferentes passaram a ser suportes de valor, para além de sua corporeidade física e material. O preço colado às mercadorias, que recebe expressão na forma dinheiro, ilude que o valor seja próprio à mercadoria, quando, na verdade, ele "vela materialmente, em vez de revelar, o caráter social dos trabalhos e, com isso, as relações entre trabalhos privados" (MARX, 2013, p. 150). "Quando digo que o casaco, a bota etc. se relacionam com o linho sob a forma da incorporação geral de trabalho humano abstrato, salta aos olhos a sandice dessa expressão. Mas quando os produtores de casaco, bota etc. relacionam estas mercadorias ao linho – ou com o ouro e a prata, que não altera em nada a questão – como equivalente universal, a relação de seus trabalhos privados com o seu trabalho social lhes aparece exatamente nesta forma insana" (MARX, 2013, p. 150-151).

Não deixa de ser irônico que um conceito originado no estranhamento dos colonizadores diante das crenças e valores de sociedades diferentes passe a ser um conceito organizador de uma crítica social na economia política. Em Marx, o fetichismo desnuda "loucura" naquilo que era muito familiar para o europeu: o processo de trocas mercantis em uma sociedade de mercado. A economia política, quando decifra hieróglifos-mercadorias, mostra o real valor nelas contido, o trabalho social escondido e despersonalizado.

Assim, o fetichismo da mercadoria mostraria como toda sociedade de mercado mistifica mais do que revela a mágica que rege a produção e a troca de mercadorias.

Na verdade, seguindo essa análise de Marx, poderíamos perguntar: quem é mais louco? O colonizador que fetichiza as coisas e institui um processo de trocas entre fetiches-mercadorias ou o "primitivo" que fetichiza a materialida-de bruta, "algo tão tosco que chegava ao cúmulo do culto a agrupamentos de materiais aleatórios"? (PIRES, 2011, p. 67).

Marx mostra que o feitiço é criação do preconceito do colonizador europeu e, através do fetiche da mercadoria, como que reverte a perspectiva, lançando o feitiço contra o seu feiticeiro-criador: "deverá se colocar nesse sentido como 'etnólogo' do capitalismo moderno, verdadeiro De Brosses da modernidade econômica. Ele deverá se colocar também como clínico, a seu modo, pois o fetichismo da mercadoria constitui o 'sintoma capitalista'!" (ASSOUN, 1994, p. 38).

O fetichismo como perversão sexual

Em paralelo às concepções antropológica e econômica, o fetichismo está presente no estudo do comportamento humano especificamente enquanto perversão sexual, de tal modo que ele poderia ser o espanto e a incompreen-são preconceituosa do europeu diante dos povos primitivos, uma loucura nas relações econômicas, mas também uma patologia sexual.

O primeiro uso de "fetichismo" como patologia sexual ocorre em 1882, por Jean-Martin Charcot e Victor Magnan, em seu texto *Inversões do sentido genital e outras perversões sexuais*, no qual o fetichismo é definido como uma forma de inversão sexual, o que o qualifica como "anomalia", aberração" e "perversão sexual". Também Alfred Binet, em *O fetichismo no amor*, ao analisar o fetiche em boina de dormir, funda uma teoria do fetichismo com conotação médica, normativa e também moral, associando o fetichismo à perversão.

Segundo Assoun, o projeto de Binet "é centrado sobre o objetivo de salientar as diferenças psicológicas individuais a fim de estabelecer experimentalmente uma classificação de características" (Assoun, 1994, p. 46). Assim, a teoria do fetichismo de Binet estabelece a distinção entre o "pequeno fetiche", presente nas manifestações normais de amor e que não leva a atitudes compulsivas, e o "grande fetiche", que se manifesta por um movimento de abstração progressiva em relação à pessoa amada, tornando-se autônomo em relação a ela. Sua análise indica a hegemonia de um critério quantitativo de distinção entre o normal e o patológico.

Além disso, Binet apontou o papel das *impressões infantis* no fetichismo, estabelecendo um contraponto fundamental à defesa de uma "disposição sexual preliminar" ao comportamento fetichista, feita por Richard von Krafft-Ebing em sua *Psychopathia sexualis: as histórias de casos*, de 1886 (Assoun, 1994, p. 50), cuja influência se faz presente nos manuais de classificação da psiquiatria que encontramos ainda hoje.[2]

Nessa época, tanto Krafft-Ebing quanto Havelock Ellis apresentaram de maneira descritiva o chamado campo das perversões sexuais. Interessante notar a minúcia dos 238 casos clínicos apresentados por Krafft-Ebing, nos quais observa a aparição precoce da perversão, nos primitivos períodos da infância dos pacientes, e descreve casos de pedofilia, homossexualidade, sadismo, masoquismo, exibicionismo, bestialidade, assassinato por luxúria, fetichismo, necrofilia, hermafroditismo psíquico, escravidão sexual, lesbianismo, transexualismo (que ele diagnostica como psicose), entre outros. Nota-se também em Krafft-Ebing o uso do termo "degenerado" para se referir às manifestações psíquicas anômalas da vida sexual.

Dos casos descritos, 53 são de fetichismo, no quais descreve fetiches por botas com botões, por botas com pregos, por botas sujas, botas novas cheirando a couro, fetiches pelo cheiro do couro, por tecido de veludo, por peles, por seda, fetiche por lenços usados por mulheres, fetiches por perucas, por tranças, por saiotes, por roupas molhadas, fetiche por pés sujos e até mesmo fetiches por

---

[2] Tanto o *Manual diagnóstico e estatístico de transtornos mentais* – DSM-IV (código F65.0) quanto a Classificação Estatística Internacional de Doenças e Problemas Relacionados à Saúde – CID-10 (tal como encontramos na versão de 2008), ambos utilizados nos hospitais e enfermarias de todo o mundo, definem o fetichismo como um "transtorno mental e comportamental", um "transtorno de preferência sexual", que implica o "uso de objetos inanimados como estímulo para excitação e satisfação sexual" (como vestimentas, calçados, etc.) (APA, 2002).

pedaços de pele cortados com tesoura de um corpo vivo, por sangue feminino etc., e que permitem compreender a cena desses rituais fetichistas à época. Alguns exemplos típicos:

> *Caso 98*. Uma senhora relata que na noite de núpcias e na noite seguinte o marido contentou-se em beijá-la e percorrer os dedos pela extensão de suas tranças. Em seguida, adormeceu. Na terceira noite, apareceu com uma imensa peruca de cabelos extremamente longos e implorou para que a mulher a vestisse. Assim que o fez, compensou-a fartamente com seus deveres maritais negligenciados. Pela manhã, demonstrou novamente profunda ternura enquanto acariciava a peruca. Quando a senhora X retirou a peruca, perdeu imediatamente todo o atrativo para seu marido. [...] O resultado desse casamento foi, depois de cinco anos, dois filhos e uma coleção de 72 perucas (KRAFFT-EBING, 2000, p. 104).
>
> *Caso 99*. Homem, 20 anos, homossexual. Só gostava de homens com bigodes fartos. Certo dia conheceu um homem que correspondia a seu ideal. Convidou-o a sua casa, mas ficou indescritivelmente decepcionado quando o visitante removeu o bigode artificial. Somente quando colocou de novo o ornamento sobre o lábio superior, voltou a exercer atração sobre X, devolvendo-lhe a plena posse de sua virilidade (KRAFFT-EBING, 2000, p. 105).
>
> *Caso 121*. Homem, 1881, 29 anos. Foi detido nas ruas de Paris, porque remexia nos vestidos de seda. Declarou ter uma mania, que o dominava, ao toque da seda. Uma mulher somente o atraía quando estava usando vestido de seda. [...] Vestir uma anágua de seda ao se deitar satisfazia-o mais do que estar com uma linda mulher (KRAFFT-EBING, 2000, p. 128).

Os três casos selecionados são comuns dentro do contexto geral das descrições, mas eles permitem apresentar algumas das principais características do fetichismo nas primeiras teorias psicopatológicas dos transtornos sexuais. A primeira delas seria a fixação e a dependência da pessoa em relação ao objeto-fetiche: ela se tornaria refém de uma fantasia sexual, uma vez que a excitação depende totalmente da presença e do culto do objeto-fetiche. A segunda característica seria a idealização do objeto-fetiche, pois o fetichista parece ter de antemão uma cena que quando falha conduziria à ausência de excitação, como no caso do homem dos bigodes. Um terceiro elemento presente nos casos seria a relação específica que se estabeleceria com o objeto amoroso, parecendo que este se torna suporte de fantasias sexuais, confundindo pessoas e coisas. Por fim, um último elemento, a ideia de perversão como crime que deve ser punido.

É diante desse tipo de teoria que a psicanálise se insere na análise dessa suposta perversão sexual. Cabe, portanto, investigar em que medida o conceito de fetichismo tal como desenvolvido pela psicanálise rompe ou não com essa tradição e se pode ser pensado como um conceito crítico.

O mito individual do fetichista: o contexto da psicanálise

Apenas em 1927 Freud escreve um ensaio intitulado "Fetichismo", entretanto, desde 1905, em *Três ensaios sobre a teoria da sexualidade*, já afirmava que "nenhuma outra variação da pulsão sexual nas raias do patológico merece tanto o nosso interesse quanto essa [o fetichismo], dada a singularidade dos fenômenos a que dá lugar" (FREUD, 1997, v. VII, p. 145). Apesar do grande interesse de Freud pelo fetichismo desde o surgimento da psicanálise, é nos textos de 1927 e em outro intitulado "A cisão do Eu no processo de defesa", de 1938, publicado postumamente em 1940, que as grandes linhas que definem seu pensamento sobre o fetichismo foram apresentadas.

No ensaio póstumo de 1940, Freud apresenta um caso exemplar aparentemente dissociado do fetichismo tal como aparecia tanto na tradição antropológica quanto na marxista. Trata-se de um paciente que, quando jovem, vivenciou uma situação aflitiva, passando a desenvolver a partir daí um comportamento peculiar. Sua aflição começa, como no caso de tantos outros neuróticos, a partir de uma suposta sedução. Quando tinha por volta de 3 anos, vê os órgãos genitais femininos. Nessa época, ele já se excitava sexualmente, e a visão do órgão feminino não lhe faz suspender os seus estímulos. Alguém lhe flagra nessa estimulação, no caso, a sua babá. Seguindo seu "dever" moralizante, "obviamente", ela o ameaça, dizendo que, se ele não parasse de fazer aquilo, ela contaria ao pai do menino, e complementa que este iria cortar (lhe castrar) seu pênis como punição. O menino ficou aterrorizado, ocorrendo-lhe um *tremendo susto*. Mas, nesse caso, que parece tão tradicional nos casos que Freud nos descreve dos neuróticos, ocorre algo inusitado. Apesar do susto, o menino recusou-se a acreditar na ameaça.

Com frequência Freud descreve como a criança masculina, diante da percepção da ausência do pênis da mulher, não a leva a sério, criando para si "mitos" que explicam o que poderia ter ocorrido. Por exemplo, a criança acredita que um dia um pênis crescerá ali onde "deveria" haver um. Mas, como em tantos casos, a *evidência* da ausência do pênis da mulher, em algum momento, é mais forte do que a *crença* de que um "suposto" pênis poderia crescer na mulher.

As observações de Freud levaram-no a crer que existia um "mito neurótico" tanto nas crianças do sexo masculino quanto nas do feminino. As crianças creem que todos os seres possuem um pênis (como Freud descreve longamente no caso Hans, de 1909). Num primeiro momento, mesmo os seres inanimados o possuem. Com mais acuidade, a criança percebe que só os seres animados o poderiam ter. Mais tarde, que só os do sexo masculino teriam o suposto "privilégio" de ter um pênis. Em suma, o mito de que todos os seres possuem um pênis será abalado em algum momento, ainda que seja para enfatizar essa crença.

O paciente de Freud, quando menino, poderia ter concedido sua crença diante da evidência da ausência do pênis na mulher e da *ameaça da castração*. Mas utiliza uma artimanha, criando uma variante à obediência aos padrões normativos da época. Ele cria um *substituto* do pênis feminino, de tal modo que poderá formalmente aceitar a ausência do pênis na mulher e a proibição à excitação, preservando-se da ameaça da castração; para todos os efeitos, na aparência, segue *como se* ambos, ausência e interdição da excitação, fossem verdades. É a criação dessa "artimanha" que Freud denomina "fetiche": o menino age como se acreditasse na imposição moral e ao mesmo tempo ignora essa moral, utilizando um objeto escolhido aleatoriamente como substituto do pênis feminino. Numa palavra: o menino desmente a realidade e salva o seu próprio pênis salvando o pênis feminino, resguardando-o "escondido" em um objeto.

Mas por que Freud nomeia essa substituição como fetichismo?

Em sua primeira aparição nos *Três ensaios sobre a teoria da sexualidade*, Freud ainda não explica a origem daquele "comportamento estranho" que *supervaloriza* um objeto a ponto de torná-lo imprescindível para o prazer sexual do sujeito, mas descreve o fetichismo com algumas hipóteses metapsicológicas. Tratar-se-ia, segundo Freud, de uma *fixação*, um desvio no destino do investimento do instinto sexual humano normal que teria na presença do objeto-fetiche seu fim.

Ainda em 1905, Freud estabelece as impressões infantis como origem do desvio fetichista, tendo, portanto, uma preponderância na vida anímica os traços mnêmicos que marcariam a vida do sujeito, tema retomado em 1910, quando escreve "Leonardo da Vinci e uma lembrança de sua infância". Nesse texto de 1905, Freud busca explicar suas observações sobre o comportamento fetichista, e associa o fetichismo a uma das questões centrais da sua psicanálise, qual seja, o *complexo de castração*.

O complexo de castração, numa breve explicação, é vivido tanto nas crianças do sexo masculino quanto nas do feminino, mas de modo diverso. No caso da menina, a crença de que um pênis um dia poderia crescer (algo que foi organizador no seu desenvolvimento) pode ser desfeita mais "facilmente". Num primeiro momento, o clitóris sustenta a crença de que todos os seres possuem um pênis. Mas a percepção do pênis de uma criança do sexo masculino lhe traz hesitação e instala uma dúvida: será que o meu pênis também irá crescer? Por mais que ela possa criar hipóteses, o que chamamos aqui de mitos, de que nela também, um dia, um pênis crescerá, a percepção do órgão genital feminino não deixa prosperar qualquer dúvida: ela é castrada. A mulher não sente exatamente uma ameaça de castração, mas literalmente *assume* sua castração. Apesar de essa teoria ser questionável e bastante discutida na tradição psicanalítica, interessa aqui mostrar como o fetichismo para Freud seria um processo exclusivamente masculino, uma vez que requer *a ameaça de castração*.

No caso do paciente de Freud em "A cisão do Eu no processo de defesa", apresentado anteriormente, o menino, em sua crença de um corpo comum a todos, concebido a partir do seu próprio corpo com pênis, percebe em algum momento no corpo feminino que "falta" algo. E não qualquer algo, mas um dos órgãos (uma coisa) que mais lhe aprazem: o pênis. Ora, se todos os seres possuem um pênis, como seria possível que um ser não pudesse o ter? O que seria seu corpo sem esse órgão que lhe é tão importante?

Diante desse corpo "faltante", incompreensível para o menino, mas perceptível, ele temerá perder o que parece organizar sua relação com o mundo: o prazer e as excitações que o pênis lhe proporciona. Não é por menos que Freud observa nos meninos um certo "terror" diante das mulheres: que ser seria esse com um membro "a menos"? Será que o mesmo pode ocorrer comigo? Todas são questões inconscientes ou mesmo conscientes que a criança irá elaborar.

O paciente de Freud, primeiramente, prefere acreditar que "ali", onde "falta" algo, "algo" irá crescer. As crianças do sexo masculino, em geral, realizam esse logro: em vez de assumirem o que se *percebe*, preferem levar a cabo aquilo em que *acreditam* – aliás, essa é uma das formas mais astutas de Freud mostrar que a crença, em certos momentos, é mais forte do que a realidade. Mas a percepção se torna irrecusável: as meninas, de fato, não possuem pênis. No momento dessa virada, de uma crença à assunção da percepção, ocorre o que Freud denomina uma "ameaça de castração". Diante do horror da possibilidade de ser castrado, o menino prefere agora recusar as suas excitações sexuais com o pênis a se ver sem ele. Percebamos que essa ameaça só acontece, porque em nossa civilização não é tolerável que alguém fique se excitando socialmente. Alguém, em algum momento, irá, no mínimo, advertir o menino a parar com "aquilo", porque é errado, ou feio, ou, como nos casos tradicionais de Freud, é ameaçado de lhe ser "cortado fora".

Mesmo que essa frase não seja dita com todas as palavras ("seu pai vai tirar fora seu pipi" ou algo parecido), psiquicamente, os meninos *agem como se* isso fosse verdade. Freud, ouvindo seus pacientes, descreve como estes tiveram essa fantasia e o medo de perderem o pênis: aquilo que organiza sua estrutura psíquica ou mesmo o medo de serem um corpo "faltante".

Interessa mostrar aqui como no texto "Leonardo da Vinci e uma lembrança de sua infância" Freud associa a ameaça de castração com o fetichismo, introduzindo a ideia de fetichismo como uma possibilidade de *fixação*:

> a fixação no objeto antes tão intensamente desejado, o pênis da mulher, deixa traços indeléveis na vida mental da criança, quando essa fase de sua investigação sexual infantil foi particularmente intensa. Um culto fetichista cujo objeto é o pé ou calçado feminino parece tomar o pé como mero símbolo substitutivo do pênis da mulher, outrora tão reverenciado e depois perdido. Sem o saber, os *"corpeurs de nattes"* [pervertidos que sentem prazer em cortar

o cabelo das mulheres] desempenham o papel de pessoas que executam um ato de castração sobre o órgão genital feminino (FREUD, 1997, p. 103).

Ou seja, o fetichista se fixa na ideia de que a mulher não é castrada e substitui o pênis feminino por um objeto qualquer, supervalorizando-o, como no caso do pé. O que há de novo em sua análise é associar o fetichismo à *negação da castração do órgão genital feminino*.

Caso a criança tenha percebido e mesmo finja que não existe a castração, restam duas possibilidades. Uma delas é negar que a castração exista, mas uma negação que quer dizer "isso é algo que eu preferiria não saber". Uma negação profundamente ligada ao saber do que se nega, que Freud denomina um "recalque" (negar algo que permanece junto ao sujeito). Na negação neurótica, por excelência, ocorre algo como "não quero saber sobre isso" – mas o sujeito, no fundo, sabe e não consegue, como na foraclusão lacaniana, excluir o que sabe.

Em uma segunda possibilidade, haveria uma forma de negação típica da perversão descrita por Freud a partir do fetichismo: o menino se deparou com o horror da castração, ele viu! Nega-a de uma forma diferente do neurótico. Não se trata de recalcar algo. O fetichista teria a capacidade de aceitar a castração desde que possa substituir o pênis feminino por outro objeto. Isto é, ele nega a realidade, a castração, por meio de um desvio e uma supervalorização de outro objeto que faz as vezes do objeto substituído – algo que fica entre a "verdade" (sei que existe a castração) e a "mentira" (não me importa que exista a castração). Em suma, Freud descreve o fetichismo como uma forma de *negação* da realidade e da *supervalorização* de um objeto qualquer. Além disso, uma negação que seria um *triunfo* diante da realidade: independentemente de se acreditar na verdade da castração, o fetichista não perde sua crença de que todos possuem um pênis. É *como se* o fetichista não abalasse seu sistema de crenças mesmo diante da percepção da realidade. É, pois, uma "fantasia estruturada", que Octave Mannoni descreveu de modo brilhante nestes termos: "*je sais bien, mais quand même...*" ("eu sei, mas mesmo assim...") (MANNONI, 1985, p. 9). Luiz Hanns é preciso ao escrever: "há no termo *verleugnen* a ideia de 'negar a presença-existência'. Trata-se de 'dizer que não está lá'. Frequentemente é como se o sujeito soubesse que aquilo que é rejeitado existe, mas continua a negar sua existência ou presença. Nestes casos, o que o termo alemão evoca, em primeiro plano, não é uma postura negativa de discordância com relação ao conteúdo do objeto, mas a contestação da veracidade de sua existência. O que é 'desmentido' é a própria existência do objeto" (HANNS, 1996, p. 304).

Para que isso seja possível, Freud descreve certa projeção psíquica, ou seja, certa fantasia do sujeito na substituição de um objeto por outro. É preciso, *grosso modo*, uma *idealização* de um objeto para que essa negação funcione.

Nada mais claro do que o termo desmentido: algo que foi negado por deslocamento, por ter sido "contrariado" à fantasia do sujeito. É essa forma de negação, esse desmentido, que Freud destaca no seu texto de 1927 sobre o fetichismo. Uma astuta substituição: "sim, em sua mente [do fetichista] a mulher *teve* um pênis, a despeito de tudo, mas esse pênis não é mais o mesmo de antes. Outra coisa tomou seu lugar, foi indicada como seu substituto, por assim dizer, e herda agora o interesse [ou o investimento] anteriormente dirigido a se predecessor" (FREUD, 1996, v. XXI, p. 157).

Essa negação e essa idealização aparecem de modo simultâneo num exemplo que Freud nos traz em seu texto "Fetichismo". O sujeito "empresta" ou projeta certo brilho no nariz de outra pessoa, que ele "dotara, a sua vontade, do brilho luminoso que não era perceptível a outros" (FREUD, 1996, v. XXI, p. 155). Quer dizer, o sujeito não só desvia o seu investimento instintual sexual humano (o que tradicionalmente foi traduzido por pulsão sexual), como também consegue dar um destino *projetivo* a sua excitação — fazendo do objeto-fetiche um suporte do atributo do próprio sujeito (como o brilho no nariz imperceptível aos outros).

O fetichista seria, portanto, capaz de manter dois julgamentos contrários, ao mesmo tempo, sem que um negue o outro: eu sei, mas mesmo sabendo, eu ajo como se não soubesse. Essa talvez seja a grande contribuição de Freud pensar como no fetichismo convivem dois termos contraditórios sem que eles entrem em conflito.

Freud se questiona como seria possível conciliar um conflito aparentemente insuperável: como é possível conciliar duas afirmações contraditórias ao mesmo tempo sem que elas entrem em conflito? O fetichista, segundo Freud, seria essa "exceção". A criança, diante da ameaça da castração, ao mesmo tempo reconhece um perigo e o desmente, convencendo-se que não há nada a temer. Ela recusa e reconhece a ameaça que a angustia. Resta estabelecer como em termos do psiquismo, qual o funcionamento interno?

Freud teoriza uma cisão do Eu realizada pela criança. Não uma cisão entre o Eu e a realidade, tal como na negação psicótica (foraclusão) — que elimina a castração; nem uma cisão entre o Eu e o *isso* — uma cisão que exclui da consciência o que se quer negar mas a mantém em outro lugar: num *isso* que não pode ser dito. O que a criança realiza é uma cisão consciente no próprio Eu. Ocorre uma clivagem que é interior àquela instância que teria como função realizar uma síntese. Uma clivagem que Freud diz "que quase merece ser descrita como astuta" (FREUD, 1996, v. XXIII, p. 295). Por quê?

Freud não chega a nos dizer o que seria essa clivagem. Ele nos descreve aquilo que percebe de específico nessa negação, nesse desmentido. Foi no texto póstumo de 1940 que Freud descreveu o caso do seu paciente que vivenciou uma situação aflitiva, passando a desenvolver a partir daí um comportamento peculiar: um fetiche, como foi descrito acima. No entanto, resta pontuar que aquele paciente, quando jovem, teve um preço na sua "astuta" substituição.

Num primeiro momento, ele desenvolveu um medo de ser comido pelo pai. Depois, uma suscetibilidade ansiosa de ser tocado no pé, o que mostraria como "em todo vaivém entre desmentido e reconhecimento fosse todavia a castração que encontrasse a expressão mais clara" (FREUD, 1996, v. XXIII, p. 295). Talvez certo tipo de regressão. Mas seria isso realmente um sintoma? Estaria esse sofrimento marcado por essa "suposta" cisão do Eu? Aliás, o que seria um sujeito que teria cindido o próprio Eu? Que tipo de subjetividade poderíamos pensar a partir daí?

Sendo um paciente de Freud, supõe-se que o tenha procurado por causa de alguma forma de sofrimento. Mas parece que não é esse o caso: o paciente não procurou Freud por causa de seu fetiche, mas por outros motivos. Freud mesmo relata: "pois, embora o reconheçam como anormalidade, raramente é sentido por eles como sintoma de uma enfermidade. Ao contrário, em geral, mostram-se bastante satisfeitas e eventualmente até louvam o modo como o fetiche lhes facilita a vida erótica. Assim, o fetiche, geralmente, acaba por aparecer nesses casos como um achado secundário da análise" (FREUD, 2010, p. 161).

Afinal, onde estaria a dimensão do sofrimento e de um suposto sintoma no fetichismo?

Essas são questões que Freud deixou e que ainda inquietam. Para pensar essas questões na atualidade, talvez fosse interessante fazer, antes, um paralelo e distanciamento entre as três concepções do fetichismo estudadas até aqui: na antropologia, em Marx e em Freud.

O que resta do fetichismo?

Seria interessante realizarmos um paralelo entre as três concepções de fetichismo que "fizeram história".

Num primeiro momento, lembremos que "fetichismo" foi um termo cunhado pelos colonizadores para descrever um comportamento que eles não entendiam. Certo feitiço que tinha, fundamentalmente, seis características:

1) uma crença num objeto que poderia ser compreendido enquanto "sua divindade particular"; uma crença que, para um olhar "exterior", como o dos europeus, faria uma *substituição*: algo, uma coisa, *estaria no lugar* de um suposto ídolo;

2) uma supervalorização de um objeto que não é, de fato, um "superobjeto" ao olhar alheio: uma coisa entre outras; mas é sim um objeto que lhe diz mais do que outros;

3) um objeto-fetiche que é supervalorizado enquanto algo absolutamente material, mas apontável e distinguível entre os outros – ele está entre as coisas disponíveis do mundo material;

4) é, consequentemente, um objeto que tem propriedades mágicas – realiza algo que nenhum outro objeto poderia realizar;

5) um enigma: o fetiche seria como um objeto mágico-religioso que velaria formas sociais e relações de objeto incompreensíveis para qualquer olhar estrangeiro. Por isso os povos que empregam o fetiche seriam ditos "primitivos" pelos povos ditos "civilizados";

6) uma loucura, aos olhos dos colonizadores.

Ainda mais resumidamente, temos uma visão que é de um colonizador que vê e nomeia o comportamento "primitivo" com estas características: uma crença, uma supervalorização de um objeto, uma escolha aleatória de objeto, uma certa magia, um enigma que o olhar "estrangeiro" não consegue decifrar, mas apenas apontar; o que lhes aparece como uma tremenda loucura.

Por outro lado, Marx, parece fazer desse olhar "exterior" algo que reflita aquele que aponta. Mesmo trazendo outros pontos, talvez eles não sejam estranhos ao que os colonizadores nos descreveram das civilizações fetichistas. Ele nos diz, praticamente, de uma história de encobrimento:

1) há uma naturalização que poderia ser lida enquanto uma crença – Marx retoma o conceito de fetichismo para mostrar como os europeus, eles mesmos, também tinham algo naturalizado, não questionado, tal como se tem numa crença. Mais especificamente: o fetiche é usado por Marx para mostrar como o valor das coisas passa a ser pensado como "natural" às próprias coisas, seja pela força do costume, seja pelo encobrimento da sua gênese histórica;

2) Marx nos mostra como qualquer coisa pode ser trocada por qualquer coisa – eis o fetiche da mercadoria: uma coisa abstrata e intercambiável. Numa palavra, uma "forma-mercadoria": algo que pode ser substituído por outro algo, porque o que se idealiza está além "disto";

3) o que está em jogo são as relações entre os sujeitos que agem *como se* isso fosse "natural". Marx fala aqui de reificação, ou seja, um modo de perceber as relações entre as pessoas e seus trabalhos como se fossem relações entre coisas e produtos. Isso encobre a transformação do trabalho em mercadoria, uma espécie de quantificação geral que Marx designa como trabalho abstrato;

4) Uma segunda modalidade de encobrimento ocorre quando nos atentamos para a especificidade do modo de produção das mercadorias, caso no qual o valor de uso e o valor de troca escamoteiam o próprio trabalho;

5) "eles não sabem, mas fazem": um saber encoberto nas relações entre os homens e no modo como tratam as próprias coisas;
6) uma loucura, a seu ver.

Tomemos as ideias-chave de Marx: há uma naturalização (crença); uma substituição; uma reificação; uma cisão; um modo de saber que é encoberto; e uma loucura. Agora, não mais aos olhos do colonizador que aponta algo, mas no interior da civilização europeia – uma visão, no mínimo, interior ao modo como nos relacionamos ao mundo, ao outro, às coisas e a nós mesmos.

Já a recuperação desse termo em Freud tem outra peculiaridade. Ele surge na tentativa de desvendar como a pulsão sexual tem destinos aparentemente inesperados:

1) uma crença que é mais forte do que a percepção da realidade, a tal ponto que é preferível fazer uma negação da realidade para sustentar essa crença;
2) uma negação da realidade: mesmo que ela seja assim, o sujeito age como se ela fosse de outro modo;
3) uma substituição de um objeto que é interditado moralmente por outro objeto qualquer que possa transgrédir a proibição sem negá-la, substituindo-a;
4) uma fixação nesse objeto, sendo imprescindível que ele esteja presente para que o sujeito tenha prazer;
5) consequentemente, o sujeito faz do objeto-fetiche uma supervalorização – algo que, no objeto, em si mesmo, ninguém mais, senão o fetichista, vê;
6) o objeto-fetiche, enquanto uma substituição, é idealizado e fantasiado: ele é um projeto que o fetichista sabe que não corresponde à realidade;
7) uma forma de negação em que o fetichista sabe o que nega e mesmo assim age como se não soubesse: o desmentido;
8) por saber e agir como se não soubesse ao mesmo tempo, o fetichista nos sugeriria uma cisão no próprio Eu;
9) num primeiro momento Freud descreve o fetichismo como uma patologia; nos seus últimos escritos, isso aparece como uma astúcia que nos leva a pensar se essa não seria uma razoável "saída" do que ele denomina um *mal-estar* na civilização.

Vemos agora com Freud algo não muito distante de Marx. Há uma crença, uma negação da realidade, uma substituição, uma fixação, uma supervalorização, uma fantasia, um agir *como se fosse* verdade, uma cisão e uma "loucura". Mas, agora, uma loucura que parece nos fornecer novas ideias.

Se tentarmos buscar alguns pontos comuns ao conceito de fetichismo, numa espécie de processo cumulativo em que o conceito vai adquirindo novas camadas de significados, da antropologia a Marx e Freud, teremos um quadro esquemático que indica que toda vez que se trata de fetichismo, uma rede de conceitos estaria diretamente conectada:

1) uma crença que revela uma relação naturalizada com um objeto que passa a ser dotado de atributos mágicos;
2) um objeto que, dotado de atributos mágicos, passa a ser supervalorizado, tanto material quanto abstrato – mesmo que seja um suporte de idealizações;
3) substituição de um objeto por "algo";
4) um enigma lido como "loucura".

Ao pensarmos o fetichismo, é claro que buscamos encontrar características em comum que possam nos levar a identificá-lo com certa precisão. Ao mesmo tempo, mesmo que o termo seja sempre usado com aquelas características, não podemos perder suas especificidades. Por exemplo, não podemos perder a peculiaridade de que o fetichismo foi um termo criado por um colonizador que apontava uma forma de comportamento diferente da dele: aquele que coloniza tenta especificar o que lhe é "exterior". Em Marx, seguindo as características que apontamos anteriormente, não poderíamos nos esquecer de que o fetichismo está intimamente ligado à reificação; além disso, da relação entre o valor de uso e valor troca do objeto-fetiche. Já em Freud, se seguíssemos isso, perderíamos uma dinâmica de cisão que nos parece central.

Por exemplo: na antropologia, apesar de cada indivíduo ter um fetiche particular, os colonizadores não hesitaram em afirmar que se tratava de um comportamento "x"; no caso, uma forma de relação com o mundo que foi denominada fetichista.

Marx, por sua vez, vê na análise do capitalismo uma "loucura", o que, aos olhos dos colonizadores, só haveria acolá: as pessoas se comportariam como se "x", a mercadoria, fosse o objeto de referência em todas as relações sociais. Ou seja, em ambos os casos, trata-se de um comportamento social. Marx diz isso, por exemplo, numa nota ao pensar no fetichismo relacionado à economia política clássica: "a forma de valor do produto do trabalho é a forma mais abstrata, mas também mais geral do modo burguês de produção, que assim se caracteriza como um tipo particular de produção social e, ao mesmo tempo, um tipo histórico" (Marx, 2013, p. 155).

Em Freud, já há uma questão: apenas algumas pessoas realizam essa supervalorização de objeto. Nesse caso, trata-se de uma forma de relação com o mundo muito específica: uma forma de negação de "algo" que pode levar o sujeito a ser fetichista.

Porém, em Freud, temos duas posições: de um lado, como vemos nos seus primeiros trabalhos, o fetichismo é uma patologia individual; por outro, o fetichismo poderia ser lido, nos seus últimos escritos, como uma "saída" astuta do sujeito diante do terror com que nos deparamos. Ou seja, de uma *patologia* a uma *astúcia* – eis o que Freud nos deixa a pensar. Tentemos lidar com essas "duas loucuras"...

Em *O mal-estar na civilização*, mesmo não tendo em mente, ao menos aparentemente, a questão do fetichismo, Freud nos diz de uma certa analogia que poderia nos ajudar a pensar aqui em nosso problema. Nesse texto, Freud tem em vista o mal-estar dos indivíduos diante de nossa sociedade. Um mal-estar que está intimamente relacionado com nossas formas de vida. Freud tem em mente o indivíduo que é denominado *neurótico*, que tem uma consciência de culpa, que tem um supereu que lhe persegue etc. Mas o que nos interessa aqui é mostrar como Freud nos sugere duas questões:

1) como é possível e útil pensarmos numa analogia entre o individual e o social – não por acaso o título da sua obra é O mal-estar na civilização;
2) ele sugere certa patologia do social com os termos "patologia das comunidades culturais".

Vale a citação:

> mas teríamos de ser muito prudentes, e não esquecer que se trata apenas de analogias, e que não apenas com seres humanos, também com conceitos é perigoso tirar da esfera em que surgiram e evoluíram. O diagnóstico da comunidade também encontra uma dificuldade especial. Na neurose individual nos serve de referência imediata ao contraste que distingue o enfermo de seu ambiente, tido como "normal". Tal pano não existe para um grupo igualmente afetado, teria de ser arranjado de outra forma. E no que diz respeito à aplicação terapêutica da compreensão, de que adiantaria a mais pertinente análise da neurose social, se ninguém possui autoridade para impor a terapia? Apesar de todas estas dificuldades, pode-se esperar que um dia alguém ouse empreender semelhante patologia das comunidades culturais (FREUD, 2010a, p. 120).

Muitos foram os autores que se entusiasmaram com essa analogia. Essa passagem nos deu margem para localizarmos um termo clínico em meio a uma crítica social. Uma dessas "margens" foi colocada, por exemplo, por Theodor Adorno.

O entretenimento e o fetichismo

Em vários momentos Adorno se refere ao termo "fetichismo" na sua obra – quando está se referindo a sua análise da propaganda fascista, quando escreve sobre o "tempo livre" ou mesmo em seu ensaio sobre a formação em educação após Auschwitz. Mas um texto em especial nos interessa aqui: "O fetichismo na música e a regressão da audição". O título do ensaio não deixa dúvida: o fetichismo está relacionado a certo tipo de *regressão*.

É certo que Adorno não está "preocupado" em definir o que é o fetichismo. O que ele faz é utilizar o termo de uma forma que lhe parece *precisa* para criticar a sociedade industrial da década de 1930. Assim ele introduz o termo: "o reino daquela vida musical que se estende pacificamente desde as organizações de compositores como Irving Berlin e Walter Donaldson (*the world's best composer* – o melhor compositor do mundo), passando por Gershwin, Sibelius e Tchaikóvski, até a *Sinfonia em Si Menor* denominada inacabada, é dominado por fetiches. O princípio do estrelato tornou-se totalitário" (ADORNO, 1980, p. 170).

Ou seja, o fetichismo é uma forma de entretenimento em que o objeto-fetiche se torna totalitário: como se a sociedade buscasse um "panteão de *best-sellers*" em seus termos. Numa palavra: os atrativos são fetichizados.

Apesar de Adorno escrever esse texto com olhos para a produção musical, o que nos interessa aqui é mostrar como seu uso é profícuo para pensarmos a sociedade contemporânea. Nesse caso, usando o termo "fetichismo" de um modo "negativo": enquanto certa forma de "decadência" da cultura. É nesse sentido que lemos esse tipo de questão de uma forma "geral" – enquanto uma crítica da cultura: "quem ainda se diverte hoje num lugar de diversão?" (ADORNO, 1980, p. 166).

Esse tipo de questão nos leva a pensar no que é o entretenimento. A seu ver, nos momentos em que o sujeito se "entretém", ele se *emudece* cada vez mais. O que isso significa?

Para Adorno, a cultura de massa, ou seja, a cultura que naturaliza algo de forma geral, impõe ao sujeito o que é e o que não é "natural". Adorno descreve uma sociedade em que as pessoas parecem literalmente "deformadas pelo medo, pelo cansaço, pela docilidade de escravos, sem exigências" (ADORNO, 1980, p. 166). Ou seja, é só nesse meio que a música de entretenimento poderia ganhar força.

Adorno está aqui se referindo ao entretimento em massa e à necessidade das massas de se preencherem com "algo". Uma forma de preencher que *substitui* algo – por isso uma forma de entretimento que faz "passar o tempo". Ele chega a falar numa *liquidação do sujeito* – uma forma de afirmar que onde há uma produção em massa não há sujeito...

Nesse momento, Adorno nos lembra que o fetichismo não pode ser simplesmente colocado em termos psicológicos. Marx também deve nos auxiliar: há um valor de troca em jogo, e os consumidores pagam o entretimento não por ele mesmo, mas pela própria "capacidade" de poder pagar. Daí Adorno *associar o fetichismo com a reificação*, como se ambos fossem sinônimos: "o consumidor 'fabricou' literalmente o sucesso, que ele coisifica e aceita como critério objetivo, porém sem se reconhecer nele" (ADORNO, 1980, p. 173).

A questão da reificação é importante aqui: Adorno diz que é como se as coisas que desejamos, enquanto sujeitos de massa, fossem "coisa coisificada". Obviamente podemos desejar coisas. Mas é diferente quando desejamos algo como "coisificado". É nesse sentido que o filósofo irá falar de uma *decadência* ou numa *depravação e redução à magia* (ADORNO, 1980, p. 175).

Lembremos que uma das quatro principais questões do fetichismo é a substituição de algo por algo. Em Adorno, o mesmo ocorre: "com efeito, a música atual, na sua totalidade, é dominada pela característica de mercadoria: os últimos resíduos pré-capitalistas foram eliminados" (ADORNO, 1980, p. 172). Como na mercadoria, em que algo tem um valor de uso que pode ser substituído por um valor de troca e que, por isso, assume um valor de uso qualquer, a cultura, mais especificamente a música, assume um caráter fetichista.

O que Adorno quer nos mostrar é que os sujeitos passam a ter um objeto idealizado, substituto, ao qual "nós" obedecemos: "diante dos caprichos teológicos das mercadorias, os consumidores se transformam em escravos dóceis; os que em setor algum se sujeitam a outros, neste setor conseguem abdicar de sua vontade, deixando-se enganar totalmente" (ADORNO, 1980, p. 174).

Mas Adorno nos traz algo de novo: "a ocupação efetiva do valor de troca não constitui nenhuma transubstanciação mística. Corresponde amar outra coisa. A renúncia à individualidade que se amolda à regularidade rotineira daquilo que tem sucesso, bem como o fazer o que todos fazem, seguem-se do fato de que a produção padronizada dos bens de consumo oferece praticamente os mesmos produtos a todo cidadão" (ADORNO, 1980, p. 174).

Parece que Adorno tem em mente uma forma de regressão. No caso, uma regressão da audição, que está sujeita aos ditames da propaganda em massa: ao que mais entretém, ao que mais "diverte". Regressão no sentido lato do termo: "o que regrediu e permaneceu num estado infantil foi a audição moderna" (ADORNO, 1980, p. 180) – algo que foi inculcado por uma cultura que procura uma "caricatura" do que não se quer encarar: a realidade. E os mais "moderninhos", segundo as palavras de Adorno – aqueles que levam mais "a sério" o projeto de entretimento –, são aqueles que fazem do fetiche um projeto de *vingança*: "eles gostariam de ridicularizar e destruir aquilo que ainda ontem os encantava, como se quisessem vingar-se *a posteriori* deste falso encantamento" (ADORNO, 1980, p. 188).

O que podemos apreender dessa análise é, resumidamente, como Adorno realiza uma conexão entre o fetichismo e a reificação. Ou seja, Adorno tenta associar os ganhos da reflexão de Marx, entrecruzando-a com as análises de Freud para realizar uma teoria crítica da sociedade da década de 1930. Entretanto, é certo que Adorno vê o fetichismo em conexão com uma forma de *decadência* ou uma *depravação e redução à magia*. Se se trata ou não de uma possível leitura "moralizante", não nos vem ao caso no momento. O que nos interessa mostrar é como, em Adorno, o fetichismo pode ser lido enquanto uma forma de regressão do sujeito. Noutras palavras, o fetichismo está associado, de alguma forma, ao que denominamos uma *patologia do social*. Uma patologia que tem na reificação sua expressão maior.

Seria o fetichismo uma farsa?

Em 2009, Slavoj Žižek escreve uma reflexão sobre o fetichismo no interior da sociedade capitalista em *Primeiro como tragédia, depois como farsa*. Tendo como referência os trabalhos de Marx e Freud, ele sugere não só que a ideologia capitalista em nossos dias aja de forma fetichista, como também que esse fetichismo se coloque em dois extremos (conforme o tópico "Entre os dois fetichismos").

De um lado, os fetichistas que "conhecem" muito bem a verdade e, por isso, agarram-se a ela fixamente; enquanto outros, também com a "posse" da verdade, agem como se ela não existisse. Fixando-se a ela ou a ignorando, a verdade parece estar "posta" sem que saibamos o que fazer exatamente com ela. Ou seja, sua reflexão se coloca numa situação em que não sabemos o que devemos ou podemos fazer, diferentemente do que teria se dado no século XX, quando as pessoas "sabiam o que faziam". Uma incerteza que vivemos e que não nos tira a capacidade de agir, pois, mesmo sem sabermos os riscos que nossas ações pudessem nos trazer, continuamos agindo.

De fato, é um "lugar comum" afirmarmos que vivemos numa ideologia, isto é, que naturalizamos certas formas de vida sem as questionarmos, tomando-as como "naturais" e, às vezes, como "pétreas". O interesse de Žižek, ao analisar o fetichismo, é mostrar que essa ideologia tem uma nova forma na contemporaneidade, pois ela se daria de um modo muito específico: de forma fetichista.

Žižek faz certa analogia nesse argumento. Tal como vemos em Freud, o fetichismo é uma substituição da percepção de um "horror" que o fetichista sabe que existe, mas que ele, para suportá-lo, substitui por outro "objeto". A astúcia da ideologia no século XXI seria esta: de expor seu próprio terror e, ao mesmo tempo, oferecer um objeto substituto ao qual possamos nos agarrar para que esse terror continue operante. Poderíamos pensar essa operação deste modo: sabemos que x é impossível, pois x não bate com a realidade; mas podemos fingir que esse x seja verdade, desde que façamos de x uma outra coisa, por exemplo, um y. Esse "y" seria o objeto-fetiche: algo que podemos fetichizar, que é possível e sustentável, e que torna os sujeitos "satisfeitos" com seus fetiches.

Desse modo, o fetiche seria o inverso do sintoma. Se o sintoma, tal qual o compreendemos na psicanálise, é o retorno do recalcado, no fetichismo da ideologia isso jamais poderia acontecer. O sintoma seria uma "ameaça" às nossas formas de vida, pois "o sintoma é a exceção que perturba a superfície da falsa aparência, o ponto em que a Outra Cena reprimida irrompe, enquanto o fetiche é a personificação da mentira que nos permite sustentar a verdade insuportável" (Žižek, 2011, p. 62). Por que o sintoma seria uma exceção?

Se tomarmos as análises de Freud de um indivíduo e as "transpusermos" ao social, isso fica claro. No sintoma, algo surge, irrompe, pois, por mais que tentemos esconder o que não queremos saber, de fato, o sabemos. Esse "saber" uma hora se irrompe, uma vez que ele sempre esteve e está presente. Já no fetiche, sabe-se "disto" – de algo de que se tem horror. Mas o fetichista age como se isso não fosse verdade. É isso que Žižek denomina "personificação da mentira": ao personificar uma farsa (uma fantasia), sabendo que está lidando com uma fantasia (uma farsa), é possível sustentar algo, a partir de uma cisão (*eu sei, mas mesmo assim*), mesmo que a verdade que tenha sido falsificada seja insuportável (tal como o terror da castração em Freud). Como se dá esse movimento?

Os sujeitos, diante de uma verdade insuportável, negam-na de um modo astuto: aceitam a sua existência e a substituem por outra coisa que desminta sua realidade. É nesse sentido que os fetichistas são astutos: "o fetiche pode ter o papel muito construtivo de permitir que lidemos com a dura realidade: os fetichistas não são sonhadores perdidos em seu mundo particular, são totalmente 'realistas', capazes de aceitar o modo como as coisas são, porque, ao se agarrar ao fetiche, conseguem mitigar o impacto total da realidade" (Žižek, 2011, p. 63).

Isso significa que um objeto pode funcionar de dois modos em nossa sociedade, segundo Žižek:

enquanto objeto-sintoma (uma ideia-sintoma): um objeto que traz à tona o que recalcamos;

enquanto objeto-fetiche (uma ideia-fetiche): um objeto que personifica o que negamos, que faz com que neguemos e continuemos vivendo "magicamente".

A tese de Žižek, no fundo, diz que é preciso que haja o objeto-fetiche para que a ideologia funcione. Se esse objeto (ou melhor, essa ideia-fetiche) não estiver presente, a ideologia se desmorona, tal como o recalque uma hora vem à tona: "não só o universo falso do sujeito desmorona se este for forçado a se confrontar com o significado do sintoma, como o oposto também é verdade, isto é, a aceitação 'racional' do modo como são as coisas também se dissolve quando o fetiche é tirado do sujeito" (Žižek, 2011, p. 63).

Dessa perspectiva social de atuação do desmentido próprio ao fetichismo, vemos que a ideia de patologia em Žižek é um pouco mais gradual do que a de Adorno, uma vez que, para o filósofo esloveno, o fetichismo não seria ele mesmo patológico, mas seriam patológicas *as condições sociais efetivas que fazem do fetichismo uma "saída", uma "válvula de escape" para experiências de sofrimento e condições insuportáveis*. Nesse sentido, haveria uma interface entre a dinâmica individual da estrutura fetichista e o contexto social no qual ela se desenvolve.

Outro autor que, apesar de não haver tratado diretamente do fetichismo, opera nessa interface é Axel Honneth. Ao tratar de conceitos como a reificação, o desmentido e a patologia do social, Honneth trabalhará as relações entre expectativas individuais e seu possível reconhecimento no contexto do social.

Aproximações do fetichismo com a autorreificação em Honneth

Em *A reificação: pequeno tratado de teoria crítica*, Honneth cita o fetichismo apenas em uma passagem: ao comentar a obra de Lukács que se baseia na análise de Marx sobre o fetichismo da mercadoria. Uma análise que nos leva a pensar que a reificação seria uma espécie de "segunda natureza" do homem. Nessa mesma passagem, Honneth acrescenta uma nota, orientando o leitor a se voltar à obra de Georg Lohmann (*Indifferenz und Gesellschaft: Eine kritische Auseinandersetzung mit Marx*, 1991) para compreender a relação entre o fetichismo e a reificação.

Apesar de o tema de Honneth não ser diretamente o nosso, sua obra é central para podermos avaliar a relação entre o fetichismo e a reificação, principalmente quando o autor busca apropriar-se da forma de negação fetichista segundo a concepção psicanalítica (*Verleugnung*).

Para Honneth, essa negação estaria relacionada a uma forma de *esquecimento do reconhecimento*. Mais especificamente, a duas formas operacionais:

1) haveria uma autonomização dos objetivos e das finalidades das práticas;
2) frente à influência de experiências contraditórias de pensamentos e pressupostos irreconciliáveis com o reconhecimento, ocorreria uma forma de esquecimento muito sutil que ele chama de "desmentido".

Esses pressupostos irreconciliáveis seriam operações em que duas forças contrárias estariam ao mesmo tempo em ação, estando o sujeito, por isso, bloqueado na capacidade de percebê-las. Ora, a peculiaridade do esquema de Honneth está na afirmação de que o desmentido seja uma forma de reificação.

A segunda contribuição de Honneth ao nosso tema seria acrescentar ao problema da reificação uma autorreificação. Nesse sentido, as perguntas decisivas para o filósofo seriam: "como ocorre a construção mental de tal poder?" (HONNETH, 2007, p. 118); "em que consiste a relação consigo mesmo reificante?"; ou ainda: "como podemos conceber essas práticas sociais que têm a propriedade de engendrar uma postura de autorreificação?" (HONNETH, 2007, p. 91).

O esboço de uma primeira resposta está na identificação das fontes sociais da autorreificação. A atitude de autorreconhecimento dependeria de um reconhecimento prévio, por parte dos sujeitos, dos desejos e objetivos de suas próprias ações. Em oposição, Honneth entende que a autorreificação seria o esquecimento dessa autoafirmação anterior, de modo que o sujeito passa a experimentar a si mesmo como um objeto a ser produzido. O desafio da teoria social seria então identificar as práticas sociais que tornam possível essa tendência à reificação dos desejos, que, se fossem sentidos como próprios, na verdade teriam sua gênese nas demandas externas de autoapresentação de si como objeto de troca.

A ideia subjacente é a de que a lógica de operação do modo de produção capitalista de troca mercantil passa a ser *interiorizada* nos sujeitos. Uma operação que se dá por meio de dispositivos e instituições que exigem desses sujeitos a construção de um discurso em que eles se oferecem como algo a vender; em que suas qualidades são definidas não a partir de experiências anteriores, mas a partir das demandas futuras de engajamento em empresas e instituições. Essa necessidade de apresentação de si mesmo obrigaria à simulação das finalidades das ações a partir de certos objetivos previamente estabelecidos. Desse modo, seja no âmbito do trabalho, seja no das relações amorosas, os indivíduos seriam levados a experimentar os seus sentimentos de modo artificial e mesmo exterior. Esse é um modo de afirmar que os sujeitos passam a operar segundo certas práticas institucionalizadas de autoexploração.

Um dos exemplos fornecidos por Honneth com um campo de práticas que estaria hoje funcionalmente dedicado à apresentação de si mesmo são as práticas que se desenvolvem com o uso da internet, como entrevistas de emprego, serviços de treinamento, as novas formas de namoro e encontros eletrônicos de amigos e parceiros. Em todas essas novas práticas, o que se vê é a formação de uma tendência à autoapresentação por meio do esquema da autoexploração, que apaga os limites entre trabalho, vida amorosa e lazer.

Poderíamos, aliás, associar essa forma de autorreificação a uma forma de sofrimento. Ou seja, àquilo que Honneth escreve como uma forma de barramento para o sujeito autorrealizar-se.

Lembremo-nos, por exemplo, do seu texto *Sofrimento de indeterminação*. Nessa obra, Honneth descreve que o indivíduo sofre toda vez que algo lhe impossibilita autorrealizar-se. Uma impossibilidade que é social: haveria como uma "barragem" ao indivíduo de um contínuo reconhecimento de suas capacidades e realizações diante dos membros da comunidade. Ao fazer uma espécie de autorreificação, o indivíduo, buscando se apresentar enquanto "tal e tal", impede que sua própria individualidade se autorrealize.

Seguindo sua ideia, haveria um *sofrimento de indeterminação* toda vez que o indivíduo se vê num impedimento de autoafirmação, autorrespeito e autoestima. Um impedimento que leva o indivíduo a se esvaziar (HONNETH, 2007, p. 105-106) – algo que o torna *indeterminado*. Aliás, um sofrimento que podemos ter sem que percebamos, pois podemos muito bem *naturalizar* formas de vida sem nos questionarmos se elas nos autorrealizam.

O conceito-chave de Honneth é, como vemos, o *reconhecimento*. Ou seja, a capacidade de o indivíduo afirmar a si mesmo diante dos outros ao mesmo tempo que torna seu comportamento válido e normativo. Ora, dessa forma, qualquer forma de impedimento de autorrealização seria como uma negação de sua própria individualidade. Não à toa o desafio de Honneth, em sua obra *Luta por reconhecimento* (1992), é pensar um processo de reconhecimento recíproco entre os indivíduos que mantenha a singularidade de todos os membros da comunidade. Essa teoria nos leva à conclusão de que somente através do reconhecimento o indivíduo não sofre, pois é só aí que ele se autorrealiza.

Nesse sentido, a hipótese de Honneth é que houve um processo evolutivo na sociedade em que, aos poucos, a possibilidade de um sujeito particular ser reconhecido se torna possível a partir de uma luta por reconhecimento. A cada atualização da normatividade, torna-se cada vez mais ampla a possibilidade de os sujeitos serem reconhecidos – diminuindo o que poderíamos denominar "guetos". Nesses termos, o reconhecimento não é algo dado, mas que se conquista a partir de uma luta.

Duas questões nos interessam aqui: no caso de um sujeito autorreificado, o que teria ocorrido? E no caso em que o sujeito não quer ou não "precisa" ser reconhecido – tal como Freud, por exemplo, descreve-nos sobre os fetichistas?

Ora, segundo Honneth, os indivíduos devem ser motivados a ser reconhecidos. Ou seja, há o que Honneth denomina "força motriz moral" (HONNETH, 2003, p. 113), que seria derivada da vontade singular de um indivíduo em assumir sua identidade diante de outros. Mas, no caso do fetichismo, ele teria essa motivação?

Na teoria honnethiana, há *patologias do social* sempre que há uma ausência de condições de possibilidade que garantam ao indivíduo sua autorrealização. Trata-se, como se nota, de uma teoria normativa que possa dar a todos possibilidades de serem reconhecidos. Honneth chega a nos falar de uma *patologia das relações de reconhecimento* (HONNETH, 2003, p. 251) – uma espécie de "efeito" patológico na autorrealização dos indivíduos que parece não se completar jamais.

Diante disso, como pensarmos o fetichismo?

Honneth nos permite pensar que o critério das patologias sociais seria dado a partir dos próprios indivíduos, por meio de demandas singulares de sujeitos postos em situação de conflito.

Se essa contribuição ao conceito de patologia social se mostrasse relevante aqui, ficaria ainda pouco claro na análise de Honneth como se estrutura o fetichismo. Parece que Honneth não tinha em mente esse problema. Mas poderíamos trazer alguns casos em que o fetichismo poderia ser lido nessa perspectiva.

Olympia e Marilyn Monroe: a autorreificação no fetichismo

Olympia é o nome dado por E.T.A. Hoffman à boneca pela qual o personagem Natanael se apaixona no conto fantástico "O homem de areia", de 1817. A história, contada por meio de cartas, descreve um curioso processo de reificação do personagem que culmina na sua paixão enlouquecida pela boneca e, posteriormente, em suicídio. Assim, o nome de Olympia se tornará paradigmático, e não é à toa que Robert Stoller, psicanalista estadunidense, o utilizará como codinome para apresentar a sua modelo *go-go* no livro *Observando a imaginação erótica*, de 1985.

Podemos dizer que, nesse livro, Stoller realiza um movimento parecido com o de Honneth, ou seja, uma tentativa de renovar a categoria de reificação, porém agora no contexto clínico das perversões. A estratégia do psicanalista é rearticular perversão e reificação, num movimento que vá contra a esterilização do conceito realizada pelo *Manual diagnóstico e estatístico de transtornos mentais* (DSM).

Para compreendermos isso, lembremos que o fetichismo foi classificado no DSM no interior das parafilias em geral. Ou seja, ele estaria inserido numa forma de comportamento sexual que "foge" do padrão considerado "normal". Nessa concepção, o fetichismo é necessariamente uma patologia.

Na última versão, o fetichismo foi classificado de modo diferente, mas sem perder o caráter classificatório de "perverso". No DSM-5, depois de muitos debates, chegou-se a um consenso de que as parafilias não são necessariamente transtornos psiquiátricos. O que se propôs foi uma distinção entre as parafilias e os transtornos parafílicos. No caso, uma parafilia, por si só, não justificaria ou exigiria automaticamente uma intervenção psiquiátrica. Pode-se averiguar uma parafilia de acordo com a natureza dos impulsos, fantasias ou comportamentos, mas o diagnóstico de um transtorno parafílico seria feito com base na angústia e no prejuízo. Nessa concepção, ter uma parafilia seria uma condição necessária, mas não suficiente para ter um transtorno parafílico.

Já o transtorno parafílico foi considerado uma parafilia que causa sofrimento ou prejuízo ao indivíduo ou danos a outros. Daí o fetichismo ser agora denominado um "transtorno do fetichismo sexual".

No fundo, essa abordagem deixa intacta a distinção entre o comportamento sexual normativo e o não normativo, que poderia ser importante para os pesquisadores, mas sem rotular automaticamente um comportamento sexual não normativo como psicopatológico.

Para Robert Stoller, nessa concepção, o fetichismo teria sido transformado numa categoria neutra e científica de parafilia, o que, para o psicanalista, enfraquece o conteúdo crítico que o conceito de perversão carregava: "Parafilia: tão limpo, tão arrumado, desinfetado, saneado e ordenado. Ciência triunfante" (Stoller, 1998, p. 18). Contra isso, Stoller afirma que pretende "manter o termo *perversão* exatamente por causa de suas conotações desagradáveis" (Stoller, 1998, p. 18).

A tese defendida é a de que nos devaneios e fantasias perversas aparecem roteiros cujo principal objetivo seria "solucionar traumas de infância, conflitos, frustrações, através da conversão das antigas experiências dolorosas em triunfos (fantasiados) no presente" (STOLLER, 1998, p. 30). Ao longo do livro ele justifica sua hipótese apoiando-se em anúncios de jornais e de revistas pornográficas, como "mulheres dominadoras", "fotos de menininhas", "tortura de testículos", "brigas de mulheres", "telessexo", "garotas desfiguradas", "pênis perfurados", "fetiche de pés", "amantes de calcinhas", "fotos de secreção" etc., e em novelas eróticas, entrevistas, um caso de perversão numa tribo sambia, entre outros.

Esses "casos etnográficos", colhidos tanto da clínica como da vida cotidiana, demonstrariam que a dinâmica da perversão atuante na fantasia e na excitação erótica seria muito mais comum do que se imagina, fazendo parte do cotidiano e não apenas de casos aberrantes.

Após apresentar uma longa lista de objetos-fetiche eróticos, Stoller se pergunta qual seria a dinâmica de hostilidade presente nos fetiches.

Em sua resposta, ele afirma que, embora os "fetiches sejam apenas símbolos, histórias muito densas que assinalam subliminarmente seus significados plenos", apesar de eles não machucarem ninguém, não obstante estão ocultos roteiros que retratam atos hostis, pois "o fato de os fetichistas não ferirem ninguém não deve ser confundido com o fato de seu comportamento ocultar, entre outras coisas, essa dinâmica da hostilidade" (STOLLER, 1998, p. 30). Mas como identificar essa hostilidade na fantasia fetichista?

Tomemos como exemplo o discurso de uma modelo de anúncio pornográfico, apresentado pelo psicanalista. Esse exemplo é privilegiado, porque nos mostra como as pessoas envolvidas em "desempenhos eróticos" comunicam-se, trocam-se, provocam-se. Afinal, o que a mulher-brinquedo do anúncio de uma revista pornográfica está dizendo à audiência masculina e o que essa audiência está dizendo à mulher?

Olympia não era paciente, mas uma voluntária entrevistada por estudantes da faculdade de medicina (que precisavam de uma pessoa que representasse a qualidade histriônica e erotizada que buscavam). Logo no início da entrevista, ela afirma que desde a infância teria aprendido a vivenciar seu corpo como "um objeto a ser exibido a uma audiência". O que nos diz Olympia?

Olympia fala sobre sua vida e sobre como está tentando se tornar uma estrela sexual e artista de variedades. Em seus próprios termos, ser um "tipo sexual" significa ser aquilo que os outros esperam que ela seja. Ela afirma: "tenho observado com muita atenção qual é a reação de uma pessoa a um espetáculo. Você não decide o que a audiência quer: em vez disso, você preenche um vácuo que existe ali. Tento manter-me receptiva ao que eles querem ver e manter-me tão arquetípica quanto possível [...] de modo que cada pessoa na audiência veja o que quer ver" (STOLLER, 1998, p. 87). Sobre o trabalho nos palcos, ela conta que o objetivo é criar ilusões e fantasias:

faço isso para mim mesma. E é bom se uma audiência puder partilhá-las, pois obtenho apreciações pelas ilusões... Posso subir em um palco, tirar toda a roupa e sentir-me tão confortável como estou agora. Mas se tivesse que subir em um palco e contar meus segredos pessoais mais íntimos, isso me faria sentir-me nua. Mas não meu corpo: o que há de diferente em *meu* corpo? Existem bilhões de versões dele. Todas as mulheres têm o mesmo equipamento que eu (STOLLER, 1998, p. 87-88).

Essa relação com o corpo teria aparecido já na infância. Das poucas coisas que lembra, uma delas é a de não ter encontrado identidade em sua aparência física. Diz ela: "tive muitas dificuldades quando criança. Tive tendências suicidas uma época, porque nunca me senti ligada ao meu corpo. Sentia-me completamente destacada dele; sentia-me como uma entidade completamente separada dele. Ainda hoje vejo meu corpo como uma ferramenta, como algo a ser usado" (STOLLER, 1998, p. 89).

O entrevistador pergunta então: "então você se vê – vê Olympia – como uma empresa, na qual pessoas diversas fazem diversas coisas? Sua contribuição é por esse corpo lá fora?". Diante dessa questão, Olympia declara:

> o físico é o instrumento da *performance*. Artistas de variedades não nascem feitos, são criados... Estou tentando me formar como uma personalidade específica... Embora eu planeje desempenhar um papel, o leitor não sabe disso. [...] Tinha um coreógrafo... sentamos lá para resolver qual a minha personalidade. Decidimos que seria assim e assado, tentando torná-la mais arquetípica quanto possível... Do mesmo modo como você vende qualquer produto... Do mesmo modo que você lança na praça um maço de cigarros, nós lançamos uma personalidade sexual. Uma pessoa que desperta a sexualidade de qualquer pessoa (STOLLER, 1998, p. 90).

A fala de Olympia remete a um dos maiores ícones da sexualidade feminina, a emblemática atriz estadunidense Marylin Monroe. Em *Culturas do fetichismo* (2006), Louise Kaplan defende que Marylin foi produzida para ser uma mercadoria. Na composição da cena de um filme, a fala e as ações da atriz seriam resultado do modo como diretores, escritores, câmeras e editores decidiram "usar o seu corpo". Além disso, ao fazer um apanhado do percurso pessoal e artístico de Marylin Monroe, Kaplan constata o quanto a atriz foi utilizada como mercadoria pelos homens que atravessaram a sua vida, entre eles maridos, diretores de cinema e produtores.

Mais do que uma história privada de desilusões, para Kaplan, a maneira como o corpo de Marylin foi usado nos filmes e os aparatos fetichistas que compunham as cenas tinham como propósito real obscurecer as decepções e mentiras que orbitavam e orbitam a ordem social estadunidense do período da guerra. Segundo a autora, seria necessário perceber que essa representação de experiências do corpo serve para mascarar ou reprimir uma experiência que possa constituir um trauma – o que ela denomina uma "estratégia fetichista".

Tanto no caso de Olympia descrito por Stoller quanto no caso de Monroe, o fetichismo está diretamente relacionado a uma forma de autorreificação, como vimos em Honneth. Em ambos os casos, a mulher faz do seu corpo um objeto-fetiche.

Mas essa ligação entre o fetichismo e a reificação é o único modo de pensarmos?

O fetichismo revisitado pelo viés da antropologia

Frente à questão levantada, há ainda uma passagem, dentro da história interpretativa do conceito de fetichismo, que merece ser explorada. Trata-se daquelas leituras que não tomam o fetichismo como base para se pensar, *necessariamente*, uma patologia. Essas leituras também assumem o conceito de fetichismo como instrumento de crítica, mas agora num novo sentido.

Alguns autores contemporâneos partem de uma tradição que não parece derivar a importância do fetichismo do problema da reificação, pois, para eles, não é necessariamente o apego às coisas que seria patológico. Ou seja, haveria uma dimensão, uma camada na relação com "nossas coisas", que nos seria íntima. Em vez de ver em toda reação às coisas algo reificado, eles nos "recordam" de que as "nossas coisas" apelam aos nossos sentidos.

O que esses autores nos mostram com o fetichismo é que não se trata *diretamente* de um processo social. Entretanto, ao retomar o conceito sob outro viés, eles podem nos ajudar a repensar o fetichismo como uma patologia social. Ao descrever uma relação da nossa esfera da sensibilidade com as coisas que os fetichistas colocam em relevo, talvez possamos ver que o fetichismo, ao menos para essa tradição, não carrega uma carga "negativa" tal como vimos anteriormente.

Basta lembrarmos, por exemplo, que Walter Benjamin uma vez escreveu que as coisas carregam o que ele chama de um "*sex-appeal do inorgânico*". Com essa expressão, podemos entender por que um vidro de perfume Chanel N. 5 atrai libidinalmente nossos sentidos. Ocorre com a mercadoria essa espécie de *empatia*: como se a coisa nos fizesse sentir algo que ela mesma, no sentido estrito, não poderia realizar.

Mas se lembrarmos da origem do termo "fetichismo", isso já não nos parece tão estranho. Aos olhos do colonizador, os ditos povos "primitivos" tinham uma relação com as coisas que parecia uma feitiçaria, pela capacidade de ação *própria ao* objeto. O fetichismo significa nesse contexto um *artifício* – como se a coisa agisse por conta própria. É esse contexto completamente diferente do que vimos até então que se torna o ponto de uma nova análise do fetichismo. Tais coisas nos fascinam, porque nos são, ao mesmo tempo, estranhas e íntimas.

Mario Perniola escreve um texto com título homônimo ao conceito de Benjamin: *O sex-appeal do inorgânico* (2005). Nessa obra, o filósofo italiano afirma que esse conceito implica uma nova aliança entre coisa e sensibilidade – uma "nova forma" de o sujeito se relacionar sensivelmente com as coisas.

Ele retoma algo que, desde o surgimento do fetichismo, não teria sido "devidamente" elaborado. Pois, nessa gênese, o fetichismo mostra, ao olhar alheio, um estranhamento: que tipo de relação "estranha" é essa que *aquele* sujeito tem com *aquela* coisa? Por que um investimento libidinal em "algo" que é "somente" *algo*?

Esse estranhamento do fetichismo, para Perniola, carrega uma ambiguidade entre aquilo que é da ordem do desconhecido e do conhecido – uma certa relação mágica, desconhecida, com algo supervalorizado, "este" objeto (conhecido). Aliás, uma ambiguidade que estaria presente desde a origem do conceito na antropologia. Basta lembrarmos que Charles De Brosses apresenta o fetichismo como a forma mais "primitiva" e "grosseira" de religião: aquela que adora as coisas particulares em si mesmas. Literalmente, diz De Brosses, o fetiche não representa nem reproduz ninguém – ele marca o triunfo do artificial.

Porém, em vez de estigmatizar o estranho como uma diferença "patológica" – porque não compreensível –, Perniola busca uma outra saída que parece inverter a questão. Aquela ambiguidade nos revelaria algo íntimo e mesmo extensivo ao nosso corpo. Ao supervalorizar algo, o fetichista "traria de volta" o que, nas sociedades ditas primitivas, seria natural: as coisas *são como* "sujeitos" que deveriam ser tratados como tais.

Perniola age como se estivesse propondo uma nova relação com esses "sujeitos", numa experiência deslocada, descentrada e, nos seus termos, livre da intenção de atingir um objetivo. É essa possibilidade que o pensador apreende da experiência fetichista.

Pensemos, por exemplo, na relação de um fetichista com seu objeto (supervalorizado). Há uma espécie de "projeção mágica" no sentir: há coisas que não se deve fazer com o objeto, porque ele poderia "sentir" algo. Não podemos deixar de notar um caráter ontológico de sua tese: no caráter fantasmático da crença, o próprio objeto carrega uma força (onipotência) que é capaz inclusive de sentir.

Essa outra concepção do fetichismo podemos ler também em Peter Stallybrass, com seu livro *O casaco de Marx: roupas, memória, dor*, de 1993. Nessa obra, Stallybrass afirma, "contraintuitivamente", que Marx teria deixado um problema em aberto: a estigmatização da relação com as coisas.

Stallybrass é astuto ao destacar que o casaco – o objeto-mercadoria que Marx utiliza como exemplo em *O capital* – é também *o* objeto que Marx penhorava toda vez que precisava de dinheiro, mas era obrigado a recuperar para que pudesse entrar no Museu Britânico no intuito de continuar suas pesquisas. Se, por um lado, Marx mostra como a sociedade capitalista fetichiza os produtos do trabalho, transformando-os em mercadorias (esse objeto a um tempo "sensível e suprassensível"), ao mesmo tempo ele tinha uma relação íntima com um objeto que era seu "passe" de entrada e saída do museu.

Mas isso só é uma contradição aparente para Stallybrass: "para Marx, o *fetichismo* não é o problema; o problema é o fetichismo das mercadorias" (STALLYBRASS, 2012, p. 42). Segundo ele, o fetichismo é algo "negativo" se o tomarmos como o eixo da socialização nas sociedades mercantis. Stallybrass é preciso:

> ao atribuir a noção de fetiche à mercadoria Marx ridicularizou uma sociedade que pensava ter ultrapassado a "mera" adoração de objetos, supostamente característica das religiões primitivas. Para Marx, o fetichismo da mercadoria era uma regressão relativamente ao materialismo (embora distorcido) que fetichizava o objeto. O problema para Marx era, pois, não o fetichismo como tal, mas antes, uma *forma* específica de fetichismo que tomava como seu objeto não o objeto animado do amor e do trabalho humanos, mas o não-objeto esvaziado de sentido que era o local da troca. No lugar do casaco havia um valor transcendental que apagava tanto o ato de fazer o casaco quanto o ato de vesti-lo (STALLYBRASS, 2012, p. 46).

Essa pontuação indica que, talvez, a relação entre fetichismo e reificação não seja tão imediata. Apenas no contexto de alguns autores essa relação faz sentido – depende do modo como o fetichismo é pensado: como uma forma de reificação dos modos de interação social, que passa a ser mediada por objetos fetichizados (as mercadorias), ou como uma relação específica com uma coisa singular, íntima, não trocável.

Não é estranho, portanto, que ele aponte que o maior erro no qual se pode cair frente ao fetichismo é reduzi-lo à dinâmica da reificação, ou seja, a um tipo de relação que trata pessoas como coisas. Ao contrário, Marx sabia muito bem o valor das coisas enquanto coisas:

> para Marx, assim como para os operários sobre os quais ele escreveu, não havia "meras" coisas. As coisas eram os materiais – as roupas, as roupas de cama, a mobília – com as quais se construía uma vida; elas eram o suplemento cujo desfazer significava a aniquilação do eu. Tornou-se clichê dizer que nós não devemos tratar pessoas como coisas. Mas trata-se de um clichê equivocado. O que fizemos com as coisas para devotar-lhes um tal desprezo? E quem pode se permitir ter esse desprezo? Por que os prisioneiros são despojados de suas roupas a não ser para que se despojem de si mesmos? Marx, tendo um controle precário sobre os materiais de autoconstrução, sabia qual era o valor do próprio casaco (STALLYBRASS, 2012, p. 80).

Isso é modo de afirmar que o problema não é nossa relação com os objetos, mas o modo como o capitalismo fez dos objetos fetichizados. Quem destaca isso de forma clara é Giorgio Agamben. Nesse contexto, Agamben buscará explorar o potencial crítico e estratégico do fetichismo. Para tanto, o pensador italiano pretende recuperar duas reflexões benjaminianas em torno da natureza do capitalismo da virada do século.

Em um pequeno texto intitulado "Capitalismo como religião", Benjamin havia apontado os aspectos ritualísticos da sociedade capitalista, organizada em torno do culto perene ao dinheiro, constituindo um fenômeno verdadeiramente religioso. Num segundo momento, já influenciado pelo pensamento marxista, Benjamin elaborará a crítica ao "culto fetichista da mercadoria", identificando nas modernas galerias parisienses do início do século templos modernos do consumo e da aparência.

É a partir dessas duas elaborações que Agamben buscará apontar para a persistência de um núcleo teológico no coração das formas de organização das sociedades modernas. Nesse sentido, seria possível acompanhar Benjamin e identificar aspectos verdadeiramente ritualísticos que marcam as formas de vida sob a lógica do capitalismo. No entanto, seria necessário reconhecer a existência de cisão radical responsável pela fratura entre as esferas distintas do sagrado e do profano, cuja origem estaria ainda no mundo romano.

> Sagradas ou religiosas eram as coisas que de algum modo pertenciam aos deuses. Como tais, elas eram subtraídas ao livre uso e ao comércio dos homens, não podiam ser vendidas nem dadas como fiança, nem cedidas ao usufruto ou gravadas de servidão. Sacrilégio era todo ato que violasse ou transgredisse esta sua especial indisponibilidade, que as reservava exclusivamente aos deuses celestes (nesse caso eram denominadas propriamente "sagradas") ou infernais (nesse caso eram simplesmente chamadas "religiosas") (AGAMBEN, 2007, p. 65).

A esfera religiosa seria, portanto, responsável por um movimento de retirada dos elementos que compõem a esfera da vida humana, suspendendo-os do uso comum e remetendo-os a uma esfera alheia ao mundo dos homens. A religião seria, portanto, responsável pela *sacralização* de diversos aspectos da vida humana, reservando-os ao uso dos deuses. Agamben demonstra como, ao contrário do senso comum, que aponta no termo *religare* alguma forma de reunião entre o humano e o divino, a dinâmica adequada da religião remete à expressão *relegere*, cujo significado preciso seria, inversamente, "a atitude de escrúpulo e de atenção que deve caracterizar as relações com os deuses, a inquieta hesitação (o 'reler') perante as formas – e as fórmulas – que se devem observar a fim de respeitar a separação entre o sagrado e o profano" (AGAMBEN, 2007, p. 66).

Ao identificar essa dinâmica de sacralização de determinadas esferas da vida humana, Agamben parece compartilhar um diagnóstico, comum a setores do marxismo frankfurtiano, que localiza na dinâmica capitalista a permanência de dispositivos ligados à lógica do fetiche:

na sua forma extrema, a religião capitalista realiza a pura forma de separação, sem mais nada a separar. Uma profanação absoluta e sem resíduos coincide agora com uma consagração igualmente vazia e integral. E como, na mercadoria, a separação faz parte da própria forma do objeto, que se distingue em valor de uso e valor de troca e se transforma em fetiche inapreensível, assim agora tudo o que é feito, produzido e vivido – também o corpo humano, também a sexualidade, também a linguagem – acaba sendo dividido por si mesmo e deslocado para uma esfera separada que já não define nenhuma divisão substancial e na qual todo uso se torna duravelmente impossível. Esta esfera é o consumo (AGAMBEN, 2007, p. 71).

No entanto, a estratégia do filósofo italiano não segue a tradição marxista da crítica da ideologia, mas busca explorar a possibilidade mesma de restituição daquilo que foi sacralizado ao uso comum. Assim, Agamben apresentará a noção de *profanação*, cujo objetivo seria "abrir a possibilidade de uma forma especial de negligência, que ignora a separação, ou melhor, faz dela um uso particular" (AGAMBEN, 2007, p. 66).

A profanação se apresenta como uma forma de reversão ao processo de sacralização, recuperando ao uso dos homens aquilo que havia sido reservado aos deuses. Nesse contexto, o pensador analisará figuras como a *paródia* e o *jogo* como diferentes formas de reapropriação daquilo que, no contexto do capitalismo, foi fetichizado, submetendo-se à lógica do valor de troca da mercadoria:

> brincar de roda era originalmente um rito matrimonial; jogar com bola reproduz a luta dos deuses pela posse do sol; os jogos de azar derivam de práticas oraculares; o pião e o jogo de xadrez eram instrumentos de adivinhação. Ao analisar a relação entre jogo e rito, Émile Benveniste mostrou que o jogo não só provém da esfera do sagrado, mas também, de algum modo, representa a sua inversão. A potência do ato sagrado – escreve ele – reside na *conjunção do mito que narra a história com o rito que a reproduz e a põe em cena*. O jogo quebra essa unidade: como *ludus*, ou jogo de ação, faz desaparecer o mito e conserva o rito; como *jocus*, ou jogo de palavras, ele cancela o rito e deixa sobreviver o mito. [...] Isso significa que o jogo libera e desvia a humanidade da esfera do sagrado, mas sem a abolir simplesmente. O uso a que o sagrado é devolvido é um uso especial, que não coincide com o consumo utilitarista. Assim, a "profanação" do jogo não tem a ver apenas com a esfera religiosa. As crianças, que brincam com qualquer bugiganga que lhes caia nas mãos, transformam em brinquedo o que pertence à esfera da economia, da guerra, do direito e das outras atividades que estamos acostumadas a considerar sérias. Um automóvel, uma arma de fogo, um contrato jurídico transformam-se improvisadamente em brinquedos (AGAMBEN, 2007, p. 66-67).

A profanação buscaria, nesse sentido, atacar os dispositivos fundamentais de sacralização nas formas de vida próprias ao capitalismo contemporâneo, associados principalmente à lógica mercantil das sociedades de consumo. Assim, pelo menos segundo Agamben, as estratégias de resistência contemporâneas *devem buscar reconfigurar sua relação com o mundo das coisas*, através de uma nova noção de livre uso. Nessa concepção, o problema não está, como dissemos, na relação dos sujeitos com as coisas, mas no modo como o capitalismo nos faz modificar nossas relações com elas.

Mas podemos também pensar no fetichismo não apenas a partir da dinâmica do objeto-fetiche. Massimo Canevacci, por exemplo, em *Fetichismos visuais: corpos erópticos na metrópole comunicacional* (2008), insiste que o fetichismo também pode ser visto como um método de desvelamento dos próprios fetiches, particularmente aqueles que perpassam as imagens disseminadas nos meios de comunicação – o que ele chama de "fetichismos visuais".

Para isso, Canevacci assumirá uma perspectiva que ele denomina de "etnográfica", pesquisando longamente o crescente entrecruzamento entre fetichismo e imagem que resulta num impasse teórico: em seus termos, "não seria mais possível aplicar os tradicionais esquemas teóricos". Por quê?

Nas imagens disseminadas na cultura digital transitam elementos-fetiche "colados" à propaganda, à indústria de modas, ao design e à cultura jovem. Eles misturam simbolismos diversos e perversos. Mas esses novos fetichismos visuais conteriam um "hibridismo" que desafiaria toda tentativa de defini-los e domesticá-los em um único eixo teórico.

O que Canevacci nos mostra é certa ambiguidade interna ao fetichismo, que nos traria, ao mesmo tempo, uma alienação e uma identificação. Mas também uma forma de perversão e de normalização. Por isso, ele pensa que a crítica ao fetichismo deveria "arriscar a ser igualmente ambígua". Ou seja, não poderíamos recorrer simplesmente a uma definição identitária do conceito ou harmonizá-lo num eixo único pela própria plasticidade que o fetichismo nos revela.

Nesse sentido, o fetichismo estaria mais próximo de um método que nos revelaria experiências inquietantes, uma vez que ele "não é sintético nem harmônico. Não é tonal nem tônico. É perturbador e metafórico" (Canevacci, 2008, p. 240).

Canevacci aponta que esse fetichismo metodológico nasce como uma tentativa de superar a matriz colonial do fetichismo. em vez de pensá-lo como um conceito de viés inteiramente "negativo", que revela uma esquisitice sexual de um sujeito ou uma forma corrompida de intercâmbio social, Canevacci pensa que o fetichismo pode nos revelar algo de novo. Para o antropólogo, *na tradição de inspiração marxista e psicanalítica*, o fetichismo teria sido demasiadamente relacionado com a perversão sexual e a reificação. Ao insistir nesses termos, essa tradição teria ficado refém de uma "epistemologia colonial" que vê no fetichismo unicamente degradação. É contra essa concepção que Canevacci busca encontrar outra potencialidade que não associe, necessariamente, fetichismo e degradação.

Para isso ele busca nos *próprios* Freud e Marx algo que poderia nos levar a pensar de outro modo – contra uma *tradição* inspirada naqueles dois. Em alguma medida, Canevacci se aproxima das reflexões de Freud tal como desenvolvidas em "O inquietante". Além do interesse sobre as novas manifestações inquietantes da cultura contemporânea, podemos também aqui aproximar o recurso à antropologia realizado por ambos, e que em Freud aparece explicitamente, como podemos ler nesta passagem:

> a análise de casos do inquietante nos levou à antiga concepção do *animismo*, que se caracterizava por preencher o mundo com espíritos humanos, pela superestimação narcísica dos próprios processos psíquicos, a onipotência dos pensamentos e a técnica da magia, que nela se baseia, a atribuição de poderes mágicos cuidadosamente graduados a pessoas e coisas estranhas (*mana*), e também por todas as criações com que o ilimitado narcisismo daquela etapa de desenvolvimento defendia-se da inequívoca objeção da realidade. Parece que todos nós, em nossa evolução individual, passamos por uma fase correspondente a esse animismo dos primitivos, que em nenhum de nós ela transcorreu sem deixar vestígios e traços ainda capazes de manifestação, e que tudo o que hoje nos parece "inquietante" preenche a condição de tocar nesses restos de atividade psíquica animista e estimular sua manifestação (FREUD, 1996, p. 373).

Já em Marx, Canevacci não pode deixar de perceber que, ao pensar no fetiche da mercadoria, Marx realiza uma crítica interna aos processos de dominação modernos. A partir dessa perspectiva, o antropólogo busca pensar em fetichismo não mais numa via "negativa", *mas carregando uma potencialidade ainda não explorada*: "consumir o fetichismo pode querer dizer dissolver os componentes, os rastros, as incrustações *coloniais, mercantilizadas, patológicas*, que estão nas facticidades nas quais se manifesta. Não certamente para restaurar uma pureza originária: o fetichismo é híbrido na sua própria imanência e suas mutações metamórficas têm um destino ainda a ser compreendido nas suas extremas potencialidades" (CANEVACCI, 2008, 254).

Por isso, uma forma de abordar os novos fetiches visuais contemporâneos seria incorporar uma *polifonia* de abordagens, de modo a revelar as diversas facetas que o fetichismo nos apresenta, "somando a sacralidade do deus-objeto, o estranhamento da mercadoria-valor, e a perversão do corpo sexuado" (CANEVACCI, 2008, 254). O que as imagens exploradas por Canevacci nos mostram é uma composição de fragmentos em que modalidades coloniais e primitivistas, mercadorias, perversões se misturam. É nessa mistura que ele vê uma possibilidade de potência crítica, disruptiva, *eróptica* do fetiche, que não se manifestaria se nos mantivéssemos presos àquela modalidade crítica tradicional do fetichismo.

Para revelar essa potência imanente ao estudo do fetichismo, Canevacci insiste na dimensão de estranhamento própria às nossas relações mágicas com os objetos inanimados, tal como Freud nos apresenta. Não por acaso as bonecas são um símbolo privilegiado da análise do antropólogo, passando da boneca-fetiche Madonna às bonecas-manequins e à Olympia de Hoffmann, até Rainer Maria Rilke com suas *Puppenspiel*, Hans Bellmer com suas bonecas despedaçadas, e Simon Yotsuya com suas bonecas inquietantes...

Passagens como esta de Freud lhe parecem centrais para recuperarmos essa potencialidade crítica do fetichismo:

> na idade em que começa a brincar, a criança não distingue claramente entre objetos vivos e inanimados, e gosta de tratar sua boneca como um ser vivo. Já ouvi mesmo, de uma paciente, que ainda aos oito anos de idade ela estava certa de que suas bonecas adquiririam vida se as olhasse de determinada forma, o mais intensamente possível. Também aqui, portanto, é fácil identificar o elemento infantil; mas curiosamente, no caso do Homem da Areia [de E.T.A. Hoffman] vimos despertar um velho medo infantil, e no da boneca animada não se pode falar em angústia; a garota não receava a animação de suas bonecas, talvez a desejasse. A fonte do sentimento inquietante não seria aqui uma angústia infantil, mas um desejo infantil ou uma crença infantil. Isso parece uma contradição; possivelmente é apenas uma complexidade, que depois talvez seja útil à nossa compreensão (CANEVACCI, 2008, p. 350).

Hannah Cullwick e a coleira de escrava: o reconhecimento no fetichismo

Em "Couro imperial: raça, travestismo e o culto da domesticidade" (2003), Anne McClintock realiza uma análise da relação *sadomasoquista* de um casal vitoriano inglês, Hannah Cullwick (1833-1909) e Arthur Munby (1828-1910). Embora ela realize uma análise de um caso do século XIX, ela nos sugere uma leitura atual sobre o fetichismo.

Para isso, ela utiliza um extenso material deixado por eles em fotografias e diários escritos por Hannah. Esse caso nos parece interessante aqui, porque na descrição dessa prática sadomasoquista há a eleição de um objeto que revela as ambiguidades do objeto-fetiche para além do caso de autorreificação, tal como vimos. Ainda que esse objeto faça parte de um ritual sadomasoquista, esse caso nos permite lançar luz sobre algo específico ao objeto-fetiche.

McClintock olha para os jogos e rituais encenados por Arthur e Hannah a partir do significado social envolvido no objeto-fetiche: a pulseira/coleira de escrava utilizada por Hannah. Por meio de uma interpretação do significado dessa pulseira/coleira, a autora procura mostrar que o objeto-fetiche carrega uma experiência ambígua, mas que revelaria a *busca de reconhecimento em contextos de crise social e de anomia*.

Hannah era filha de uma criada e de um artesão seleiro, nascida na Inglaterra na primeira metade do século XIX, em plena transição do período imperial para o capitalismo industrial. Seus pais serviam ao mundo da antiga nobreza em extinção. Com a morte da mãe – fato traumático que marcaria toda a vida de Hannah –, ela se viu obrigada a trabalhar como empregada e faxineira nas cozinhas das propriedades rurais senhoriais, nas casas da classe da burguesia industrial em ascensão, nas estalagens, como encarregada dos urinóis, e em berçários. De modo que a vida de Hannah "atravessou uma das mais profundas fissuras da era vitoriana" (McClintock, 2003, p. 5): ela viveu na passagem do império e do mundo decadente da nobreza para o capitalismo industrial e o mundo ascendente da manufatura industrial. Nesse novo contexto, os códigos sociais se transformaram, e a dinâmica do dinheiro passou a gerir de novo modo a relação entre a classe trabalhadora e os novos senhores.

Em 1854, em um encontro casual nas ruas de Londres, Hannah conheceu aquele que seria seu futuro marido, o advogado Arthur Munby, membro da alta burguesia. Com esse casamento abriu-se a possibilidade de Hannah mudar de posição social, "entrando na sociedade", como se diz. Porém, preferindo viver como criada em meio a sua nova classe, ela continuou a trabalhar como empregada e faxineira nas casas, ganhando seu próprio dinheiro.

Por isso, passava pouco tempo com seu marido; insistia que este lhe pagasse um salário pelos trabalhos da casa; não teve filhos; alfabetizou-se e escreveu 17 diários, nos quais conta em detalhes íntimos a sua lida diária doméstica. No apogeu da "mulher desocupada" burguesa, ela se tornou musculosa com o trabalho braçal, uma "estranha camponesa nas enormes casas da elite vitoriana decadente" (McClintock, 2003, p. 10). Numa época em que o serviço das mulheres não tinha mais valor econômico, a sua vida, narrada nos diários, oferece o testemunho da geração de mulheres que fizeram o trabalho braçal pesado. O que contam esses diários?

Cullwick narra uma "vida de fetichismo doméstico e racial" que enche sua vida conjugal com "parafernálias teatrais sadomasoquistas", como botas, correntes, cadeados, couro, vendas, correias, criando roteiros que eram, então, fotografados. Nesses roteiros e cenas teatrais aparecem jogos de fantasias que articulavam os elementos simbólicos relacionados às principais transformações do capitalismo industrial nascente – elementos como classe (criada/senhora), raça (mulher branca/escrava negra), gênero (homem/mulher), economia (terra/cidade) e idade (adulto/bebê).

Durante anos, Hannah utilizou uma *pulseira de escrava* de couro, muito suja, e uma corrente de cadeado em volta de seu pescoço. Ela dizia que era *um signo de seu amor e servidão a Munby*: "o signo de que sou serviçal e pertenço ao Mestre" (McClintock, 2003, p. 12). Conta a autora que, uma vez, tendo sido contratada para servir um jantar na casa de uma família burguesa, foi-lhe solicitado que retirasse a pulseira/coleira de escrava. Recusando-se, perdeu o emprego. Surge então a pergunta: "como entender essa pulseira de escrava", que, para McClintock (2003, p. 17), "faz parte de sua zona de fetiches?".

Analisando o significado social do objeto-fetiche, McClintock afirma que no "fetiche da pulseira de escrava, raça, gênero e classe se sobrepõem e se contradizem: a pulseira de escrava é sobreterminada", é o "signo proibido do trabalho da mulher". Ao recusar tirar a pulseira durante o jantar, Hannah, estaria recusando a abjeção (supressão) social de seu trabalho e da sujeira doméstica. Sua ação e sua recusa representariam, assim, um *desejo de reconhecimento* do seu valor social em uma experiência marcada pela memória traumática da desigualdade, da violência e da crise social. Segundo a autora, o fetiche-pulseira de escrava encena a "história do capital industrial assombrada pela traumática escravidão imperial", fazendo da "memória um objeto repetível". Nesse sentido, a autora propõe que Hannah "se adornou com seus próprios grilhões simbólicos" (MCCLINTOCK, 2003, p. 18).

Diante desse caso, somos confrontados com a pergunta: essa posição de objeto-fetiche assumida por Hannah seria similar àquela de Olympia e Marilyn Monroe?

Nos casos de Olympia e Marilyn Monroe, podemos facilmente identificar que ocorre uma forma de submissão do corpo da mulher a uma imagem de mulher, que elas passam a mimetizar. Essa posição assumida por elas não apenas torna a feminilidade um instrumento de poder – como vimos no discurso da modelo –, mas também impõe a delimitação do corpo e do desejo a uma fantasia social de feminino que configura a feminilidade a ditames já dados culturalmente. Se, como disse Simone de Beauvoir, "não se nasce mulher, torna-se mulher", no fetichismo vemos que, com a fetichização da mulher, ela é transformada em deusa e é adorada justamente por se travestir de mulher, colada aos padrões ideais de feminilidade. Talvez por isso os debates sobre o feminismo pareçam se opor tão enfaticamente aos modos de fetichização do corpo da mulher, que, se não passa ao ato de violência física, sobrevive na fantasia social a partir de características fixadas.

Já com Hannah Cullwick não parece ser esse o esquema que opera. Hannah não tenta se colocar numa imagem de mulher previamente dada: ao contrário, ela se recusa a se encaixar nos modelos de feminilidade burguesa e vitoriana nascentes. De modo que, em vez de se submeter a uma imagem, Hannah possui certa autonomia quanto ao modo de se travestir. As amarras e os grilhões sustentados por ela não parecem apenas revelar um processo de submissão. Ao contrário, ao revelar o enigma escondido sob suas coleiras, ou seja, a violência social sobre a formação de sua identidade, ela ironiza as regras dadas e transforma o fetiche não mais numa imagem idealizada, mas num símbolo do controle sobre o corpo.

Uma outra atualização da categoria fetichismo

Em 2010, Vladimir Safatle publica *O fetichismo*, buscando apresentar como essa categoria surgiu e seus vários desdobramentos modernos. Safatle mostra que há uma ligação, nessa tradição, entre o fetichismo e a reificação, entretanto busca, na sua conclusão, questionar essa associação "imediata".

Para mostrar como foi pensada essa associação, Safatle insiste em como a questão da *imagem* seria a categoria fundamental para compreendermos a articulação entre fetichismo e reificação. Entre os autores citados aparecem Georg Lukács, Max Weber, Guy Debord, Adorno e Lacan. Nestes, o decisivo seria o modo como o fetichismo passa a se referir não apenas à fetichização de mercadorias, mas, sobretudo, à fetichização das imagens que passam a sustentar a cisão própria à mercadoria. Como vimos neste trabalho, esse movimento não é estranho a Freud, para quem o fetichismo implicaria um grau de abstração ou idealização em relação aos objetos, subsumidos à dimensão da imagem.

Em Lukács, por exemplo, Safatle destaca como foi o filósofo húngaro quem retomou a ideia de reificação ligada ao fetichismo. Mas destaca, ao mesmo tempo, como sua análise nos permite pensar como o tempo, na sociedade capitalista, apresenta-se de um modo contínuo entre coisas autônomas que não teriam relações entre si. Ora, esse tempo contínuo se relaciona com o problema da imagem, "pois estar na imagem é", diz Safatle, "para um objeto, oferecer-se a ver de maneira estática, submetida à espacialidade de um plano visual; é entregar-se a um regime de visibilidade instantânea, de identificação imediata" (SAFATLE, 2010, p. 120).

Isso nos levaria a um primado da imagem próximo à ideia de idealização, que Lacan, por exemplo, apresenta-nos enquanto uma imagem fantasmática em que o sujeito projeta algo no outro, esvaziando-o de sua identidade. O mesmo dirá Adorno, lembra-nos Safatle, ao afirmar que a imagem fica prisioneira do culto dos ídolos. E, finalmente, Debord descreve nossa sociedade como sociedade do espetáculo, em que os sujeitos têm uma posição de uma imagem própria alienante.

Eis as associações de Safatle: "para esta noção de espetáculo convergem a atitude contemplativa e exterior descrita por Lukács (mesmo a discussão sobre a perda da temporalidade aparece claramente na definição do espetáculo como 'falsa consciência do tempo'), experiências de alienação certamente animadas pelas discussões lacanianas sobre o Imaginário e os diagnósticos sociais de ampliação da sociedade de consumo nos países ocidentais (SAFATLE, 2010, p. 122-123).

Entretanto, após apresentar essas associações, ele afirma que nem sempre esse é um caminho profícuo para pensar em nossas sociedades contemporâneas, se lembrarmos que "*toda imagem-fetiche é sempre modo de colonização de algo que não é imediatamente imagem*" (SAFATLE, 2010, p. 124, grifo do autor). Esse é o ponto que nos interessa mais em sua discussão – um ponto que coloca em questão a relação do fetichismo e a reificação.

Ao se perguntar sobre a atualidade das categorias de fetichismo e de reificação, Safatle retoma um segundo argumento dessa tradição crítica. Pois, se para De Brosses o fetichismo "primitivo" mostrava uma incapacidade na realização de abstração por parte daqueles povos, já dentro da tradição crítica moderna o fetichismo implicará algo um pouco mais sutil e que revelará, antes, uma *naturalização de abstrações*, uma "incapacidade da consciência em apreender a totalidade das relações causais" (SAFATLE, 2010, p. 125). Já Marx havia acusado a naturalização do valor das mercadorias como algo problemático. Também Lukács se apegará a esse modelo crítico, sustentando que a tarefa histórica da teoria seria "desmascarar" a ilusão que impede a consciência do verdadeiro sentido da totalidade das relações sociais.

Porém, para o autor, talvez essas abordagens revelem ao mesmo tempo um limite, pois pensam no fetichismo retraduzindo-o completamente à linguagem da reificação: assim, "é possível que a compreensão do fetichismo social nos exija um abandono da temática da reificação da essência na dimensão da aparência fantasmática do processo de determinação do valor ou da imagem como bloqueio da reconstrução do sentido como totalidade" (SAFATLE, 2010, p. 129).

O principal problema estaria em não se levar em conta algo que Adorno já havia mencionado em sua crítica da ideologia, entendida como "falsa consciência". Para o filósofo alemão, essa ideia teria sido suplantada por um outro modo de funcionamento da ideologia, em que esta não dependeria mais de um modelo de encobrimento, que impeliria a crítica a revelar aquilo que teria sido esquecido, recalcado ou encoberto. Ao contrário: nas sociedades pós-industriais a crítica da ideologia precisa lidar com uma dimensão em que a ideologia "não é nem admitida nem reprimida". Trata-se de uma "zona psicológica obscura" que não é de modo algum inconsciente, mas uma "esfera da insinuação, da piscadela de olho, do 'você sabe do que estou falando'" (ADORNO, 2008, p. 41).

Como se soubéssemos muito bem o que os discursos ideológicos colocam em jogo, mas não soubéssemos como agirmos – algo que Peter Sloterdijk, como cita Safatle, denomina uma "falsa consciência esclarecida". O que isso significa?

Safatle propõe que tem algo peculiar no modo como a tradição de Marx e Freud aborda o fetichismo, levando-nos a uma reflexão sobre uma razão cínica, em que os sujeitos sabem muito bem o que está em jogo e mesmo assim continuam a agir como se nada se passasse. Uma dimensão em que a "piscadela de olhos" seria dominante em nossa sociedade. Percebamos: se na ideologia, tal como ela é compreendida tradicionalmente, os sujeitos naturalizam certas formas de vida sem as questionar, no discurso cínico tratar-se-ia de afirmar que os sujeitos conseguem apreender o que se passa, mas continuam a fazer o que fazem.

Nesse sentido, Safatle busca associar a negação fetichista que Mannoni resume na frase "eu sei, mas mesmo assim..." com as novas formas de socialização modernas, em que não haveria uma máscara de seus próprios processos, mas uma "zona psicológica obscura" que parece ser solidária a tais processos. Ou seja, não se trata exatamente de uma reificação, mas de um cinismo generalizado, o que leva Safatle a *sugerir* que a clivagem do Eu, processo que Freud descreve como resultado da negação fetichista, seria algo generalizado. Passagens como esta não nos deixam dúvidas: "pois tudo nos leva a crer que Freud tendia a admitir que *essa assunção do primado fálico só seria possível através da clivagem do Eu*" (SAFATLE, 2010, p. 99); e de modo mais enfático em sua conclusão: "pois, enquanto produzida através da internalização da fantasia monista do gozo fálico, a unidade sintética do Eu será sempre solidária de uma clivagem" (SAFATLE, 2010, p. 134).

No fundo, Safatle parece radicalizar a posição que vimos de Žižek, segundo a qual, em nossa sociedade, há uma personificação da mentira: personificamos uma farsa para podermos sustentar algo. Mas essa personificação aparecia numa relação social em que as próprias condições sociais levariam os sujeitos a uma reação: buscar uma válvula de escape para experiências de sofrimento e condições insuportáveis. O que Safatle parece propor é *um processo generalizado da própria constituição do Eu moderno.*

Se a articulação entre fetichismo e reificação se mostrou problemática nessa tentativa de atualização do conceito – e, como vimos, também na tradição da antropologia essa foi uma das contribuições importantes –, por outro lado, Safatle não deixa de tentar um reposicionamento da categoria no âmbito das patologias do social. Para manter essa postura, ele retoma o vínculo entre fetichismo e perversão, mas numa perspectiva talvez "inesperada". Pois, mesmo fazendo isso, ele não pretende cair no que chama de "fantasma humanista" – uma concepção que pensaria a perversão a partir de um critério "humanista" de "impossibilidade de reconhecimento do desejo do outro". Para ele, no fetichismo como na perversão, não se trataria apenas de uma "impossibilidade de reconhecer outro sistema de desejos e aspirações individuais" (SAFATLE, 2010, p. 78).

Podemos aqui repensar, aliás, a contribuição do autor dentro do debate já levantado por Honneth. Não se trata de tentar uma aproximação forçada entre os dois, mas de revelar o terreno em comum de debate e como ambos se posicionam. Em Honneth, há uma inflexão em direção ao indivíduo, que aparece nas demandas de reconhecimento. Já Safatle tenta dar conta do modo como a categoria de patologia será aplicada ao indivíduo, tanto no DSM quanto na crítica social. Como construir uma categoria de fetichismo sem cair no risco de moralizar a prática individual do fetichismo e sem perder a crítica social que ela contém? Estamos aqui envoltos no velho desafio de articular Marx e Freud na perspectiva do fetichismo.

Primeiramente, podemos pensar a partir do contraponto honnethiano. Como vimos, pareceu-nos que a categoria de reconhecimento aplicada ao fetichismo coloca um impasse para essa perspectiva. O fetichista (perverso) não parece buscar reconhecimento; ele nem mesmo o quer, visto que sua prática lhe traz um grau de satisfação que, como já Freud havia apontado, não parece demonstrar qualquer tipo de sofrimento (pelo menos não diretamente na demanda clínica). Honneth não se volta para o fetichismo, apesar de essa categoria ser fundamental para repensarmos em o que o filósofo pensa sobre a autorreificação – um caminho quase natural em sua teoria para os ditos "perversos". Já Safatle aponta outro caminho.

Parece-nos que, para Safatle, haveria um "conteúdo de verdade" na perversão. Sua argumentação, apesar de breve, leva-nos a retomar o fetichismo como a sobrevivência de etapas anteriores de organização da libido, anteriores à unificação das pulsões parciais em torno de uma ideia de um Eu unificado e à "internalização da fantasia monista do gozo fálico". Nesse sentido, o fetichismo desmontaria as estruturas estabelecidas de identidade, revelando que haveria outra experiência possível de organização libidinal.

Porém, essa "astúcia do fetichismo", como uma vez afirmou Freud, traria uma marca reveladora de uma experiência de bloqueio, uma vez que esse apoio em etapas anteriores só seria possível "colonizando o passado com uma fantasia que nada mais é do que perpetuação identitária do presente" (SAFATLE, 2010, p. 129). Ou seja, tal como na antropologia, "trata-se mais uma vez de colonizar o Outro a partir de sua redução à condição de suporte de uma imagem fantasmática" (SAFATLE, 2010, p. 134). Desse modo, o fetichismo é restituído como noção importante para a teoria social. Em suas palavras:

se o fetichismo foi um dispositivo criado a fim de impor distinções estruturais entre a consciência moderna então nascente e esses espaços infinitos nos quais o ocidente não encontrava a sua imagem, depois de Freud e Marx ele podia voltar-se contra aqueles que o criaram. Sua maneira de descrever o fetichismo abriu as portas para a constituição de um esquema poderoso de compreensão do *funcionamento social* da fantasia que pode ainda ser desdobrado (SAFATLE, 2010, p. 131-132).

Essa posição implicaria, no fundo, uma crítica das práticas analíticas que atuariam a partir da interpretação de estratégias de subjetivação de um desejo recalcado, mas também um reposicionamento da categoria no âmbito da teoria social, especialmente em sua articulação com a psicanálise.

Talvez pudéssemos pensar, com Safatle, que o estudo das *fantasias sociais* compartilhadas seria um dos caminhos possíveis para retomar o fetichismo no âmbito da teoria social – uma concepção que o autor retoma de Freud ao pensar se as fantasias seriam um problema filogenético ou ontogenético. Esse caminho possivelmente levaria a um reposicionamento da prática clínica e também a um desafio de trabalhar as produções sociais das fantasias atualmente – algo que o autor não desenvolve nessa obra, mas que nos aparece importante aqui. Quem sabe esse não seja um ponto de abertura para os estudos do fetichismo, que conduza a uma retomada daquela tradição crítica que, de Adorno a Benjamin, entre outros, viu nas *experiências culturais* o solo fértil para uma crítica social?

Entretanto, para realizarmos essa análise, deveríamos pontuar de modo mais claro qual a diferença entre a imagem, tal como é apresentada na socieda-de do espetáculo, e as fantasias sociais que poderíamos buscar em Freud. Além disso, seria importante retomar, nessa diferenciação, a relação que a imagem e a fantasia teriam com a reificação, para daí avaliar o estatuto do fetichismo em nossa sociedade e se ele ainda seria uma categoria-chave para pensarmos o que denominamos uma patologia social. Mas, para isso, talvez fosse preciso questio-narmos, primeiramente, quais seriam os critérios para se pensar em fetichismo enquanto uma patologia do social. A partir desses critérios, num estudo posterior, poderíamos retomar o problema da imagem e da fantasia com os olhos voltados a essa "magia" que parece ser o fetichismo e que nos leva a crer que "o mundo é mágico" – ao menos do ponto de vista fetichista.

Quais os critérios para se pensar em fetichismo como uma patologia do social?

A questão que norteou este capítulo foi a seguinte: seria o fetichismo uma patologia do social? Em *O mal-estar na civilização*, Freud aconselha prudência a todos que quiserem pensar operar a passagem de um diagnóstico individual para um diagnóstico social. Apesar disso, ele também afirma que "pode-se esperar que um dia alguém ouse empreender semelhante patologia das comunidades culturais" (Freud, 2010b, p. 120).

O conceito de fetichismo oferece um caso privilegiado na tentativa de realização desse empreendimento, uma vez que foi trabalhado por vários auto-res que buscaram operar essa passagem. Particularmente na tradição marxista, o fetichismo da mercadoria e a reificação foram claramente tomados como patologias do social. Por outro lado, o fetichismo também foi pensado por outros autores numa outra dimensão. Sob esse ponto de vista, o fetichismo se apresenta ainda como algo inexplorado e que guarda, em suas peculiaridades, uma certa forma de resistência e de potência crítica às nossas formas de vida. No fundo, trata-se de uma forma de afirmar que o campo do fetichismo ainda não foi suficientemente explorado.

Diante da questão sobre se o fetichismo é ou não uma patologia do social, estamos, portanto, também diante de uma miríade de respostas. Em suas primeiras formulações, o conceito de fetichismo sempre enfatizou algumas características em comum que foram lidas de modos diversos: uma crença que revela uma naturalização; uma relação a um objeto mágico e, por isso, supervalorizado; uma substituição de algo; um enigma... Essas características mais centrais do fetichismo, junto com outras menos evidentes, foram retomadas por diversos autores ao longo do século XX, certas vezes para reafirmar o caráter patológico do fetichismo, outras vezes para enfatizar essa dimensão de potencialidade.

Levando a sério o conselho de prudência de Freud ao tentar buscar uma "patologia das comunidades culturais", poderíamos dar um passo atrás e perguntar: quais seriam, afinal, os critérios para definir se o fetichismo seria ou não uma patologia do social?

Um primeiro critério poderia ser encontrado na noção de *reconhecimento*. O fetichismo seria uma patologia do social, porque alteraria o modo "correto" de funcionamento das dinâmicas de reconhecimento social. Além das dificuldades próprias a toda teoria (normativa) do reconhecimento (como é possível um reconhecimento "correto"?), impõem-se aqui dificuldades específicas de se encontrar um critério para a determinação do caráter patológico de relações baseadas num reconhecimento mediado por um objeto-fetiche. A mera existência de um objeto mediador dificilmente pode ser tomada como um critério definitivo – quantas não são as relações que têm num objeto privilegiado o seu eixo? Tampouco o podem ser a dimensão da crença ou de enigma – o que sobraria da religião, por exemplo? Se recorrermos a uma escala quantitativa, por sua vez, o fetichismo aparecia aquém ou além do limite "normal"? Uma relação fetichizada implicaria um déficit ou um excesso de reconhecimento?

Podemos retomar essa dimensão *quantitativa* num plano mais geral como um segundo critério: como já insistia Binet, se considerarmos que todos temos fantasias, comportamentos, desejos etc. fetichistas, teríamos de assumir que, até certo ponto, o fetichismo é aceitável e até mesmo saudável (é o que Binet denominava de "pequeno fetiche"). Nesse caso, o fetichismo só seria patológico se fosse "exagerado" ou "exacerbado", isso é, fosse colocado às claras, tal como se estivéssemos lidando com um comportamento que tivesse se sobressaído de tal maneira que não poderíamos mais tolerar (o grande fetiche de Binet). Mas, novamente, teríamos aqui de nos perguntar qual seria o critério da normalidade em que uma certa "dose" de fetichismo seria aceita de bom grado.

Um terceiro critério poderia ser buscado no *sofrimento*: o fetichismo seria uma patologia do social, porque as pessoas se apegam a objetos-imagem a ponto de sofrerem ou fazerem outras sofrerem. Ao fazer de algo o substituto de outro algo, e ao fazer dele mágico, supervalorizado, um enigma surge: esse objeto-fetiche, ou mesmo essa ideia-fetiche (por que não?), satisfaria os sujeitos?

Esse parece ser o critério mais complicado. Se lembrarmos como nossa sociedade foi descrita incessantemente enquanto uma *sociedade do espetáculo*, em que a imagem parece dizer mais do que qualquer outra coisa, o fetichismo poderia muito bem aparecer como uma patologia do social. Ou seja, o fetichismo seria o reflexo de uma sociedade que fez dos seus modos de relações um palco em que cada um oferece-se enquanto um objeto a ser consumido pelo outro. Tentemos precisar melhor essa ideia.

Pensemos, primeiramente, num fetichista clássico. Segundo as observações de Freud, ele não busca a análise, porque está sofrendo diretamente devido a seu fetiche. Este só aparece na análise de modo "lateral", e não como demanda de sofrimento. Diante disso, o fetichismo não parece dizer muito em relação ao sofrimento subjetivo.

É certo que o sofrimento é uma manifestação que mostra, de modo privilegiado, o que nossas formas de relação permitem ou bloqueiam nos indivíduos – o sofrimento individual pode, em certa medida, mostrar o que está em jogo no social. Ainda, ele nos mostra como muitas vezes as pessoas não parecem ter escolhas diante da normatização social. Nesse caso, o sofrimento individual seria "uma lente de aumento" de um problema que poderia muito bem ser chamado de "patologia do social". Mas seria esse o caso do fetichismo? Poderíamos afirmar que uma sociedade sofre por ser fetichista?

Não é impossível, mas parece mais apropriado (particularmente se aceitarmos esse resultado não como definitivo, mas como parcial) apontar as dificuldades envolvidas na própria questão que norteou nosso texto. Na tentativa de responder se o fetichismo é ou não uma patologia do social, esbarramos com uma série de dificuldades acerca dos próprios critérios que definiriam uma *patologia*. Nesse sentido, antes de uma referência norteadora dos critérios do patológico, o fetichismo revela-se um conceito-crise, cujo maior êxito ou eloquência parece ser justamente apontar a fragilidade dos critérios normativos que determinam amplos aspectos estruturantes de alguns dos laços sociais fundamentais de nossa sociedade contemporânea.

Referências

ADORNO, Theodor W. *As estrelas descem à terra: a coluna de astrologia do* Los Angeles Times; *um estudo sobre superstição secundária*. São Paulo: Editora Unesp, 2008.

ADORNO, Theodor W. O fetichismo na música e a regressão da audição. In: *Benjamin, Habermas, Horkheimer, Adorno*. São Paulo: Abril Cultural, 1980. (Os Pensadores).

ADORNO, Theodor W. *Textos escolhidos*. São Paulo: Nova Cultural, 1999.

AGAMBEN, Giorgio. *Profanações*. São Paulo: Boitempo, 2007.

AMERICAN PSYCHIATRIC ASSOCIATION (APA). *Manual diagnóstico e estatístico de transtornos mentais: DSM-IV-TR-TM*. 4. ed. rev. São Paulo: Artmed, 2002.

ARENDT, Hannah. *Entre o passado e o futuro*. São Paulo: Perspectiva, 2011.

ASSOUN, Paul-Laurent. *Le fétichisme*. Paris: PUF, 1994.

BAUDRILLARD, Jean. *La société de consommation*. Paris: Denoël, 1970.

BAUDRILLARD, Jean. *O sistema dos objetos*. São Paulo: Perspectiva, 1989.

BAUDRILLARD, Jean. *Para a crítica da economia política do signo*. Rio de Janeiro: Elfos, 1995.

BINET, Alfred. *Le fétichisme dans l'amour*. Paris: Payot, 2001.

DE BROSSES, Charles. *Du culte des dieus fetiches ou Parallèle de l'ancienne religion de l'Egypte avec la religion actuelle de Nigretie*. Paris: Fayard, 1988.

CANEVACCI, Massimo. *Fetichismos visuais: corpos erópticos e metrópole comunicacional*. São Paulo: Ateliê Editorial, 2008.

CLASTRES, Pierre. *Arqueologia da violência: pesquisas de antropologia política*. São Paulo: Cosac Naify, 2004.

DARWALL, Stephen. *The Second-person Standpoint: Morality, Respect and Accountability*. Cambridge: Harvard University Press, 2006.

DEBORD, Guy. *A sociedade do espetáculo*. Rio de Janeiro: Contraponto, 1997.

DELEUZE, Gilles. *Lógica do sentido*. São Paulo: Perspectiva, 2001.

DELEUZE, Gilles. *Sacher-Masoch: o frio e o cruel*. Rio de Janeiro: Zahar, 2009.

DUNKER, Christian. Dossiê: perversão. *Revista Cult*, n. 144, 2010. Disponível em: <https://goo.gl/jd5omG>. Acesso em: 12 nov. 2017.

FOUCAULT, Michel. *Segurança, território e população*. São Paulo: Martins Fontes, 2008.

FREUD, Sigmund. A cisão do Eu no processo de defesa. In: *Escritos de psicologia do inconsciente*. Tradução de Luiz Alberto Hanns. Rio de Janeiro: Imago, 2007a. v. 3: 1923-1940.

FREUD, Sigmund. A negativa. In: *Escritos de psicologia do inconsciente*. Tradução de Luiz Alberto Hanns. Rio de Janeiro: Imago, 2007b. v. 3: 1923-1940.

FREUD, Sigmund. *Esboço de psicanálise*. Rio de Janeiro: Imago, 1998.

FREUD, Sigmund. Fetichismo. In: *Escritos de psicologia do inconsciente*. Tradução de Luiz Alberto Hanns. Rio de Janeiro: Imago, 2007c. v. 3: 1923-1940.

FREUD, Sigmund. Neurose e psicose. In: *Escritos de psicologia do inconsciente*. Tradução de Luiz Alberto Hanns. Rio de Janeiro: Imago, 2007d. v. 3: 1923-1940.

FREUD, Sigmund [1919]. O 'estranho' (Das Unheimliche). In: _____. *História de uma neurose infantil e outros trabalhos (1917-1919)*. Vol. XVII. Trad. Eudoro Augusto Macieira de Souza. Rio de Janeiro: Imago, 1996.

FREUD, Sigmund. *O mal-estar na civilização e outros textos [1930-1936]*. São Paulo: Cia das Letras, 2010a.

FREUD, Sigmund. *O mal-estar na cultura.* Tradução de Renato Zwick. Revisão e prefácio de Márcio Seligmann-Silva. Porto Alegre: L&PM, 2010b.

FREUD, Sigmund. *Três ensaios sobre a teoria da sexualidade. Obras Completas de Sigmund Freud,* v. VII, Rio de Janeiro: Imago, 1997.

GABEL, Joseph. *La reification: essais d'une psycopathologie de la pensee dialectique.* Paris: Allia, 2009.

GARCIA-ROZA, Luiz Alfredo. *Freud e o inconsciente.* Rio de Janeiro: Zahar, 1992.

GIACOIA, O. *Pequeno Dicionário de Filosofia Contemporânea.* São Paulo: PubliFolha, 2006.

HANNS, L.A. *Dicionário do Alemão de Freud.* Rio de Janeiro: Imago, 1996.

HONNETH, Axel. *La réification: petit traité de theorie critique.* Paris: Gallimard, 2007.

HONNETH, Axel. *Luta por reconhecimento: a gramática moral dos conflitos sociais.* Tradução de Luiz Repa. São Paulo: Editora 34, 2003.

HONNETH, Axel. *Sofrimento de indeterminação: uma reatualização da filosofia do direito de Hegel.* Tradução de Rúrion Melo. São Paulo: Esfera Pública, 2007.

JAPPE, Anselm. *Guy Debord.* Petrópolis: Vozes, 1999.

KAPLAN, Louise. *Cultures of Fetichism.* New York: Macmillan, 2006.

KHAN, Masud. *Alienation in Perversions.* London: Hogart Press, 1989.

KRAFFT-EBING, Richard Von. *Psychopathia sexualis: as histórias de casos.* São Paulo: Martins Fontes, 2000.

KURZ, Robert. *O colapso da modernização.* São Paulo: Paz e Terra, 2004.

LACAN, Jacques. *O mito individual do neurótico ou A poesia e verdade na neurose.* Rio de Janeiro, Zahar, 2008.

LACAN, Jacques; GRANOFF, Wladimir. Fetichismo: lo simbólico, lo imaginário y lo real. Tradução de Leonel Sánches Trapani. *Acheronta,* n. 15, jul. 2002. Disponível em <https://goo.gl/tMZfmZ>. Acesso em: 3 nov. 2017.

LEBRUN, Jean-Pierre. *La perversion ordinaire: vivre ensemble sans autrui.* Paris: Denoël, 2007.

LUKÁCS, Georg. *História e consciência de classe: estudos sobre a dialética marxista.* São Paulo: Martins Fontes, 2012.

MCCLINTOCK, Anne. Couro Imperial: raça, travestismo e o culto da domesticidade. *Cadernos Pagu,* Rio Grande do Sul, n. 20, 2003.

MANNONI, O. *Um espanto tão intenso.* Rio de Janeiro: Campus, 1985.

MARX, Karl. *O capital.* São Paulo: Abril Cultural, 1983-1985. 5 t.

MARX, Karl. *O capital.* São Paulo: Boitempo, 2013.

MARX, Karl. Para a crítica da economia política. In: *Marx.* São Paulo: Abril Cultural, 1974.

MAUSS, Marcel. *Sociologia e antropologia.* São Paulo: Cosac Naify, 2003.

MCCLINTOCK, Anne. Couro imperial: raça, travestismo e o culto da domesticidade. *Cadernos Pagu,* n. 20, p. 7-85, 2003.

MÜLLER, Marcos Lutz. A liberdade absoluta entre a crítica à representação e o terror. *Revista Eletrônica Estudos Hegelianos*, v. 5, n. 9, dez. 2008.

PERNIOLA, Mario. O Sex Appeal do Inorgânico. São Paulo: Studio Nobel, 2005.

PIETZ, Wiliam. *Le fetiche: genealogie d'un próbleme*. Paris: Kargo & L'Éclat, 2005.

ROUDINESCO, Elisabeth. *A parte obscura de nós mesmos: uma história dos perversos*. Rio de Janeiro: Zahar, 2008.

ROZITCHNER, Léon. *Freud e o problema do poder*. São Paulo: Escuta, 1989.

SACHER-MASOCH, Leopold von. *A Vênus das peles*. São Paulo: Hedra, 2008.

SAFATLE, Vladimir. *A paixão do negativo: Lacan e a dialética*. São Paulo: Unesp, 2005.

SAFATLE, Vladimir. Gênese e estrutura do objeto do fantasma em Jacques Lacan. *Psicologia Clínica*, Rio de Janeiro, v. 16, n. 2, 2004.

SAFATLE, Vladimir. *Grande Hotel Abismo: por uma reconstrução da teoria do reconhecimento*. São Paulo: WMF, 2012.

SAFATLE, Vladimir. *O fetichismo: colonizar o Outro*. Rio de Janeiro: Civilização Brasileira, 2010.

SILVA JUNIOR, Nelson da. A gramática pós-moderna da perversão e sua clínica psicanalítica. In: MILNITZKY, Fatima (Org.). *Desafios da clínica psicanalítica na atualidade*. Goiânia: Dimensão, 2006a.

SILVA JUNIOR, Nelson da. A sublimação na contemporaneidade: o imperialismo da imagem e os novos destinos pulsionais. In: FUNKS, Lucia Barbero; FERRAZ, Flavio Carvalho (Org.). *Desafios para a psicanálise contemporânea*. São Paulo: Escuta, 2003.

SILVA JUNIOR, Nelson da. Sobre a recodificação mercantil do psiquismo e seus efeitos. In: FUNKS, Lucia Barbero; FERRAZ, Flavio Carvalho (Org.). *O sintoma e suas faces*. São Paulo: Escuta; Fapesp, 2006b.

SILVA JUNIOR, Nelson da. Sublimation et vie économique. In: MIJOLLA-MELLOR, Sophie de (Org.). *Traité de la sublimation*. Paris: PUF, 2012.

SILVA JUNIOR, Nelson da; LÍRIO, Daniel. A recodificação pós-moderna da perversão: sobre a produção do comportamento de consumo e sua gramática libidinal. *Ágora*, Rio de Janeiro, v. 9, n. 1, p. 65-78, 2006.

STALLYBRASS, Peter. *O casaco de Marx: roupas, memória, dor*. Tradução de Tomaz Tadeu. Belo Horizonte: Autêntica, 2012.

STOLLER, Robert. *Observando a imaginação erótica*. Rio de Janeiro: Imago, 1998.

ŽIŽEK, Slavoj. Como Marx inventou o sintoma? In: *Um mapa da ideologia*. Rio de Janeiro: Contraponto, 1996.

ŽIŽEK, Slavoj. Dois fetichismos. In: *Primeiro como tragédia, depois como farsa*. São Paulo: Boitempo, 2011.

ŽIŽEK, Slavoj. *Eles não sabem o que fazem*. Rio de Janeiro: Zahar, 1991.

A invenção da esquizofrenia ou o naufrágio da razão

Rodrigo Camargo, Luiz F. B. Gonzáles, Ivan do Nascimento Cruz,
José Roberto Olmos (in memoriam), Felipe Scatambulo

> *Sem fazer véspera. Sou doido? Não. Na nossa casa,*
> *a palavra doido não se falava, nunca mais se falou,*
> *os anos todos, não se condenava ninguém de doido.*
> *Ninguém é doido. Ou, então, todos.*
> João Guimarães Rosa

O presente capítulo tem por objetivo realizar um entendimento crítico sobre as razões diagnósticas que operam em diferentes maneiras de pensar na esquizofrenia como uma das patologias do social. Propomos um quadro de referência sobre a origem e o desenvolvimento histórico do conceito de esquizofrenia, sobretudo na psiquiatria e na psicanálise. Com isso poderemos apontar algumas compatibilidades e divergências nas estratégias implicadas nesses diferentes modos de diagnosticar patologias sociais.

Compreendemos aqui o diagnóstico como uma tentativa de nomear, reconhecer e sancionar *formas de vida*, caracterizando-as como processos articulados por montagens resultantes de exigências heterogêneas do desejo, da linguagem e do trabalho. Tais modos de subjetivação se relacionam ao campo do social por meio de um *quantum* de experiências (produtivas ou não), e seu funcionamento pode ser caracterizado conforme o grau de determinação ou indeterminação. Experiências produtivas e improdutivas, assim como sofrimento de excesso de determinação e de indeterminação associados à ideia de patologias do social, são noções oriundas de teorizações de Axel Honneth que vêm sendo trabalhadas no Laboratório de Teoria Social, Filosofia e Psicanálise em conexão com a psicanálise, no âmbito de uma certa tradição da teoria crítica, da qual o autor é atualmente um eminente representante. Honneth está trabalhando numa atualização da teoria crítica, formulando uma teoria do reconhecimento no marco do que pode ser considerado um retorno a Hegel.

Como tais exigências dependem de seu momento histórico, levamos em conta um diagnóstico maior da modernidade a partir de Walter Benjamin, segundo quem a modernidade pode ser caracterizada pelo que ele chamou de *perda da experiência* (BENJAMIN *apud* DUNKER, 2012).

Tal diagnóstica benjaminiana se define como bloqueio do reconhecimento do sujeito em sua própria história (na relação do sujeito a si), ou como dificuldade de estabelecer formas sociais institucionalizáveis (relação do sujeito ao Outro), e se desdobra em duas metadiagnósticas não complementares entre si que, segundo Honneth, seriam, de um lado, aquela que caracterizaria a modernidade como um *excesso de experiências improdutivas de determinação*; de outro, aquela que a distinguiria como um *déficit de experiências produtivas de indeterminação*.

É por termos em vista um diagnóstico bífido não complementar que a experiência para nós implica contradição (DUNKER, 2010). Trata-se do reconhecimento de que a experiência não se submete integralmente à forma unitária da identidade e da representação. A experiência contém a negação de si mesma, já que, no limite, o real não se apreende, identifica-se por negação. Tais contradições são possibilitadas ou bloqueadas no interior dos processos de socialização e individuação, estes mesmos contraditórios, de modo que o sofrimento de uma determinada forma de vida é considerada por nós como expressão dessa tensão. O sofrimento psíquico é a expressão máxima daquilo que é mais subjetivamente experienciado como objetividade mediada (ADORNO, 2009).

É no balanço crítico das formas de vida que se produzem na articulação do desejo com a linguagem e com o trabalho, que se perpetuam modos institucionais de reprodução social, entendemos que qualquer análise de patologias sociais deva levar em conta o reconhecimento, no interior do campo da subjetividade, um regime de experiências que não se submetam integralmente à forma unitária de identidade (ADORNO, 2009), ou seja, um reconhecimento de experiências não identitárias, contraditórias e não representacionais. A esquizofrenia apontaria "para uma experiência contraditória que se caracteriza por um fechamento sobre a contradição experimentada pelo indivíduo normal" (FOUCAULT, 1984, p. 49-50).

Nesse sentido, somente um saber que leva em consideração o valor histórico conjuntural do objeto em sua relação com os outros objetos consegue liberar a história no objeto, transformando o saber. Não vamos esgotar a categoria de esquizofrenia, mas temos a possibilidade de apreendê-la de forma complexa, levando em conta as contradições que o termo atraiu e escamoteou em torno de si. Dessa forma, pretendemos preservar a não identidade conceitual que o objeto carrega quando se define em relação à experiência (ADORNO, 2009).

Da desrazão à doença mental

Localizamos como ponto de partida para uma abordagem das origens do conceito de esquizofrenia a divisão entre razão e loucura descrita por Michel Foucault (2006). Tal divisão possibilitou a apropriação da loucura como objeto pela psiquiatria incipiente do início do século XIX, segregando a loucura sob aquilo que o autor chama de um "silenciamento":

> no meio do mundo sereno da doença mental, o homem moderno não se comunica mais com o louco; há, de um lado, o homem de razão que delega para a loucura o médico, não autorizando, assim, relacionamento senão através da universalidade abstrata da doença; há, de outro lado, o homem de loucura que não se comunica com o outro senão pelo intermediário de uma razão igualmente abstrata, que é ordem, coação física e moral, pressão anônima do grupo, exigência de conformidade. Linguagem comum não há; ou melhor, não há mais (FOUCAULT, 2006, p. 154).

O saber psiquiátrico, como nos diz Foucault, isola a experiência da loucura, despojando-a de sua voz, sua singularidade e sua verdade, reduzindo-a à universalidade abstrata das categorias nosográficas da doença mental, que, como racionalidade, impõe-se e legisla, constrangendo e apartando socialmente, alienando, segregando e excluindo aqueles que não se adéquam às exigências de conformidade identitária em relação ao conjunto de valores individuais e sociais tomados como universais sob a perspectiva da razão. Ela está na origem da segregação que marca a passagem da compreensão da loucura como signo de *desrazão* para a loucura como *doença mental* e é um verdadeiro divisor de territórios no qual se disporiam todos os tratamentos possíveis e suas respectivas práticas diagnósticas e de tratamento. Para Foucault (2006), a psicopatologia é um fato de civilização, isto é, a doença mental é um produto histórico, e tal noção só poderia adquirir sentido se a integrássemos às condições históricas a partir das quais ela foi possível. Ao dizermos isso, estamos longe de reduzir o fenômeno da esquizofrenia a um critério de normalidade que obedeceria a uma de reprodução social da norma, ou seja, a um critério estatístico fundado na maioria dos relatos de casos científicos.

Freud introduziu a noção de "realidade psíquica", que questiona a realidade objetiva e a possibilidade de que esta seja experimentada por todos igualmente; afirmou que o delírio é uma tentativa de cura, e não um sintoma cuja remissão pura e simples significa a cura; tornou muito mais tênue o limite entre "loucura" e "normalidade" a partir de seu estabelecimento em termos da relação do sujeito com a realidade. Para a psicanálise, cada sujeito vive numa realidade única que lhe é própria para garantir o seu narcisismo.

Desde a perspectiva freudiana, os limites entre "loucura" e "normalidade" não são mais tão bem definidos, muito menos podem ser considerados definitivos. Os sintomas não têm o caráter de um processo mórbido comparável a uma doença orgânica por sua regularidade e seu curso previsível.

Trabalhamos com a hipótese de que o fundamento para se considerar a esquizofrenia como uma patologia do social encontra-se na articulação entre psicologia individual e coletiva e suas raízes no individualismo exacerbado característico da modernidade. Mas, antes de adentramos no que tange ao individualismo, vejamos algumas notas acerca da cisão, cujo termo é que vai poder sustentar a crítica da forma indivíduo.

Acerca do conceito de cisão

O indivíduo – aquele que não se divide – moderno é questionado pela psicanálise, pois onde esperaríamos uma forma de vida monadológica, a psicanálise sempre encontrou uma espécie de divisão dessa imagem totalizante, uma vez que sempre aportou para uma divisão subjetiva. Divisão que não é privilégio da esquizofrenia, e sim a marca de toda subjetividade que constitui o sujeito. Contudo, na esquizofrenia tal divisão[1] criaria uma ruptura muito mais aguda com a realidade, produzindo uma segunda realidade delirante.

O conceito de *Spaltung* utilizado por Freud vem do alemão e designa uma cisão, divisão ou ainda partição. Foi destacado inicialmente no seu texto "O fetichismo", de 1927, para depois Freud retomá-lo num texto tardio: "A clivagem do eu no processo de defesa", de 1938. A partir da experiência da análise, evidencia-se uma *fenda no sujeito* que revelaria a coexistência de uma dupla afirmação contraditória. De outra forma, o problema da *Spaltung* revela uma dupla posição concomitante do sujeito: a fixação fetichista, por um lado, recusa uma evidência, isto é, diante da sua percepção o sujeito não admite a ausência do pênis na mulher (na mãe), mas, por outro lado, simultaneamente, reconhece sua realidade. Eis que a noção de "clivagem do eu" opera do seguinte modo: a ausência do pênis na mulher (castração) e seu desmentido (a criação do fetiche) tornam suportável a realidade sexual, ou seja, a castração (ou sua ameaça) funcionaria como pivô dessa divisão psíquica. Tal cisão seria efeito – no caso do fetichismo – do mecanismo de defesa que Freud denominou como *Verleugnung* (termo alemão que significa renegação, negação: algo como uma "recusa" ou

---

[1] Divisão que pode ser constatada clinicamente nas neuroses e pode ser generalizada para todas as "ações do sujeito do inconsciente" que aparecem como produções desejantes conflituosas com a "realidade". Com essa generalização da clivagem do eu, presente em todas as estruturas clínicas, consequentemente, em todos os sujeitos, ficam abalados critérios sintomatológicos psiquiátricos (do DSM) para o diagnóstico da esquizofrenia.

"desmentido"). O fetiche seria ao mesmo tempo, portanto, a presença do nada (pênis materno) e o sinal de sua ausência.

Nas psicoses, atitudes psíquicas contraditórias também aparecem na relação do sujeito com a realidade. Nesse caso a realidade combina a normativa socializada com construções delirantes formuladas a partir do desejo. Essa cisão com construções delirantes e sem a aceitação normativa compartilhada pelo senso comum também pode ser constatada clinicamente nas neuroses e pode ser generalizada para todas as "ações do sujeito do inconsciente" que aparecem como produções desejantes conflituosas com a "realidade".

Assim, com a generalização da clivagem do eu, presente em todas as estruturas clínicas, consequentemente, em todos os sujeitos, ficam abalados não só os critérios sintomatológicos psiquiátricos (do DSM) para o diagnóstico da esquizofrenia, mas também nossas formas de vida naturalizadas como unidades autônomas e coerentes das condutas.

A forma indivíduo

O individualismo moderno pode ser definido kantianamente como consciência singular bastando-se a si mesma. Tal consciência, segura de si, dirigir-se-ia ao mundo em busca de sua felicidade e sua satisfação enquanto individualidade na ordem deste mundo. Em outras palavras, qualquer indivíduo estaria inserido numa determinada realidade social atribuindo-se seu próprio fim.

A figura do indivíduo que emergiu a partir da modernidade se confunde com o desenvolvimento do capitalismo. Não obstante, é justamente na imagem monadológica de um átomo social que o individualismo burguês se sustenta como *aparência livre e independente* frente ao social. Tal imagem pode ser definida basicamente por três atributos (SAFATLE, 2009): (a) *autonomia*: colocar para si mesmo uma Lei moral, isto é, autogovernar-se de tal forma que possa ser considerado imputável; (b) *autenticidade*: capacidade de expressar, segundo as formas socialmente compartilhadas e reconhecidas, aquilo que seria pura interioridade; (c) *unidade*: capacidade de atribuir a si mesmo experiências diversas no tempo como uma personalidade coerente (síntese psíquica), de forma a poder diferenciar *eu – outro*.

A partir de tais critérios, o esquizofrênico se apresentaria, assim, como uma forma de vida que questiona diretamente a forma indivíduo: é considerado como socialmente inimputável; seu delírio é visto como incapaz de ascender a uma forma socialmente reconhecida de discurso; e, por fim, perde seu poder de síntese psíquica. A esquizofrenia remete a uma constituição subjetiva que contraria os princípios mais elementares da constituição de uma personalidade, permanecendo a figura mais próxima da loucura, "[m]as da loucura em geral, da loucura experimentada em tudo aquilo que pode ter de negativo: desordem, decomposição do pensamento, erro, ilusão, não-razão e não-verdade" (FOUCAULT, 1961, p. 279). Nesse sentido, a esquizofrenia seria uma figura *princeps* de uma experiência improdutiva de não identidade.

Notas sobre loucura, psicose e esquizofrenia

A esquizofrenia, tanto na psicopatologia psiquiátrica quanto na psicanalítica, é definida no quadro das psicoses como desintegração da personalidade e distanciamento ou perda da realidade. Em se tratando de uma definição de psicose como perda da realidade, seria preciso antes fazer um breve recuo histórico a fim de compor, a nosso ver, duas fundamentais distinções: (1) entre *loucura* e *psicose* e (2) entre *esquizofrenia* e *paranoia*.

1. Encontramos em Hegel um desenvolvimento fundamental da noção de loucura no cerne da relação do indivíduo com a sociedade. Nesse caso, a loucura situa-se no contexto histórico que data desde o fim do século XVIII até a primeira metade do XIX, portanto não equivale à estrutura clínica das psicoses e suas respectivas teorias (freudianas ou não) que dali puderam se depurar somente *a posteriori*.

Em Lacan, por exemplo, podemos localizar a noção hegeliana de *desejo de reconhecimento* presente na *Fenomenologia do Espírito*, em que, desde o início, o desejo do indivíduo expressa-se como desejo de reconhecimento por parte do outro. Desejo que não se resume à necessidade ou apetite de uma satisfação com um objeto, mas se dirige, essencialmente, a um outro desejo, dentro da sociedade humana. O Eu não será uma igualdade e uma identidade consigo próprio, como o animal, mas negatividade negadora. É desde a problemática do desejo e da alienação que o psicanalista francês tratou de dar início a uma pungente articulação entre Freud e Hegel.

Em seu célebre "Relatório de Roma", de 1953, Lacan caracteriza a alienação – e principalmente a alienação imaginária – como sucedânea da loucura, distinguindo-a da psicose pela presença de outros destinos mais específicos da divisão do sujeito: "O 'eu do homem moderno adquiriu sua forma' no impasse dialético da bela alma que não reconhece a própria razão de seu ser na desordem que ela denuncia no mundo" (LACAN, 1998). A loucura surge assim como momento e forma de alienação da consciência, como as figuras da "lei do coração", da "bela alma" e do "delírio de presunção", resumidamente postas aqui nas contradições inerentes entre lei (de ordem universal) e singularidade (do coração). Isso indica que a vida mesma do espírito se dá numa ação recíproca entre o *todo* e as *partes*, isto é, entre o espírito universal e uma singularidade.

Hegel compreende que a modernidade traz em seu bojo o gérmen da erosão das formas de vida tradicionais, ou seja, o esfacelamento dos sistemas socialmente partilhados que ordenam e justificam as interações das esferas do trabalho, do desejo e da linguagem (SAFATLE, 2008). Velho tema da degradação da substancialidade normativa. Dentro desse quadro, Hegel preocupava-se com a tendência social de tornar a autonomia moral ou a liberdade constituída juridicamente como a plena realização da liberdade individual. A autonomia moral (Kant) ou a liberdade jurídica (reconhecimento tido como concessão de direitos no registro legal) são formas incompletas da liberdade, e a autonomização de qualquer uma delas produz efeitos patológicos sobre a autorrelação dos sujeitos, ou seja, o circuito dialético próprio da liberdade é interrompido na medida da obstrução da possibilidade de reflexividade que articule questões coletivas e individuais.

Se admitirmos que a reflexividade seja uma função que depende do reconhecimento social, fica claro como a interrupção brutal do desenrolar corporal/processual esquizofrênico pela sua alocação forçada num registro (simbólico) em que ela não pode se inscrever promove uma proliferação do mal-estar e da angústia.

2. No quadro das psicoses encontramos duas classes fundamentais: a paranoia e a esquizofrenia. Estas não tiveram a mesma história. O termo "paranoia" data de meados do século XIX e emerge da pena de Wilhelm Griesinger, em 1845. Além de fundador da escola alemã de psiquiatria, Griesinger pode ser considerado o primeiro organicista e autor do primeiro verdadeiro tratado clínico apresentado com as divisões ainda encontradas em manuais de referência na psiquiatria. Mais tarde, o termo, que caíra em desuso, foi retomado por Karl Ludwig Kahlbaum, em 1863, que o situou num marco de referência kantiano: uma afecção que afeta o entendimento e o juízo. Foram necessários ainda mais alguns anos para Emil Kraepelin definir a paranoia como uma afecção altamente sistematizada, distinguindo-a, sobretudo, da demência precoce e da demência paranoide.

A invenção do conceito de esquizofrenia

A história da esquizofrenia tem em 1911 um ano crucial. Eugen Bleuler, então eminente psiquiatra suíço, publicava naquele ano sua clássica obra *Demência precoce ou o grupo das esquizofrenias*, numa proposta de releitura de um quadro nosográfico já clássico descrito alguns anos antes por Kraepelin. A substituição do termo "demência precoce" por "esquizofrenia" apresenta a ruptura com as concepções krapelinianas dos sintomas que, pela designação de *dementia praecox* (demência precoce), expressavam o ponto distintivo da enfermidade, designando as graves deteriorações cognitivas, comportamentais e afetivas similares às demências senis, mas que se iniciariam na juventude e terminariam, para Kraepelin, inexoravelmente na demência, como veremos adiante.

Bleuler fazia parte do corpo clínico, ocupando um lugar de destaque, no famoso sanatório de Burghölzli, sede da escola psiquiátrica de Zurique, na qual havia clínicos interessados na psicanálise e, sobretudo, nas questões postas pelas psicoses. Para os psiquiatras, a aliança entre Zurique e Viena podia fazer frente ao poderio alemão. Para os psicanalistas, a aliança significava o primeiro reconhecimento por parte da psiquiatria das ideias de Freud no terreno das psicoses. Quando Bleuler publica, em 1911, *Demência precoce ou o grupo das esquizofrênias*, no qual trabalhava desde 1908, este promove a reorganização semiológica e a recaracterização etiológica da doença a partir da explicação do seu mecanismo essencial de funcionamento:

> [Na esquizofrenia] os pensamentos estão subordinados a algum tipo de ideia geral, mas não são relacionados por nenhum conceito unificador com fim objetivo. [...] Não devemos esquecer quais são as influências que verdadeiramente guiam nosso pensamento. Associações por hábito, semelhança, subordinação, causalidade etc. não geram, a princípio, pensamentos verdadeiramente fecundos. Apenas o conceito, dirigido a uma meta, solda os elos da cadeia associativa em um pensamento lógico (BLEULER, 1960, p. 23, tradução nossa).

Bleuler mostra como o quadro da demência precoce pode ser entendido como sendo produzido por um mau funcionamento dos complexos representacionais do sujeito. A ausência de um "conceito unificador" ("representação-meta", no seu vocabulário) implica a existência autônoma de complexos cujo exercício será determinado unicamente pela sua valência afetiva no quadro geral do comportamento esquizofrênico, enfatizando o problema geral da associação de ideias e da falta de interesse: "o afrouxamento esquizofrênico dos processos lógicos conduz à exclusão de todas as associações que estão em conflito com os complexos afetivamente acentuados" (BLEULER, 1960, p. 242, tradução nossa). Essa falha de funcionamento passa a ser compreendida como verdadeiro princípio organizador da doença, aparecendo como uma explicação etiológica. Porém, apesar de incorporar em sua invenção os conceitos freudianos de divisão, de ambivalência e de conflito, para Bleuler, esses mecanismos só serviriam à apresentação dos fenômenos, já que sua causalidade, segundo ele, seguiu sendo sempre de caráter eminentemente orgânico.

A esquizofrenia bleuleriana se caracteriza por um mecanismo dissociativo das funções elementares do psiquismo no que se refere à inteligência, ao comportamento e aos afetos. Bleuler admite assim que *sua* esquizofrenia se situa no prolongamento teórico entre Kraepelin e Freud. Evidentemente, o resultado dessa reformulação do quadro nosográfico não foi simplesmente trocar as palavras "demência precoce" por "esquizofrenia", como gostaríamos aqui de demonstrar.

Pela primeira vez um conceito forjado pela psicanálise incidia na psiquiatria de forma decisiva. Além do importante trabalho de Bleuler, 1911 foi também uma data crucial nessa história de imbricamento entre psicanálise e psiquiatria: é o ano de publicação do trabalho de Freud sobre Schreber e de um significativo artigo de Jung sobre o símbolo e a libido ("Wandlungen und Symbole der Libido"), que precipitou o fim da colaboração com Freud.

Todavia, há uma influência de Freud no conceito de esquizofrenia proposto por Bleuler, apesar da ênfase dada aos grupos de representações independentes uns dos outros e ao mecanismo das associações semelhantes àquelas da *Interpretação dos sonhos* (1900) e que caracterizam no inconsciente o processo primário – condensação, deslocamento e figurabilidade – lembremo-nos o que diz fundamentalmente a premissa freudiana: Freud tinha reservas quanto ao termo "esquizofrenia" por este remeter a uma característica da afecção – a cisão – que não é exclusiva dela e que não poderia ser tomada como sua principal característica. Chegou a rejeitá-lo e propor em seu lugar o termo "parafrenia", que, a seu ver, seria mais adequado para ser emparelhado à paranoia, demarcando a unidade do campo das psicoses nas suas duas vertentes fundamentais. Não obstante, o que se impôs foi a noção que implica a ideia de "mente cindida", contida na palavra "esquizofrenia", cuja etimologia é a composição de dois termos gregos: *skhizein*, que significa "cindir", "dividir", "fraturar", e *phren*, que quer dizer "pensamento".

Bleuler: entre a psiquiatria e a psicanálise

Bleuler – associacionista resoluto, com ideias evolucionistas calcadas nas ciências naturais – fundou uma psicopatologia da esquizofrenia, estabelecendo seus "sintomas fundamentais, considerando a esquizofrenia como uma afecção orgânica". A sistematização dependeu da separação entre *sintomas acessórios* e *sintomas fundamentais*.

Os *sintomas acessórios* concernem a manifestações mais claras, embora menos essenciais e menos constantes para um diagnóstico: alucinações visuais e auditivas; ideias delirantes; catatonia; estados de excitação ou depressão; episódios confusionais e oníricos; sentimento de despersonalização; neologismos e linguagem artificial.

Os *sintomas fundamentais* – que nem sempre detêm valor diagnóstico essencial, visto que podem demorar muito tempo para se formar – representam como que as formas bem-acabadas de manifestação patológica e dividem-se em quatros grandes eixos: (1) *associação* – desagregação e fragmentação do pensamento; associações frequentemente muito curtas sem espontaneidade e cada vez mais empobrecidas; há um forte fator dissociativo, em que as associações habituais se deslocam, a ideação não é mais subordinada a uma ideia diretriz, os conceitos se tornam vagos, imprecisos, confundindo diversos sentidos, a imagem simbólica se coloca no lugar da coisa simbolizada; impermeabilidade e incoerência completa; interrupções bruscas no pensamento; conflito lógico com a realidade; fragilidade na integração; (2) *afetividade* – indiferença e desinteresse;

reações afetivas explosivas; destruição pura e simples; irritabilidade mórbida; ausência de mobilidade e de modulação; desacordo e discordância com os temas da vida; rigidez e perturbação no contato afetivo com os outros; o contato afetivo com o ambiente é defeituoso; gestos frequentemente exagerados, mas também às vezes sem expressão; (3) *ambivalência* – consiste ao mesmo tempo em afirmar e negar, amar e odiar, querer e não querer simultaneamente a mesma coisa; o "sim" e o "não" se organizam simultânea e estaticamente, sem se dar conta da contradição que eles comportam; constituem assim um signo patognômico na sua forma imóvel e não dialetizável; (4) *autismo*[2] – consiste em uma deficiência de interações com o mundo ambiente; a realidade não serve mais como reguladora, resultando em graves perturbações da conduta e do comportamento; deficiência no contato e na expressão com a realidade; identificado no começo a uma espécie de redobramento do indivíduo sobre si mesmo, sobre seus desejos não realizados, sobre suas preocupações mais íntimas; predominância de um mundo interior em detrimento das relações com a realidade; trata-se inclusive de *autoerotismo*.

Freud e a esquizofrenia

Freud, desde 1894, procurava a distinção nítida entre psicose e neurose propondo a classificação de um conjunto das defesas psicopatológicas: enquanto na neurose o conteúdo representativo é afastado do consciente por meio do recalcamento – o afeto fica dissociado da representação –, nas psicoses existe uma forma de defesa muito mais enérgica e eficaz, na qual "o conteúdo da representação e o afeto são mantidos, e operam na relação do sujeito com o exterior por meio de uma rejeição radical (*Verwerfung*), para fora da consciência e expulsão para o mundo externo, como se a representação nunca tivesse sido admitida pelo eu" (FREUD, 1980, p. 175), manifestando-se na loucura alucinatória, nas confusões alucinatórias visuais ou auditivas ou na projeção. A *Verwerfung* reaparecerá no Homem dos Lobos, particularmente na passagem em que Freud evoca as diversas correntes relacionadas às modalidades de rejeição do sujeito em face da castração. A tendência mais profunda e antiga havia se limitado a rejeitar a castração sem emitir qualquer juízo sobre sua realidade. Justamente por isso ela podia ser atualizada sob forma alucinatória. Lacan privilegia essa modalidade de defesa como característica da psicose, e a rejeição passará a ser denominada

---

[2] A palavra "autismo" também foi inventada por Bleuler. Impressionado com o que encontrara nos escritos de Freud, prestou a ele uma estranha homenagem com a proposição do termo "autismo" a partir da supressão do miolo do notório termo freudiano "autoerotismo", subtraindo deste seu componente psicanalítico essencial, a saber, sua referência explícita a Eros: "au-eros-tismo".

por ele como "foraclusão"[3] de um significante fundamental: o significante do Nome-do-Pai; em outras palavras, seria a rejeição da significação do falo como significante do complexo de castração. Por serem rejeitadas, expulsas e, portanto, não integradas simbolicamente ao inconsciente, as representações rejeitadas, na ausência da mediação simbólica operada pelo Nome-do-Pai, retornam não como sintomas neuróticos, como formações reconhecidas como pertencentes ao próprio sujeito, mas retornam do exterior ao campo psíquico reconhecido pelo eu, retornam do real, nos fenômenos alucinatórios e nos distúrbios de linguagem próprios da psicose.

No capítulo III, "Sobre o mecanismo da paranoia", do caso Schreber, Freud define o processo de recalcamento, de onde os fenômenos patológicos são derivados, de forma abrangente. O processo é constituído por três fases: a primeira corresponde à fixação das inscrições mnésicas; a segunda, ao recalcamento propriamente dito; e a terceira, na qual se manifesta o retorno à superfície do recalcado, com o fracasso do recalcamento. Freud insiste que, nas psicoses, o segundo tempo, o do recalcamento propriamente dito, assume aí uma forma insólita: o recalcamento consiste na retirada da libido investida nos objetos amados, "retirada que se acompanha de uma regressão da libido rumo ao eu" (FREUD, 2010, p. 1520).

No campo das psicoses, Freud insistia na distinção de duas vertentes principais: a esquizofrenia e a paranoia. Na esquizofrenia prevaleceria o processo de desinvestimento da realidade, marcado por alucinações e pelo caráter pouco sistemático, aparentando-se mais à histeria. Freud a considerava mais grave que a paranoia, em que predominaria a projeção, de modo que a sistematização e a ordenação do delírio na sua tentativa de restabelecimento a assemelharia à neurose obsessiva; a fixação da esquizofrenia seria anterior à da paranoia e deveria estar situada no início do desenvolvimento que leva do autoerotismo ao amor do objeto. "[O] que os observadores tomam como a própria doença consiste antes em uma tentativa de cura, assim o delírio visa a 'reconstituir a relação com uma realidade' como a própria realidade foi destruída (é isso que significa a retirada da libido). O trabalho delirante é um processo de reconstrução" (FREUD, 2010, p. 1522). Ainda em Freud, abordagens posteriores sobre a esquizofrenia se localizam no texto sobre "O inconsciente", de 1915. A partir dali, em sua obra, podemos encontrar outros subsídios para pensar no estatuto da esquizofrenia do ponto de vista teórico e a sua posição no discurso psicanalítico.

Freud, apoiando-se, subsequentemente, no trabalho do psicanalista alemão Karl Abraham, aborda a esquizofrenia por meio das modalidades de relação do

---

[3] "Forclusão" foi a tradução proposta por Lacan para o termo alemão *Verwerfung*, advindo a expressão do vocabulário jurídico utilizado no direito francês e consistindo, *grosso modo*, em uma "prescrição" ou "perda de prazo" no qual um direito pode ser reivindicado.

eu com o objeto. Na neurose, em decorrência da frustração experimentada na relação com o objeto real, o sujeito renuncia a ele, e os investimentos libidinais se voltam para os objetos fantasiados e, primordialmente, ao objeto recalcado (FREUD, 2006), sendo que a libido objetal se conserva no inconsciente e é a condição de possibilidade da relação transferencial. Por outro lado, na esquizofrenia, a libido desliga-se dos objetos e regride assim a um primitivo estado narcisista, autoerótico, com a consequência de tornar esse estado inacessível à interpretação psicanalítica usual, uma vez que não se instala a transferência com o analista, tal como ocorre nas neuroses.

Freud, ainda nesse texto de 1915, aborda as modificações na linguagem dos esquizofrênicos retomando a concepção de um sistema psíquico inconsciente organizado por representações-coisa que se estruturam segundo as leis de funcionamento do processo primário: a condensação, o deslocamento e a figurabilidade. Na esquizofrenia, as representações-palavra – que caracterizaram os processos pré-conscientes e conscientes e operam por meio da identidade de pensamento – são investidas como representações-coisa, ou seja, submetidas às deformações próprias do processo primário e que, no limite, visam à satisfação alucinatória do desejo por meio de uma identidade da percepção.

Um dos exemplos utilizados por Freud que se tornou célebre para ilustrar essas modificações na linguagem foi o de uma das pacientes de Viktor Tausk. Depois de ter brigado com seu noivo, queixa-se: "os olhos não estão bem, estão tortos". Ao explicar essa frase, ela diz: "Cada vez que ele se mostra diferente, é um hipócrita, um olho torto". Essa explicitação da paciente tem o valor de uma interpretação analítica, segundo Freud, pois nela lê-se a equivalência entre a frase enunciada e sua explicitação em uma linguagem compreensível, "proporcionando ainda a compreensão da gênese e significação da formação verbal esquizofrênica. Esta manifesta um caráter hipocondríaco, pois radicando-se na expressão do corpo constitui-se numa linguagem do órgão por manifestar uma relação primária com os órgãos do corpo ou com suas enervações" (FREUD, 2006, p. 2079).

O conceito de esquize

Na década de 1940, a psicanalista Melanie Klein promoveu a noção de "posição esquizoparanoide", deslocando a discussão etiológica para os mecanismos de defesa primitivos anteriores ao recalque e que culminam em uma profunda dissociação psíquica e objetal. Ela contribui, assim, decisivamente para a generalização do conceito de *esquize* para o funcionamento mental, distinguindo-o da ideia mais ampla de *Spaltung*.

A partir de então, a esquize passa a ser considerada um mecanismo do s olo comum e constituinte de toda subjetividade, modalidade de relação de objeto característico dos primeiros meses de vida que jamais é definitivamente ultrapassada, sendo anterior ao recalcamento propriamente dito. Tratar-se-ia de uma experiência não identitária no interior do *eu*, refratária ao indeterminado do jogo das pulsões.

É a partir de sua leitura da segunda tópica freudiana (pulsão de morte como agressividade que coexiste com as pulsões libidinais e suas fantasias correlatas: sadismo e masoquismo) que Klein formula a ideia de que o *eu* cinde o *objeto* a fim de lidar com as experiências emocionais de aniquilamento interno em situações de angústia por meio de mecanismos defensivos projetivos e introjetivos. Tais processos não dividiriam somente o *objeto* em "bom" e "mau", mas também o *eu*, que não poderia admitir no seu interior esse objeto que, simultaneamente, é gratificante e frustrante. Os objetos investidos e o mundo assim concebido na posição esquizoparanoide são como espelho dos estados fragmentados e dissociados do *eu*.

É a partir dessa *cisão do eu* que as fantasias de corpo despedaçado (o corpo próprio e o do outro) emergirão quando do excesso de angústia que é resultado da pulsão de morte. Tudo isso é útil como uma forma de leitura dos fenômenos esquizofrênicos, sem que lhe seja subjacente uma operação diagnóstica de tipo "bleuleriana". Existe assim uma dialética própria ao pensamento kleiniano, representada pela descrição num mesmo processo da formação do eu e de suas relações de objeto.

Mas vale a pena prosseguir na descrição. A posição que faz báscula à esquizoparanoide é a chamada "depressiva". Aí prevalece a integração do eu, com a angústia de aniquilamento cedendo ao sentimento de culpa reparatória pelo ataque agressivo e pela divisão do objeto.

Para Klein, o estado patológico aparece quando o eu é incapaz de se identificar a um objeto total devido ao intenso sadismo oral, ou quando "a capacidade do eu de se identificar com seus objetos ainda é pequena [...] porque os objetos introjetados são ainda principalmente objetos parciais" (KLEIN, 1981, p. 20). Assim, é a potência indeterminada da pulsão de morte que faz o sujeito produzir um incessante trabalho de projeções e introjeções a fim de não aceder à experiência da perda do objeto bom.

A esquizofrenia aqui seria uma forma radical de pôr fim às consequências da posição depressiva (culpa e responsabilidade), ou ainda uma espécie de descrição de uma experiência moral: a passagem da acusação ao Outro às dificuldades do reconhecimento dos processos projetivos, ou seja, a responsabilização do sujeito de suas próprias projeções.

Klein lança assim uma dificuldade no diagnóstico diferencial entre paranoia e esquizofrenia ao dizer que em toda subjetividade há uma incessante báscula entre as duas posições do eu, com o estado esquizoparanoide em oposição ao mecanismo reparatório depressivo. O patológico seria o excesso dos processos esquizoparanoides sobre os depressivos. Sua posição frente ao diagnóstico pode ser mais bem compreendida no seu fragmento de análise do caso Schreber:

Eu sugeriria [...] que a divisão da alma de Flechsig em muitas almas não era apenas uma cisão do objeto, mas também uma projeção do sentimento de Schreber de que seu eu estava cindido. [...] essa investida representa o aniquilamento de todas as partes do self por uma delas – o que, como venho sustentando, é um mecanismo esquizoide. As ansiedades e fantasias a respeito da destruição interna e da desintegração do eu ligadas a esse mecanismo são projetadas no mundo externo e subjazem aos delírios de destruição dele (KLEIN, 1991, p. 42).

É importante aqui reter que o valor que Klein dá aos objetos parciais constitui uma das peças fundamentais da crítica deleuziana do conceito psicanalítico de objeto. Contudo, para Gilles Deleuze, assim como para Lacan, parciais aqui não se refere a partes que se juntam para agregar um todo sem fraturas na construção de um objeto total de caráter representacional. Trata-se de acoplagens, algo como uma boca-seio, língua-ouvido que prescinde de uma representação global como a imagem de um corpo, de um eu; são *loci* de relativa independência entre si. Está subsumido aí o conceito freudiano de zonas erógenas, as quais funcionam de forma independente uma das outras. Deleuze, juntamente com Félix Guattari, ao colocarem em destaque um inconsciente não representacional – "maquínico", em seus termos –, fazem a crítica à psicanálise que tenta colocar ainda em termos representacionais tais objetos parciais, ou seja, ainda em termos edipianos, como diriam os autores. Deleuze e Guattari procurarão fundamentar uma crítica na direção de uma individualidade pré-individual, um fluxo de intensidades como fundamento de uma experiência produtiva de indeterminação.

Para além de *O anti-Édipo*

O anti-Édipo, de Deleuze e Guattari (2010), abre um confronto com várias disciplinas das ciências humanas, como a psiquiatria, a antropologia, a filosofia e a psicanálise. Deleuze chega a afirmar que na obra eles acusam basicamente a psicanálise de duas coisas: não compreender o que é o delírio e também o que é o desejo.

Porém, atualmente, é preciso dizer que se trata de uma crítica datada historicamente, além do que ela se mostra equivocada do ponto de vista teórico-político,[4] especialmente na sua relação com a psicanálise lacaniana.

---

[4] Trata-se de rever esse aparente descompasso pautado por um distanciamento (e uma inevitável reformulação) da noção-chave lacaniana do inconsciente estruturado como linguagem. Entende-se daí que o inconsciente freudiano teria um sentido e, consequentemente, seria interpretável. Com a concepção do real como impossível e, sobretudo, a ênfase que Lacan passou a dar a partir do meio dos anos 1970 ao inconsciente como sendo real, redimensiona-se o lugar do sentido e da interpretação. Lacan, no final de seu ensino, propôs algo que era, portanto, até mesmo mais longe do que o próprio inconsciente. Daí as implicações políticas em que se tecem determinadas

Em *O anti-Édipo*, primeiramente, Deleuze e Guattari procuram mostrar como o esquizofrênico é a manifestação direta do social no indivíduo que pressupõe descrição positiva da esquizofrenia enquanto patologia do social. Passados 40 anos de sua publicação, parece-nos relevante ressaltar o subtítulo da obra – "Capitalismo e esquizofrenia" – e questionar a articulação entre capitalismo e esquizofrenia aí proposta. Segundo Deleuze e Guattari (2010), a relação da esquizofrenia com o capitalismo ultrapassa em muito os problemas de modo de vida, de meio ambiente, de ideologia etc. e deveria ser colocada no nível mais profundo de uma só e mesma economia, de um só e mesmo processo de produção. Nossa sociedade produz esquizos como produz xampu Dop ou carros Renault, com a única diferença de que eles não são vendáveis.

Em entrevista publicada no livro *Conversações* (DELEUZE, 1992) sobre uma suposta valorização romântica e irresponsável que poderia ser atribuída a eles pelas concepções apresentadas em *O anti-Édipo* sobre a esquizofrenia, Deleuze afirma distinguir a esquizofrenia enquanto processo produtivo e a produção do esquizofrênico como entidade nosográfica psiquiátrica (segundo ele, "boa para o hospital"). Discriminando a natureza e a potência do processo esquizofrênico em analogia com o que William S. Burroughs (1914-1997) escreveu sobre a droga, ele pergunta: "será que é possível captar a potência da droga sem se drogar, sem se produzir como um farrapo drogado?" (DELEUZE, 1992, p. 23-24).

Se o esquizo hospitalizado é alguém que "tentou algo e falhou, desmoronou", "somente a atividade revolucionária permitiria que a desterritorialização e decodificação própria à esquizofrenia não se transformasse na produção da esquizofrenia" (DELEUZE, 1992, p. 23-24). Assim, diante do sofrimento próprio ao transtorno psicótico, Deleuze e Guattari (2010) pensam em suas causas determinantes como doença e também como processos e procedimentos específicos no âmbito das terapêuticas, ou mesmo da *esquizoanálise*.

O passeio de Lenz, que a partir de 1778 sofre suas primeiras crises de loucura, reconstituído na novela de Georg Büchner (1813-1837), é tomado como apólogo, figurando em *O anti-Édipo* como processo produtivo do inconsciente designado ali por Deleuze e Guattari como "maquínico": "Tudo é máquina. Máquinas celestes, as estrelas ou o arco-íris, máquinas alpinas que se ligam com as do seu corpo. Barulho ininterrupto de máquinas" (DELEUZE, 2010, p. 12).

Deleuze e Guattari deslizam e transformam a prosa escrita no estilo literário do Sturm und Drang (tempestade e ímpeto), do romantismo alemão, que cultuava uma poesia mística, primitiva, intensa e emocional, tomando-a como

---

considerações teóricas pelas quais perpassam questões promovidas pela passagem do *inconsciente freudiano* para uma nova versão ainda incipiente e um aprofundamento da noção de *inconsciente real*.

figura da produção desejante do inconsciente maquínico: "Ser uma máquina clorofílica ou de fotossíntese ou, pelo menos, fazer do corpo uma peça de tais máquinas. Lenz se colocou aquém da distinção homem-natureza com todas as características que tal distinção condiciona" (DELEUZE; GUATTARI 2010, p. 12).

Passeio idílico "aquém da distinção homem-natureza", em que a natureza é vivida como processo de produção desejante. O desejo não mais se apresenta como encenação teatral ou mediatizado por representações, marcado pela falta de um objeto ausente ou irremediavelmente perdido; o inconsciente, essencialmente produtivo, é antes uma usina, fábrica na qual os objetos parciais (quaisquer corpos extraídos e acoplados às zonas erógenas) são peças nas engrenagens do trabalho, que se dá por processo de acoplagem de sistemas de corte – fluxos nos quais os objetos, por mais heterogêneos, compõem máquinas abstratas, montagens pulsionais, como numa bricolagem.

Paradigma do processo esquizo, figurado por um personagem conceitual (Lenz), o inconsciente conecta as máquinas-órgãos, e já não há mais nem homem nem natureza, mas um único processo que se produz um no outro, tornando-se indistintos o processo de produção e seu produto. Nesse sentido, tratar-se-ia de uma experiência antipredicativa, em que as classes perdem suas fronteiras nítidas.

O processo esquizofrênico se constitui, assim, por fluxos que desfazem os limites de identidades constituídas e organizadas em territorialidades socialmente dimensionadas, e seria vivido como abertura indeterminada, "por mais angustiante e aventurosa que ela seja" (DELEUZE, 1992, p. 23-24). Por outro lado, o desmoronamento vivido como doença seria resultante da parada forçada nesse processo, como efeito da repressão produzida socialmente.

Para os autores, o processo de desregulamentação operado pelo desenvolvimento do capitalismo tardio produz fluxos decodificados, por deslocamento das formas de legitimação social, normas e valores assentados em identificações estáveis compartilhadas socialmente. Entretanto, a lógica do capital não cessa de se contrapor à indeterminação produtiva dos fluxos desterritorializados, reterritorializando-os novamente, reprimindo-os e submetendo-os instrumentalmente às leis de ferro de suas premissas: o capitalismo como formação histórica se configura subordinando toda a produção social à acumulação e à reprodução do capital. Nesse sentido, a esquizofrenia situa-se no limite exterior: o processo esquizo como produção desejante é o espelho invertido da desregulamentação reterritorizalizada, submetida à axiomatização do capital.

No que se refere ao âmbito do desejo, o ataque cerrado de Deleuze e Guattari à sagrada família e ao familiarismo psicanalítico calcado no Édipo se faz sob dois aspectos: a psicanálise não reconheceria a extensão dos investimentos libidinais que incidem diretamente nas contradições sociais e, somado a isso, as interpreta reduzindo-as como sobredeterminadas à dinâmica edípica do romance familiar neurótico, excluindo-se qualquer referência à psicopatologia do social: "a sociedade é esquizofrenizante no nível de sua infraestrutura, de seu modo de produção, dos seus mais precisos circuitos econômicos capitalistas" (DELEUZE; GUATTARI, 2010, p. 479).

Os investimentos sociais desejantes seriam os únicos primários, "os investimentos familiares são sempre um resultado de investimentos sociais desejantes". E, finalmente: "a alienação mental remete diretamente a estes investimentos e não é menos social do que a alienação social, que por sua vez remete aos investimentos pré-conscientes de interesse" (DELEUZE; GUATTARI, 2010, p. 479).

Centrando no modelo edípico toda a determinação do acontecimento do desejo, a psicanálise desconheceria e falharia por ter na neurose o paradigma da constituição do sujeito, em relação à qual a psicose aparece como resultado de um déficit (foraclusão do significante do Nome-do-Pai). Certamente podemos entender a ênfase dada pela dupla de autores na especificidade processual, histórica, em diferença à diagnóstica pensada a partir de estruturas atemporais, seja na psiquiatria, seja na psicanálise. Porém, se podemos questionar tais racionalidades diagnósticas como totalizantes, não deixamos de questionar a forma como as determinações sociais são pensadas por eles.

A psicopatologia do social ganha aqui uma extensão que poderia nos remeter às concepções de Jean-Jacques Rousseau (1712-1778) – a sociedade é que seria patológica, e em lugar do "bom selvagem" teríamos o "bom esquizo", depurado, "aquém da distinção homem–natureza". Não seria essa uma redução que simplificaria o problema da esquizofrenia em sua especificidade? Não se produziria ali uma idealização e um fascínio da loucura e da esquizofrenia, relegando a um segundo plano questões cruciais postas pela clínica? Isso porque:

> o esquizofrênico deleuzeano seria assim definível como uma modalidade de subjetivação que escapa às grandes dicotomias usualmente fundadoras da identidade: não seria nem homem nem mulher, nem filho nem pai, nem morto nem vivo, nem homem nem animal, ele seria, antes, o lugar de um devir anônimo, indefinido, múltiplo, isto é, ele se apresentaria como uma massa, um povo, uma malta atravessados por investimentos exteriores variados e eventualmente heteróclitos (DUFOUR, 2005, p. 115).

Aqui é importante ressaltar que duas categorias clínicas da psicose vêm compor parte de uma diagnóstica social: *o processo esquizofrênico* é tido como um modo de funcionamento desregulamentado, aberto a todas as flutuações identitárias, revolucionário; em oposição há o *polo paranoico*, reacionário e fascista (polo gerador de excesso improdutivo de determinação). Vale a pena lembrar que Foucault qualificou *O anti-Édipo* como uma introdução à vida não fascista (FOUCAULT, 1996).

Se capitalismo e esquizofrenia aparecem articulados em Deleuze e Guattari como uma experiência produtiva de indeterminação, vemos, por outro lado, em Theodor Adorno, a esquizofrenia como uma experiência improdutiva de indeterminação.

A esquizofrenia como estado irreconciliado da razão

Para Adorno (2009), a razão moderna possui seu fundamento no caráter repressivo da *identidade*, termo que compartilha tanto daquilo que constitui um dos princípios basilares da lógica moderna – a saber, o princípio de identidade (A = A) – quanto daquilo que se refere aos processos de constituição de uma individualidade calcada na unidade de um Eu capaz de agrupar diversas representações como sendo suas. Tal relação aponta que a razão aqui é compreendida não somente como a busca de critérios de validade para o julgamento dos valores de verdade, mas também como movimento instaurador de formas de vida (SAFATLE, 2010).

Assim, é tendo em vista tais considerações que Adorno e Horkheimer, em *Dialética do esclarecimento*, visaram constituir um quadro de amplo alcance histórico sobre por que o esclarecimento, em vez de progressivamente levar os homens a um estado humano, acabou por regredir a um novo tipo de barbárie – figurada pelas experiências totalitárias do século XX. Tal movimento histórico seria marcado pela interversão (*Umschlagen*) do esclarecimento ao mito: o mito já era esclarecimento, e o esclarecimento regride ao mito, tal seria o movimento dialético da razão.

Com o intuito de livrar os homens do medo das forças míticas da natureza, o esclarecimento, em seu início, procurou, através do mito, prever, fixar, explicar, dominar a natureza. Nesse momento, contudo, a mimese operava com o uso da magia, do ritual: o feiticeiro tornava-se expressamente semelhante ao poder que visava dominar, identificando-se parcialmente ao que lhe era exterior, tomando ares de assustadiço frente aquilo que lhe causava espanto. Nesse sentido, mesmo sendo a magia uma inverdade, o elemento de identificação não era negado, o trânsito entre sujeito e objeto não era ainda de impenetrabilidade e rigidez.

Mas, a partir da Idade Moderna, a ciência veio paulatinamente mudar o sentido da mimese, quando procurou substituir o saber imaginativo pelo experimento. Nessa busca pelo saber eficaz, procurou-se minar as crenças antropomórficas, as quais seriam para o esclarecimento um conhecimento calcado na simples projeção da natureza interna do homem sobre a natureza externa. O processo de desencantamento do mundo seria, portanto, a destruição do animismo – que seria, de certa forma, recuperado pela razão diagnóstica psicanalítica de extração lacaniana, segundo Dunker (2011).

Adorno e Horkheimer apontam que a razão, nesse sentido, adquire ares de dominação: assim como um ditador comporta-se com a massa, o esclarecimento comporta-se com os objetos e com os próprios homens, ou seja, conhecer torna-se sinônimo de dominar; o método torna-se fator de segurança para a separação entre sujeito e objeto, dominando sua natureza interna para fins de dominação da natureza externa.

Para destruir as qualidades e os deuses, como elemento-chave do esclarecimento, o número torna-se seu cânone: confundindo pensamento com a matemática, igualando os heterogêneos através de grandezas abstratas, o que é o próprio funcionamento do capitalismo, em que tudo é cifrado para ser transformado em mercadoria, em valor de troca. Portanto, se através do método procura-se a separação rígida entre sujeito e objeto, sujeito que se aliena numa imagem da unidade do Eu, no tocante à socialização vemos que o individualismo também reforça tal imagem alienante. Esse Eu não pode perder-se na identificação com o outro, desejando não ser mais "corpo, nem sangue, nem alma e nem mesmo um eu natural" (ADORNO; HORKHEIMER, 1988, p. 36). Daí a possibilidade da autoconservação perder-se a si mesma em uma política do terror, a partir de sua falsa projeção.

Ao tentar eliminar o antropomorfismo, o esclarecimento regride ao mito, pois desconhece, recalca aquilo que lhe é constitutivo, ou seja, a mimese, e "o preço que os homens pagam pelo aumento de seu poder é a alienação ao objeto sobre o qual exercem poder" (ADORNO; HORKHEIMER, 1988, p. 21), já quem enquanto "o animismo havia dotado a coisa de alma, o industrialismo coisifica a alma" (ADORNO; HORKHEIMER, 1988, p. 35).

Tal crítica toma seu caráter de importância pela convergência da crítica filosófica, social e psicológica. A dominação da natureza, operando pelo princípio da identidade, faz com que o reconhecimento do não idêntico no interior dos processos sociais e dos próprios sujeitos tenda a permanecer bloqueado: o que não se submente ao idêntico torna-se suspeito ao esclarecimento. Daí o sofrimento por um excesso de determinação. O homem moderno, ao desconhecer sua própria constituição, baseada nas dinâmicas de identificações, vem a eleger o esquizofrênico como o outro da razão, como figura do *naufrágio da razão*.

Nesse sentido, um estado irreconciliado de não identidade é experimentado como algo negativo, o que torna possíveis dois caminhos: uma submissão ainda mais rígida do eu à natureza ou a completa dissolução do Eu à natureza; uma oscilação que vai da falsa projeção à mimese sem mediações com o ambiente. Tal conceito de mimese é aproximado por Adorno ao conceito de mimetismo em Roger Caillois.

Caillois (1988), em "Mimetismo e psicastenia lendária", visava explicar que o fenômeno de certos animais que se imiscuem ao ambiente de forma a se tornarem semelhantes a este estaria em operação também na psicastenia (quadro psicopatológico descrito por Pierre Janet) e na esquizofrenia, quando da perda da fronteira entre o eu e o meio ambiente, tornando-se simplesmente espaço. Aqui é importante uma diferenciação, proposta por Lacan em seu artigo sobre o "Estádio do espelho", de 1949, entre identificação homeomórfica (com a imagem do semelhante) e identificação heteromórfica (com o ambiente, que é não é a imagem de outro ser vivente). A partir das considerações de Hermann Minkowski sobre o espaço na esquizofrenia, Caillois diz:

> O espaço parece ser uma potência devoradora para estes espíritos despossuídos. O espaço os persegue, os apreende, os digere em uma fagocitose gigante. Ao fim, ele os substitui. O corpo então se dessolidariza do pensamento, o indivíduo atravessa a fronteira de sua pele e habita do outro lado de seus sentidos. Ele procura ver-se de um ponto qualquer do espaço, do espaço negro, lá onde não se pode colocar coisas. Ele é semelhante, não semelhante a algo, mas simplesmente semelhante (CAILLOIS, 1988, p. 82).

Tal referência torna mais inteligível a seguinte afirmação de Adorno: "Onde sob o encantamento universal, os homens parecem liberados neles mesmos do princípio de identidade, e, com isso, dos determinantes intelectivos, eles não se acham para além, mas aquém do ser determinado: enquanto esquizofrenia, a liberdade subjetiva é um elemento destrutivo que só integra efetivamente os homens ao encantamento da natureza" (ADORNO, 2009, p. 203).

É nesse sentido que a dissolução do eu e a despersonalização são o horror da perda da autoconservação, sendo a esquizofrenia "verdade histórico-filosófica sobre o sujeito" (ADORNO, 2009, p. 234).

Para Georges Canguilhem, epistemólogo das ciências da vida, a doença aparece quando um organismo está completamente adaptado e fixo a uma norma, mas também quando há a impossibilidade de colocar uma nova norma para si que não flutue de acordo com as derivadas de seu meio. Ou seja, operar pela mimese direta com o ambiente, de forma que, não sendo mais produtor de normatividade das relações ao meio e a si mesmo, constituiria uma experiência improdutiva de indeterminação. Se empregarmos a ideia para caracterizar a esquizofrenia como patologia do social, podemos dizer que ela é tornada visível quando a modernidade localiza a anomia como uma tendência exclusivamente ligada à improdutividade.

Nesse sentido, Adorno (1993) coloca a esquizofrenia como a forma possível de um sujeito para o qual já não existe a diferenciação entre eu, supereu e isso. Aqui está presente uma questão de método para a teoria crítica: o funcionamento e as mudanças psíquicas nos sujeitos devem ser relacionados às mudanças da esfera social. Para Adorno, a forma indivíduo seria necessária para aumentar a capacidade de produção do sistema capitalista, forma que deve sofrer algum tipo de alteração com o advento dos Estados totalitários. A passagem para o capitalismo tardio provoca um incremento da integração do indivíduo aos processos de produção capitalista, de tal forma que sua consequência é a desintegração dos processos de autoconservação da forma indivíduo.

Podemos compreender melhor os efeitos da mutação no campo do trabalho, ocorrida nessa passagem para o capitalismo tardio, a partir da aparição da esquizofrenia como experiência de perda do corpo próprio. Um capitalismo ancorado em acúmulo e autocontrole, que reprime ao prazer polimórfico e valoriza a identidade fixa, não pode suportar a fragmentação. Quando figuras identitárias institucionalizam-se como parte do caráter repressivo da socialização, o corpo máquina do esquizofrênico emerge como figura socialmente perceptível e diferenciada. Se a sociedade de consumo não precisa mais do corpo como espaço unificado de determinação da identidade, trata-se agora de uma economia libidinal que se aproxima do corpo polimórfico freudiano. A imagem de um corpo próprio, unificado e soberano, deve permanecer como um ideal em terra firme.

Referências

ADORNO, Theodor W. *Dialética negativa*. Rio de Janeiro: Jorge Zahar, 2009.

ADORNO, Theodor W. Novissimum organum. In: *Minima moralia*. São Paulo: Ática, 1993.

ADORNO, Theodor W.; HORKHEIMER, Max. *Dialética do Esclarecimento*. Rio de Janeiro: Zahar, 1988.

ADORNO, Theodor W.; HORKHEIMER, Max. Indivíduo. In: *Temas básicos da sociologia*. São Paulo: Cultrix, 1973.

BERCHERIE, Paul. *Os fundamentos da clínica*. Rio de Janeiro: Jorge Zahar, 1989.

BERRIOS, German E.; PORTER, Roy. Esquizofrenia. In: *Uma história da psiquiatria clínica: a origem e a história dos transtornos psiquiátricos. v. 2: As psicoses funcionais*. São Paulo: Escuta, 2012.

BLEULER, Eugen. *Dementia praecox, el grupo de las esquizofrenias*. Buenos Aires: Hormé, 1960.

CAILLOIS, Roger. Mimetismo e psicastenia lendária. In: *O homem e o sagrado*. Lisboa: Edições 70, 1988.

CASTRO, Eduardo Viveiros de. Perspectivismo e multinaturalismo na América indígena. In: *A inconstância da alma selvagem: e outros ensaios de antropologia*. São Paulo: Cosac Naify, 2011.

DELEUZE, Gilles. *A ilha deserta e outros textos*. São Paulo: Iluminuras, 2006.

DELEUZE, Gilles. *Conversações*. Rio de Janeiro: Editora 34, 1992.

DELEUZE, Gilles. Schizophrenie et societé. In: *Deux regimes de fous*. Paris: Les Éditions de Minuit, 2003.

DELEUZE, Gilles; GUATTARI, Félix. *O anti-Édipo: capitalismo e esquizofrenia*. Rio de Janeiro: Editora 34, 2010.

DUFOUR, Dany-Robert. *A arte de reduzir as cabeças: sobre a nova servidão na sociedade ultraliberal*. Rio de Janeiro: Companhia de Freud, 2005.

DUNKER, Christian. *Estrutura e constituição da clínica psicanalítica*. São Paulo: Annablume, 2012.

DUNKER, Christian. Mal-estar, sofrimento e sintoma: releitura da diagnóstica lacaniana a partir do perspectivismo animista. *Tempo Social: Revista de Sociologia da USP*, São Paulo, v. 23, n. 1, 2011.

DUNKER, Christian. Releitura da diagnóstica psicanalítica. In: *Mal-estar, sofrimento e sintoma: uma psicopatologia do Brasil entre muros*. São Paulo: Boitempo, 2015.

FOUCAULT, Michel. Loucura, literatura, sociedade. In: MOTTA, Manoel Barbosa (Org.). *Problematização do sujeito: psicologia, psiquiatria e psicanálise*. Rio de Janeiro: Forense Universitária, 2006.

FOUCAULT, Michel. *Doença mental e psicologia*. Rio de Janeiro: Tempo Brasileiro, 1984.

FOUCAULT, Michel. *Histoire de la folie* à l'âge classique. Paris: Plon, 1961.

FOUCAULT, Michel. O anti-Édipo: uma introdução à vida não fascista. *Cadernos de Subjetividade*, São Paulo, v. 1, n. 1, p. 197-200, 1996. Número especial organizado por Peter Pál Pelbart e Suely Rolnik.

FREUD, Sigmund. *Obras completas*. Tradução geral de Luiz Lopes Ballesteros y de Torres. Buenos Aires: Editorial El Ateneo, 2007.

FREUD, Sigmund. O inconsciente [1915]. In: *Escritos sobre a psicologia do inconsciente*. Rio de Janeiro: Imago, 2006.

FREUD, Sigmund. As neuropsicoses de defesa [1894]. In: *Primeiras publicações psicanalíticas (1893-1899)*. Rio de Janeiro: Imago, 1980. (Edição Standard Brasileira das Obras Psicológicas Completas de Sigmund Freud, v. 3).

KLEIN, Melanie. *Inveja e gratidão* [1946]. Rio de Janeiro: Imago, 1991.

KLEIN, Melanie. Uma contribuição à psicogênese dos estados maníacos-depressivos [1934]. In: *Contribuições à psicanálise*. São Paulo: Mestre Jou, 1981.

LACAN, Jacques. Relatório de Roma [1953]. In: *Escritos*. Rio de Janeiro: Jorge Zahar, 1998.

MINKOWSKI, Eugène. *Traité de psychopathologie*. Paris: Institut Synthélabo, 1999.

NOVAES, Adauto. *Cinismo e falência da crítica*. São Paulo: Boitempo, 2008.

NOVAES, Adauto. Depois da culpabilidade. In: DUNKER, Christian; AIDAR, José Luiz (Org.). *Žižek crítico: política e psicanálise na época do multiculturalismo*. São Paulo: Hacker, 2005.

ROSA, João Guimarães. A terceira margem do rio. In: *Primeiras Estórias*. Rio de Janeiro: Nova Fronteira, 1988.

SAFATLE, V. *A paixão do negativo: Hegel com Lacan*. São Paulo: Unesp, 2008.

SAFATLE, Vladimir. A transformação da crítica da razão em análise de patologias do social: o caso Theodor Adorno. In: OLIVEIRA, Cláudio (Org.). *Filosofia, psicanálise e sociedade*. Rio de Janeiro: Beco do Azougue, 2010.

SAFATLE, Vladimir. Sobre a potência política do inumano: retornar à crítica ao humanismo. In: NOVAES, Adauto (Org.). *A condição humana*. Rio de Janeiro: Agir, 2009.

Paranoia: clínica e crítica

Fabio Franco, Virgínia Helena Ferreira da Costa, Catarina Pedroso, Raquel Simões, Mariana Sica, Yasmin Afshar, Dario de Negreiros, David Romão

Introdução

A categoria da paranoia não só é, ainda hoje, uma chave fundamental de leitura para compreender a estrutura psíquica de certos sujeitos, como também revela algo do funcionamento de determinadas sociedades. Não pretendemos, com isso, afirmar que as sociedades se portam *como se* fossem um grande sujeito paranoico, ou que são constituídas por indivíduos paranoicos em sua totalidade; trata-se, ao contrário, de uma *analogia de funcionamento*, uma vez que há algo no social que aparece como dotado de um *modus operandi* tipicamente paranoico. Procuramos demonstrar como não só os regimes totalitários, mas também a democracia liberal atual visam constantemente a uma suposta unidade, que deve ser forjada, mantida e restabelecida a qualquer custo. Nesse sentido, ela deve ter seus inimigos produzidos, situados, declarados e aniquilados, a fim de garantir a manutenção e a integridade de sua cultura, seus costumes, seus valores e suas ações.

O que está em questão é uma determinada racionalidade que, ao se tornar naturalizada e polarizada, exibe-nos a radicalização da impossibilidade de espaços de questionamento no interior das próprias formações subjetivas, bem como nos espaços sociais atuais. Levantemos, com isso, alguns problemas: o que faz com que os sujeitos não se perguntem sobre a legitimidade de seus julgamentos e ações? Como, em uma sociedade democrática, plural e globalizada, os sujeitos não conseguem *colocar-se no lugar do outro*, eliminando forçosamente os elementos indeterminados e diferentes de si? Qual tipo de racionalidade opera nas formações subjetivas e sociais para que algo como um totalitarismo seja um risco iminente?

Procuramos discutir tais problemas a partir de um caso clínico que se apresenta, simultaneamente, como uma questão política: Theodore Kaczynski, que pode ser diagnosticado como paranoico, foi também um dos terroristas mais procurados pelo governo estadunidense. Por ocupar o lugar do outro a ser excluído socialmente, já que é paranoico *e* terrorista, esse caso se mostra interessante por articular a categoria da paranoia a uma teoria social, apresentada por Theodor Adorno e Max Horkheimer: a tese de que a formação do sujeito moderno, através de uma razão instrumental, apresenta um funcionamento também encontrado na paranoia, funcionamento este que é capaz de levar os homens à beira de uma catástrofe social. Nesse âmbito, Kaczynski denuncia, de uma só vez, não apenas o sofrimento individual de ser um paranoico, mas também o que há de paranoico em uma sociedade que aspira a uma unidade ideológica. Assim, apesar de procurar uma solução paranoica para os problemas de sua formação subjetiva, Kaczynski porta um diagnóstico social que não pode ser desprezado.

Nesse sentido, nomes como Freud e Lacan, além de um breve histórico da categoria na psiquiatria, serão chamados a fim de que a paranoia como categoria psíquica seja entendida. Por outro lado, a passagem da clínica à teoria de uma sociedade totalitária será compreendida através de Adorno e Horkheimer, principalmente por uma leitura de *Elementos do antissemitismo*. Por sua vez, a ideologia da unidade defendida pela democracia atual, que mostra, em seu interior, elementos de totalitarismo, é-nos exibida por Claude Lefort. Assim, pretendemos sustentar que a categoria da paranoia se mostra importante para a compreensão do funcionamento político-social e, também, da democracia liberal contemporânea, cuja preocupação com a segurança apresenta-se como pressuposto fundamental à manutenção do "bem-estar social", da propriedade privada e dos direitos individuais. Tais elementos atestariam que a troca da liberdade crítica pela segurança da propriedade na democracia liberal exibe, em seu interior, elementos totalitários.

O caso Unabomber

Theodore John Kaczynski tornou-se o terrorista mais procurado dos Estados Unidos entre 1978 e 1996. Nesse intervalo de tempo, ele enviava periodicamente cartas-bomba para universidades e centros de pesquisa em tecnologia, bem como para alvos relacionados à aviação. Por isso, foi nomeado pelo Federal Bureau of Investigation (FBI) como Unabomber, nome formado pela associação entre *university* e *airline bombing*. Seu objetivo era eliminar, em escala mundial, a ciência e a tecnologia, consideradas por ele como responsáveis pelo sofrimento da humanidade.

Com relação à infância de Kaczynski, chama a atenção o fato de que sua mãe considerou-o autista até os 3 anos de idade, devido ao seu medo de prédios e pessoas. Por conta disso, o garoto frequentou, por um curto período, um programa do psicanalista Bruno Bettelheim para crianças autistas. Seu pai, de quem pouco se sabe, suicidou-se quando Kaczynski tinha 47 anos. Considerado bastante inteligente, Kaczynski pulou a sexta e a décima séries na escola e, assim, entrou para o curso de Matemática na Universidade de Harvard aos 16 anos. Ele chegou a fazer mestrado e doutorado em Matemática, e trabalhou como professor-assistente na Universidade da Califórnia, em Berkeley, renunciando dois anos depois. Durante a graduação, participou de um teste psicológico que consistia em testar estudantes em situação de estresse e que foi proibido posteriormente.[1] Tal situação adquire relevância uma vez que coloca Kaczynski novamente em lugar de objeto – outrora da mãe, agora de um teste científico.

Enquanto fazia seu doutorado, ocorreu um episódio fundamental para a compreensão do que se passaria com Kaczynski. Ele esteve, durante algumas semanas, sexualmente excitado quase que permanentemente e fantasiando que era uma mulher incapaz de obter qualquer alívio sexual. Decidiu realizar uma cirurgia de mudança de sexo, mas, enquanto estava sentado na sala de espera do médico, mudou radicalmente de ideia quanto à cirurgia. Disse ao médico que estava deprimido com a possibilidade de se alistar no Exército. Segue um relato do próprio Kaczynski sobre o que decorreu dessa consulta:

> Enquanto eu caminhava para longe do prédio, senti-me enojado em relação àquilo que meus desejos sexuais incontrolados quase me levaram a fazer. Senti-me humilhado e odiei violentamente o psiquiatra. Precisamente nesse ponto, aconteceu um momento decisivo da minha vida: como uma fênix, explodi das cinzas do meu desespero para uma gloriosa esperança nova. Pensei que queria matar o psiquiatra, porque o futuro parecia totalmente vazio para mim. Senti que não me importava em morrer. Portanto, disse a mim mesmo, por que não matar o psiquiatra e qualquer pessoa que eu detestasse? O que importa não são as palavras que passaram pela minha cabeça, mas a maneira como me senti por causa delas. O que era inteiramente novo era o fato de que eu senti que poderia matar alguém. Minha própria falta de esperança tinha me libertado, e eu não me preocupava mais com a morte (KACZYNSKI *apud* DIAS, 2005, p. 18).[2]

Nota-se que, no instante mesmo em que Kaczynski se sente enojado em relação a seus desejos sexuais, ele passa a odiar violentamente o psiquiatra: "Ao mesmo tempo que desaparece a presença do desejo de se transformar em mulher, surge o desejo de matar. Não há qualquer evocação, traço ou interrogação sobre o desejo de se transexualizar" (DIAS, 2005, p. 141). Esse mecanismo, tipicamente paranoico – como veremos –, consiste na expulsão de algo que não pode ser aceito pelo sujeito como sendo seu, sem qualquer possibilidade

---

[1]   Experimento realizado pelo psicólogo Henry Murray (DIAS, 2005).

[2]   Laudo psiquiátrico de T.J.K. realizado pela doutora Sally Johnson.

de elaboração ou de questionamento de seu desejo: no caso de Kaczynski, o desejo de mudança de sexo é substituído por outro, o de matar as pessoas que ele detestava. O desejo de morte, em vez de ser representado, é levado ao ato.

Aos 29 anos, em 1971, Kaczynski mudou-se para Lincoln, Montana, onde passou a morar em uma cabana isolada, sem eletricidade e água corrente. Lá viveu sozinho até o momento em que foi descoberto como o autor de cartas-bomba, em 1996. Entre 1978 e 1995, Kaczynski enviou 16 cartas-bombas a renomados cientistas, universidades e companhias aéreas, matando três pessoas e ferindo outras 23. Passados 17 anos desde o primeiro atentado, e sem que a polícia estadunidense conseguisse prendê-lo, Kaczynski propôs uma trégua sob a condição de que seu manifesto fosse publicado em jornais de grande circulação. Assim, em 19 de setembro de 1995, o *Washington Post* e o *The New York Times* publicaram, na íntegra, o manifesto intitulado "A sociedade industrial e seu futuro". Trata-se de um texto no qual Kaczynski expõe sua crítica à sociedade industrial e propõe os meios para realizar uma efetiva revolução social. Para ele, o mal tecnológico decorre de: "[o] sistema para funcionar TEM QUE regular necessariamente o comportamento humano", o que acarreta a perda da liberdade humana. A liberdade é por ele entendida como a "oportunidade de atravessar o processo de afirmação pessoal, com finalidades reais e não com as finalidades artificiais das atividades substitutivas, sem interferências, manipulações ou supervisão de ninguém, especialmente de nenhuma grande organização" (KACZYNSKI, 1995, p. 27-28).

Assim, de acordo com Kaczynski, perdemos a liberdade quando nossas necessidades reais são substituídas por necessidades artificiais, criadas pela tecnologia e dissipadas pelos meios de comunicação de massa, "sob o controle de grandes organizações que estão integradas ao sistema" (KACZYNSKI, 1995, p. 28). As pessoas são, assim, tornadas dóceis ao sistema por um controle psicológico[3] não consciente que, apaziguando suas frustrações e insatisfações, garante o seu domínio e a sua reprodutibilidade.

Por outro lado, o entretenimento fornecido pelos meios de comunicação de massa, úteis para o funcionamento do sistema tecnológico, também é identificado por Kaczynski em organizações sociais e pelos ativistas, que ele denomina esquerdistas. Assim também é reconhecida como totalitária, por Kaczynski, a força do esquerdismo, que viria da sensação de poder pela luta e

---

[3] Nesse sentido, para Kaczynski, até mesmo o conceito de "saúde mental" sofre as consequências da subjeção das pessoas pelo tecnológico: nossa sociedade tende a considerar como "doença" qualquer forma de pensamento ou comportamento inconveniente, e isso é plausível porque aquele que não se ajusta ao sistema sofre e causa problemas ao sistema. Dessa maneira, manipular um indivíduo para ajustá-lo é visto como "cura" de uma "doença", portanto, coisa boa (KACZYNSKI, 1995, p. 49).

pelo alcance de metas, que imporiam supostas soluções sociais. Guiados por um conjunto moral contra o qual acreditam lutar, os esquerdistas tenderiam a se identificar com as "vítimas sociais" através do que Kaczynski chamou de "sentimentos de inferioridade" e "sobressocialização": "Agrada-lhe muito [ao esquerdista] usar chavões da esquerda como 'racismo', 'sexismo', 'homofobia', 'capitalismo', 'imperialismo', 'neocolonialismo', 'genocídio', 'mudança social', 'responsabilidade social'. Às duas tendências psicológicas que servem de base ao esquerdismo moderno chamamos de 'sentimentos de inferioridade' e 'sobressocialização'" (KACZYNSKI, 1995, p. 72-73).

Dotados, dessa forma, de sentimentos como impotência, depressão, derrotismo e culpa, eles necessitariam identificar-se com algum movimento de massa, adotando objetivos a princípio externos como seus. Por isso, os esquerdistas seriam facilmente treinados para pensar e atuar como manda a sociedade, de modo que só aparentemente eles seriam rebeldes. Para Kaczynski, portanto, o esquerdista não está em conflito com a moral estabelecida, mas, ao contrário, adota-a "à sua maneira e então acusa a corrente majoritária da sociedade de violar esse princípio" (KACZYNSKI, 1995, p. 10). Nesse sentido, segundo Kaczynski: "A violência é reprovada [pelos esquerdistas], porque transforma o funcionamento do sistema" (KACZYNSKI, 1995, p. 10).

É, então, com a elevação da tensão social e o consequente aumento da possibilidade de colapso do sistema que Unabomber vislumbraria a solução dos problemas da tecnologia moderna e dos meios de comunicação, bem como o fim dos esquerdistas. A esse respeito, Kaczynski defende as ações violentas de seu grupo de ação política, intitulado "FC" – é preciso dizer, composto somente por ele:

> Os meios de comunicação de massa estão em sua maior parte sob o controle de grandes organizações que estão integradas ao sistema. Tomemos o (FC) como exemplo. Se não tivéssemos feito nada violento e tivéssemos apresentado os presentes escritos a um editor, provavelmente não seriam aceitos. A fim de apresentar nossa mensagem ante o público com alguma oportunidade de criar uma impressão duradoura, tivemos que matar gente (KACZYNSKI, 1995, p. 28-29).

Em sua visão, portanto, diante de um sistema de tal forma opressivo, seria preciso responder com igual violência. Após o colapso do sistema tecnológico e industrial, que, ele insiste, não deve ocorrer mediante uma mera reforma, e sim por uma revolução vitoriosa, Kaczynski diz que chegaríamos a seu objetivo final: retornar a um estado de "natureza selvagem", em que o homem poderia exercer a sua liberdade plenamente, livre das regulações da organização social.

Após a publicação desse manifesto, algumas expressões usadas foram reconhecidas pelo irmão de Kaczynski como típicas de sua escrita. Assim, uma força exclusiva, formada desde 1979 por mais de 150 investigadores e analistas, foi reativada. Unabomber foi, então, preso, e essa atividade foi a única, antes de 11 de setembro de 2011, a coordenar agentes do FBI, da National Security Agency (NSA) e da Central Intelligence Agency (CIA).

"Navio de tolos" é outro texto de Kaczynski que nos serve para esclarecer seu posicionamento em relação à sociedade. Nele, é narrada a história de uma embarcação cujos tripulantes "ficaram tão vaidosos de sua marinheiraria, tão cheios de insolência e tão impressionados com eles mesmos, que eles enlouqueceram" (KACZYNSKI, 1999, [s.p.]) e viraram o navio rumo ao norte. Apesar de já encontrarem *icebergs* e de enfrentarem muito frio, a tripulação insistia em manter a direção. O camareiro do navio, entretanto, era o único a perceber que eles cometiam um grande equívoco fazendo tal escolha, e que ela os levaria à morte. Mas os tripulantes não puderam ouvi-lo, chamando-o de radical e violento, e o navio manteve a sua rota, de tal forma que colidiu com um *iceberg* e todos morreram afogados. Trata-se de um texto metafórico, que versa sobre os rumos da sociedade, os quais acabariam levando-a à destruição. A única solução, apontada pela voz solitária do camareiro, seria uma mudança radical de direção. O camareiro desempenha na trama um papel análogo ao de Kaczynski, qual seja, o de apontar para o desastre que pode decorrer dos caminhos escolhidos pela sociedade. Para ele, mais do que reformar e visar pequenas variações, seria preciso realizar uma mudança completa de direção, em nome de uma sociedade mais justa.

Consideramos que Kaczynski traz em seu discurso sobre a sociedade um valor de verdade que deve ser ouvido. Longe de defendermos os seus atos, é preciso atentar para o fato de que, ao afirmar que "[a] Revolução Industrial e suas consequências foram um desastre para a raça humana" (KACZYNSKI, 1995, p. 3), Kaczynski se encontra em um posicionamento peculiar: situando-se à margem da sociedade – seja por ser considerado paranoico, seja por atuar como terrorista –, ele pode, exatamente por isso, contrapor-se criticamente perante os fundamentos da sociedade contemporânea – a Ciência e a Tecnologia –, cujo progresso mantém-se calcado na modernidade às expensas de qualquer forma de questionamento.

Nesse âmbito, seu discurso paranoico contribui – como uma forma de sintoma de uma organização e um funcionamento social deficitários – com uma análise dos modos de socialização dos indivíduos e com uma compreensão dos problemas gerados pela sociedade em geral. Para melhor compreendermos esta e outras problematizações referentes à paranoia, faz-se necessária uma breve exposição desse conceito no campo clínico a partir da psiquiatria e da psicanálise.

Psiquiatria: pensamento e realidade

Guiada por critérios e regras comunicáveis, a medicina ocidental tradicionalmente se fiou em classificações para conhecer seus objetos. No caso das afecções ditas "mentais", o estudo da medicina se deu através da constituição de uma sintomatologia e uma nosografia. Enquanto a primeira buscava correções frequentes entra as doenças tipologicamente estabelecidas, a segunda dava conta de classificar e analisar as diferentes evoluções e formas da doença (aguda, crônica, episódica ou contínua). Apesar de o sistema de classificação das doenças mentais apresentar suma importância para a atuação da psiquiatria no campo da saúde mental, vemos hoje a observação de que os sintomas e a queixa do paciente passam a ter um estatuto secundário em relação ao quadro nosográfico, como se este último tivesse criado vida própria.

Assim, quando acompanhamos o estudo e a categorização de uma dada doença, tal como a paranoia, desde o período dito clássico da psiquiatria – século XIX – até os dias de hoje, podemos observar diferenças estruturais entre a maneira de se classificar, no que tange à valoração do sintoma, critérios diagnósticos e, principalmente, relevância do sujeito doente. Vejamos tal histórico.

Em 1863, Kahlbaum referiu-se à paranoia como síndrome, fazendo uma descrição integral do comportamento do doente (não apenas os traços desviantes) e do desenvolvimento temporal dos processos mórbidos. Nesses quadros clínicos, os sintomas paranoicos lhe apareceram como características não específicas de vários outros processos mórbidos. O psiquiatra definiu, então, a paranoia como "uma doença delirante persistente que permanecia imutável ao longo de seu curso, [servindo,] portanto, para designar delírios primários crônicos e sistematizados" (CROMBERG, 2000, p. 14).

Influenciado por Kahlbaum, Kraepelin, cuja nosografia é cheia de consequências para a psiquiatria, foi quem estabeleceu, em 1915, de fato a nomenclatura "paranoia" – tal como veio a ser conhecida hoje – para sistemas delirantes estáveis sem alucinação ou lesão cognitiva, volitiva ou de ação; e distinguiu os tipos possíveis de delírio: grandeza, perseguição ou ciúme. Entre os quadros patológicos em que o sistema delirante estável prevalecia, Kraepelin estabeleceu três tipos de transtornos paranoides: paranoia, parafrenia e demências paranoides (o que Eugen Bleuler chamaria de "esquizofrenia"). A distinção entre transtornos paranoides que levariam à deterioração e transtornos que não envolveriam qualquer dano cognitivo ou orgânico se faz fundamental para Kraepelin. Isso porque o psiquiatra se orientava pela escola psicogenética, isto é, pela concepção de causa da doença mental estabelecida por Karl Jaspers.[4]

---

[4] É importante ilustrarmos aqui a diferença entre psico e organogênese no campo da psiquiatria. Enquanto a primeira seria tributária de correntes de pensamento que

Bleuler (1857-1939) desenvolverá essa intuição, pesquisando exaustivamente detalhes da vida de seus pacientes, apontando, assim, para diferenças de comportamento entre sujeitos normais e paranoicos – psicóticos – diante das mesmas situações. Com ele temos, portanto, a homologia formal entre normal e patológico e uma causa última da psicose que não é totalmente explicada, algo da ordem de um substrato preexistente que constituiria o sujeito com uma tendência paranoide. Em relação a sua nosografia, vale observar que ele não concorda com a nomenclatura "demência precoce" de Kraepelin. Ele prefere "esquizofrenia" (mente cindida) e considera que sua causa seja uma disfunção associacionista, ou seja, "uma perturbação das associações [...], uma vez que se trata de uma diminuição ou de um nivelamento das afinidades associativas" (QUINET, 2006, p. 64).

Já Ernst Kretschmer (1888-1964) cria a categoria de "paranoia sensitiva" e indica como causa a interação patológica entre os acontecimentos da vida e o caráter. O caráter, por sua vez, é concebido como "o conceito da personalidade individual no aspecto de sentimentos e vontade, ou seja, no aspecto mais essencial para todos os desvios psicopatológicos" (QUINET, 2006, p. 96). Certas personalidades sensíveis, sejam elas depressivas, pessimistas ou narcisistas, desenvolveriam sintomas paranoides agudamente, quando passassem por experiências de forte carga afetiva. A noção de "caráter" revela uma ambiguidade quanto a sua predisposição à paranoia. Poderíamos entendê-la como um elemento comum a toda personalidade paranoica. Kretschmer não rejeitaria, assim, uma tipologia paranoide do caráter.

Se nas pesquisas de Bleuler e Kretschmer nota-se uma certa busca por traços caracteriológicos universais da paranoia, o trabalho de Kehrer dará ênfase ainda mais radical à formação reacional da personalidade atestada pela história de vida do paciente. Para ele, toda conduta só ganha pleno sentido a partir da história de vida que a subjaz.

A classificação antiga das doenças mentais perdurou até que, em 1917, fosse criado, pela Associação Americana de Psiquiatria (APA) e pela Comissão Nacional de Higiene Mental, um manual com 22 diagnósticos para orientar as instituições estadunidenses. Esse manual sofreu inúmeras revisões até a elaboração do primeiro *Manual diagnóstico e estatístico de transtornos mentais* (DSM), em 1952.

---

privilegiariam a constituição psíquica a partir de uma perspectiva social, valorizando aspectos do meio e sua influência sobre a doença – "conteúdos verbais, criações mentais, atos, modos de vida, movimentos expressivos" (JASPERS, 1985, p. 364); a segunda, apesar de não recusar a constituição social da personalidade, orientaria o foco causal de toda afecção mental para características orgânicas, da ordem de um déficit ou lesão cerebral, salientando a doença como uma ruptura não compreensível. Nesse sentido, já não podemos mais entender que a psiquiatria sempre se opôs à psicanálise por se preocupar meramente com os sintomas enquanto a psicanálise privilegiaria suas causas. Os debates entre a escola psicogenética e a organogenética nos leva a concluir que a disposição atual do saber psiquiátrico é historicamente circunscrita.

Em sua quarta versão, o atual DSM é um catálogo organizado em cinco eixos diagnósticos, cada eixo compreendendo uma categorização diferente de doença. São eles: I) transtornos clínicos e mentais propriamente ditos; II) transtornos de personalidade ou invasivos; III) condições médicas agudas ou desordens físicas; IV) fatores ambientais ou psicossociais contribuindo para desordens; e V) Avaliação Global das Funções.

O DSM não dá diretrizes para tratamento, profilaxia, nem explicita de forma exaustiva suas fundamentações teóricas em psicanálise ou psiquiatria. Pelo contrário, a partir do DSM-III (1974), a influência da psicanálise sobre a psiquiatria foi colocada em xeque, marcando a separação entre os critérios de ambas as clínicas. Com um discurso normativo, seu objetivo é a padronização da prática diagnóstica, assim como a consequente facilitação de uma regulamentação farmacêutica. Hoje muitos hospitais, clínicas e companhias seguradoras exigem o preenchimento dos "cinco eixos" do DSM de seus pacientes-clientes. Além disso, usam para fins administrativos o código numérico correspondente a cada categoria de transtorno mental extraído da Classificação Internacional das Doenças e Problemas de Saúde Relacionados (CID-10).

A partir do DSM-III, o eixo classificatório *transtorno da personalidade* ganhou em importância. Ele se refere a traços inflexíveis e mal-adaptativos da personalidade que causam prejuízo funcional ou sofrimento subjetivo.[5] No DSM-IV constam três tipos de transtornos (*disorders*) cujo sintoma essencial é o paranoide. Do mais "leve" ao mais "grave", os transtornos do tipo paranoide são assim dispostos pelo DSM: o *transtorno de personalidade paranoide* é descrito como "um padrão [adulto] de desconfiança e suspeitas invasivas em relação aos outros, de modo que seus motivos são interpretados como malévolos" (APA, 1994, p. 597). Presente nos contextos mais variáveis, o indivíduo deve manifestar ao menos quatro dos seis critérios descritos. São eles:

> 1) suspeita, sem fundamento suficiente, de estar sendo explorado, maltratado ou enganado pelos outros; 2) preocupa-se com dúvidas infundadas acerca da lealdade ou confiabilidade de amigos ou colegas; 3) reluta em confiar nos outros por um medo infundado de que essas informações possam ser maldosamente usadas contra si; 4) interpreta significados ocultos, de caráter humilhante ou ameaçador, em observações ou acontecimentos benignos; 5) guarda rancores persistentes, ou seja, é implacável com insultos, injúrias ou deslizes; 6) percebe ataques a seu caráter ou reputação que não são visíveis pelos outros e reage rapidamente com raiva ou contra-ataque; 7) tem

---

[5] Embora convenha ressaltar, segundo Jurema Alcides Cunha *et al.* (2000, p. 36), que "a partir do DSM-III, o conceito de transtornos mentais e distintos possua um enfoque ateórico com relação às causas".

suspeitas recorrentes, sem justificativa, quanto à fidelidade do cônjuge ou parceiro sexual (APA, 1994, p. 599).

O *transtorno delirante*, por sua vez, refere-se ao que se conhece por paranoia. Ele pode ser de tipo erotomaníaco, grandioso, ciumento, persecutório, somático ou misto. O transtorno delirante se distingue do transtorno de personalidade paranoide por não se configurar como padrão de conduta paranoide, ou seja, por não se apresentar como uma forma estável e global de agir e pensar. Em geral os delírios são bem sistematizados e se desenvolvem com lógica. Por isso, no DSM-IV-TR, ele é caracterizado por "delírios não bizarros[6] com duração mínima de 1 mês" (p. 719).

Por fim, a *esquizofrenia do tipo paranoide* se diferencia das outras categorias de paranoia pela presença de alucinações e de delírios de caráter bizarro. Ou, se usarmos a linguagem do *Manual*, sua particularidade é a predominância da "dimensão psicótica" (delírios e alucinações auditivas proeminentes) sobre a "dimensão de desorganização" (discurso desorganizado e comportamento amplamente desorganizado ou catatônico), "no contexto de uma relativa preservação do funcionamento cognitivo e do afeto" (p. 719).

Psicanálise: o retorno no real

Na psicanálise, a paranoia é uma das três categorias que compõem o quadro nosográfico da psicose, ao lado da esquizofrenia e da psicose maníaco-depressiva. O texto fundamental sobre a paranoia, que serviu como base para futuras compreensões dessa categoria por outros autores, é a leitura freudiana das *Memórias de um doente dos nervos*, ou "O caso Schreber", de 1910. Nesse texto, Freud traz suas primeiras e talvez mais fundamentais contribuições sobre essa categoria clínica, sugerindo que o fundo patológico da paranoia se explica pela defesa contra uma fantasia de desejo homossexual da qual o sujeito tenta se esquivar, fato que nos faz supor "que o ponto fraco de seu desenvolvimento deve estar no trecho entre autoerotismo, narcisismo e homossexualidade" (FREUD, 2010, p. 83).

Entretanto, por mais que a defesa contra a homossexualidade nos pareça uma explicação redutora,

> há, no entanto, o que poderíamos chamar de uma *intuição psicanalítica fundamental* a respeito das psicoses. Ela se refere à impossibilidade de

---

[6] Na definição do DSM, "bizarro" é aquilo que é implausível, incompreensível e não extraído de experiências comuns da vida. Além disso, "delírios que expressam uma perda de controle sobre a mente ou o corpo [...] geralmente são considerados bizarros" (p. 719). Assim, os delírios não bizarros do transtorno delirante envolvem situações que poderiam ocorrer, por exemplo, ser seguido, envenenado, infectado, amado à distância ou traído pelo cônjuge ou parceiro romântico.

alguma forma de mediação simbólica das identificações e da alteridade devido à fixação em um estado de desenvolvimento e de maturação que Freud chamava de "narcísico". [...] O problema da defesa contra o homossexualismo [sic] é, no fundo, o modo freudiano de dizer que, na psicose paranoica, todo reconhecimento de si em um outro é vivenciado de maneira ameaçadora e muito invasiva, o que coloca uma personalidade formada a partir da internalização de identificações em rota contínua de colapso (SAFATLE, 2011, p. 5).

A mediação simbólica, fundamental para que o sujeito lide com qualquer tipo de alteridade, tem sua origem no momento constitutivo em que a criança descobre a diferença sexual. O complexo de castração é precisamente a fase infantil na qual ela internaliza a diferença sexual entre homens e mulheres, isto é, a presença e a ausência do pênis, e suas respectivas diferenças no âmbito do social.

Em paranoicos, tal diferenciação sexual foi rejeitada [*Verwerfung*] por parte do sujeito. Ou seja, diferentemente do recalque [*Verdrängung*], próprio da formação neurótica – em que se admite a existência do conteúdo recalcado sem, no entanto, aceitá-lo conscientemente –, a rejeição aparece como a ausência interna de qualquer traço da ameaça da castração e, também, da diferenciação sexual. Se não há rastro algum dessa diferença fundamental no interior do indivíduo[7] – já que ela nunca foi internalizada, sendo um real desconhecimento –, o sujeito, então, organiza-se psiquicamente a partir da impossibilidade de lidar com qualquer forma de alteridade. Como ocorreu com Kaczynski, é ao se deparar com a diferença sexual que se desencadeia o delírio paranoico: o desejo de se transexualizar teve de ser eliminado e, repentinamente, transformado em um desejo de matar qualquer pessoa que ele detestasse.

Assim, para Freud, quando o Eu se torna incapaz de reconhecer as identificações contraditórias inerentes a sua formação, isto é, a alteridade própria a sua identidade, acontece uma repressão[8] [*Unterdrückung*] de toda a pulsão ou

---

[7] Em conexão com a visão lacaniana da paranoia, podemos dizer que ocorre uma especificidade na psicose paranoica: esta aparece como um sistema próprio de organização do sujeito, no qual o elemento reprimido não é passível de ser revelado em análise, já que não pode ser encontrado, pois nunca esteve presente no sujeito. Sabemos, no entanto, de tal situação estrutural pela percepção de uma ausência que organiza diferentemente o conteúdo inconsciente à sua volta, todos os demais elementos convergindo para um vazio central.

[8] Ocorre, em Freud, uma inconstância quanto à denominação do processo de negação homossexual específico da paranoia: no caso Schreber, podemos ler "supressão", "repressão" e "cancelamento". Há comentadores que trabalham, ainda, com a palavra *Verleugnung*, "desconhecimento", presente em textos posteriores de Freud, como "A organização genital infantil". Em "Neurose e psicose", podemos ler: "Qual é o mecanismo análogo a um recalque, por meio do qual o eu se desliga do mundo exterior? Penso que sem novas indagações não posso dar uma resposta, mas seu conteúdo deveria ser o de um recalcamento, um déficit de investimento enviado ao eu" (FREUD, 2010, p. 288).

desejo homossexual constitutivo. Entretanto, tal conteúdo será projetado no mundo e, consequentemente, retornará, de forma distorcida, como delírios paranoicos – de grandeza, erotomania, perseguição ou ciúme delirante.[9] Esse processo de cancelamento do investimento pulsional que visa garantir uma unidade interna – ou seja, a ação de expulsar o conflito resultante dessas identificações contraditórias – é aquilo que, ao mesmo tempo, constitui e garante o narcisismo. Trata-se de uma característica primordial do sujeito paranoico, qual seja, a eliminação de tudo que remete ao diferente de si mesmo.

A explicação de tal mecanismo da projeção em Freud é fundamental para nossa compreensão futura da paranoia em Lacan e para o pensamento de Adorno e Horkheimer: "Uma percepção interna é suprimida [*unterdrückt*] e, em substituição, seu conteúdo vem à consciência, após sofrer certa deformação, como percepção de fora" (FREUD, 2010, p. 88). Ou seja, utilizando o exemplo de um delírio persecutório, a percepção da presença do amor homossexual é negada internamente e substituída pelo sujeito, o que é sentido como se o outro lhe tivesse ódio, como se o outro, o objeto de amor, o perseguisse.

Dessa forma, podemos dizer que, ao negar parte de si mesmo, o paranoico constrói uma nova realidade adequada às suas expectativas, deformando, de forma ativa, o mundo. Assim: "Não foi correto dizer que a sensação interiormente suprimida [o amor homossexual] é projetada para fora; vemos, isto sim, que aquilo interiormente cancelado retorna [como um perseguidor] a partir de fora" (FREUD, 2010, p. 88), de modo que os sujeitos paranoicos "projetam para fora, sobre outros, o que não querem perceber em sua própria interioridade" (FREUD, 2010, p. 95). Essa defesa mostra que há uma espécie de fracasso, no caso da psicose, na síntese do Eu: "Notemos ainda como tal situação indica um certo modo de ligação defensiva à identidade, de negação da 'interioridade da diferença', que demonstram a fragilidade, no caso da psicose, dos modos de síntese psíquica fundadas na noção funcional de Eu" (SAFATLE, 2011, p. 5).

É por isso que, para Lacan, foi fundamental compreender de que modo se dá a constituição do Eu e o que aconteceria na fase narcísica para o sujeito se estruturar como paranoico. Desde sua tese de doutorado, de 1932, ainda como psiquiatra, a resposta aponta para o papel das identificações. Essa tese permanece ao longo da obra lacaniana e encontra uma forma mais bem-acabada no texto "O estádio do espelho como formador da função do Eu", escrito em 1936 e

---

[9] No delírio persecutório, a defesa contra a homossexualidade leva a pulsão sexual a seguir o seguinte caminho: eu o amo – eu não o amo – eu o odeio – ele me odeia – ele me persegue – eu posso odiá-lo sem culpa. Na erotomania: eu não amo a ele – eu amo a ela – ela me ama. No ciúme delirante: eu o amo – eu não o amo – quem o ama é ela. E, por fim, no delírio de grandeza: eu o amo – eu não o amo – eu não amo em absoluto – eu só amo a mim mesmo.

publicado em 1949. Tal como veremos, a constituição do sujeito paranoico a partir de identificações serviu de modelo, no pensamento de Lacan, para a compreensão da constituição da personalidade a partir da formação do *Eu*. Pois, para ele, o conhecimento humano, isto é, a maneira como o sujeito enxerga a si e ao mundo, seria estruturado tal como na paranoia.

Nesse sentido, insatisfeito com o conceito de *narcisismo* freudiano, Lacan elaborou a noção de *estádio de espelho* para explicar a formação do *Eu* em referência às identificações que o sujeito estabelece com os outros que o circundam (OGILVIE, 1991). Esse seria o momento constitutivo em que a criança procura articular suas sensações corpóreas – até então vividas de modo disperso – a uma imagem que lhe é oferecida a partir do social. Trata-se do "dinamismo afetivo pelo qual o sujeito se identifica primordialmente com a *Gestalt* visual de seu próprio corpo: ela é, em relação à descoordenação ainda muito profunda de sua própria motricidade, uma unidade *ideal*, uma *imago* salutar" (LACAN, 1998a, p. 115).

O resultado desse processo é, tal como Lacan o diz, a *precipitação* do sujeito, seu surgimento como que por decantação – um residual denso que aparece como consequência de uma experiência. Mas esse momento de inauguração é também de *alienação*, pois Lacan descreve um sujeito que nasce no ato mesmo em que se reconhece fora de si, a partir do exterior: "Essa relação erótica, em que o indivíduo humano se fixa numa imagem que o aliena de si mesmo, eis aí a energia e a forma donde se origina a organização passional que ele irá chamar de seu *eu*" (LACAN, 1998a, p. 116). Dessa forma, Lacan afirmará que o *Eu* comporta um conjunto de resistências e defesas a favor de seu próprio desconhecimento.

O desconhecimento do *Eu* a que se refere Lacan é o mesmo que caracteriza o funcionamento paranoico, pois, pela necessidade de se identificar a uma imagem unitária e coerente, o sujeito terá de rechaçar elementos conflituosos e contraditórios entre si, com os quais, apesar disso, ele também se identifica. A agressividade aparece na teoria lacaniana para descrever essa característica da constituição do sujeito, comum à neurose e à psicose paranoica: a fim de garantir uma imagem coerente de si, é preciso que ele projete para fora o elemento contraditório à unidade almejada. Tais características impedem, desde o começo da formação do *Eu*, uma realização subjetiva dialética e multiforme perante o mundo. Esse impedimento é, como vimos, fruto da incapacidade de reconhecer que "[a] quilo com o que o sujeito se identifica é aquilo que ele quer ser, e portanto ama, ao mesmo tempo que odeia, justamente por ser outro" (OGILVIE, 1991, p. 118).

Se a alienação paranoica é apresentada como modelo ao conhecimento humano, é porque a loucura é vista aqui como fenômeno de conhecimento, de modo que, ao delirar, o louco conhece o mundo, as experiências, os fatos, mas não se reconhece como sujeito das suas produções. Desse modo, se "o louco acredita-se diferente de quem é" (LACAN, 1998c, p. 171) e se não se vê capaz de reconhecer que a desordem do mundo é a desordem mesma de seu ser, o mesmo ocorre com a formação do *Eu*, de modo que é "esse desconhecimento sistemático da realidade que caracteriza o conhecimento paranoico, e que jamais se elimina completamente do conhecimento comum" (OGILVIE, 1991, p. 110). Assim, essa construção fictícia do *Eu* enquanto desconhecimento próprio implica uma percepção da realidade e dos objetos de desejo enquanto mediação construída, e não como experiência genuinamente neutra, uma vez que ela é resultado de uma interpretação que aparece como consequência do modo como o sujeito constituiu a si mesmo e ao mundo. É dessa forma que se insere o argumento lacaniano no qual a personalidade – ou o *Eu* – e a paranoia partilham do mesmo processo de formação.

Porém, enquanto no desenvolvimento não paranoico do Eu há uma possibilidade de dialetizar esse processo de identificações, Lacan irá mostrar como, na paranoia, essas formações imaginárias acabam por restringi-lo a uma relação com o mundo e com o Outro marcada pelo transitivismo e pela fixidez de sentido, em que, sem uma mediação simbólica, o sujeito encontra-se preso a situações de rivalidade e alienação. Mas, por que tal mediação simbólica seria impossível no caso da psicose? Para responder a essa questão, Lacan precisa se perguntar sobre o inconsciente na psicose. Ao contrário do neurótico, para quem o inconsciente está recalcado e se manifesta de maneira cifrada, na psicose ele está na superfície, à flor da pele. Lacan resgata, portanto, dos textos freudianos a ideia de um fenômeno de *rejeição* – para o qual foi atribuído o termo *Verwerfung* – e passa a chamá-lo de "foraclusão", para descrever o processo em que não se dá a incorporação do termo que organizaria todo o campo simbólico do sujeito. Este "termo" é o que ele irá chamar de "Nome-do-Pai", o significante responsável por amarrar o campo simbólico do sujeito, permitindo-lhe estabelecer relações de troca com os outros, sem que ele vivencie toda relação com a alteridade como traumática. Segundo Lacan, é a ausência desse elemento a marca fundamental de toda psicose, inclusive da paranoia.[10] Vemos que o delírio vem, então, no lugar daquilo que falta, preenchendo o vazio de significações e possibilitando algum sentido à existência. Notemos, portanto, que tal concepção de delírio como "re-ordenamento" ou defesa contra desejos contraditórios está presente tanto na psicanálise de Freud quanto em Lacan.

O delírio é, portanto, a forma que Kaczynski teria encontrado para reordenar um mundo que teria perdido todo o seu sentido e estaria destinado à ruína. É importante notar que ele jamais teve uma crise. Isso mostra que sua construção delirante e seus atos lhe garantiram certa estabilidade: os atentados lhe

---

[10] "É num acidente desse registro [simbólico] e do que nele se realiza, a saber, na foraclusão do Nome-do-Pai no lugar do Outro, e no fracasso da metáfora paterna, que apontamos a falha que confere à psicose sua condição essencial, com a estrutura que a separa da neurose" (LACAN, 1998b, p. 582).

proporcionaram um outro lugar no mundo, para além daquele que havia ocupado como objeto da ciência. Mesmo sendo o lugar de *terrorista*, isso parece ter lhe proporcionado uma significação como sujeito. Com relação a isso, vale dizer que tais atos constituem aquilo que a psicanálise chamou de "passagem ao ato": expoente ativo na psicose que, segundo Mauro Mendes Dias, vem de uma "impossibilidade de passar do estado de percebido para o de representado" (LACAN, 1998a, p. 115). Age-se diante da impossibilidade de elaborar o desejo de forma simbólica.

Por fim, se compreendemos que "[a] economia do patológico parece assim calcada sobre a estrutura normal" (SAFATLE, 2011, p. 6), então devemos nos perguntar sobre o que está em jogo nos processos sociais e é, a sua maneira, denunciado pela paranoia. Levando em conta que Kaczynski elabora uma crítica ao modo como a sociedade industrial funciona, somos levados a pensar que ele pôde reconhecer "uma ordem em crise" (SAFATLE, 2011, p. 13), delatando, através de seu delírio, uma falta que, análoga a sua própria, corresponderia a uma certa ordem, ordem esta que o mundo *deveria* conter.

No entanto, a maneira formulada por Kaczynski para dar conta dessa crise percebida permanece estanque: "Tudo se passa como se esta experiência de crise não pudesse, por alguma razão, ser realmente simbolizada, ser realmente vivida pelo sujeito. Falta ao sujeito a gramática para a elaboração de experiências de crise" (SAFATLE, 2011, p. 13). Assim, na paranoia, tudo o que se manifesta como diferente é também uma ameaça. Diante de tal impossibilidade de mediação simbólica numa situação de conflito, resta ao sujeito recorrer aos mecanismos imaginários. É dessa forma que a tensão libidinal do sujeito no delírio exibe uma tentativa de manter constante a sua unidade ilusória, mesmo que toda ação para o exterior encontre sempre um retorno em si mesmo.

Paranoia crítica

Encontramos também em Adorno e Horkheimer o mesmo recurso usado por Lacan de ampliação da categoria clínica de paranoia como conceito central para a compreensão dos processos de constituição do Eu na modernidade. Uma das razões para isso se deve ao fato de que, da mesma maneira que o psicanalista francês, os autores também sustentam a tese da convergência entre mecanismos de subjetivação e de alienação.

Na *Dialética do esclarecimento* é desenvolvida uma estratégia de compreensão da complexa dinâmica social em operação no fascismo, com suas práticas de segregação, a partir de dois procedimentos. O primeiro consiste em compreender o antissemitismo como derivado das ambivalências próprias ao processo civilizatório. O antissemitismo constituir-se-ia como a forma mais bem-acabada de um modo de segregação que é próprio à racionalidade moderna, que se tornou hegemônica ao longo da história ocidental. Do que decorre que a crítica social se mostra imbricada a uma crítica dos limites de uma racionalidade que irá desembocar numa racionalidade instrumental. Esse primeiro procedimento se articula a um segundo, que aborda o antissemitismo como uma espécie de patologia social, cujas práticas de segregação se aproximariam ao funcionamento paranoico.

Porquanto, qual o sentido de uma categoria clínica no interior de uma teoria social? E de que modo essa apropriação opera para dar conta de um fato social e político? Além disso, o que significa sustentar a tese de que a racionalidade moderna e a paranoia se encontrariam, de alguma maneira, relacionadas? – de modo que tal relação permite a compreensão de que o fascismo, culminado em Auschwitz, seria "o nome de uma certa 'catástrofe do pensamento identitário'" (SAFATLE, 2009, p. 171).

Adorno e Horkheimer descrevem a gênese do Eu moderno como inseparável do processo pelo qual a razão, no seu desenvolvimento, acabou por se reverter em barbárie. São arquiconhecidas as passagens daquela obra nas quais os autores afirmam que a natureza foi *desencantada* pelo esclarecimento para ser mais facilmente por ele *dominada*; dominação que agora não se dá através de construções mítico-religiosas, mas segundo uma racionalidade que é expressa de forma mais bem-acabada na figura do sujeito moderno, cujo processo de constituição traz em seu bojo, como principais valores reguladores, a autoidentidade e a unidade.

Se o pensamento mágico era capaz de reconhecer uma indistinção entre o Eu e Outro, como aquele bororó que podia dizer "Eu sou uma Arara", a natureza aparecia como o indiferenciado, o desconhecido. O advento da racionalidade moderna estaria calcado, ao contrário, na denegação dessa força cognitiva da analogia, da semelhança, do pensar por imagens, próprio ao raciocínio mimético.

A mimese genuína é antes uma tendência a se perder no meio ambiente do que o desempenho de um papel ativo, é uma adaptação orgânica ao outro, na medida em que o reflete e com ele assimila-se de imediato. O modelo mimético forneceu um princípio para a ação e para o pensamento, "é um modo de imitação que é, ao mesmo tempo, assimilação do que não me é idêntico" (SAFATLE, 2010, aula 11, p. 4).

No entanto, se "o eu moderno funda-se na denegação do papel constitutivo da identificação mimética com a alteridade" (SAFATLE, 2005, p. 9), isso significa dizer que o impulso de dominação da natureza é antes um impulso de dominação da alteridade sob a forma da identidade. Esse impulso nasce do medo da perda do próprio eu em situações de ameaça frente ao desconhecido. É nesse sentido que os autores afirmam: "a identidade do eu [...] não pode se perder na identificação com o outro, mas toma definitivamente posse de si como máscara impenetrável" (ADORNO; HORKHEIMER, 2006, p. 22).

Isso implica, por sua vez, que toda experiência possível seja submetida ao princípio da identidade do sujeito e da abstração da representação conceitual, que qualifica e ordena a multiplicidade da experiência sensível sob a forma do mesmo. "A multiplicidade das figuras se reduz à posição e à ordem, a história ao fato, as coisas à matéria" (ADORNO; HORKHEIMER, 2006, p. 20). Trata-se, portanto, de uma racionalidade enrijecida, já que estabelece diferenças radicais e distinções fixas, cujas operações são baseadas no cálculo, na quantificação, na mensuração: "o número tornou-se o cânon do esclarecimento. [...] *A sociedade burguesa está dominada pelo equivalente*. Ela torna o heterogêneo comparável, reduzindo-o a grandezas abstratas. Para o esclarecimento, aquilo que não se reduz a números e, por fim, ao uno, passa a ser ilusão: o positivismo moderno remete-o para a literatura. 'Unidade' continua ser a divisa de Parmênides a Russel" (ADORNO; HORKHEIMER, 2006, p. 20, grifos nossos).

Portanto, ao afirmar que "*a sociedade burguesa está dominada pelo equivalente*" (ADORNO; HORKHEIMER, 2006, p. 20, grifos nossos), os autores pretendem sustentar que a dominação pela razão, ao submeter toda experiência ao princípio geral de unidade e da identidade do sujeito modérno, sucumbe a uma racionalidade técnico-científica que se revelará a pura repetição de si mesma, a reprodução de seus estereótipos: "as múltiplas afinidades entre os entes são *recalcadas* pela única relação entre o sujeito doador de sentido e o objeto do sentido, entre o significado racional e o portador ocasional do significado" (ADORNO; HORKHEIMER, 2006, p. 22).

Notemos que o recurso patente a um vocabulário *psicanalítico* não é sem interesse, pois, para Adorno e Horkheimer, isso que é preciso recalcar para que daí advenha um Eu durável e autoidêntico é o mesmo que Freud designava sob o nome de pulsões sexuais. Assim, tudo o que diz respeito àquilo que no sujeito não se conforma às exigências de autoconservação, isto é, aquilo que é da ordem do sexual, precisa ser sistematicamente recalcado. É desse modo que devemos compreender que "[o] Eu que, após o extermínio metódico de todos os vestígios naturais como algo de mitológico, não queria mais ser nem corpo, nem sangue, nem alma e nem mesmo um Eu natural, constituiu, sublimado no sujeito transcendental ou lógico, o ponto de referência da razão, a instância legisladora da razão" (ADORNO; HORKHEIMER, 2006, p. 36).

Entretanto, nesse processo de denegação das pulsões sexuais, entendemos que "o que repele por sua estranheza é, na verdade, demasiado familiar. São os gestos contagiosos dos contatos diretos reprimidos pela civilização: tocar, aconchegar-se, aplacar, induzir" (ADORNO; HORKHEIMER, 2006, p. 150). Desse modo, na formação de um "Eu lógico", o que é negado internamente são as pulsões sexuais, impulsos naturais e instintivos, da mesma forma que há a denegação da potência mimética do sujeito em relação ao meio, da assimilação e imitação orgânica com o não idêntico. Ou seja, as figuras naturais aparecem como *outro* – interno e externo – a ser negado e dominado em favor da unidade do Eu.

> O rigor com que os dominadores impediram no curso dos séculos a seus próprios descendentes, bem como às massas dominadas, a recaída em modos de vida miméticos [...] é a própria condição da civilização. A educação social e individual reforça nos homens seu comportamento objetivamente enquanto trabalhadores e impede-os de se perderem nas flutuações da natureza ambiente. Toda diversão, todo abandono tem algo de mimetismo. Foi se enrijecendo contra isso que o ego se forjou. É através de sua constituição que se realiza a passagem da mimese refletora para a reflexão controlada (ADORNO; HORKHEIMER, 2006, p. 149).

A mimese recalcada, cujos gestos e traços tornam-se tabus ao homem civilizado, somente é percebida no comportamento mimético do outro que se destaca do mundo racionalizado como um resíduo isolado rudimentar: a alteridade é rebaixada à pura natureza e deve ser dominada simplesmente. No entanto, o que é denegado não se deixa dominar inteiramente e, de alguma forma, irá insistir em retornar. O fascismo permitirá que a tendência mimética, recalcada pela abstração do conceito, *retorne de forma distorcida*: "O fascismo também é totalitário na medida em que se esforça por colocar diretamente a serviço da dominação a própria rebelião da natureza reprimida contra essa dominação" (ADORNO; HORKHEIMER, 2006, p. 150).

É nesse momento que a aproximação com a paranoia apresenta-se como a chave central para compreensão do antissemitismo: "O antissemitismo baseia-se numa falsa projeção. Ele é o reverso da mimese genuína, profundamente aparentada à mimese que foi recalcada, talvez o traço caracterial patológico em que esta se sedimenta. Só a mimese se torna semelhante ao mundo ambiente, a falsa projeção torna o mundo ambiente semelhante a ela" (ADORNO; HORKHEIMER, 2006, p. 154).

Mimese e falsa projeção são dois modos de assimilação entre interior e exterior, mas enquanto o primeiro é a abertura para o exterior, o segundo é a projeção de conflitos internos para fora de si, que se aproxima de delírios e alucinações paranoicos.

Para compreender o mecanismo da falsa projeção, os autores remetem-se não só à explicação freudiana da paranoia, mas também a sua ideia de projeção, na qual perceber é, em certo sentido, projetar. Isso significa que a projeção das impressões dos sentidos já estaria presente na própria estrutura da percepção. Contudo, a distinção entre a projeção, própria ao comportamento normal, e a falsa projeção é que a primeira é capaz de operar uma "oposição refletida" entre sujeito e objeto: uma mediação que opera uma distinção na qual o mundo exterior pode ser reconhecido como outro na própria consciência. "É por isso que esse refletir, que é a vida da razão, se efetua como projeção consciente" (ADORNO; HORKHEIMER, 2006, p. 156). Dessa maneira, o que caracteriza o aspecto patológico do antissemitismo não é o comportamento projetivo enquanto tal, mas a ausência de reflexão sobre suas projeções. Nesse sentido, podemos sustentar que, no fascismo, a ideologia da realidade estaria calcada na crença desesperada da objetividade de suas projeções: "Para o paranoico usual, a sua escolha não é livre, mas obedece às leis de sua doença. No fascismo, esse comportamento é adotado pela política, o objeto da doença é determinado realisticamente; o sistema alucinatório torna-se a norma racional do mundo, e o desvio a neurose" (ADORNO; HORKHEIMER, 2006, p. 154).

Porém, para os autores, o apelo a uma antropologia filosófica fortemente calcada na teoria pulsional freudiana não se mostra suficiente seja para explicar o motivo pelo qual a conformação do "Eu natural" às exigências de conservação resulta na hipóstase de um "Eu lógico", seja para explicar o caráter do bloqueio na reflexão do antissemitismo no que se refere a suas projeções.

Para tanto, talvez seja necessário insistirmos naquilo que a *Dialética do esclarecimento* envolve de uma crítica da economia política, no sentido de que determinados regimes de produção econômica colonizam nossas formas de vida.[11] Dessa forma, faz-se necessário destacar, com os autores, a especificidade que a organização social da produção no capitalismo trouxe em relação aos processos de regulação pulsional. Trata-se de afirmar que o capitalismo fornece um certo regime de organização e constituição da experiência, na medida em que são seus *estereótipos* que fixam os limites nos quais a unidade do sujeito pode se referir àquilo que lhe aparece como multiplicidade caótica.

As consequências disso afetarão a função pela qual o sujeito ordena e constitui unidades de representações sensíveis sob categorias[12] do entendimento, ou

---

[11] Não se trata aqui de sobrepor a dialética do esclarecimento a uma história do capitalismo, como seria o caso de uma análise marxista vulgar. Nesse sentido, é preciso concordar com Safatle (2008, aula 9, p. 3) ao defender que "as coordenadas históricas da crítica da economia política vão se submeter a uma filosofia da história de larga escala". Entretanto, é salutar esclarecermos que não vivenciamos mais o modo capitalista de produção, com a ética da acumulação e da repressão ao sexual, mas vivemos a sociedade pós-industrial do consumo, momento no qual a obrigação do gozo impera. Contudo, a aparente plasticidade das possibilidades de escolha de satisfação dos desejos esconde que não só a estimulação, mas também a satisfação do prazer, são, ainda assim, socialmente dirigidas. Dessa forma, se na aproximação da paranoia ao totalitarismo vemos que a lei social admite objetivamente o caráter persecutório de estruturas internas ao sujeito, por outro lado, percebemos que os instintos naturais do homem, que não foram completamente reprimidos, são socialmente regidos para fins da própria sociedade. O indivíduo no totalitarismo, então, tal como o sujeito paranoico, vive uma unidade sem conflitos internos, já que as leis sociais corroboram seus impulsos sexuais, incitando-o à realização de seus desejos. Sob esse ponto de vista, podemos entender como o totalitarismo político permitiu o desenvolvimento e o avanço do entretenimento e do consumo, formas de se satisfazer de modo administrado, em território "socialmente seguro".

[12] Kant resgata as "categorias" nos termos de uma revisão das *Categorias* de Aristóteles, mas critica o método pelo qual as categorias foram derivadas por ele, a partir do "senso comum". De maneira contrária, Kant as deriva a partir da reflexão sobre os conceitos

seja, a capacidade de julgar. Desde Kant, sabemos que, por julgamento, deve-se compreender a unidade da ação que consiste em subsumir diversas representações sensíveis sob uma representação comum, as categorias do entendimento. Assim, o julgamento é um ato *mediado* por conceitos mais gerais que fornecem, por sua generalidade, uma regra de síntese do diverso. Ora, é justamente essa mediação que é dissolvida. Daí a centralidade de uma afirmação como esta: "A função que o esquematismo kantiano ainda atribuía ao sujeito, a saber, referir de antemão a multiplicidade sensível aos conceitos fundamentais, é tomada ao sujeito pela indústria. O esquematismo é o primeiro serviço prestado por ela ao cliente" (ADORNO; HORKHEIMER, 2006, p. 103).[13]

Esse serviço prestado ao cliente pelo capitalismo é, justamente, o que os autores denominam "estereótipos". Tais estereótipos – ou *tickets*, como eles chamam – cumprem o papel de esquemas, mas de maneira a interverter a função destes: se, como dissemos, Kant atribuía aos esquemas o papel de relacionar intuições às categorias, nossos autores, por sua vez, vão defender que a mediação que os estereótipos estabelecem é justamente aquela de não mediar, mas de conservar tanto o sujeito quanto o objeto na fixidez de uma imediaticidade irrefletida. "No

---

puros do saber, aqueles que não contêm elementos empíricos, e procura mostrar por que, à semelhança de uma língua, o saber "tem justamente essa e nenhuma outra constituição formal" e por que tem "exatamente tantas [categorias], nem mais, nem menos, de tais determinações formais" (KANT, 1987, § 39).

[13] Inicialmente, Adorno e Horkheimer, para se referirem à manipulação das consciências pelos meios de comunicação, utilizaram a expressão "cultura de massas". Entretanto, esse termo poderia levar a pensar numa cultura que surgisse espontaneamente das massas. Por isso, o termo "indústria cultural" foi considerado mais pertinente, já que alude ao que está em questão para os autores: uma integração que é previamente organizada a partir de cima, pela "unidade que caracteriza a produção" (ADORNO; HORKHEIMER, 2006, p. 103), o que significa dizer que não são tanto os conteúdos que são centrais, mas as técnicas utilizadas que visam produzir nos *sujeitos-objetivados* a paralisia do pensar e a consequente passividade diante do existente. É nesse sentido que devemos compreender a importância atribuída ao se cunhar "indústria" na *Dialética do esclarecimento*, porque muito além de designar como "ator central" os meios de comunicação na manipulação das consciências, esse termo passa a desempenhar uma função que articula um modo de dominação caro ao *capitalismo tardio*. Seu braço fundamental é a "indústria cultural", cujo caráter homogeneizador e serial é exemplificado pelos autores como fenômenos principais: o entretenimento, o cinema e a publicidade. Entretanto, podemos ir mais além, ao sustentar que os autores operam esse termo "indústria" de maneira a abarcar um sentido de um "imperativo categórico", algo *como um grande sujeito social*, que passa a substituir a mediação dos sujeitos e extirpa não só a imaginação, mas o próprio pensar. Nesse movimento, o que está em jogo é a produção de uma adaptação tal que exprime uma forma mais bem-acabada de dominação social, cuja racionalidade instrumentalizou-se e imediatizou-se ao ponto de escancarar o seu reverso: a irracionalidade de uma sociedade que se vale de imperativos que se querem racionais, mas que não passam de "estereótipos" reificados que são dados aos clientes. Embora os sujeitos se queiram soberanos, estes são, de fato, meros objetos de tal "indústria", como marionetes que desconhecem aquilo mesmo que os impele a "agir e pensar", justamente, porque a reflexão mediada pelos sujeitos foi pela "indústria" solapada.

mundo da produção em série, a estereotipia – que é o seu esquema – substitui o trabalho categorial. O juízo não se apoia mais numa síntese efetivamente realizada, mas numa cega subsunção" (ADORNO; HORKHEIMER, 2006, p. 166).

Essa é uma questão central, na medida em que é a partir dos estereótipos que podemos explicar a maneira como a *racionalidade social*, tal como é descrita, é capaz de produzir um bloqueio da reflexão e, consequentemente, a naturalização das categorias do pensar que se projetam como realidade. O que Adorno e Horkheimer designam como paranoia, então, é exatamente esse mecanismo que bloqueia a autorreflexão sobre as projeções que, na história, culminou em Auschwitz: "Se, no interior da lógica, o conceito cai sobre o particular como algo de puramente exterior, com muito mais razão, na sociedade, tudo o que representa a diferença tem de tremer. As etiquetas são coladas: ou se é amigo, ou inimigo. A falta de consideração pelo sujeito torna as coisas fáceis para a administração. Transferem-se os grupos étnicos para outras latitudes, enviam-se indivíduos rotulados de judeus para a câmara de gás" (ADORNO; HORKHEIMER, 2006, p. 166).

Desse modo, sustentamos a ideia de que o fenômeno do antissemitismo deve ser pensado como uma *patologia* do julgamento, ou seja, como fixação de um pensamento por estereótipos na forma de constituição do sujeito sob o primado da identidade e da unidade, que se projetam constituindo um mundo pela mera subsunção da natureza. Nesse sentido, um julgamento é patológico quando desconhece a negatividade que ameaça todo juízo, absolutizando-o ingenuamente. Adorno e Horkheimer parecem mesmo atribuir um valor positivo e, pode-se dizer de bom grado, saudável ao pensamento que pode admitir mudanças em suas normas de conhecimento: "O verdadeiro tresloucar consiste na impossibilidade de se deslocar, na incapacidade do pensamento de atingir essa negatividade, em que consiste, diferentemente do juízo consolidado, o verdadeiro pensamento. [...] Ao invés de prosseguir, penetrando na coisa, o pensamento inteiro se põe desesperadamente a serviço do juízo particular. Seu caráter irresistível é o mesmo que sua positividade intacta, e a fraqueza do paranoico é a fraqueza do próprio pensamento" (ADORNO; HORKHEIMER, 2006, p. 160).

No interior de uma filosofia social com teor fortemente dialético, os recursos de Adorno e Horkheimer ao conceito de autonomia kantiana, a capacidade de julgar, na qual nos detivemos com especial importância, é a pedra de toque que assegura aos autores uma concepção de razão que conserva um caráter emancipatório. A mesma razão, que cai no seu contrário, ao ser capaz de realizar um movimento dialético, ao refletir sobre si mesma, sobre seus elementos autodestrutivos – o caráter mesmo patológico que também a constitui –, e se exprime nas formas sociais, guarda uma força emancipatória, justamente por fazer esse movimento dialético. Não é demais assinalar que o aspecto fundamental da noção kantiana é conservado, mas numa apropriação tal que deve ser compreendida na teia argumentativa da *Dialética do esclarecimento*.

É preciso levar em conta essas considerações para compreendermos a dimensão da tese que sustentamos, na qual o recurso à psicanálise, em especial, à categoria clínica da paranoia, adquire um caráter central no que se refere à "patologia do julgamento". Ao mobilizarem a categoria clínica da paranoia para dar conta de aspectos subjetivos e sociais de um fenômeno social e político de tamanha complexidade como o nazifascismo, fenômeno que exprime o caráter patológico da razão ocidental, os autores operam um deslocamento, apropriando-se dessa categoria fortemente clínica, que assume, no interior de uma teoria social, um caráter conceitual com forte poder explicativo no que concerne à aporia da razão, ao seu aspecto patológico. Portanto, não se trata de simplesmente operar com uma categoria clínica no interior de uma teoria social, de forma tal que se conserve uma abordagem clínica da paranoia, que a mantenha intacta.

O que buscamos compreender é justamente a especificidade que essa categoria assume ao se transformar em um conceito de uma teoria social, qual o seu potencial explicativo. Ao operarem um conceito híbrido, os autores conservam aspectos dessa categoria clínica, mas ela passa a adquirir não somente novas nuanças, como também um sentido genuíno próprio ao seu novo uso, um conceito que pretende investigar fenômenos sociais. Daí a importância do caminho de que partimos: da gênese psiquiátrica e psicanalítica dessa categoria a sua apropriação no interior de uma teoria social. Essa passagem é assinalada ao sustentarmos que, na apropriação dos autores, a paranoia adquire força conceitual fundamentalmente como uma "patologia do julgamento", cujo sentido fundamental é explicar os mecanismos estruturais da constituição subjetiva derivada do processo de socialização, própria a nossa civilização, que produz um "eu fraco", que, por sua vez, está suscetível a regressões e a projetar no outro a sua própria agressividade, já que a adesão dos indivíduos ao nazismo não é um mero acaso, mas representa uma tendência inscrita na própria subjetividade moderna.

Portanto, o conceito de paranoia, que os autores derivam de sua reflexão social e da apropriação da psicanálise, conserva seu aspecto central que o levou a ser transposto a uma teoria social: a paranoia enquanto uma categoria clínica que se define, fundamentalmente, como uma patologia da identidade, já que são a fixidez da identidade e a da unidade subjetiva, como valores constitutivos do sujeito, que desembocam na sua própria fraqueza subjetiva, produzida pelo apego a esses valores. O deslocamento do enfoque se transforma pela função que o conceito de paranoia adquire no seu novo uso, mas conserva os aspectos centrais que a psicanálise lhe confere enquanto categoria clínica.

Uma patologia do excesso de identidade

Os autores aqui se aproximam do modo como Lacan compreende o processo de conhecimento. Se, para Adorno e Horkheimer, a patologia do julgamento consiste na fixação do pensamento em estereótipos, Lacan, por sua vez, identifica a maneira como o sujeito moderno *conhece* o mundo, isto é, o modo como um sujeito, que pelo desconhecimento fundamental que caracteriza sua própria gênese, não pode admitir elementos que contrariem sua coerência interna. Essa aproximação não é por acaso, uma vez que os valores que regulam a constituição do sujeito moderno e a organização da *racionalidade social* são da mesma matriz, quais sejam, as figuras da unidade e da identidade. Entretanto, essas figuras – que forjam a concepção de sujeito moderno e que funcionam como reguladoras de uma forma de vida – são ideais e, portanto, fadadas ao fracasso. O que significa dizer que aquilo mesmo que funciona como horizonte regulador de todo indivíduo moderno, assim como das sociedades ditas democráticas, traria em seu bojo algo de patológico. Nesse sentido, pode-se dizer que tanto a psicanálise quanto a teoria social aqui apresentadas designam essa patologia – própria às figuras da unidade e da identidade – como uma doença do julgamento sob o nome de *paranoia*. Como se houvesse algo de paranoico tanto na constituição de todo sujeito normal quanto na racionalidade moderna que organiza o funcionamento social.

Nesse âmbito, podemos desenvolver um pouco mais os conceitos de identidade e unidade, oferecendo uma nova possibilidade de discussão: se eles estão presentes na psicanálise e na teoria social de Adorno e Horkheimer, Claude Lefort, por sua vez, dá o nome de "ideologia" a essa crença em um discurso sobre o político[14] que visa unificar o social. Chamando de "imaginário"[15] o campo onde se desenvolvem as ilusões de identidade social, Lefort questiona o que faz com que uma sociedade se mantenha unida, problematizando a origem das relações sociais na democracia.

O sistema político democrático apareceria, para Lefort, como a cena privilegiada onde a forma da sociedade, até então desconhecida pelo próprio

---

[14] "O cientista político, de modo geral, dedica-se a compreender *a* política, enquanto o filósofo político, frequentemente, efetua uma reflexão sobre *o* político" (CHAUI, 1983, p. 10). É no âmbito *da* política que concebemos, por exemplo, o sufrágio universal que designa a periodicidade dos eleitos em uma democracia. No entanto, tal modo de conceber essa esfera se difere do que chamamos de *o* político: não sendo um setor particular da vida social, ele o designa como "conjunto de princípios geradores das relações que os homens entretêm entre eles e com o mundo" (LEFORT, 1986, p. 8).

[15] É importante notarmos que, assim como Lacan, Lefort também oferece explicações a partir da tripartição conceitual entre o campo do simbólico, imaginário e real. No entanto, mesmo sem aprofundarmos suas diferenças, podemos notar de antemão que os sentidos dessa tripartição, bem como suas finalidades e conteúdos, são distintos entre os dois autores.

âmbito social, seria reconhecida e assumida em sua plena legitimidade: longe de se organizar de modo unificado, o social exibe-se enquanto dividido em esferas diferenciadas, como um espaço de cisões. A legitimação da cena democrática ocorreria, nesse sentido, mediante uma genuína assunção do conflito que está sempre na base da origem do social. Tal cisão da sociedade só pode ser reconhecida no regime democrático, dado o fato de que o lugar do poder, por mais que esteja sendo ocupado provisoriamente por uma pessoa, não é vinculado a um soberano como na monarquia. Dessa forma, na democracia, "[o] poder aparece como um lugar vazio e aqueles que o exercem como simples mortais que só o ocupam temporariamente ou que não poderiam nele se instalar a não ser pela força ou pela astúcia" (Lefort, 1983, p. 118).

Entretanto, se a sociedade legitima-se através dessa indeterminação formal, a ideologia tende, frequentemente e de formas diversas, a tentar criar uma representação do social no nível de um discurso persuasivo, a fim de que a sociedade apareça enquanto determinada por uma unidade indivisível. Tal como a imagem especular que forma o Eu em Lacan e que nega os conflitos da personalidade em formação, bem como em Adorno e Horkheimer, pela racionalidade que forja uma identidade ao sujeito moderno, afastando as indeterminações de si mesmo, em Lefort encontramos a explicação pela qual a *imagem* do social mediante a ideologia apareceria à sociedade enquanto una, dotada de um sentido "seguro", sendo, então, possível mascarar os conflitos internos provenientes da própria forma do social.

É dessa forma que as possibilidades da própria democracia são assoladas pela ideologia: esta desfaz as características "perturbadoras" da sociedade democrática, quais sejam, a abertura de perspectivas intermináveis e o espaço de criação sempre indeterminado, marcado pela possibilidade de uma revolução e de reinvenções permanentes. Entretanto, é exatamente essa indeterminação da democracia que constitui seu ponto nevrálgico, e que abre uma "brecha" para o advento da perda de sua eficácia social, fato que pode redundar na "solução" totalitária do poder político:

> Quando a insegurança dos indivíduos recrudesce, em consequência de uma crise econômica, ou de devastações de uma guerra, quando o conflito entre as classes e os grupos exaspera-se e deixa de encontrar uma resolução simbólica na esfera política, quando o poder se mostra dentro da sociedade e, imediatamente, esta se deixa ver como despedaçada, então se desenvolve o fantasma do povo-Um, a busca de uma identidade substancial, de um corpo social solidamente preso ao topo, de um poder encarnador, de um Estado liberado da divisão (Lefort, 1986, p. 29-30).

Se na democracia a identidade do povo é assumida enquanto dotada de cisões, o totalitarismo, por sua vez, substitui a identidade do social enquanto dividida por uma *imagem* do povo-Um. A passagem, pois, da assunção do social como o lugar de conflito a sua *imagem* una e indivisível marca o advento de um regime ideológico por excelência.

Ora, mesmo sabendo que essa imagem do povo-Um é uma ficção que jamais se encontra realizada, Lefort atenta que nem por isso ela deixa de ter poder nas relações sociais, trazendo consigo funestas consequências: tal como o paranoico dirige para o outro aquilo que não pode ser aceito como seu, no totalitarismo qualquer oposição ao poder o leva a "expurgá-la" para fora do Um, e estar fora do Um não pode significar outra coisa senão ser seu inimigo. A imagem unitária do povo exclui a figura do outro como cocidadão e, ao mesmo tempo, adversário político, na medida em que se nega o caráter conflitual próprio ao campo social. Como vimos até aqui, o poder totalitário que visa sustentar uma unidade interna não suporta a alteridade: sob pena de ver ruir sua imagem, ele é obrigado a produzir, além do inimigo externo, um inimigo interno, que minaria a integridade do "corpo social" tal como um parasita. O *terror*, nesse caso, não é fatalidade contingencial ou degenerescência que atinge sociedades "atrasadas", ou mesmo "culpa" de certos líderes "desequilibrados", mas se apresenta como inerente à lógica política instaurada pela ideologia do povo-Um, principal pilar do totalitarismo. Nas palavras de Lefort:

> Esse inimigo se define, necessariamente, a partir de sua própria imagem, como o representante do antissocial. Nesse sentido, ele não poderia se fixar fora, ele parece inlocalizável, por toda parte e em parte alguma, ele não pode senão o assombrar como portador de uma alteridade cuja ameaça está sempre a conjurar. Dupla representação na qual cada aspecto reenvia ao outro. É porque é necessária também a imagem desse inimigo, desse *outro*, para sustentar aquela do povo unido, sem divisão. A operação que instaura a "totalidade" requer sempre aquela que elimina os homens *"en trop"*; aquela que afirma o *Um* requer aquela que suprime o *Outro*. E a esse inimigo, é preciso produzi-lo, isto é, fabricá-lo e exibi-lo, para que a prova esteja lá, pública, reiterada, não somente que ele seja a causa daquilo que poderia aparecer como signo de conflito ou mesmo de indeterminação, mas ainda, que ele é *eliminável* enquanto parasita, nocivo, dejeto (LEFORT, 1976, p. 51-52).

Por mais que Lefort tenha salientado a psicanálise em confluência com alguns de seus pensamentos,[16] tomamos como nossa a aproximação da análise da

---

[16] "Alguns de vocês não deixarão sem dúvida de me levar a observar que elas se alimentam da problemática da psicanálise. Certamente. Mas isso só adquire sentido sob a condição de nos perguntarmos em que lume se alumiou o pensamento de Freud. Pois não é verdade que para sustentar a experiência da divisão do sujeito, para fazer vacilar as referências de *um* e de *outro*, para destituir a posição do detentor do poder e do saber era preciso levar em consideração uma experiência que a democracia, a indeterminação que nascia da perda da substância do corpo instituía?" (LEFORT, 1983, p. 121).

democracia e do totalitarismo lefortianos em um paralelo com a paranoia. Se, por um lado, é a centralidade do lugar vazio do poder no regime democrático que permite uma instabilidade quanto à própria identidade do povo – levando-o a aderir a discursos do regime totalitário que forjam uma unidade "corporal" inexistente ao social –, é o "buraco simbólico" proveniente da rejeição ou da foraclusão da diferenciação sexual que vai levar à impossibilidade do paranoico em se relacionar com o outro. Para tanto, a fim de sustentar a sua identidade unitária, o paranoico forja, de modo totalitário, um discurso delirante do mundo objetivo.

A necessidade ideológica do inimigo

A noção de um "funcionamento social paranoico" elaborada por Adorno e Horkheimer, bem como a fragilidade da democracia apontada por Lefort, não poderiam ser mais atuais. Se o fascismo mostra-se como a forma mais bem-acabada do pensamento identitário hegemônico é justamente porque se constitui como a experiência histórica paradigmática que escancara o caráter patológico de uma determinada forma de vida que não consegue romper com o primado da unidade. Isso significa dizer que os regimes fascistas se constituiriam como um verdadeiro ritual da civilização: os antagonismos intransponíveis que atravessam toda sociedade são deslocados para fora, para que algo como uma organicidade social possa ser forjada, e a falsa unidade, assegurada.

Ora, uma determinada racionalidade – aquela apontada por Adorno e Horkheimer e pautada pela expectativa de coerência e identidade – não pode produzir senão a segregação daquilo que resiste e não se deixa conformar. Tanto as sociedades totalitárias quanto o sujeito paranoico apontam, como o cerne de seus problemas, a negação em se aceitar como essencialmente indeterminados: aquilo que escapa à forma do mesmo, no que diz respeito tanto a si quanto ao mundo exterior, deve ser suprimido. Como vimos, a manutenção, a qualquer custo, da unidade e da identidade implica, necessariamente, a alienação da capacidade de julgar, levando, por sua vez, à intolerância, à diferença e à agressividade contra elementos contraditórios que são ameaçadores à unidade interna. Isso nos permite compreender a violência contra certos grupos sociais que, por projeção, ameaçariam a integridade da unidade social. Dessa forma, sustentamos que há um caráter patológico no modo como se constituem instâncias psíquicas na modernidade, o que implica dizer que, ao contrário do que possa parecer, o risco do totalitarismo não vem de fora, mas advém do próprio processo de socialização. Mesmo nas democracias modernas assombra o risco iminente do totalitarismo, uma vez que ainda não teríamos sido capazes de encontrar um funcionamento que pudesse suportar os elementos contraditórios e divergentes que, no entanto, compõem o social.

Outrora, o judeu foi acusado pelo fracasso da unidade social, atraindo "sobre si a vontade de destruição que uma falsa ordem social gerou dentro de si mesma" (Adorno; Horkheimer, 2006, p. 139). Mas se ele, num determinado momento da história, cumpriu tal função, hoje outros grupos sociais ocupam esse mesmo lugar, o de um outro sobre o qual recai o ódio social: "A cólera é descarregada sobre os desamparados que chamam a atenção. E, como as vítimas são intercambiáveis segundo a conjuntura: vagabundos, judeus, protestantes, católicos, cada uma delas pode tomar o lugar do assassino, na mesma volúpia cega do homicídio, tão logo isso se converta em norma e se sinta poderosa" (Adorno; Horkheimer, 2006, p. 142).

Mas esse inimigo, como bem percebeu Lefort, precisa ser produzido. E isso é feito através de discursos das autoridades, de conferências, da mídia etc., que, intensificando o sentimento de medo, alertam a sociedade para os riscos que ela correria. É nesse sentido que devemos compreender que, analogamente à eleição do judeu como inimigo da sociedade nazista, há atualmente outros inimigos sendo escolhidos e propagados. A ideia de que a sociedade está constantemente em perigo permite forjar figuras como a do terrorista, um perigo invisível, que não está em parte alguma e, no entanto, está em toda parte. Neste momento, um retorno ao caso de Theodore Kaczynski nos permite não só articular as teses aqui sustentadas, mas também compreender toda a sua relevância. A um só tempo, ele tanto é produto de uma determinada racionalidade social – a racionalidade tecnocientífica – quanto aponta seus limites e denuncia a sua falência.

É interessante notar como tal impossibilidade de lidar com a diferença, própria à racionalidade moderna, é aquilo que também produz o sujeito paranoico. Em Kaczynski, vemos que, apesar de ser capaz de perceber problemas na sociedade estadunidense, a solução que ele encontra também é paranoica, pois não pode conceber outra possibilidade senão os ataques terroristas: a mediação simbólica, capaz de dar conta de elementos contraditórios, é inviabilizada. Seus atos, entretanto, são aquilo que lhe permitem encontrar um lugar no mundo, mesmo que seja o lugar do terrorista. Talvez seja esse o motivo pelo qual Kaczynski não entrou em crise, já que sua escrita e seus atos acabavam por situá-lo socialmente.

Além disso, a sociedade estadunidense – assim como outras democracias modernas –, em nome da garantia da unidade presente no conjunto de valores nacionais, precisa, como vimos, produzir sistematicamente aqueles inimigos que impediriam tal realização. Inserido no interior da ilusão de que a "guerra ao terrorismo" é o caminho para a plena realização social, Kaczynski foi visto como um dos terroristas que supostamente ameaçavam a integridade nacional. Ora, tal funcionamento mascara o engano da possibilidade da unidade social e é produto da racionalidade denunciada por Adorno e Horkheimer, por ser pautado pela ideia de que essa coesão é não só desejável como também possível. É dessa maneira que o terrorismo, como violência ao social, exprime a impossibilidade de assunção de uma ação política genuína: o terrorismo pode ser visto como o sintoma de uma racionalidade totalitária que rege a sociedade e que busca, de forma desesperada, recuperar o campo da negociação, mediação, mudança, discussão ou disputa política.

Assim, Kaczynski não deixa de denunciar, por meio de seu discurso paranoico, que o "sistema" possui um poderoso aparato de opressão e agenciamento das pessoas, para que elas se adéquem a sua lógica e não questionem o modelo estabelecido. As "grandes organizações", por meio dos dispositivos tecnológicos e midiáticos, docilizariam as pessoas e restringiriam sua liberdade. Kaczynski foi capaz de perceber, portanto, algo que contém uma verdade também apontada por Adorno e Horkheimer: uma verdadeira adequação dos sujeitos aos esquemas de racionalidade previamente estabelecidos é promovida por meio de estereótipos. Em nome do progresso e da realização social, os sujeitos são coagidos a corroborar essa lógica pautada pela dominação e pela exclusão da diferença. Além disso, como eles apontaram, tal lógica só pode levar a humanidade à destruição.

A produção dos estereótipos enquanto esquemas para a formação da racionalidade atual também traz consigo outras características que auxiliam no sustento dessa ideologia que organiza a modernidade: o discurso de segurança diante do medo generalizado envolve a produção de uma sociedade que deve estar preparada para toda sorte de riscos. Para um sociólogo como Ulrich Beck, o contraprojeto normativo da sociedade de risco,

> que lhe serve de base e de impulso, é a *segurança*. O lugar do sistema axiológico da sociedade "desigual" é ocupado assim pelo sistema axiológico da sociedade "*insegura*". Enquanto a utopia da igualdade mantém uma abundância de metas conteudístico-*positivas* de alteração social, a utopia da segurança continua sendo peculiarmente *negativa e defensiva*. Nesse caso, já não se trata de alcançar efetivamente algo "bom", mas tão somente de *evitar* o pior. O sonho da sociedade de classes é: todos querem e devem *compartilhar* do bolo. A meta da sociedade de risco é: todos devem ser *poupados* do veneno (BECK, 2010, p. 59).

Se os "[r]iscos são, nesse sentido, imagens negativas objetivamente empregadas de utopias" (BECK, 2010, p. 34), mesmo que provenientes da própria sociedade, eles devem ser extirpados da *unidade social* através de ações normativas provenientes da segurança governamental. Assim, o sentimento de catástrofe iminente dentro da própria sociedade é instaurado, tornando qualquer medida de defesa uma medida necessária e urgente: "A sociedade de risco é uma sociedade catastrófica. Nela, o estado de exceção ameaça converter-se em normalidade" (BECK, 2010, p. 28).

Não é por outro motivo que o ex-presidente dos Estados Unidos, George W. Bush, proferiu, pouco depois dos ataques de 11 de setembro de 2001, um discurso na Organização das Nações Unidas (ONU) em que avisava: "o mundo civilizado está agora respondendo. Agimos para nos defender e prevenir nossas crianças de um futuro de medo".[17] Em nome de uma suposta liberdade e de uma certa paz, a guerra é, assim, justificada. Em nome de prevenir um medo no futuro, promove-se o medo no presente. O inimigo deve ser generalizado, pois nunca se pode ter certeza de quem está do lado do *bem* e de quem está do lado do *mal*. Mas é interessante notar que, se outrora o inimigo ameaçava uma nação ou um povo, atualmente o inimigo supostamente ameaça a própria democracia e o ideal de liberdade: "Estamos diante de inimigos que não odeiam as nossas políticas, mas a nossa existência, a tolerância de abertura e de cultura criativa que nos define. Mas o resultado desse conflito é certo. Há um curso na história, e ele corre em direção à liberdade".[18]

Os atentados de 11 de setembro representam uma guinada no processo de produção e intensificação do medo, justificando o recrudescimento de medidas antiterroristas. Mas, se o discurso político veste a fantasia da liberdade e da democracia, o que ele produz, no entanto, é a segregação e a intolerância. Alegando promover a igualdade e a justiça, os regimes democráticos atuais não escapam da lógica da perseguição e do totalitarismo. Nesse sentido, em nome da segurança, aceita-se a restrição das liberdades, acabando com qualquer possibilidade de uma democracia no sentido lefortiano, isto é, capaz de lidar com os conflitos enquanto tais e na esfera política.

O processo de recrudescimento da extrema-direita na Europa mostra, também, que a democracia lá estabelecida não é suficiente para garantir que o totalitarismo não volte a ameaçá-la. É sintomática, pois, a realização em Paris, em dezembro de 2010, das "Assises internationales sur l'Islamisation", uma conferência que reuniu intelectuais e políticos provenientes daqueles países onde a extrema-direita vem conquistando maior espaço, como a Holanda, a França, a Suíça, a Áustria, a Noruega, entre outros. Aclamado pelo público, que o aguardava ansiosamente, Oskar Freysinger, deputado da União Democrática do Centro (UDC) suíça, criticou a política europeia que, segundo ele, vem sendo tolerante demais com o islamismo, e defendeu o endurecimento das políticas contra a "'islamização' demográfica, sociológica e psicológica do continente europeu".[19] Tal como

---

[17] *"History will record our response and judge or justify every nation in this hall. The civilized world is now responding. We act to defend ourselves and deliver our children from a future of fear"*. Discurso disponível em <https://goo.gl/5aTKNQ>. Acesso em: 27 nov. 2017.

[18] *"We face enemies that hate not our policies but our existence, the tolerance of openness and creative culture that defines us. But the outcome of this conflict is certain. There is a current in history, and it runs toward freedom"* Discurso disponível em <https://goo.gl/5aTKNQ>. Acesso em: 27 nov. 2017.

[19] Disponível em: <https://goo.gl/KsqXMs>.

foi dito nesse mesmo encontro, o islamismo é, enfim, uma ameaça aos valores da "civilização europeia".[20]

Através de todo esse aparato de produção do inimigo que ameaçaria as conquistas da "civilização ocidental", um sentimento de catástrofe iminente é instaurado. A chamada "sociedade de risco" invoca, como dissemos, intervenções políticas que nos lembram ações totalitárias em plena democracia moderna. É pertinente, desse modo, a afirmação de Beck, para quem "[o] clamor por *comando político* volta a retumbar ameaçador. A ânsia por uma 'mão forte' cresce na mesma medida em que o indivíduo vê o mundo vacilar a sua volta. O desejo de ordem e segurança reaviva os fantasmas do passado" (BECK, 2010, p. 332). Esse desejo é, assim, alimentado pelo discurso que produz, por sua vez, a expectativa de uma unidade social que deve ser mantida a qualquer custo.

É essa mesma expectativa de unidade que se realiza nos processos de subjetivação na modernidade. Como vimos anteriormente, tanto Freud quanto Lacan insistiam na ideia de que a constituição do eu depende da internalização de normas de organização subjetiva herdadas de instâncias de socialização. Assim, o recurso à noção psicanalítica de paranoia mostra toda a sua adequação, uma vez que se torna evidente que os vínculos sociais, reproduzidos pelo discurso político, são marcados por uma racionalidade cuja lógica é a mesma daquela categoria clínica. Nesse sentido, a perspicácia de Adorno e Horkheimer consiste em perceber que há uma analogia de funcionamento entre o sujeito paranoico e as sociedades totalitárias. Não é por outro motivo que o repertório em jogo num caso e no outro é o mesmo, uma vez que há "um conjunto de valores *políticos* que parecem nortear o sofrimento paranoico. Falamos de unidade, identidade, controle e risco de invasão. Como se fosse questão de assegurar a posse e a unificação de um território a todo momento ameaçado. Não é difícil perceber, já neste momento, como os motivos paranoicos parecem derivados de uma certa compreensão a respeito daquilo que uma *ordem* deve ser capaz de produzir" (SAFATLE, 2010, p. 7).

Há, assim, uma espécie de *reversibilidade* entre o sujeito e o social, de modo que as questões em jogo no discurso político e no discurso do sujeito paranoico são as mesmas: ambos mantêm uma relação perante o mundo marcada pelo medo em se assumir como fundamentalmente contraditório e irredutível a uma unidade. Nesse sentido, tal como as sociedades totalitárias e os sujeitos paranoicos, também as democracias modernas parecem padecer da negação de sua indeterminação constitutiva.

---

[20] *"Le message c'est de montrer que l'islam est une menace pour la laïcité et pour les valeurs de la civilisation européenne. [...] Le problème n'est pas qu'il n'y a pas assez de mosquées, mais qu'il y a trop de musulmans"* (Fabrice Robert). Disponível em: <https://goo.gl/nw88Mf>.

Porém, insistir na afirmação dessa indeterminação como saída para as experiências patológicas das "sociedades de risco" é ainda dizer muito pouco. Isso porque um amplo setor da crítica social parece justamente apontar a indeterminação como expressão de um tipo de sofrimento social decorrente de formas patológicas de vínculos intersubjetivos (HONNETH, 2007). Com efeito, se é verdade que a paranoia e o totalitarismo são fenômenos que partilham de uma mesma fixação à forma da identidade, é também necessário reconhecermos que o simples abandono de qualquer princípio de unificação da experiência pode levar a outras formas de sofrimento, como a anomia e a esquizofrenia. Nesse sentido, impõe-se como tarefa fundamental definir com maior precisão que tipo de experiência de indeterminação é essa que designamos como saudável ou positiva. Isso porque talvez sejamos obrigamos a reconhecer que a criação de novas formas de subjetividade não seja possível senão a partir da dissolução das normas que regulam as diferentes esferas da experiência social. Assim, seria o caso de se pensar, com Canguilhem, a indeterminação como uma espécie de "negação afirmativa", em que a recusa ou a resistência diante do que se afirma como forma hegemônica de vida é condição necessária para a reconfiguração dos modos de pensar, desejar e se relacionar socialmente?

Referências

ABBAGNANO, Nicola. *Dicionário de filosofia.* Tradução da primeira edição brasileira coordenada e revista por Alfredo Bosi; revisão da tradução e tradução dos novos textos de Ivone Castilho Benedetti. 5. ed. São Paulo: Martins Fontes, 2007.

ADORNO, Theodor. Teoria freudiana e o padrão da propaganda fascista. Tradução de Gustavo Pedroso. *Revista Margem Esquerda: Ensaios Marxistas*, São Paulo, n. 7, p. 164-190, 2006.

ADORNO, Theodor; HORKHEIMER, Max. *Dialética do esclarecimento* [1944]. Tradução de Guido Antonio de Almeida. Rio de Janeiro: Jorge Zahar, 2006.

ADORNO, Theodor *et al*. La personalidad autoritaria. *Empiria: Revista de Metodología de Ciencias Sociales*, n. 12, p. 155-200, jul-dez. 2006.

AGAMBEN, Giorgio. *Estado de exceção*. Tradução de Iraci D. Poleti. São Paulo: Boitempo, 2004.

ALVES JÚNIOR, Douglas Garcia. *Depois de Auschwitz: a questão do antissemitismo em Theodor W. Adorno*. São Paulo: Annablume, 1998.

APA. *Manual Diagnóstico e Estatístico de Transtornos mentais (DSM-IV)*. Porto Alegre: Artes Médicas, 1994.

BECK, Ulrich. Sociedade de risco: rumo a uma outra modernidade. Tradução de Sebastião Nascimento. São Paulo: Editora 34, 2010.

CANGUILHEM, Georges. O normal e o patológico. Tradução de Maria Thereza Redig de Carvalho Barrocas. 6. ed. Rio de Janeiro: Forense Universitária, 2010.

CAYGILL, Howard. *Dicionário Kant*. Tradução de Álvaro Cabral. Rio de Janeiro: Jorge Zahar, 2000.

CHAUI, Marilena. Apresentando o livro de Lefort. In: *A invenção democrática: os limites da dominação totalitária*. São Paulo: Brasiliense, 1983.

CROMBERG, Renata Udler. *Paranoia*. São Paulo: Casa do Psicólogo, 2000.

CUNHA, Jurema Alcides *et al. Psicodiagnóstico V*. 5. ed. Porto Alegre: Artmed, 2000.

DIAS, Mauro Mendes. O mártir do nome. *Revista Literal*, n. 5. jan.-jun. 2002.

DIAS, Mauro Mendes. O pior da ciência: um mártir do nome. In: DIAS, Mauro Mendes; FINGERMANN, Dominique. *Por causa do pior*. São Paulo: Iluminuras, 2005.

FORTES, Salinas. Nota introdutória. In: LEFORT, Claude. *As formas da história: ensaios de antropologia política*. São Paulo: Brasiliense, 1979.

FREUD, S. [1924] *Neurose e Psicose*. Obras Incompletas de Sigmund Freud. Belo Horizonte: Autêntica, 2010.

FREUD, Sigmund. *Observações psicanalíticas sobre um caso de paranoia [DEMENTIA PARANOIDES] relatado em autobiografia ["O caso Schreber"]: artigos sobre técnica e outros textos* [1911-1913]. Tradução e notas de Paulo César de Souza. São Paulo: Companhia das Letras, 2010.

FREUD, Sigmund. Sobre algunos mecanismos neuróticos en los cenos, la paranoia y la homosexualidad [1921]. In: *Obras completas*. Traducción de José L. Etcheverry. Buenos Aires: Amorrortu, 2001. v. 18.

HONNETH, Axel. *Sofrimento de indeterminação: uma reatualização da filosofia do direito de Hegel*. Tradução de Rúrion Soares Melo. São Paulo: Singular, 2007.

JASPERS, Karl. *Psicopatologia geral*. Rio de Janeiro: Atheneu, 1985.

KACZYNSKI, Theodore John. Industrial Society and Its Future. *The Washington Post*, 22 Sept. 1995. Disponível em: <https://goo.gl/zp6p5R>. Acesso em: 13 nov. 2017.

KACZYNSKI, Theodore John. Navio de tolos. 1999. Disponível em: <https://goo.gl/VdzUU8>. Acesso em: 13 nov. 2017.

KANT, Immanuel. *Crítica da razão pura* [1781]. Tradução de Manuela Pinto dos Santos e Alexandre Fradique Morujão. 7. ed. Lisboa: Fundação Calouste Gulbenkian, 2010.

KANT, Immanuel. *Prolegômenos a toda metafísica futura* [1783]. Tradução de Artur Morao. Lisboa: Edições 70, 1987.

LACAN, Jacques. A agressividade em psicanálise [1948]. In: *Escritos*. Tradução de Vera Ribeiro. Rio de Janeiro: Jorge Zahar, 1998a.

LACAN, Jacques. *Da psicose paranoica em suas relações com a personalidade* [1932]. Tradução de Aluisio Menezes, Marco Antonio Coutinho Jorge e Potiguara Mendes da Silveira Jr. Rio de Janeiro: Forense Universitária, 1987.

LACAN, Jacques. De uma questão preliminar a todo tratamento possível das psicoses [1958]. In: *Escritos*. Tradução de Vera Ribeiro. Rio de Janeiro: Jorge Zahar, 1998b.

LACAN, Jacques. Formulações sobre a causalidade psíquica [1946]. In: *Escritos*. Tradução de Vera Ribeiro. Rio de Janeiro: Jorge Zahar, 1998c.

LACAN, Jacques. O Estádio do espelho como formador da função do Eu [1949]. In: *Escritos*. Tradução de Vera Ribeiro. Rio de Janeiro: Jorge Zahar, 1998d.

LACAN, Jacques. Quelques réflexions sur l'ego [1953]. *Le Coq-Héron*, n. 78, p. 3-13, 1980.

LEFORT, Claude. *A invenção democrática: os limites da dominação totalitária*. São Paulo: Brasiliense, 1983.

LEFORT, Claude. *As formas da história: ensaios de antropologia política* [1951-1974]. São Paulo: Brasiliense, 1979a.

LEFORT, Claude. *Éléments d'une critique de la burocratie*. Paris: Gallimard, 1979b.

LEFORT, Claude. *Essais sur le politique (XIX-XX siècles)*. Paris: Seuil, 1986.

LEFORT, Claude. *Un homme en trop, réflexions sur "l'archipel du goulag"*. Paris: Seuil, 1976.

OGILVIE, Bertrand. *Lacan: a formação do conceito de sujeito* [1932-1949]. Tradução de Dulce Duque Estrada. Rio de Janeiro: Jorge Zahar, 1991.

QUINET, Antonio. *Psicose e laço social: esquizofrenia, paranoia, melancolia*. Rio de Janeiro: Jorge Zahar, 2006.

SAFATLE, Vladimir. Aulas relativas ao curso "Adorno", ministrado na FFLCH-USP. 2008. Disponível em: <https://goo.gl/L2tir9>. Acesso em 08 mar. 2018.

SAFATLE, Vladimir. Aulas relativas ao curso "O estatuto epistemológico das categorias clínicas: arqueologia do conceito de paranoia", ministrado na FFLCH-USP. 2010. Disponível em: <https://goo.gl/1mTnQj>. Acesso em 08 mar. 2018.

SAFATLE, Vladimir. Espelhos sem imagens: mimesis e reconhecimento em Lacan e Adorno. *Trans/Form/Ação*, Marília, v. 28, n. 2, p. 45-79, 2005.

SAFATLE, Vladimir. Paranoia como catástrofe social: sobre o problema da gênese de categorias clínicas. *Trans/Form/Ação*, Marília, v. 34, n. 2, 2011.

SAFATLE, Vladimir. Theodor Adorno: a unidade de uma experiência filosófica plural. In: ALMEIDA, Jorge de; BADER, Wolfgang (Org.). *Pensamento alemão no século XX*. São Paulo: Cosac Naify, 2009.

SIMANKE, Richard Theisen. *A formação da teoria freudiana das psicoses*. São Paulo: Loyola, 2009.

A histeria como questão de gênero

Pedro Eduardo Silva Ambra, Julio Cesar Lemes de Castro, Júlia Catani, Luiz Henrique de Paula Conceição, Luiz Eduardo de Vasconcelos Moreira, Patricia Porchat, Tiago Humberto Rodrigues Rocha, Nelson da Silva Junior

A histeria fragmentada

A histeria tem uma longa história, na qual ela assume facetas múltiplas e ambíguas, que refletem as condições vigentes em cada época. Tal polimorfia constitui um desafio para os que se dedicam a estudá-la ou manejá-la clinicamente. O presente capítulo acompanha um pouco dessa trajetória, destacando duas vias distintas de abordagem a partir do final do século XIX, a da psiquiatria e a da psicanálise. E evidencia que, se no início ambas compartilham a necessidade de uma compreensão abrangente do fenômeno da histeria, nas últimas décadas se estabelece entre elas um notável distanciamento.

Animada por um pretenso rigor científico, a psiquiatria contemporânea tende a reduzir cada entidade clínica a uma mera coleção de sintomas. Em consequência, a histeria, que sempre se caracterizou pela diversidade de suas manifestações, desaparece enquanto tal dos manuais psiquiátricos, sendo fragmentada, por exemplo, no *Manual diagnóstico e estatístico de transtornos mentais* (DSM-IV) em categorias como transtornos alimentares, de personalidade, de humor, somatoformes etc.

Na psicanálise, em contraposição, o entendimento da histeria não é subordinado a suas expressões sintomáticas; a preocupação central é captar sua natureza mais geral. Essa preocupação estende-se aos demais elementos do modelo diagnóstico psicanalítico – como se sabe, ao lado da neurose obsessiva e da fobia, a histeria é classificada no âmbito da neurose, que compõe com a perversão e a psicose as três grandes estruturas clínicas. No caso da histeria,

Lacan, partindo das formulações teóricas e apoiando-se nos casos clínicos de Freud, retrata-a como um jogo de posições envolvendo a dialética do desejo. Novos sintomas são vistos como adaptações da histeria ao contexto histórico e social, que não colocariam em xeque sua existência como tipo clínico. Isso não significa que a psicanálise deixe de problematizar sua própria visada da histeria: diante das mudanças ocorridas em nossa época, entre os psicanalistas se discute com frequência se ela ainda pode ser delimitada tão bem quanto nos tempos de Freud e até que ponto ela mantém a importância de outrora.

Para além das implicações diagnósticas e terapêuticas, o exame dos mecanismos básicos de funcionamento da histeria tem desdobramentos teóricos decisivos, influenciando fortemente, por exemplo, a concepção psicanalítica do sujeito e do desejo. Ademais, esses mesmos mecanismos são encontrados em operação fora da clínica, levando Lacan a considerar a histeria como uma modalidade mais geral de laço social. Isso permite pensar em fenômenos dentro e fora da clínica de acordo com a mesma lógica, fornecendo-nos elementos para, a partir dessa continuidade, entender a histeria como uma patologia do social.

Interessam-nos em especial neste capítulo dois movimentos contemporâneos que condensam elementos do percurso histórico da histeria e a capturam na interseção entre a clínica e o social.

A fragmentação da histeria pela psiquiatria, com base no método de classificação estatística, implica deixar de lado o fator subjetivo que lhe daria unidade como categoria clínica. Nesse sentido, essa estratégia coloca-se na prática a serviço de uma perspectiva biologicista, cujo ideal é identificar uma etiologia orgânica em cada patologia, e de uma orientação medicalizante, que busca associar diferentes patologias a remédios específicos. Em face da potência social do saber médico institucionalizado e dos interesses das corporações farmacêuticas, emerge uma contrapartida histérica marcada pela ambiguidade. Ocorre que os sintomas histéricos podem ser lidos como deslocamentos significantes (metonímicos) de um desejo insatisfeito, que migra sucessivamente de um para outro por força de um processo de identificação. Um contexto de multiplicação diagnóstica, portanto, facilita a busca de identidade através de patologias diversas. Em outras palavras, a dispersão nosológica, ao mesmo tempo que torna a histeria oficialmente invisível, alimenta-a de forma sub-reptícia, ao oferecer sem cessar novos parâmetros para identificação.

Outro campo privilegiado de manifestação da histeria é o das questões relativas às identidades de gênero[1], que ganham fôlego na atualidade. No ser

---

[1] Usamos "identidades de gênero" por ser uma expressão que, embora não faça parte do vocabulário da psicanálise, permite uma aproximação com as discussões atuais das teorias de gênero, dos estudos feministas e da teoria *queer*. Esse debate diz respeito à

humano, a sexualidade e suas representações identitárias não se constituem como dadas ou inerentes à natureza. Ao contrário, o opaco do sexual ganha sua tonalidade por intermédio da linguagem, tendo suas possibilidades e limites marcados muito mais pela cultura do que pela biologia. Se a quase anedótica frase de Freud "o que querem as mulheres", formulada numa carta a Marie Bonaparte, pode ser revisitada em Lacan, dentro da dialética do desejo histérico, como "o que é ser uma mulher", é possível compreender a demanda histérica não apenas a partir de suas escolhas objetais, mas, igualmente, a partir de um jogo de identificações no qual a questão de gênero é crucial. Tal visão leva em conta necessariamente determinações históricas, uma vez que as representações de gênero são ligadas de maneira profunda às modificações sociais. Enquanto noutros tempos a histeria estava vinculada de modo especial à denúncia das injunções sofridas pelas mulheres, rastreá-la na contemporaneidade implica atentar para as alterações nos estatutos da feminilidade e da masculinidade e para a ação dos grupos que buscam o reconhecimento de novas configurações de gênero.

História da histeria

Como observam Elisabeth Roudinesco e Michel Plon (1998), um longo caminho precisa ser percorrido até que a histeria seja finalmente alçada à categoria de uma entidade psicopatológica.

Na época de Hipócrates, a histeria é considerada uma doença causada pela migração no corpo de um "animal sem alma", como Platão descreve o útero. Essa é, aliás, a razão de seu nome, derivado do termo grego para matriz ou útero, *hystera*. Na Idade Média, por sua vez, na medida em que a conversão histérica é vista como uma forma de experimentar um prazer de natureza sexual, ela assume conotações pecaminosas e passa a ser associada à possessão demoníaca.

Já na modernidade, até o início do século XIX, os autores que estudam a histeria podem ser, de acordo com Étienne Trillat (1991), divididos, *grosso modo*, entre os vinculados à teoria uterina (ginecologistas e parteiros) e os vinculados à teoria cerebral (neurologistas). Como exemplo desta última, temos o sistema nosográfico criado por Sydenham, que divide as doenças em agudas e crônicas, situando no segundo grupo a hipocondria e a histeria. Ainda que, segundo ele, a histeria seja mais feminina e a hipocondria mais masculina, a teoria cerebral permite desvincular a histeria do útero e, consequentemente, da associação automática com a mulher. Sydenham destaca também o caráter difuso da histeria:

---

distinção entre sexo e gênero, entre essencialismo e construtivismo, trazendo à tona a questão sobre o que é ser mulher e o que é ser homem.

"Essa doença não é como as outras pela razão de que ela pode, por si só, simular o conjunto das doenças crônicas" (PEARCE, 2016, p. 179).

No século XIX, a histeria é concebida à luz de ideias como magnetismo, espiritismo, possessão e dupla ou múltipla personalidade. O clínico Charles Lasègue (1964) mostra que a histeria não é uma doença como outra qualquer, argumentando que os sintomas não são suficientemente constantes nem suficientemente semelhantes em duração e em intensidade para serem abarcados num tipo, ainda que descritivo. Não sendo uma patologia geral nem uma patologia mental, a histeria permanece numa espécie de limbo, de onde é resgatada por Jean-Martin Charcot.

Mundialmente reconhecido a partir de seus estudos sobre a produção dos sintomas histéricos, Charcot, argumentam Roudinesco e Plon (1998), garante às histéricas, no Hospital da Salpêtrière, a dignidade de serem classificadas como doentes. Ao propor uma classificação que possa distinguir as crises conversivas histéricas, de natureza psicogênica, das crises epilépticas, de causas orgânicas, ele permite à histeria escapar da acusação de simulação. Tal acusação decorre da convivência de pacientes histéricos e epilépticos, que ocupavam o mesmo espaço dentro do hospital. Frequentemente as histéricas imitavam as crises epilépticas, sendo esse um dos motivos da intolerância da nascente psiquiatria moderna em relação a elas. Charcot considera a histeria uma doença funcional, de origem hereditária, retirando-lhe a presunção de uma causa uterina ao afirmá-la também como uma doença masculina.

A partir daí, observamos que a histeria será objeto de duas áreas distintas do conhecimento psíquico. Por um lado, a psiquiatria, ao longo do século XX, verá surgir uma abordagem que, aos poucos, distanciar-se-á de uma compreensão psicodinâmica das patologias. Por outro lado, a psicanálise, em especial durante suas primeiras décadas, a tomará como patologia-modelo.

A histeria no discurso psiquiátrico

Considerado o pai da psiquiatria científica moderna, Emil Kraepelin procura apontar um caminho que correlacione os sintomas psíquicos a causas orgânicas. Ele classifica as diversas formas de transtorno psiquiátrico em adquiridos, de origem exógena (ligados, por exemplo, a uma intoxicação), ou congênitos, de origem endógena (ligados a fatores hereditários e degenerativos). No caso da histeria, ela aparece no modelo nosológico da última edição de seu *Compêndio de psiquiatria* tanto sob a rubrica de "reações psicógenas" (histerismo de desenvolvimento, alcoólico, traumático) como sob a rubrica de "psicopatias" (personalidades histéricas).

Em contrapartida, na obra de seu contemporâneo Eugen Bleuler, conceitos predominantemente classificatórios, como os de Kraepelin, cedem terreno a conceitos psicodinâmicos. A busca do "terreno doentio", da "predisposição doentia" ou do "fundo patológico de base" leva agora em consideração a motivação inconsciente. Bleuler inclui as "síndromes histéricas" no grupo das "reações patológicas", um dos quatro grandes grupos por ele elencados.

Karl Jaspers, grande representante da psiquiatria alemã moderna, baseia-se no pensamento filosófico de Friedrich Nietzsche e Søren Kierkegaard para propor uma leitura dos fenômenos psicopatológicos, sem deixar, no entanto, de insistir em sua origem orgânica. O autor realiza uma caracterização semiológica da histeria e busca dar conta de suas causas. Jaspers (1979) considera a condição sugestionável da histeria como elemento *sine qua non* para o diagnóstico e vai ao encontro do pensamento de Breuer e Freud (1996) ao considerar, na casuística do adoecimento histérico, o conflito característico da neurose: desejo *versus* proibição. Chama a atenção ainda, nas descrições jasperianas, sua clara aproximação ao pensamento psicodinâmico psicanalítico, quando reconhece a sugestionabilidade e a plasticidade psíquica; considera a presença do mecanismo histérico como algo comum à vida psíquica e que possa ser reconhecido enquanto traço de caráter; e, por fim, admite a impossibilidade de encontrar experiências reais e exatas, passíveis de verificações autênticas.

Henri Ey, na França, define a histeria como uma "neurose caracterizada pela hiperexpressividade somática das ideias, das imagens e dos afetos inconscientes", cujos principais sintomas são "manifestações psicomotoras, sensoriais ou vegetativas desta conversão somática" (EY; BERNARD, 1979, p. 472). Fortemente influenciado pelo pensamento psicanalítico, o autor pensa o quadro histérico em um entremeio biopsíquico, lembrando que a psicoplasticidade e a sugestionabilidade são também fundamentais para o diagnóstico. Ey ressalta que os sintomas histéricos não são produzidos somente ao acaso, mas se fundamentam em traços da "pessoa" ou do caráter histérico. Tal caráter inclui ainda, segundo o autor, a mitomania e os distúrbios sexuais, em que o corpo histérico extremamente erogenizável recobre uma genitalidade altamente perturbada e pueril.

Com a finalidade de unificar as diferentes formas de categorização dos transtornos mentais, é criado em 1952, pela Associação Americana de Psiquiatria (APA), o *Manual diagnóstico e estatístico dos transtornos mentais* (DSM). Esse manual nasce a partir da sexta edição da Classificação Estatística Internacional de Doenças e Problemas Relacionados à Saúde (CID), quando enfim houve a criação da seção "distúrbios mentais". A primeira versão do DSM ainda não apresenta a histeria como uma entidade nosográfica. A conversão histérica aparece como sinônimo de "reação conversiva" e está no eixo dos chamados "transtornos psiconeuróticos", como mecanismo de funcionamento subjacente à "reação dissociativa" e à "reação conversiva" (APA, 1952). O manual traz ainda, no bojo de sua explicação semiológica, a tentativa de relacionar tais desordens aos fatores psicológicos intrínsecos ao aparecimento dos sintomas.

Em 1968, publica-se a segunda versão do DSM. Em comparação com as 106 categorias de desordens mentais da edição anterior, ele lista 182 categorias. É aqui que a "neurose histérica" surge enquanto entidade nosográfica subjacente ao eixo das neuroses, servindo para substituir a "reação dissociativa" e a "reação conversiva". Há também a criação da "personalidade histérica" como substituta da "personalidade emocionalmente instável" (APA, 1968). Assim, a histeria, como a grande representante da neurose, ostenta fôlego enquanto uma entidade psicopatológica específica. O manual procura, ainda, realizar uma associação entre a teoria psicanalítica e a psiquiatria.

Com o lançamento de sua terceira edição, em 1980, o DSM, agora com 265 categorias, elimina a histeria enquanto entidade nosográfica. Como explica o próprio manual: "No DSM-III, o conceito de 'histeria' foi evitado. Em vez disso, os múltiplos significados do termo foram incluídos nas categorias novas, tais como Distúrbios Somatoformes e Transtornos Dissociativos" (APA, 1980, p. 377). Uma considerável parte da terminologia psicanalítica é abandonada, juntamente com a preocupação em descobrir a casuística não só da histeria, mas também de várias outras formas de sofrimento mental. O manual assume nitidamente a preocupação em distinguir o normal do patológico. Apesar de considerar "neurose" um termo vago e não científico, ele o mantém entre parênteses à frente da nomenclatura de alguns transtornos unicamente por razões políticas, uma vez que havia o sério risco de que ele não fosse aprovado pela Associação Americana de Psicologia. A nova proposta do manual é ser um instrumento ateórico. Em 1987, surge o DSM-III-R, com a reformulação do nome de várias categorias e a retirada de algumas outras.

Finalmente, em 1994, o DSM-IV retira definitivamente o termo "neurose" de todo o manual e dilui a histeria em várias entidades, tais como transtornos somatoformes, transtornos factícios, transtorno de personalidade histriônica etc. Essa versão do manual sofre uma reformulação, o DSM-IV-TR (APA, 2000), com o intuito de oferecer informações extras em cada diagnóstico e de manter-se consistente com a Classificação Internacional de Doenças (CID).

Na quinta versão do DSM publicada em 2013, a expansão diagnóstica se deu de forma tão impressionante quanto a reação da comunidade científica protestando contra a inexistência dos tão aguardados marcadores biológicos dos transtornos mentais. Os transtornos somatoformes foram substituídos pelo Transtorno de Sintoma Somático, ao passo que o Transtorno Conversivo passou a ser subnomeado como (Transtorno do Sintoma Neurológico Funcional).

Esse quadro deixa claro que na primeira metade do século XX a influência da psicanálise é bastante importante para a psiquiatria, que oscila entre uma concepção organogenética e uma concepção psicogenética dos transtornos mentais (Lacan, inclusive, começa sua carreira como psiquiatra, para depois se tornar psicanalista). A partir da introdução do DSM, contudo, tal influência vai-se reduzindo progressivamente, ao mesmo tempo que a ênfase biológica que caracterizava a orientação kraepeliniana recupera seu prestígio.

A histeria em Freud

A histeria será sempre a neurose à qual a psicanálise deverá a invenção de conceitos essenciais como inconsciente, recalcamento, trauma, sexualidade infantil, retorno do recalcado, associação livre e transferência. Apresentar a histeria em Freud significa, portanto, retomar a própria história da psicanálise e de seu desenvolvimento teórico. Três pontos de inflexão teórica estão presentes na concepção freudiana da histeria: a teoria da sedução traumática, a teoria pulsional e a teoria do complexo de Édipo.

O contato com a psicoterapia da histeria concebida por Breuer representa um passo importante para Freud. Para Breuer, o esquecimento de uma experiência poderia ocorrer caso a pessoa a vivesse como um trauma, isto é, carregada de afeto, diante da qual seria pega de surpresa e, portanto, estaria indefesa. A experiência em questão constituiria um grupo psíquico que se manteria cindido, isolado, sem relações com os pensamentos conscientes. Breuer submetia então à hipnose suas pacientes histéricas e, nesse estado, solicitava a elas que lhe relatassem todos os fatos penosos por que passaram no início dos sintomas. Ao despertarem, ele simplesmente relatava a elas o que tinha escutado. As reações eram muito intensas e violentas, pois as pacientes eram obrigadas a se defronta de novo com as cenas traumáticas que tinham esquecido. Mas o resultado final era favorável, pois os sintomas ou desapareciam por completo ou tendiam a diminuir consideravelmente.

Freud pensava que os assim chamados "grupos psíquicos" não se mantinham isolados meramente pelo "estado hipnótico", como julgava Breuer. Para Freud, havia outro processo em jogo, o de defesa contra os pensamentos desagradáveis, uma espécie de "contravontade". Em toda sua prática clínica, Freud tinha encontrado apenas um tipo de pensamento contra o qual os pacientes se defendiam: tratava-se sempre dos de natureza sexual ou articulados a sensações eróticas, julgados como inaceitáveis pelos sujeitos. Assim Freud, no caso de uma jovem que se culpava por pensar em um rapaz que lhe havia despertado uma excitação erótica, enquanto cuidava de seu pai doente, considera que as defesas seriam, em última instância, representantes dos valores morais na consciência do sujeito.

A partir da hipótese da defesa, Freud pôde propor uma primeira psicopatologia propriamente psicanalítica, a saber, uma explicação geral sobre a origem, as semelhanças e as diferenças da histeria, da neurose obsessiva, da fobia e da psicose, no texto "As neuropsicoses de defesa", de 1894. Diante de um pensamento incompatível com o eu, essas quatro patologias se distinguem por usarem diferentes estratégias. Partindo do pressuposto de que as ideias rejeitadas surgiam para os sujeitos não somente como frases e palavras, mas também vinham carregadas de energia, de excitação erótica, Freud considera que a principal estratégia seria diminuir sua força, algo realizável por meio de uma separação entre a forma das palavras (representação) e sua carga de afeto. Essa estratégia seria idêntica na histeria, na fobia e na neurose obsessiva. Contudo, uma vez separada da representação, seria preciso encontrar um novo destino para a carga de afeto. É aqui que a histeria se diferencia das outras neuroses, pois, enquanto a fobia e a obsessão dirigiriam o afeto a outras representações, outros pensamentos, a histeria seria capaz de desviar o afeto para o corpo, convertendo a carga de uma representação psíquica em uma inervação corporal, seja ela motora ou sensorial.

Tais inervações corporais, na histeria, seriam, contudo, invariavelmente relacionadas com os pensamentos indesejados, não de modo direto, mas precisamente pelas representações referidas ao corpo e sua geografia. Com efeito, é o corpo representado que se oferece como novo depositário das cargas de afeto retiradas dos pensamentos. Os sintomas corporais na histeria parecem assim desconhecer a anatomia médica, guiando-se por uma anatomia fantasmática, construída essencialmente pela história sexual de cada sujeito.

Para Freud, a causalidade psíquica na experiência traumática da histeria acontece em dois tempos, ou, mais precisamente, *a posteriori*. Vejamos um exemplo. Em férias nos Alpes, Freud é procurado pela filha da dona do albergue em que está hospedado. Katharina o consulta pois tem sofrido de falta de ar, sensações de sufocamento, pressão na cabeça e nos olhos, além de frequentemente ter a visão do rosto de um homem com uma expressão terrível. A jovem conta ter testemunhado, de modo involuntário, o próprio pai tendo relação sexual com a prima. Após esse evento, passou alguns dias acamada em estado febril, nauseada, e acabou relatando o que viu para a mãe. Isso redundou na separação do casal, e o pai, irado, acusou-a de gerar a confusão toda. Começaram então os sintomas de angústia e as visões. Durante a consulta ao ar livre, Katharina recorda que algum tempo antes, quando tinha 14 anos de idade, o pai havia se deitado junto a ela, encostado "uma parte do corpo dele" nela, ao que ela reagiu de modo decidido, exigindo que ele saísse de sua cama. Na ocasião, contudo, ela não tinha entendido o caráter sexual dessa investida. Somente quando viu a cena do pai em cima da prima é que compreendeu o que ele tentara fazer com ela. O evento posterior mostrou o verdadeiro e revoltante significado do anterior, daí sua náusea.

A primeira transformação radical desse modelo se dá com a constatação de que as representações obtidas pelo processo de rememoração terapêutica na clínica da histeria não eram necessariamente constituídas pelas lembranças inconscientes, mas poderiam ser também resultado de fantasias. Algo análogo deveria ocorrer em relação ao aspecto econômico do trauma. Freud postula então a existência de pulsões sexuais. A pulsão seria uma excitação sexual interna calcada sobre o corpo, em especial sobre as funções fisiológicas, como comer, defecar, urinar (FREUD, 1972b). Vemos assim que, com o abandono parcial da teoria do trauma, o corpo da histérica deixa de ser vítima de um trauma sexual para se tornar seu autor, ainda que de modo indireto.

Entre 1923 e 1927, novos conceitos sobre a sexualidade serão criados: a fase fálica e a importância insuspeitada da relação da menina com sua mãe na organização pré-edípica. Nessa nova teoria, a sexualidade da mulher passa a ser pensada fora de um quadro de simetrias com a sexualidade do homem. Além disso, em 1920 ocorre também uma verdadeira revolução na teoria freudiana das pulsões, que passa a incluir a pulsão de morte, articulando de modo indissociável toda e qualquer satisfação sexual a elementos sadomasoquistas. O resultado prático é que a lógica pulsional se emancipa radicalmente da racionalidade imanente à biologia, permitindo que o sentido da experiência de insatisfação sexual passe de um estatuto de ferramenta da adaptação vital para aquele de solução paradoxal no interior de uma economia psíquica organizada pelo masoquismo. Vejamos como essas novidades marcam a teoria freudiana da histeria.

A fase fálica seria uma fase da organização sexual infantil em que as crianças de ambos os sexos compreenderiam a sexualidade a partir do postulado da presença de um falo em todos os seres. O erotismo seria intensamente experienciado nos genitais, e as fantasias masturbatórias das crianças se organizariam em torno das figuras parentais. Segundo Freud, a educação se encarregaria de barrar tais experiências prazerosas com repreensões e ameaças por parte dos adultos. Contudo, a atividade e a fantasia masturbatória não cederiam a tais oposições a não ser a partir do complexo de castração. A partir daí, os caminhos dos meninos e das meninas se separariam um do outro.

Freud descobre que, ao interpretarem a diferença dos genitais como castração no próprio corpo, as meninas sofrem uma dolorosa ferida narcísica. As interdições dos adultos em relação à masturbação contribuem para uma interpretação dessa ausência enquanto castigo. Freud elenca três possibilidades de destino da vida sexual da menina a partir da castração: a vida erótica seria abandonada como um todo, a menina se recusaria a acreditar na perda definitiva do pênis ou ela reconstruiria sua vida erótica pela via da feminilidade. Esta última via implicaria três profundas mudanças na vida pulsional da menina. Em primeiro lugar, a substituição da erogeneidade clitoridiana pela erogeneidade vaginal. Em segundo lugar, a substituição da mãe pelo pai como objeto de amor. Em terceiro lugar, o deslocamento da modalidade ativa de satisfação pulsional para formas passivas. Segundo Freud, essas mudanças seriam irrealizáveis sem o auxílio do componente masoquista da constituição psíquica, o qual assumiria assim um valor funcional na constituição da feminilidade.

A partir de tal quadro formado pelos complexos de Édipo e de castração da menina, a compreensão freudiana da histeria passa a tentar mapear os tortuosos caminhos de seu desejo. Cada um dos elementos distintivos da neurose histérica será assim objeto de uma releitura. As fantasias de sedução pelo pai ou tio, a aversão à genitalidade e finalmente o investimento narcísico em figuras femininas idealizadas serão reexaminados sob a ótica do complexo de Édipo. Vejamos como isso se dá.

A situação triangular é um elemento frequente da situação histérica. No caso Dora (1972a), por exemplo, Freud considera retroativamente que é a relação da histérica com a Sra. K. que tem o centro de gravidade psíquico. Ora, a identificação com a mulher idealizada – a Sra. K. ou a Madona – aparece como a finalidade para a qual Dora se aproxima através de uma aparente escolha objetal heterossexual, o Sr. K. Na histeria o interesse heterossexual se mostraria assim a serviço de uma relação homossexual com uma mulher idealizada. Para Freud, tal fixação da histérica em figuras femininas idealizadas tem sua origem na relação pré-edípica com a mãe. Nesse sentido, a histérica não realizaria o percurso completo da mãe para o pai na busca pelo falo perdido na castração.

No campo da erogeneidade corporal, o complexo de castração deixaria sua marca pela dificuldade ou impossibilidade de gozo genital, expressando-se pelo evitamento das relações sexuais, pela frigidez, pelo vaginismo ou pela dificuldade em atingir o orgasmo. As crises ou sintomas conversivos teriam uma função substitutiva, compensatória do erotismo genital, através de formas deformadas de satisfação e castigo inconsciente.

Em suma, segundo a releitura da histeria pelo complexo nuclear das neuroses, esta passa a ser compreendida como uma problemática articulada à fase fálica e ao complexo de castração. Diante da ferida ou ameaça narcísica operada pelo complexo de castração, dois elementos da subjetividade seriam afetados: por um lado, a identificação inconsciente ao gênero, que seria de algum modo interrogada, numa tentativa de contornar a castração fixando-a em um dos gêneros e idealizando o outro. Por outro lado, a erogeneidade genital se veria obstruída, gerando formas compensatórias e deformadas de satisfação sexual. Enfim, o objeto do desejo do sujeito histérico seria investido no interior de uma estrutura triangular, em que o desejo de um outro indicaria a cada vez um ideal narcísico inatingível, com os elementos de autossuficiência, perfeição e, eventualmente, periculosidade para o sujeito que lhes são inerentes.

Nesse quadro, vale chamar a atenção para a aproximação, bastante comum e justificada, entre histeria e feminino. Para além da raiz etimológica, a própria história da psiquiatria e da psicanálise atesta que a prevalência da neurose do tipo histérica em mulheres foi responsável pela associação quase permanente entre o quadro clínico e o gênero.

A propósito, é importante destacar que Freud vincula a constituição de uma determinada identidade de gênero ao posicionamento perante a castração. Em outras palavras, a criança se define como homem ou mulher pelo conjunto das representações e construções hipotéticas a respeito de suas realidades físicas. Para o autor, o sintoma histérico pode ser lido como uma frustração inconsciente frente à ausência do falo (FREUD, 1976b, p. 161), ao passo que a neurose obsessiva masculina operaria na chave da angústia de castração. Mais precisamente, a histeria é uma patologia cuja questão fundamental gira em torno da identidade de gênero. De acordo com Freud (1976c, p. 168), "os sintomas histéricos são a expressão, por um lado, de uma fantasia sexual inconsciente masculina e, por outro lado, de uma feminina". Portanto, antes de se tratar na histeria de uma exacerbação do caráter feminino – potencialmente presente tanto em homens quanto em mulheres –, é necessário lembrar que, sob influência de Fliess, Freud tem em mente a teoria da bissexualidade primária na psicogênese da histeria.

Em "Sexualidade feminina", de 1931, Freud buscará esclarecer de que maneira opera o Édipo na menina, tendo em vista a inversão de escolha de objeto, que não ocorre no rapaz. Para resolver essa questão, Freud sublinha a importância da fase pré-edípica no desenvolvimento psicossexual feminino e dos efeitos do prolongamento da vinculação materna. Um possível encaminhamento para a questão das relações entre a histeria e a feminilidade pode ser lido no mesmo texto: "Antes de tudo, não pode haver dúvida de que a bissexualidade, presente, conforme acreditamos, na disposição inata dos seres humanos, vem para o primeiro plano muito mais claramente nas mulheres do que nos homens" (FREUD, 1974b, p. 262). Estando a mulher mais sujeita à convivência com a bissexualidade – seja pelo caminho mais sinuoso de sua travessia do complexo de Édipo, seja, como defende Freud, pelo caráter já dual das representações de seus órgãos genitais –, possivelmente a questão da definição do gênero a assolaria de forma mais direta.

A histeria em Lacan

Para Lacan, assim como para Freud, a histeria está associada geralmente ao sexo feminino, embora nem sempre isso ocorra. "Damos-lhe agora o gênero no qual esse sujeito se encarna mais frequentemente" (LACAN, 1991, p. 107); "dizendo *industriosa*, fazemos a histérica uma mulher, mas esse não é seu privilégio" (LACAN, 1991, p. 36). Na medida em que ele costuma referir-se ao sujeito histérico no feminino e associar diferentes papéis no circuito da histeria às mulheres e aos homens, sua discussão da histeria chama a atenção de modo especial para as questões de gênero.

Em termos estruturais, afirma Lacan (1998, p. 407), a histérica coloca-se no lugar daquilo que está faltando no Outro, que o completaria: "Ela identifica-se [...] a um objeto". O tempo todo a histérica questiona-se sobre o desejo do Outro: se ele deseja e o que ela deseja. Logrando entender o desejo do Outro, ela pode constituir-se como o objeto cuja elisão provoca esse desejo. Ou seja, é em virtude do desejo do Outro que ela sustenta sua posição: "O sujeito histérico constitui-se quase inteiramente a partir do desejo do Outro" (LACAN, 1998, p. 365). Enquanto o obsessivo coloca-se na posição de espectador, a histérica "identifica-se ao espetáculo" (LACAN, 1966, p. 304).

> Constituir-se como objeto do desejo do Outro implica por vezes compartir um lugar já ocupado por outrem: "*É na medida em que ela ou ele reconhece num outro, ou numa outra, os indícios de seu desejo, a saber, que* essa outra ou esse outro está diante do mesmo problema de desejo que ela ou ele, que se produz a identificação – com todas as formas de contágio, de crise, de epidemia, de manifestações sintomáticas que são tão características da histeria" (LACAN, 1998, p. 407-408).

O caso da mulher do açougueiro, paciente de Freud, funciona para Lacan (2001, p. 557) como o "paradigma" do funcionamento da histeria. No sonho da "bela açougueira", como a chama Lacan, sua amiga não realiza seu desejo por salmão, assim como ela na vida real não realiza seu desejo de comer caviar. Há, portanto, uma identificação histérica entre ela e a amiga. E na raiz dessa identificação está a posição similar de ambas como objeto de desejo de seu marido. Desejar um desejo não satisfeito é a maneira que ela encontra de conseguir essa identificação.

Outro dado importante da história da açougueira é que, ao se privar de caviar, ela não apenas impede a gratificação de seu desejo – ela também frustra o desejo do marido de agradá-la oferecendo-lhe caviar. A histérica esforça-se para manter o desejo do Outro insatisfeito de forma a permanecer desejada, a preservar sua posição como objeto: "O desejo só se mantém pela insatisfação que lhe é dada ao se escapar-lhe como objeto" (LACAN, 1966, p. 824). Ou seja, a histérica mantém-se como objeto do desejo do Outro na medida em que ela evita tornar-se o objeto de seu gozo – nesta última condição, ela tende a se sentir usada pelo Outro, considerar-se como mero instrumento de sua satisfação. No caso da mulher do açougueiro, ainda que ela tivesse ciúme da amiga, provavelmente também lhe comprazia perceber no marido um desejo insatisfeito pela amiga e até figurar-se oferecendo a amiga para que o marido obtivesse satisfação à sua revelia. Há sempre alguma forma de transferência de gozo na histeria; "para a histérica, não é dela que se goza" (LACAN, 1958-1959, 17 de junho de 1959).

A histérica não deseja diretamente, é apenas objeto do desejo do Outro, que é quem efetivamente deseja. Ela não se pergunta, por exemplo, "eu o amo?", mas "ele me ama?". Isso se coaduna com a observação de Freud (1974c,

p. 105) sobre o tipo narcisista de escolha objetal, também predominante nas mulheres: "Sua necessidade não se acha na direção de amar, mas de serem amadas; e o homem que preencher essa condição cairá em suas boas graças". É a partir, pois, do desejo do Outro que se constitui o desejo da histérica: aqui a fórmula "o desejo é o desejo do Outro" encontra sua expressão mais precisa. Há assim uma subordinação ao Outro: "O que a histérica quer – eu digo isso para aqueles que não têm a vocação, deve haver muitos – é um senhor. Isso é absolutamente claro. A tal ponto inclusive que é preciso colocar a pergunta se não é daí que veio a invenção do senhor" (Lacan, 1991, p. 150).

Entretanto, na medida em que ela mantém insatisfeito o desejo do Outro, este é um senhor sobre o qual ela tem controle, que funciona como um fantoche. "Dito de outro modo, ela quer um senhor sobre o qual ela reina. Ela reina, e ele não governa" (Lacan, 1991, p. 150). Sua postura em relação ao senhor é de desafio: "A histérica não é escrava. [...] Ela faz a sua maneira uma certa greve. Ela não entrega seu saber. Ela desmascara entretanto a função do senhor com a qual permanece solidária" (Lacan, 1991, p. 107). Enquanto o obsessivo geralmente avoca a responsabilidade por tudo, a histérica busca transferir toda responsabilidade ao Outro. As primeiras sensações sexuais na infância, por exemplo, que no obsessivo se associam a sentimentos de culpa e vergonha, na histérica são imputadas a intenções sedutoras por parte do Outro, a quem é atribuído todo papel ativo. Como parceiro sexual, o Outro desperta rivalidade na histérica, se é demasiado assertivo, ou insatisfação, no caso oposto. Como detentor de conhecimento e poder, o Outro tem seus limites testados o tempo inteiro. Assim, embora a crença na autoridade tenha importância fundamental para a histérica, em última instância ninguém consegue reunir, a seu ver, plenas condições de exercê-la, o que a leva, de forma aparentemente contraditória, a um questionamento permanente, ou mesmo a trocar frequentemente de senhor.

Em seu afã de captar o desejo do Outro, de constituir seu desejo a partir do Outro, a histérica acaba identificando-se com ele: perfilha o desejo de seu parceiro como se fosse o dela, deseja como se fosse ele, ou seja, como se fosse um homem. Quando a mulher do açougueiro percebe nele um desejo por sua amiga, que não corresponde ao tipo físico que ele prefere, tal desejo torna-se para ela um enigma a ser decifrado. Esse enigma tem duas faces. Por um lado, ela quer saber o que torna a amiga interessante para o marido, o que a amiga tem de especial, a mais do que ela, diferente dela. Por outro lado, ela indaga-se como o marido funciona enquanto ser desejante. É por isso que, em seu sonho, ela não apenas se identifica com sua amiga, como objeto do desejo do marido, mas simultaneamente se coloca no lugar do marido e deseja sua amiga como ele – ou seja, ela tenta reproduzir o desejo do marido a partir da perspectiva dele para poder entender esse desejo. "É esta questão que se torna o sujeito aqui mesmo. Em que a mulher se identifica com o homem e a posta de salmão defumado aparece no lugar do desejo do Outro" (LACAN, 1966, p. 626). O aspecto fálico do salmão faz todo sentido: o marido deseja a amiga, que deseja o salmão; segue-se que o salmão está para a amiga assim como a amiga está para o marido; a amiga é, pois, homóloga ao salmão, é o falo, como significante do desejo do marido. No triângulo do desejo, "a histérica se reconhece nas homenagens prestadas a uma outra, e oferece a mulher em que ela adora seu próprio mistério ao homem do qual ela toma o papel sem poder gozar dele" (LACAN, 1966, p. 425).

A condição das histéricas implica "fazerem o homem [...] e serem por isso *hommosexuais* ou *fora-sexo*" (LACAN, 1975, p. 79, grifos do autor). A expressão "fazer o homem" admite duas leituras: por um lado, a histérica ancora o desejo masculino, permitindo ao homem se afirmar como tal; por outro, ela desempenha o papel masculino, toma o lugar do homem. "A identificação da histérica pode perfeitamente subsistir de uma maneira correlativa em várias direções" (LACAN, 1998, p. 326). Em função dessa polivalência da histérica, o triângulo do desejo é frequente em casos de histeria, podendo formar-se inclusive a partir de um casal de lésbicas, quando uma mulher descobre em sua parceira o desejo por uma terceira e põe-se a desejar igualmente esta última.

No esquema mais comum, a histérica identifica-se ao mesmo tempo com dois outros imaginários, uma segunda mulher (o objeto de desejo do Outro) e um homem (a versão degradada do Outro) (MILLER, 2005, p. 126-127, 209). Essa duplicidade implica uma ambivalência, de modo que a questão primária colocada para a histérica incide sobre sua posição sexual: "Eu sou um homem ou sou uma mulher?" (LACAN, 1981b, p. 193).

> O que caracteriza a posição histérica é uma questão que se relaciona precisamente com os dois polos significantes do macho e da fêmea. A histérica a formula com todo seu ser – como se pode ser macho ou ser fêmea? Isso implica efetivamente que a histérica tem de todo modo sua referência. A questão é aquilo em que se introduz e se suspende, e se conserva, toda a estrutura da histérica, com sua identificação fundamental ao indivíduo do sexo oposto ao seu, através da qual seu próprio sexo é interrogado (LACAN, 1981b, p. 283).

Não se trata de saber qual é seu sexo, a questão mais precisa é: "O que é ser uma mulher?". E essa questão é igualmente válida para o sujeito histérico masculino (LACAN, 1981b, p. 193). A polivalência da histérica, ligada a sua questão fundamental, determina ao mesmo tempo que a resposta a esta seja confusa e que seu desejo seja incerto: "Na busca sem descanso do que é ser uma mulher, ela pode apenas enganar seu desejo, posto que seu desejo é o desejo do outro" (LACAN, 1966, p. 452).

A compreensão da histeria com base num esquema geométrico com posições determinadas confere ao conceito uma grande latitude. Antes de mais nada, como o fator constante são as posições e não seus ocupantes, pode-se permutar o gênero e encarar a histeria sob o prisma masculino. E, muito além disso, abre-se a possibilidade de cogitar aplicações do conceito fora do domínio clínico. Nesse sentido, no final dos anos 1960, Lacan passa a se reportar à histeria não apenas como uma categoria nosológica, mas também como uma modalidade de laço social. Em sua perspectiva, o mesmo tipo de estrutura que articula o sujeito histérico a seu entorno pode ser encontrado em diversas situações da vida social. Muitas vezes, trata-se de situações em que há uma interpelação de uma autoridade ou de uma instituição, interpelação que pode ter as conotações de demanda, de reivindicação, de questionamento. Quem interpela pode ser um indivíduo ou um grupo; no último caso, partilhar uma mesma posição constitui um móbil de identificação entre os integrantes do grupo. Cumpre assinalar que aquele que interpela não pode ser tomado forçosamente por um sujeito histérico na acepção clínica; o termo "histeria", assim como os que dele procedem, é empregado nesse caso em razão da homologia com o arranjo de posições descrito anteriormente. E, como atestam outros capítulos deste livro, não há novidade em derivar conceitos psicanalíticos para além do contexto de origem, embora seja menos comum que a iniciativa para tanto parta da própria psicanálise.

Histeria contemporânea

Não é difícil constatar que, atualmente, a histeria tende a perder terreno como uma categoria diagnóstica convenientemente delimitada. Simultaneamente, porém, conforme veremos, ela firma-se como uma força que atua nos bastidores, como uma espécie de metapatologia subjacente ao funcionamento da psicanálise (através do mecanismo de histericização presente no dispositivo analítico) e mesmo da psiquiatria (através de seu jogo de esconde-esconde com as categorias psiquiátricas em processo de fragmentação). Desse modo, ela retoma sua longa história como patologia ambígua e difusa, aparecendo ademais como laço social que transcende a clínica.

Na psicanálise, num certo sentido, a histeria clássica segue sendo uma referência: quando se quer demonstrar que o diagnóstico de histeria é particularmente apropriado para um dado paciente, um recurso óbvio é fazer um paralelo com os casos freudianos. Ou seja, esses casos ainda se afiguram como os mais emblemáticos em matéria de histeria. Não obstante, entre os próprios psicanalistas, admite-se que os quadros histéricos característicos da época de Freud são relíquias do passado. Numa intervenção em Bruxelas, em 1977, Lacan (1981a, p. 5) pergunta-se: "Para onde foram as histéricas de outrora, essas mulheres maravilhosas, as Anna O., as Emmy von N...?". E ele próprio coloca-nos na pista da resposta, ao lembrar que "elas desempenhavam [...] um certo papel, um papel social determinado" (LACAN, 1981a, p. 5), sugerindo assim que esse papel foi afetado pela mudança das condições históricas. Certamente Lacan está considerando aqui, em especial, a passagem da repressão ao gozo para o imperativo do gozo. Esse movimento, por sua vez, está ligado ao fenômeno que, no âmbito da teoria social, é caracterizado por autores como Max Horkheimer como declínio da autoridade paterna, e que, como observa Vladimir Safatle (2008, p. 130), encontra seu equivalente na descrição lacaniana do enfraquecimento da figura paterna.

Já nos casos clínicos freudianos, é frequente a presença de pais fragilizados, e Lacan sugere que o próprio surgimento da psicanálise está relacionado com esse contexto. Quando, porém, em nossa época, esse fenômeno se acentua, uma mudança qualitativa entra em cena. Observador arguto, Lacan enfrenta diretamente essa questão em seu último ensino, nos anos 1970. O eixo clínico, para ele, desloca-se da neurose para a psicose, e da estrutura (que tem um caráter geral) para o sinthoma (que tem um caráter singular). Sem dúvida, a intenção de Lacan não é substituir simplesmente a clínica estrutural pela clínica borromeana; ambas, na verdade, coexistem e complementam-se. De qualquer forma, há uma perda relativa de importância da histeria quando a neurose e a própria ideia de estrutura deixam de ter a primazia. No mesmo diapasão, autores lacanianos atentos à relação entre a clínica e o social apontam para um declínio do recalque (em termos de estrutura psíquica) como desdobramento de um declínio da repressão (em termos de estrutura social): "O interdito – como o recalque – perdeu hoje seu lugar proeminente" (LEBRUN, 2007, p. 426). Um sinal adicional da insuficiência das categorias tradicionais da psicanálise na conjuntura atual é o fato de, nas correntes de orientação lacaniana, despontarem novos rótulos para dar conta das patologias contemporâneas: "psicose ordinária", "perversão ordinária", "casos inclassificáveis" etc. Fala-se inclusive em "novas histerias", para designar fenômenos como depressões e transtornos alimentares, o que, se por um lado recupera o conceito de histeria, por outro indica que ele já não opera como antes. E constata-se que as fronteiras entre as estruturas clínicas em geral tendem a se tornar menos nítidas em nossos dias: embora se diga normalmente que a histeria seja o retorno do reprimido no corpo, enquanto a neurose obsessiva é o retorno do reprimido na mente, essa distinção, observa Bruce Fink (1997, p. 115), vem recuando. Podemos supor, assim, que os casos freudianos aparecem como emblemáticos porque a histeria apresentava-se então de forma mais consistente como fato clínico, e, por conseguinte, seu diagnóstico podia ser feito com maior clareza.

Ao mesmo tempo que a visibilidade da histeria como patologia diminui, sua validade é reforçada em outra direção. Historicamente, a psicanálise emerge como um método terapêutico que permite a Freud responder de modo eficaz à demanda de suas pacientes histéricas. E o estabelecimento de qualquer relação analítica, argumenta Lacan, pressupõe uma etapa preliminar de histericização, através da qual o sujeito se coloca como sintoma e demanda respostas por parte do analista – por definição, o analisante é um sujeito histericizado, ainda que não seja necessariamente histérico. Ou seja, aquilo que preside a gênese da psicanálise não cessa de se reproduzir a cada análise individual. É esse *modus operandi* que empresta à psicanálise seu traço distintivo e lhe permite contrapor-se à perspectiva biologicista que ora predomina na psiquiatria: em contraste com esta, a psicanálise escuta de fato seus pacientes, trata-os como sujeitos.

Quanto à psiquiatria contemporânea, o lugar da histeria pode ser compreendido à luz dos movimentos classificatórios dos transtornos mentais, sintetizados nas últimas versões do DSM. Algumas críticas à metodologia classificatória do manual, que partem do próprio campo da medicina, são circunscritas por John Sadler, Hugus, Osborne *et al.* (1994).

Um problema fundamental é a não valorização de aspectos históricos da vida do sujeito. Mesmo quando estes são considerados, a preocupação restringe-se aos sintomas, relegando-se a história do indivíduo a um *background* nosológico. A histeria, nesse caso, acaba reduzida apenas a seus sintomas clássicos, de modo que pode ser enquadrada na categoria dos transtornos de personalidade, especialmente no transtorno de personalidade histriônica, que lista dentre seus critérios diagnósticos o item "a interação com os outros frequentemente se caracteriza por um comportamento inadequado, sexualmente provocante ou sedutor", e, ainda, o item "exibe autodramatização, teatralidade e expressão emocional exagerada" (APA, 2000).

Outra crítica dos autores é direcionada à pretensão ateórica do DSM, no qual as descrições diagnósticas se pautam preferencialmente por correlatos psiquiátrico-biológicos, desconsiderando uma psiquiatria de sistemas e famílias teóricas. Ora, se a histeria pode ser considerada uma patologia ligada à mimese, em que o outro e a identificação têm papel fundamental, é de se esperar que seus sintomas migrem de acordo com o contexto social e nosológico de cada época. Se o que está em jogo é uma patologia potencialmente mutante e, desde sua conceituação pré-psicanalítica, carente de correlatos orgânicos, é possível compreender por que o DSM exclui a histeria como patologia. Em sua lógica classificatória, não há espaço para um quadro de sintomas nômades, tampouco para uma compreensão ontogenética e não sintomatológica de sofrimento.

O expurgo da histeria como patologia pode ser também descrito como uma fragmentação diagnóstica. Conforme apontam Silvia Leonor Alonso e Mario Pablo Fuks (2004, p. 227) a respeito do DSM, "há uma tentativa de fragmentação, de dispersão de sintomas e de desligamento destes em relação a sua etiologia sexual e ao conflito psíquico, ou seja, aquilo que Freud juntou ao escutar seus pacientes, construindo um quadro que atualmente é compreendido separadamente".

Sendo a histeria caracterizada pelo já citado modo de funcionamento mimético, oriundo de sua problemática ligada à identificação deficitária com o outro, a proliferação de psicopatologias parece configurar-se como um terreno fértil no qual certo regime de sofrimento encontra expressões adaptadas a seu momento social. Essa sintonia envolve não apenas a produção das patologias, mas também seu regime de consumo. Um exemplo disso é a "doença do pânico", classificação da nova psiquiatria que oferece à clientela simultaneamente uma nova entidade, um novo sintoma corporal e um novo tratamento orgânico. O efeito desse oferecimento é um grande sucesso, alimentado, sobretudo, por levas de sujeitos histéricos em busca de uma identidade oferecida pelo saber médico. Dentro da mesma lógica, o lançamento do Prozac nos anos 1990 foi acompanhado de grandes esperanças quanto à erradicação de todo tratamento psicoterápico, já que essa era a droga por excelência para o tratamento do *self*.

Por outro lado, a fragmentação serve igualmente à psiquiatria. Bane-se da nosografia uma categoria que traz a incômoda lembrança de uma psiquiatria de grandes sistemas teóricos e de explicações mais dinâmicas e menos orgânicas, e que carrega também o ranço psicanalítico de pretensões explicativas não orgânicas (sexuais), insuscetíveis, portanto, de tratamento medicamentoso. Ora, se a nosologia psiquiátrica constrói-se cada vez mais a partir da oferta de medicamentos, ter em seu interior uma unidade patológica maciça caracterizada pela não organicidade de seus sintomas questionaria sua lógica diagnóstica por completo. Assim, excluir a histeria como patologia, como tem sido sistematicamente feito com outras categorias, serve à ambição totalizante e de descritibilidade orgânica da psiquiatria "ateórica". Os indivíduos que não respondem ao tratamento medicamentoso estão agora separados em classes nas quais sua "peculiaridade" pode ser individualizada. O que unia as histéricas de Freud – a causa não orgânica das afecções –, e que proporcionou um tratamento que reconhecia sua etiologia majoritariamente sexual, é hoje o que justifica sua cisão diagnóstica.

No entanto, a histeria, excluída de uma nomeação patológica unificadora na psiquiatria, parece reconstituir-se em outro campo. Os ambulatórios de outras especialidades da medicina acabam funcionando como o destino final de muitos sujeitos psicanaliticamente compreendidos como histéricos. A histérica realiza hoje, novamente, a peregrinação entre as inúmeras especialidades médicas, e, diagnosticada como tal nesses ambulatórios, vê-se reencaminhada para serviços de psicoterapia onde seu sofrimento – não orgânico – pode ser escutado com propriedade. A dermatologia, a urologia, a ginecologia, a reumatologia e a cardiologia, por exemplo, por não reconhecerem as causas físicas de sofrimentos que se manifestam em suas clínicas, reagrupam seus pacientes em grupos constituídos por "fatores psicogênicos". O caminho não parece ser individualizar o caso como "transtorno sexual" ou "transtorno corporal" em cada especialidade, mas antes é um reconhecimento do fator etiológico do psiquismo, ainda que implícito. Nesse contexto, é curioso observar como o caráter não orgânico de epilepsias parece chocar novamente alguns neurologistas, de acordo com uma reportagem da revista *Pesquisa FAPESP* intitulada "Histeria de volta à cena" (FIORAVANTI, 2005).

Expurgada dos manuais oficiais, a histeria parece desse modo rondar a psiquiatria como um espectro. Não satisfeita em habitar os escaninhos que lhe são destinados, ela faz sua intromissão em outras categorias psiquiátricas, perambula como nos velhos tempos nas diversas clínicas médicas e, graças a esse poder de multiplicação, retroalimenta paradoxalmente a própria lógica fragmentária que a rejeitou. Mas também aqui não se trata mais meramente da histeria como um fato clínico. Observa-se aí a incidência direta de determinantes sociais na patologia individual. Por exemplo, para atender às exigências dos ideais culturais, vinculados em geral às injunções da sociedade de consumo, o sujeito histérico é capaz de submeter seu corpo aos procedimentos mais diversos, num ciclo infindável. O preço dessa submissão, muitas vezes, é bastante alto, como no caso dos anoréticos, bulímicos e vigoréxicos, que se sujeitam a dietas extremas e a inúmeras cirurgias plásticas na esperança de chegarem a um ideal inatingível. Se eles pagam caro, seu empenho representa uma via de identificação, pois lhes proporciona um nome e um reconhecimento no meio. Não são raras as vezes em que, em um hospital, esses pacientes se tornam conhecidos a partir de seu sintoma e de sua particularidade, por exemplo, a mulher da máscara, a mulher da cadeira de rodas, a que vomita, entre tantos outros. Além disso, a relação com o *establishment* médico serve igualmente para canalizar a postura histérica de questionamento e reivindicação; sendo o aparato médico uma instituição que faz parte da sociedade, a dimensão social dessa postura ganha relevo. Assim, a histeria como patologia remete a fatores sociais e inscreve-se no âmbito mais amplo da histeria como modalidade de laço social.

Um campo particularmente sensível às determinações sociais da histeria é o da identidade de gênero, visto que a histeria tem como questão fundamental a indagação inconsciente "Eu sou um homem ou sou uma mulher?", ou "O que é ser uma mulher?". Aqui também intervém de maneira crucial o declínio da autoridade paterna, exacerbado no período recente, na medida em que ele interfere diretamente nas possibilidades de identificação abertas para a criança e em que ele está associado aos regimes de gozo vigentes.

Analisando mulheres da era vitoriana, Freud relacionava a etiologia da histeria ao recalcamento da sexualidade. Hoje, quando a liberdade sexual é muito mais significativa, podendo-se expor o corpo e conversar de forma relativamente desembaraçada sobre dúvidas e questões sexuais, isso não impede que sintomas da ordem da histeria apareçam. O que se percebe são novas formas de mostrar o sofrimento e o adoecimento psíquico. Se antes as mulheres não tinham a possibilidade de dar opinião ou expressar seus desejos, esse caminho mostra-se bem menos obstruído atualmente: elas podem estudar na universidade, trabalhar, participar da vida política, não precisam restringir-se aos cuidados com os filhos

CATEGORIAS CLÍNICAS, DIAGNÓSTICOS SOCIAIS

etc. Em parte, isso se deve também à luta das próprias mulheres – cujos êxitos incluem, ironicamente, entre outros tantos, o do *lobby* feminista que deu sua parcela de contribuição para eliminar do DSM a histeria, por considerá-la uma etiqueta estigmatizante do sexo feminino. Não obstante, sintomas histéricos continuam proliferando no corpo e para além deste. Como ocorria no passado, a histeria mimetiza o que apreende a seu redor. Denunciando as impossibilidades do outro, a mulher histérica faliciza-se, "se faz homem": com a inserção no mercado de trabalho ela assume um novo lugar social. E se, ao apontar as falhas no outro, a mulher histérica pode dar a impressão de que não sofre, de fato ela padece, sim, com os novos costumes e novas exigências, ao tentar adaptar-se ao que acredita ser esperado dela. É essa, por exemplo, a situação de Vera, relatada no capítulo sobre casos clínicos desta obra: a anorexia, sintoma relacionado de forma mais geral à influência dos padrões estéticos vigentes na sociedade, articula-se ao mesmo tempo à atitude da paciente diante das expectativas dos pais.

Uma mudança simétrica tem lugar entre os homens. Para Paul Verhaeghe (2004, p. 371), a ideia de "uma relação essencial entre mulheres e histeria [...] é meramente um artefato histórico, enraizado no longo domínio patriarcal", e o declínio deste afeta os homens de modo decisivo, "fazendo da estrutura histérica uma realidade para eles também". É ilustrativo, a propósito, o caso clínico atual de um paciente com cerca de 30 anos, atendido em um hospital psiquiátrico da rede pública, no setor dedicado a casos de doenças orgânicas sem base fisiológica. Rodrigo sofria de uma paralisia nos membros inferiores que requeria o uso de cadeira de rodas. Já tinha frequentado diversas especialidades médicas e feito uma avaliação neuropsicológica que confirmara o quadro psicogênico. Na análise, revelou sofrer de inúmeras outras doenças, descritas com impressionante precisão médica. Apesar da resistência inicial, foi capaz de se distanciar das justificativas de que as "fraquezas nas pernas" teriam começado de repente, no trabalho, e passou a fazer associações que evidenciavam a relação dos sintomas com sua história de vida e suas dificuldades emocionais. Casado havia alguns anos, ele tinha uma filha adolescente, fruto de outro relacionamento, e um filho recém-nascido. Os sintomas iniciaram-se junto com a gravidez da esposa e, quando a criança nasceu, ele já estava com as pernas totalmente paralisadas e fazendo uso de cadeira de rodas. Além disso, chegou a perder o controle dos esfíncteres. Segundo suas próprias palavras, "minha mulher ficou com dois bebês no colo, ela tinha de cuidar de nós dois. Até hoje, mesmo meu filho já tendo três anos e eu tendo conseguido voltar a andar com o auxílio da bengala, ainda tenho dificuldade de segurá-lo nos braços". O paciente mantinha uma relação muito próxima com a mãe e dizia ser difícil sair de casa e ter de constituir uma família. Em decorrência de seu quadro, havia deixado de trabalhar. E, devido às limitações físicas e ao temor de que algo ruim lhe pudesse acontecer, comparecia ao hospital acompanhado ora da mãe, ora da cunhada. Ali, era bastante conhecido por sua história de vida, por conhecer com riqueza de detalhes seus sintomas e por demandar continuamente uma confirmação de sua patologia, reivindicando inclusive relatórios para que pudesse receber o auxílio-doença. Não é difícil deduzir que, para Rodrigo, ter de assumir a posição de homem e, mais ainda, de pai de um menino que ele deveria ajudar a criar pareceu algo insuportável (embora já tivesse uma filha, não participara de sua criação, encontrando-a apenas algumas vezes); diante disso, a solução encontrada foi perder inclusive a capacidade de cuidar de si mesmo. Chama a atenção aqui a extrema fragilidade da posição paterna, que vai além daquela normalmente encontrada nos casos de Freud (pense-se na impotência do pai de Dora, na tibieza do pai de Hans, na doença do pai do Homem dos Lobos, na mediocridade do pai do Homem dos Ratos). Além disso, é bastante significativa a forma como ela se manifesta – como se fora o caso de uma histérica freudiana típica, mas com a diferença fundamental de que se trata de um homem. A esse respeito, Lucien Israël (1976, p. 57-61) comenta que ao longo do tempo a histeria masculina usualmente se camufla sob máscaras como neurose de guerra, ataques de cólera ou hipocondria, enquanto sintomas clássicos como a paralisia são associados às mulheres, por força de uma cultura que contesta aos homens o direito de se exprimir dessa forma – "porque seria um direito à fraqueza, à fragilidade, à impotência". Assim, a conversão histérica explícita de Rodrigo insere-se no contexto da superação de barreiras culturais de gênero.

Um modo de expressão privilegiado da histeria masculina hoje, que em outros tempos parecia igualmente reservado às mulheres, é o investimento no corpo – seja através da vigorexia, que a partir dos anos 1970 se populariza entre os fisiculturistas e mais tarde é impulsionada pelo *boom* das academias, seja através da figura do chamado "metrossexual". Nesses dois casos, ainda que aparentemente opostos, fica claro que o homem deixa de lado sua posição tradicional de ser "aquele que deseja" e se oferece ao desejo de outrem, com base na captura do olhar proporcionada pelo corpo, hipermusculoso ou hipercuidado. O culto ao corpo, que acolhe, suporta e produz sujeitos histéricos, materializa-se em academias, clínicas estéticas, produtos cosméticos masculinos e também na exaltação da mídia.

Mas as mudanças contemporâneas nos estatutos de gênero não se restringem àquelas que afetam a feminilidade e a masculinidade. Nossa época assiste a uma verdadeira proliferação de gêneros. Como reflexo disso, os acrônimos que se propõem a representar os gêneros diferentes daqueles caracterizados pela biologia (incluindo estados híbridos e intermediários), bem como as orientações sexuais minoritárias, tornam-se cada vez mais complexos, passando de LGB (lésbicas, gays e bissexuais), lançado em países de língua inglesa nos anos 1980, ou GLS (gays, lésbicas e simpatizantes), introduzido no Brasil nos anos 1990, para LGBTTIS (lésbicas, gays, bissexuais, transgêneros, transexuais, intersexuais e simpatizantes) e similares. Casos menos convencionais rapidamente ganham visibilidade midiática. E não é raro que se estabeleçam rivalidades entre essas minorias, separadas entre si por diferenças sutis, ou que floresçam divergências políticas em torno de sua caracterização, numa manifestação daquilo que Freud (1974a, p. 136) chama de "narcisismo das pequenas diferenças". Um fenômeno que aparece como limite é o do chamado *no gender* ("sem gênero") – uma espécie de grau zero, à primeira vista na contramão da explosão de gêneros, mas que acaba funcionando como mais uma condição ou modalidade alternativa de gênero. Teorias *queer* mais radicais consideram o gênero uma construção puramente cultural, deixando de lado o fator biológico. Traduzindo na prática essa visão, algumas famílias têm optado por educar seus filhos como se não tivessem um gênero definido, ficando a critério dessas crianças fazer em algum momento uma opção. Na Suécia, uma escola com o nome de Egalia elimina da linguagem utilizada com as crianças as referências a gênero; *han* (ele) e *hon* (ela), por exemplo, são substituídos pelo termo neutro *hen*, cunhado em círculos feministas e gays. Na Austrália, a partir do precedente aberto por uma cirurgia malsucedida de transgenitalização, a própria lei passou a admitir a possibilidade de que uma pessoa seja considerada sem gênero; nos passaportes de seus cidadãos, agora as opções são masculino, feminino e "x". No Reino Unido, o gabinete conservador de David Cameron anuncia planos de adotar providência semelhante.

Considerando que seja próprio do sujeito histérico se debater com a incerteza sobre seu próprio sexo, a ambiguidade de sua posição sexual, esses desenvolvimentos certamente não são alheios à lógica da histeria. Ademais, o fato de a histeria poder envolver uma falicização da mulher e uma feminização do homem nos dá elementos para refletir sobre condições que de alguma forma se interpõem entre o masculino e o feminino. A alguns autores que buscam uma aproximação entre os *gender studies* e a psicanálise não escapam as conexões da problemática contemporânea de gênero com a estrutura histérica. Para Shanna T. Carlson (2010, p. 65-66), "a histérica tende a interrogar as normas sociais em geral, muitas vezes encarnando uma atitude que surge, em parte, a partir de uma profunda suspeita de que seu próprio corpo sexuado e sexual é incomensurável com as injunções culturais relativas a identidades de gênero". Patricia Gherovici (2010, p. 39) argumenta que "o que o desafio sutil dessas pessoas em transição evoca é outra forma de provocação que tem sido associada historicamente com a histeria", e que "o fenômeno transgênero pode ser compreendido como uma variação a partir da histeria, variação que introduz um novo modo de gozo no campo social" (GHEROVICI, 2010, p. 10).

Mesmo esses autores, todavia, reconhecem que apenas o recurso à histeria como categoria diagnóstica não é suficiente para dar conta da pluralidade de situações clínicas envolvendo gênero. Questões relativas ao gênero, afinal, podem estar presentes em qualquer estrutura. Além disso, se admitirmos um declínio do recalque na contemporaneidade, isso significa que configurações nosológicas que vão além da neurose são favorecidas. Lembre-se, a propósito, que a *Verleugnung* perversa implica a negação da diferença sexual. E que o empuxo à mulher é um efeito da foraclusão do Nome-do-Pai na psicose – vide a feminização do presidente Schreber em sua paranoia (o próprio Lacan teve, no início dos anos 1950, um paciente transexual, de nome Henri, que cogitava submeter-se a uma cirurgia de mudança de sexo e que influenciou sua releitura do caso Schreber). Não há, observe-se ainda, um vínculo necessário entre questões de gênero (que, no sentido lato, abrangem orientação sexual e práticas sexuais) e patologia.

Quando pensada como laço social, no entanto, a histeria parece captar efetivamente a dinâmica da multiplicação de gêneros. Afinal, um aspecto fundamental associado à introdução de uma determinada identidade de gênero é o questionamento, associado em geral a uma demanda de reconhecimento, dirigido a alguma autoridade – legisladores, tribunais, serviços de saúde e de previdência etc. Essa operação serve também como um fator de coesão para aqueles que perfilham tal identidade. Além disso, na medida em que as reivindicações são sucessivamente atendidas, o foco de insatisfação tende a se deslocar para outras reivindicações. Em última instância, esse movimento pode desdobrar-se em uma nova identidade de gênero, que, por seu turno, passa a tentar fazer valer seus direitos. Entre o questionamento histérico do gênero no âmbito do laço social e no âmbito da estrutura clínica há uma homologia estrutural: é o mesmo tipo de interpelação – e de identificação a ela vinculada – que está em jogo. Não há, contudo, uma correspondência biunívoca, visto que quem participa de um laço social histérico não é necessariamente histérico do ponto de vista clínico, assim como quem é clinicamente histérico pode fazer laço social de acordo com outras lógicas além daquela da histeria.

Cabe ainda ressaltar a dupla natureza do desafio histérico corrente aos paradigmas diagnósticos e de gênero. Por um lado, é verdade que a busca de identidade, através da escolha de patologia ou de gênero, apoia-se numa disposição de questionamento, de resistência, de denúncia do *status quo*, sob a forma, por exemplo, do aparato médico e das convenções sociais. Por outro lado, a construção da identidade por essas vias não subverte, no fim das contas, a lógica técnica e mercantil: a patologia é definida em referência a um quadro articulado pelo saber médico em conivência com a indústria farmacêutica, e a demanda por plasticidade em matéria de gênero conjuga-se facilmente com a demanda contemporânea por consumidores flexíveis, permeáveis a todas as formas de gozo. Nessa dupla natureza, reencontramos uma vez mais a ambiguidade que é indissociável da histeria.

Referências

ALONSO, Silvia Leonor; FUKS, Mario Pablo. *Histeria.* São Paulo: Casa do Psicólogo, 2004.

AMERICAN PSYCHIATRIC ASSOCIATION (APA). *Diagnostic and Statistical Manual of Mental Disorders.* Washington, DC, 1952.

AMERICAN PSYCHIATRIC ASSOCIATION (APA). *Diagnostic and Statistical Manual of Mental Disorders.* 2nd ed. Washington, DC, 1968.

AMERICAN PSYCHIATRIC ASSOCIATION (APA). *Diagnostic and Statistical Manual of Mental Disorders.* 3rd ed. Washington, DC, 1980.

AMERICAN PSYCHIATRIC ASSOCIATION (APA). *Manual diagnóstico e estatístico de transtornos mentais: DSM-IV-TR.* Porto Alegre: Artmed, 2000.

MERICAN PSYCHIATRIC ASSOCIATION (APA). *Diagnostic and Statistical Manual of mental Disorders (DSM-V).* Washington, DC: American Psychyatric Association, 2013.

BREUER, Josef; FREUD, S. *Estudos sobre a histeria* [1893]. Rio de Janeiro: Imago, 1996. (Edição Standard Brasileira das Obras Psicológicas Completas de Sigmund Freud, v. 2).

CARLSON, Shanna T. Transgender Subjectivity and the Logic of Sexual Difference. *Differences*, v. 21, n. 2, p. 46-72, Jan. 2010.

EY, Henri; BERNARD, P. *Manual de psiquiatria.* Rio de Janeiro: Atheneu, 1979.

FINK, Bruce. *A Clinical Introduction to Lacanian Psychoanalysis: Theory and Technique.* Cambridge, MA; London: Harvard University Press, 1997.

FIORAVANTI, Carlos. As máscaras da histeria. *Pesquisa FAPESP*, São Paulo, n. 117, 2005.

FREUD, Sigmund. As neuropsicoses de defesa [1894]. In: *Primeiras publicações psicanalíticas (1893-1899).* Rio de Janeiro: Imago, 1976a. (Edição Standard Brasileira das Obras Psicológicas Completas de Sigmund Freud, v. 3).

FREUD, S. As transformações do instinto exemplificadas no erotismo anal [1917]. In: *Uma neurose infantil e outros trabalhos (1917-1918).* Rio de Janeiro: Imago, 1976b. p. 155-166. (Edição Standard Brasileira das Obras Psicológicas Completas de Sigmund Freud, v. 17).

FREUD, Sigmund. Fantasias histéricas e sua relação com a bissexualidade [1908]. In: *"Gradiva" de Jensen e outros trabalhos (1906-1908).* Rio de Janeiro: Imago, 1976c. p. 159-170. (Edição Standard Brasileira das Obras Psicológicas Completas de Sigmund Freud, v. 9).

FREUD, Sigmund. *Fragmento da análise de um caso de histeria* [1905]. In: *Um caso de histeria, Três ensaios sobre a teoria da sexualidade e outros trabalhos (1901-1905).* Rio de Janeiro: Imago, 1972a. p. 1-119. (Edição Standard Brasileira das Obras Psicológicas Completas de Sigmund Freud, v. 7).

FREUD, Sigmund. *O mal-estar na civilização* [1931]. In: *O futuro de uma ilusão, O mal-estar na civilização e outros trabalhos (1917-1921).* Rio de Janeiro: Imago, 1974a. p. 73-171. (Edição Standard Brasileira das Obras Psicológicas Completas de Sigmund Freud, v. 21).

FREUD, Sigmund. Sexualidade feminina [1931]. In: *O futuro de uma ilusão, O mal-estar na civilização e outros trabalhos (1917-1921).* Rio de Janeiro: Imago, 1974b. p. 255-279.

(Edição Standard Brasileira das Obras Psicológicas Completas de Sigmund Freud, v. 21).

FREUD, Sigmund. Sobre o narcisismo: uma introdução [1914]. In: *A história do movimento psicanalítico, Artigos sobre a metapsicologia e outros trabalhos (1914-1916)*. Rio de Janeiro: Imago, 1974c. p. 83-119. (Edição Standard Brasileira das Obras Psicológicas Completas de Sigmund Freud, v. 14).

FREUD, Sigmund. *Três ensaios sobre a teoria da sexualidade* [1905]. In: *Um caso de histeria, Três ensaios sobre a teoria da sexualidade e outros trabalhos (1901-1905)*. Rio de Janeiro: Imago, 1972b. p. 121-252. (Edição Standard Brasileira das Obras Psicológicas Completas de Sigmund Freud, v. 7).

GHEROVICI, Patricia. *Please Select your Gender: From the Invention of Hysteria to the Democratizing of Transgenderism*. New York; London: Routledge, 2010.

ISRAËL, Lucien. *L'hystérique, le sexe et le médecin*. Paris: Masson, 1976.

JASPERS, Karl. *Psicopatologia geral* [1913]. Rio de Janeiro: Atheneu, 1979. v. 1-2.

LACAN, Jacques. *Autres écrits*. Paris: Seuil, 2001.

LACAN, Jacques. *Écrits*. Paris: Seuil, 1966.

LACAN, Jacques. Intervention de Jacques Lacan à Bruxelles. *Quarto*, n. 2, 1981a.

LACAN, Jacques. *Le séminaire, livre III: Les psychoses*. Paris: Seuil, 1981b.

LACAN, Jacques. *Le séminaire, livre V: Les formations de l'inconscient*. Paris: Seuil, 1998.

LACAN, Jacques. *Le séminaire, livre VI: Le désir et son interpretation*. Paris: Association Freudienne Internationale, 1958-1959. Publication hors commerce.

LACAN, Jacques. *Le séminaire, livre XVII: L'envers de la psychanalyse*. Paris: Seuil, 1991.

LACAN, Jacques. *Le séminaire, livre XX: Encore*. Paris: Seuil, 1975.

LASÈGUE, E.C. On hysterical anorexia. In: KAUFMAN, M.R.; HEIMAN, M. (eds). *Evolution of psychosomatic concepts: anorexia nervosa: a paradigm*. New York: International Universities Press, Inc., 1964, p.: 141–155. (Translated from *Archives Générales de Médecine*, April 1873.)

LEBRUN, Jean-Pierre. *La perversion ordinaire: vivre ensemble sans autrui*. Paris: Denoël, 2007.

MILLER, Jacques-Alain. *Silet: os paradoxos da pulsão, de Freud a Lacan*. Rio de Janeiro: Jorge Zahar, 2005.

PEARCE, John M. S. Sydenhem on Hysteria. *Eur Neurol*, n. 7, 2016, p. 175-181.

ROUDINESCO, Elisabeth; PLON, Michel. *Dicionário de psicanálise*. Rio de Janeiro: Jorge Zahar, 1998.

SADLER, John; WIGGINS, Osborne P.; SCHWARTZ, Michael A. (Ed.). *Philosophical Perspectives on Psychiatric Diagnostic Classification*. Baltimore: Johns Hopkins University Press, 1994.

SAFATLE, Vladimir. *Cinismo e falência da crítica*. São Paulo: Boitempo, 2008.

TRILLAT, Étienne. *História da histeria*. São Paulo: Escuta, 1991.

VERHAEGHE, Paul. *On Being Normal and Other Disorders*: A Manual for Clinical Psychodiagnostics. New York: Other Press, 2004.

Epílogo

Crítica da razão diagnóstica:
por uma psicopatologia não-toda

Christian Dunker

Introdução

Em 1952 é publicada a primeira versão do *Manual diagnóstico e estatístico de transtornos mentais* (DSM), organizada pela Associação Americana de Psiquiatria. Ele amplia a classificação utilizada pelo Exército, desde 1918, de modo a uniformizar os critérios semiológicos da prática diagnóstica em torno de 182 distúrbios (*disorders*) (GROB, 1991). Suas categorias são, sobretudo, de extração psicodinâmica, ressaltando-se a oposição entre neurose e psicose. O primeiro grupo é referido principalmente em torno do espectro que vai da ansiedade à depressão, com relativa preservação da ligação com a realidade. O segundo grupo caracteriza-se pela presença de alucinações e delírios, com perda substantiva da realidade (WILSON, 1993). Quadros de etiologia biológica e condições responsivas a contextos sociais específicos encontravam-se representados. O conjunto não refletia uma clara separação entre o normal e o patológico, e a intenção da obra era principalmente estabelecer um consenso terminológico entre os clínicos.

Em 1974, sob a liderança do psiquiatra Robert Spitzer, forma-se uma força-tarefa com o fim de estabelecer uma nova versão desse *Manual*. Aparece o DSM-II, com características inteiramente diferentes do anterior: há uma clara intenção em ajustar a classificação estadunidense ao instrumento correlato proposto pela Organização Mundial de Saúde (Classificação Estatística Internacional de Doenças e Problemas Relacionados à Saúde – CID), o critério etiológico é explicitamente abandonado, bem como a referência à teoria psicodinâmica; além disso, o instrumento pretende uniformizar também a pesquisa em psicopatologia com base biomédica. Em 1980, uma nova versão (DSM-III) admite pela última vez o emprego da neurose como categoria clínica. Os contextos e as variantes sociais são reduzidos a "síndromes culturais específicas" ou distribuídos por um entendimento

317

bastante limitado do campo social na determinação, expressão e caracterização dos transtornos mentais. O *Manual* torna-se uma referência internacional aceita na maior parte dos países do Ocidente, utilizado massivamente pelos sistemas de saúde pública, pelos convênios médicos e pelos centros de pesquisa psiquiátrica e farmacêutica (MAYES; HORWITZ, 2005). Os critérios diagnósticos são organizados segundo cinco eixos: (1) transtornos clínicos; (2) transtornos de personalidade; (3) condições médicas gerais; (4) problemas psicossociais e ambientais; (5) avaliação global do funcionamento. Essa organização geral preserva-se nas edições seguintes, até a DSM-IV-R, de 1994, mas foi suspensa na edição de 2013 (DSM-V).

O resultado é que o diagnóstico é feito sem nenhuma hipótese que articule e confira inteligibilidade ao conjunto de signos copresentes ou covariantes em uma apresentação clínica.[1] Temos aqui uma racionalidade diagnóstica baseada na noção de totalidade e exaustividade. Ainda que renovada periodicamente, ela apresenta-se como modelo hegemônico e código normativo das doenças mentais.

Portanto, no espaço de 50 anos, rompeu-se a longa tradição, em vigor desde Philippe Pinel, na qual a caracterização das formas de sofrimento, alienação ou patologia mental fazia-se acompanhar da fundamentação ou da crítica filosófica. Isso se mostra na influência que Pinel sofrera do pensamento hegeliano, na importância de Kant para a formação da psiquiatria clássica alemã (Emil Kraepelin), do associacionismo inglês para a psiquiatria de Wilhelm Griesinger e do positivismo comteano para a psiquiatria clássica francesa (Jean-Étienne Esquirol, Bénédict Morel), ou ainda na presença de Edmund Husserl na psiquiatria de Karl Jaspers (BERRIOS, 1996). A partir de meados do século XX, esse sistema psiquiátrico-filosófico de correspondências se deslocou de maneira a incluir a psicanálise; isso se mostra inicialmente no modelo proposto por Eugen Bleuler e depois na figura de compromisso, um tanto ambígua quanto a sua definição exata, conhecida como psiquiatria psicodinâmica.

Não que o programa contido no DSM, ou em sua versão análoga da CID, proposta pela OMS, estejam isentos de implicações filosóficas, éticas e epistemológicas, mas estas jamais são assumidas explicitamente, e o centro dessa problemática é deslocado para o campo genérico da fundamentação das ciências biológicas. O fato que nos interessa é esse rompimento do nexo com os discursos psicanalítico e social que faziam a patologia mental depender dos modos de subjetivação e socialização em curso em um dado regime de racionalidade. Dessa maneira, é bastante plausível que tais modos de subjetivação e socialização encontrem-se ainda presentes nas categorias psiquiátricas, visto que sua formação histórica acusa

---

[1] Surgem daí inúmeras dificuldades classificatórias, por exemplo, existem 256 sintomas combinados compatíveis com o diagnóstico de personalidade *borderline* (LILIENFELD; LANDFIELDI, 2008, p. 18). Outro exemplo: é perfeitamente possível que dois pacientes diagnosticados com transtorno obsessivo-compulsivo não possuam nenhum sintoma comum entre si (WIDIGER, 2007, p. 110).

esse regime de dependência. Ocorre que tal fato tornou-se invisível e apagado da prática diagnóstica corrente e das razões que a justificam.

Portanto, a autonomização normativa dos diagnósticos psiquiátricos é bastante recente. A adoção de critérios estatísticos e de mera convencionalidade, que ela carrega consigo, assume que a racionalidade clínica do diagnóstico pode ser estabelecida sem consideração etiológica ou teórica e com uma semiologia exclusivamente descritiva, sem qualquer ligação de ordem ou classe entre os signos, sintomas e traços que definem um transtorno.

Mas se lembramos da antiguidade filosófica da noção de *diagnóstico*, vemos que ela remonta à atividade de separar, distinguir e eleger. O radical *krinos* origina simultaneamente expressões como "diagnóstico", "crítica" (*kriticos*) e "critério" (*kriterion*). E o critério que melhor resume a separação dos grupos clínicos proposta pela racionalidade diagnóstica envolvida no DSM é a tentativa de separar o sintoma das suas inflexões em termos de sofrimento, ou seja, o sintoma de sua hermenêutica ou de sua interpretação pelo próprio sujeito. Além de uma operação de redução dramática, que visa emular os quadros psicopatológicos com o conceito de doença, como que a reduzir a psiquiatria à neurologia, essa operação de controle normativo do sentido do sofrimento psíquico naturaliza o patológico, interrompendo suas vias de relação com o campo social. Gradualmente adotado como referência para a pesquisa farmacológica, para as políticas públicas, para as seguradoras de saúde e finalmente para a formação em psicopatologia, a racionalidade diagnóstica do DSM caracteriza-se como um código, contendo em seu interior a totalidade dos eventos válidos para efeito de inclusão nos sistemas de saúde. Um código que especifica as condições de acesso a tratamentos, que legitima os estudos comparativos de eficácia, que subdetermina o trabalho sobre epidemiologia e prevalência, que orienta as políticas públicas em saúde mental.

Diversos estudos têm mostrado que essa forma de pensar no diagnóstico infiltra, sob a égide da abordagem científica (COSER, 2010) e da exclusão das considerações sociais, um conjunto de interesses bastante específicos, que vai das indústrias farmacêuticas (BREGGIN, 2008) aos centros de formação e pesquisa universitária e seus sistemas de financiamento, à padronização global das formas de sofrimento (WATTERS, 2010), à cultura do desempenho nas empresas (EHRENBERG, 2010) e nas escolas, além do barateamento da saúde pública para o Estado, que se desincumbe de estratégias mais dispendiosas ao custo de uma medicalização massiva e crônica dos pacientes. Mostramos, em outro lugar (DUNKER, 2011), como esse movimento constitui uma espécie de recusa, ou de foraclusão, da tradição *clínica* na qual o diagnóstico se formou em medicina e em psicopatologia. A experiência clínica, cujo procedimento metodológico fundamental é a construção do caso clínico, cuja história se confunde com a história do sofrimento coletivo e cuja antropologia condiciona suas estratégias de intervenção, vê-se recusada por essa nova maneira de normatizar, segmentar e administrar o campo do patológico.

Diagnóstica social e racionalidade clínica

Seria possível re-converter a diagnóstica social para o interior da racionalidade clínica? Seria possível tomar o trabalho que a teoria social crítica desenvolveu, em torno de conceitos psicanalíticos, desde a personalidade autoritária em Theodor Adorno até as patologias narcísicas em Christopher Lasch, passando pela noção de banda libidinal em Jean-François Lyotard e pelos processos esquizoides propostos por Gilles Deleuze e Félix Guattari, e chegando à noção de fantasia ideológica em Slavoj Žižek, de modo a redimensionar a diagnóstica psicanalítica, tendo em vista as patologias do social? Em todos os casos encontramos críticas sistemáticas à própria prática da psicanálise, seja de forma direta (DELEUZE; GUATTARI, 1976), seja de modo contextual (FOUCAULT, 1985), seja na figura de seus continuadores (JACOBY, 1977), ou ainda nas suas limitações pragmáticas (LYOTARD, 1971). Nossa pesquisa procurou acolher e tomar em consideração, clinicamente, as críticas que se dirigem à psicanálise como clínica e, portanto, envolvendo uma racionalidade diagnóstica. Por meio desse experimento, procuramos tornar legíveis impasses de racionalização que aparecem em sintomas, formas de sofrimento e figuras do mal-estar, contribuindo assim tanto para o campo da diagnóstica social como para o da diagnóstica psicanalítica.

Tentamos mostrar como se articulam de maneira orgânica, na experiência intelectual do século XX, crítica da razão, crítica das formas de vida e reflexão sobre o caráter social do sofrimento psíquico, a partir da tese de que dinâmicas de interação social, seus núcleos de socialização no capitalismo tardio, são dependentes da implementação de uma metafísica da identidade. Se "a identidade é a forma originária da ideologia", como afirmou Adorno (1973, p. 78), e se sintomas e modalidades compartilhadas de sofrimento são formações de identidade, há por se fazer uma crítica da racionalidade diagnóstica que consolida, fixa e reifica a identidade dos grupos psicopatológicos. Essa metafísica da identidade guiaria a ontogênese das capacidades prático-cognitivas dos sujeitos através da internalização de exigências de unidade que orientam a formação do Eu e reprimem o que é da ordem do corpo, das pulsões e da sexualidade. O eu, "esta "enfermidade mental do homem" (LACAN, 1988a), assim como a identificação e a fantasia são estruturas de síntese que sobredeterminam o potencial de sofrimento de um sintoma.

É por isso que neste livro abordamos, de modo privilegiado, certos processos indutores de patologias da identidade como a anomia, o narcisismo e o sofrimento no corpo. Se "identidade de si e alienação de si estão juntas desde o início" (ADORNO, 1973, p. 216), é principalmente porque a socialização que visa constituir individualidades segue a lógica da internalização de uma lei repressiva da identidade. "A consciência nascente da liberdade alimenta-se da memória (*Erinnerung*) do impulso (*Impuls*) arcaico não ainda guiado por um eu sólido. Quanto mais o eu restringe (*zügeln*) tal impulso, mais a liberdade primitiva (*vorzeitlich*) lhe parece suspeita, pois caótica" (ADORNO, 1973, p. 221).

Temos aqui um regime de crítica que não se contenta em ser guiado por exigência de realização de ideais normativos de justiça e consenso que já estariam presentes em alguma dimensão da vida social. Ou seja, a crítica, assim como a clínica, não pode ser apenas a comparação entre situações concretas determinadas e normas socialmente partilhadas. Essa é, no fundo, uma crítica de juizado de pequenas causas que se contenta em comparar normas e caso. É por isso que Axel Honneth e sua teoria do reconhecimento, suplementada pela noção de sofrimento de indeterminação, atravessou os capítulos deste livro como um autor de referência para o conceito de patologias do social. "O disfuncionamento social aqui não diz respeito apenas a um prejuízo contra os princípios de justiça. Trata-se, na verdade, de criticar as perturba-ções que partilham com as doenças psíquicas a característica de restringir ou alterar as possibilidades de vidas supostamente 'normais' ou 'sãs'" (HONNETH, 2007, p. 89).

O que não significa nenhum grande salto, já que as categorias da psicopa-tologia psicanalítica examinadas neste livro, tais como as de histeria, perversão, paranoia e esquizofrenia, não são descrições de disfuncionamentos qualitativos em órgãos e funções psíquicas isoladas, mas modificações globais de conduta advindas de posições subjetivas possíveis frente ao desejo.

Nossa hipótese, neste ponto, é de que a psicanálise informou esse movi-mento crítico de forma heterogênea e capilar. Pretendemos mostrar como isso se deu de forma circunstanciada com o objetivo de reverter a crítica sociológica e filosófica para os próprios desenvolvimentos ulteriores da psicanálise no século XX. Escolhemos a obra de Jacques Lacan, particularmente em seu entendimento do tratamento psicanalítico e em sua razão diagnóstica, como ponto de conver-gência para essa confrontação.

Uma objeção que se pode levantar à pesquisa de Adorno (1950), que serve de modelo para nossa própria investigação, reside no fato de que este se concentra nos modos de descrição da patologia social, evitando, cuidadosamente, a dimen-são dos modos de intervenção e transformação social possíveis. Entendemos, ao contrário, que uma diagnóstica contemporânea deve levar em conta também as práticas ou estratégias de cura, tratamento e intervenção. Nosso objetivo não é verificar a validade ou eficácia dessa dimensão, mas mostrar como as práticas de intenção transformativa possuem, em si, valor diagnóstico acerca dos modos de subjetivação sobre os quais se detêm.

Por uma redefinição do patológico

Não há diagnóstico sem uma determinada concepção do que vem a ser pato-lógico e assim reciprocamente. O patológico, como mostrou Georges Canguilhem

(1990), não é a inversão simples da normalidade, mas é uma regra de produção e reconhecimento da variedade, da anomalia, da diferença e da excepcionalidade. O patológico pode ser, nessa medida, profundamente adaptativo e conforme. O patológico pode constituir indicação preciosa de uma contradição posta em jogo ou de uma forma de vida que ainda não pode ser reconhecida. A sexualidade da mulher oprimida, em fins do século XIX, tem uma relação com a emergência do paradigma histérico. A emergência da neurastenia liga-se com mudanças na esfera do trabalho no início do século XX. As neuroses de caráter se relacionam com os processos de racionalização da vida nos anos 1930. As personalidades narcísicas parecem exigir uma sociedade como a estadunidense no pós-guerra. A emergência de quadros *borderlines*, nos anos 1970, requer a percepção coletiva da paradoxalidade da lei que regula os laços sociais. Assim, nos anos 2000, a depressão epidêmica veio a depender de uma cultura do alto desempenho, e a anorexia requer um deslocamento de expectativas de vida da produção para o consumo.

Ou seja, a gramática normativa e a uniformização dos sintomas a sua forma ocidental contemporânea são um processo ideológico relevante tanto porque funcionam como neutralização do potencial crítico que os sintomas psicológicos trazem para a compreensão de um determinado estado social quanto pelo papel que os sintomas sempre tiveram, de produzir laços sociais específicos.

Há uma história das formas de sofrimento. Quando Freud desenvolve sua teoria do inconsciente, na virada do século XIX, ele toma a histeria, e consequentemente o recalque, como diagnóstico unificador. Na mesma época havia outro paradigma, representado pela psicopatologia de Beard, cujo quadro de referência era a neurastenia, uma síndrome já então atribuída à aceleração da vida moderna, com seu nervosismo, sua irritabilidade e seu cansaço. Ainda nesse período a escola clínica de Pierre Janet procurava as causas do sofrimento neurótico nas perturbações da função do real e na fragilidade da consciência, definida como psicastênica. Também naquele momento o *bovarysmo* e o automatismo mental emergiam como modelos clínicos para a psiquiatria clássica francesa. O primeiro estava ligado às perturbações causadas pela crença insidiosa de que é possível transformar uma vida, é possível "ser outro". O automatismo mental, por sua vez, aponta-nos para o sofrimento como autonomização de funções psicológicas como a memória, a percepção, a imaginação e o pensamento, que permanecem sempre as mesmas, mas que são sentidas como emergindo do Outro.

Se a neurastenia estava concernida ao universo do trabalho, a psicastenia ficava restrita à debilitação da consciência. Se o *bovarysmo* prendia-se ao universo literário e das ficções de si mesmo, o automatismo prendia-se ao campo da administração da vida e do corpo. Talvez a psicanálise tenha se imposto às demais matrizes clínicas, e com ela o paradigma histérico do sofrimento, porque a histeria reunia uma lógica ampla de conflitos e divisões que atravessam a linguagem, o desejo e o trabalho. Ela permitia reunir a tensão entre identidade e unidade no corpo e na mente, o automatismo e o devir desejante, no real, no simbólico e no imaginário. A histeria, como representante maior das neuroses de defesa, reunia em si tanto um sofrimento de determinação, emanado dos efeitos da lei do recalque e da experiência do corpo, quanto um sofrimento de indeterminação, derivado da angústia, da não identidade e da incidência do desejo do Outro.

Vemos aqui como a psicanálise de Freud introduz as bases para uma crítica do conceito de doença mental. Mas é com Lacan que essa crítica se articulará mais sistematicamente com uma crítica da ontologia da identidade e com a recusa da antropologia normativa em psicopatologia. As *doenças mentais* não são nem *doenças*, no sentido de um processo mórbido natural, que se infiltra no cérebro dos indivíduos seguindo um curso inexorável e previsível; nem *mentais*, no sentido de uma deformação da personalidade adequada. As doenças mentais, ou melhor, seus sintomas, realizam possibilidades universais do sujeito, que se tornam coercitivamente particulares ou privativamente necessárias. Em outras palavras, um sintoma é um fragmento de liberdade perdida, imposto a si ou aos outros. "Longe de a loucura ser um fato contingente das fragilidades de seu organismo, ela é virtualidade permanente de uma falha aberta em sua essência. Longe de ser um insulto para a liberdade, ela é sua mais fiel companheira, seguindo seu movimento como uma sombra. E o ser do homem não poderia ser compreendido sem a loucura como não seria o ser do homem, se em si não trouxesse a loucura como limite de sua liberdade" (LACAN, 1946, p. 177).

Por isso há algo que concerne a todos, universalmente, em cada uma das formas particulares e contingentes de sofrimento. A loucura é limite para a liberdade, no duplo sentido de limite, como aquilo que contém (*schränken*) e como aquilo que diferencia (*begrenzen, unterscheiden*). É preciso olhar para toda imagem de normalidade apenas como um caso de *normalopatia*, ou seja, excesso de adaptação ao mundo tal como ele se apresenta. Um sintoma cuja tolerância ao sofrimento se mostra elevada.

Um sintoma não pode ser separado de seus modos de expressão e reconhecimento social, nem dos mitos que constrangem a escolha de seus termos, nem das teorias e romances dos quais ele retém a forma e o sentido. É por isso que Lacan entendia a neurose como um mito individual (LACAN, 2010), postulava a tragédia como paradigma ético para a psicanálise (LACAN, 1998f) e associava novos tipos de sintoma com a dissolução da forma romance, presente em James Joyce (LACAN, 2007). Isso não impede que os sintomas possuam uma transversalidade histórica que mantém a pertinência de descrições como as que Hipócrates (300 a.C.) fez da melancolia ou que Kraepelin (1883) fez da paranoia. Se há uma homologia entre o sintoma e a obra de arte, é preciso considerar cada novo sofrimento como invenção e resposta, reconhecimento e resistência, às transformações no horizonte de uma época.

Mas não é apenas porque possuem historicidade que as formas de vida determinam patologias do social. Tanto Émile Durkheim, Karl Marx e Max Weber, por um lado, quanto as antropologias estrutural, funcionalista e culturalista, por outro, pensaram o sofrimento como um fato social, como o mostra o exemplo transversal dos estudos sobre o suicídio (DURKHEIM, 2000). Egoísmo, altruísmo e anomia são exemplos de disposições para o sofrimento social do sintoma referentes à gramática social de distribuição entre saber e poder: "O ponto crucial é a relação entre a imagem especular i(a), e o objeto a, da qual todos os momentos observados e articulados na psicanálise são, para nós, de interesse primordial, a fim de avaliar o que ela nos oferece no nível dos sintomas em seu valor de modelo, em particular quanto aos efeitos de disjunção, patentes em nossa época, entre saber e poder: i(a)/a" (LACAN, 2008, p. 291).

É por isso que a noção de patologia do social, que aqui será empregada, não é nem desvio nem aplicação da lei. Ela não é nem o fracasso de um universal falsamente formal nem a realização de um particular inautêntico. O conceito de patologia do social, para o qual este livro pretende contribuir, deve ser entendido com ênfase no genitivo aplicado à preposição "do".[2] Podemos ler a expressão tomando-a pelo genitivo subjetivo, no qual a patologia aplica-se a qualquer configuração totalizante da noção de "social". A paráfrase aqui seria: "esta patologia chamada O social", na qual a patologia é sempre uma expressão do excesso de identidade, de fechamento e de totalização da ordem. Essa acepção *patologia do social* remete à constituição de estruturas, que se interligam em torno de um vazio. O Social, assim como o Outro, não existe, nesses termos, mas como universal fraturado, constituído por um antagonismo primário.

Mas também podemos ler a expressão "patologias do social" com o "do" como genitivo objetivo. Aqui "patológico" deve ser entendido *desde* o social, ou seja, como bloqueio, interrupção ou contradição não reconhecida nos laços sociais. Nesse caso, a paráfrase da expressão diria: "este social ainda não reconhecido, ou não mais reconhecido, que habita esta patologia". É nessa acepção que se pode falar da formação (*Bildung*) de sintomas como destino de uma contradição que conserva no seu produto o seu processo de construção. Essa dupla conotação de *patologias do social* recupera e desdobra as figuras básicas, antes aludidas, do conceito

---

[2] Na expressão "desejo de criança", leem-se ambiguamente o genitivo subjetivo, ou seja, o "desejo de ter uma criança" (desejo de engravidar), e o genitivo objetivo, ou seja, o "desejo que acontece em uma criança". Quando Anna, filha de 5 anos de Freud, sonha que está comendo morangos, que lhe haviam sido interditados durante o dia, falamos em um desejo de criança como um desejo infantil (genitivo objetivo). Quando Freud interpreta que ao se jogar de uma ponte uma jovem estava expressando seu desejo de ficar grávida (*Schwangerschaft niederkommen*), falamos em um desejo de criança como um desejo de engravidar (genitivo subjetivo).

de alienação, como incapacidade de reconhecer a alteridade no interior do sujeito (*Entfremdung*), e como exteriorização do que não pode ser reconhecido como próprio (*Entäusserung*). Nesse sentido, nosso projeto representa um retorno à força filosófica da noção moderna de alienismo. Noção que atravessa transversalmente a formação histórica da psicopatologia, da economia política, da crítica da cultura e, segundo Lacan, da constituição da subjetividade. Que a racionalidade diagnóstica esteja atravessada pela ideologia e pelas condições de adaptação não é uma grande novidade: "os diagnósticos, pouco ou muito, em última análise, referem sempre à adaptação social, à periculosidade ou não" (SOLER, 2008, p. 25).

O problema é saber se é possível uma concepção crítica sobre essa relação ou se devemos nos entregar a critérios banais para pensar na adaptabilidade, a periculosidade e a normalidade.

A invenção do sintoma

Para Lacan (1975, p. 106), foi Marx, e não Hipócrates, quem inventou o sintoma. Isso significa que a ideia de sintoma social, em oposição a outro que não seria, é uma redundância. Contudo, isso não explica como Marx inventou o sintoma e, principalmente, o que isso traz de consequência para uma psicopatologia não-toda. Há várias maneiras de entender por que Marx inventou o sintoma.

A primeira interpretação sugere que Marx inventa o sintoma ao descrever a *divisão social do trabalho* que se estabelece no sujeito trabalhador (divisão social do trabalho e expropriação dos meios de produção). Ou seja, o sintoma é a formação de uma classe social específica, o proletariado, que é sintoma do falso universal chamado sociedade. Assim como o sintoma é expressão de um "grupo psíquico separado", de um conflito entre defesa e desejo, ele presume um tipo ideal de trabalhador (o sujeito do inconsciente). Reencontramos aqui a figura da divisão (*Spaltung*) do conceito fundamental para a teoria psicanalítica do sujeito.

A segunda forma de ler como Marx inventou o sintoma é nos referirmos ao sintoma como perda da capacidade de reconhecimento, ou seja, *alienação*. O *princípio da assimetria da troca* (presente em muitos sintomas): por meio dela o sujeito experimenta uma espécie de desequilíbrio entre direitos e deveres, no qual o universal ideológico (da troca equivalente e equitativa) sobrepõe-se a uma troca paradoxal (da força de trabalho por salário, ou da divisão social do trabalho). Isso gera uma insatisfação que torna o trabalho uma forma de expressar uma recomposição – de um estado anterior que nunca existiu (*Erinnerung*), um processo de criação de um novo objeto (*Entfremdung*) e um apelo e exteriorização (*Entäusserung*) de uma aspiração de reconhecimento. Essa posição que é ao mesmo tempo de queixa potencial, de demanda indeterminada, de desejo deformado e de gozo ignorado é chamada de "alienação". O sintoma envolve um tipo de *alienação* (ou de identificação). Dele decorre uma "falsa consciência" (o eu como instância de desconhecimento possui a estrutura de um sintoma, dirá Lacan), ou uma "consciência reificada" (um ajuste narcísico, por meio do qual o eu se faz impotente diante do sintoma).

A terceira forma de entender como Marx inventou o sintoma é a que nos apresenta Žižek quando descreve o segredo do valor da mercadoria como um processo de universalização da *forma-mercadoria*, que passa a ser tratada como um fetiche. O sintoma é uma troca baseada em um falso universal representado pelo Outro, o universal semicompleto, da linguagem, que veta a consistência do universo de discurso (como particular generalizado). Encontramos aqui o *princípio da negação interna* (constituinte dos sintomas) por meio do qual os elementos que compõem o valor da mercadoria (tempo, trabalho abstrato e necessidade social) são negados para que o próprio agente se transforme em mercadoria, "uma relação entre homens assume a forma de uma relação entre mercadorias". O sintoma é, nesse sentido, uma verdade que se perde no processo de sua própria produção.[3]

A quarta interpretação de como Marx inventou o sintoma advoga que o sintoma está no fato de que o trabalhador percebe que, apesar de o valor trabalho ser pago em relação à consistência do mercado, há uma parte do trabalho que não lhe é remunerada, induzindo o falso equívoco de que o valor de uso da mercadoria está abaixo de seu valor de troca e facultando o redobramento do valor de uso em *mais-valia*. Ou seja, um trabalhador "esclarecido" perceberá que em sua relação com a mercadoria há uma série de *inversões fetichistas* (Žižek, 1996). O excedente do trabalho abstrato pelo qual os meios de produção, os agentes de produção e os fins da produção se organizam foi chamado de "mais-valia" (*Mehrwert*). Um homólogo do que Freud chamou de função do capitalista no sonho e que Lacan desloca para a função do objeto-a-mais-de-gozar (*Mehrlust*). "O sujeito cria a estrutura do gozo, mas tudo que podemos esperar disso, até nova ordem, são práticas de recuperação. Isso quer dizer que aquilo que o sujeito recupera nada tem que ver com o gozo, mas com sua perda" (Lacan, 2008, p. 113).

Em resumo, Marx inventou o sintoma porque estabeleceu as regras de método pelas quais a estrutura, em geral, engendra um sintoma: divisão, alienação, falsa universalidade e mais-de-gozar. Essas quatro condições reaparecem na acepção psicanalítica de sintoma (1) como alienação, quando o pensamos como retorno do recalcado ou como alienação do desejo;[4] (2) como mensagem para o Outro que porta um fragmento de verdade ainda não reconhecida; (3) como expressão de uma fantasia particular elevada à dignidade de falso universal; e (4) como mais-de-gozar cuja economia de gozo é ao mesmo tempo como afânise e divisão do sujeito.

---

[3] "[...] quem precisa saber a verdade? Unicamente aqueles a quem o saber incomoda. Essa é a definição do neurótico" (LACAN, 2008, p. 337).

[4] Afânise do sujeito. "O gozo só se autoriza para ele, por um pagamento sempre renovado, num tonel da Danaiedes, nesse algo que nunca é igualado" (LACAN, 2008, p. 325).

Patologias do social

Ressalte-se que em nenhum caso estamos falando de uma *sociedade patológica*, no sentido da aplicação da ideia de doença ao funcionamento social, na acepção de que existiriam sociedades mais saudáveis que outras e assim por diante. Nossos estudos procuram recuperar o sofrimento como fator de individualização dos movimentos sociais que lhe deram origem. Eventualmente essa individualização se dá por meio de sentimentos que lhe seriam atinentes, tais como piedade e culpa, vergonha e desamparo, indiferença e ressentimento. A oposição significativa não está entre patologias individuais e patologias sociais (como certos fenômenos de massa ou de grupo), mas na tese de que há um metadiagnóstico da modernidade, que condiciona as diferentes racionalidades emergentes sobre o patológico.

Esse metadiagnóstico é bífido. Há sofrimento que se exprime em impasses, bloqueios e exagerações de processos de individualização. É o caso das operações disciplinares em seus dispositivos de controle e dominação, como nos mostram os estudos de Michel Foucault. Mas há também sofrimento decorrente da exigência coercitiva de experienciar o mal-estar exclusivamente, como um indivíduo que bloqueia a capacidade de ser reconhecido para além de um indivíduo. Ter de sofrer de forma individualizada deu origem aos primeiros diagnósticos de época formulados por Hegel (a solidão e o sentimento de vazio), desenvolvidos por Nietzsche (o ressentimento, o rebanho) e suplementados por Heidegger (o tédio e a ocupação). Por outro lado, essa tensão entre a patologia definida pela individualidade de um tipo, tal qual propunha Claude Bernard, e a patologia definida por uma individualidade singular, tal qual nos apresenta a genética cromossômica, é um problema central da epistemologia da medicina: "a racionalidade médica pode ser dita não bernardiana, na medida que ela funda o que a outra não conseguiu jamais integrar, a individualidade biológica, constantemente considerada como infidelidade ao tipo, sempre tratada como obstáculo lamentável, e não como objeto de alcance científico" (CANGUILHEM, 1978, p. 445).

Se a psiquiatria insistiu no conceito de *tipo clínico*, a psicanálise optou pelo *caso clínico*, contudo nenhuma psicopatologia é possível sem a elaboração das duas categorias, assim como pela independência de qualquer uma delas. Há incidências completamente distintas do sofrimento individual, quando se consideram seu modo de inclusão ou sua refração diante de ideais de uma comunidade, daí que contradições sociais não se liguem a sintomas particulares de modo fixo e biunívoco. Sua relação é similar à que Freud estabeleceu entre sintomas e fantasias. Um sintoma remete a inúmeras fantasias, e uma fantasia remete a inúmeros sintomas. A maneira como sintomas se articulam socialmente, sob forma de experiência informe, estranha (*Unheimlich*), silenciosa ou desarticulada, com o mal-estar corresponde ao que Lacan chamou de o *Real do sintoma*. Sintomas são poderosos veículos de identificação, pois são formados, em parte, por identificações negadas, abolidas ou aposentadas. É aqui que o sintoma articula simbolicamente demandas com as mais diferentes modalidades de imaginarização.

Portanto, o primeiro ponto para uma concepção não-toda das patologias do social implica considerar que o campo do patológico ultrapassa o que estritamente se define pelo sintoma e por sua consequente abordagem pelo método clínico. O patológico compreende também a dialética social do reconhecimento das formas de sofrimento, bem como o que não pode ser simbolizado por um determinado modo de existência ou forma de vida, ou seja, o que Freud chamou de mal-estar. Daí que uma verdadeira diagnóstica crítica incida como reconstrução de formas de vida e suas aspirações de reconhecimento e realização, não apenas como adaptação, conformidade ou norma, muito menos como mera nomeação tipológica. Quando falamos em anomia, declínio da função social da imago paterna ou transformações do estatuto social do corpo, remetemo-nos a elementos que articulam sofrimento e mal-estar, como dimensões indutoras de sintomas. Assim como o significante e a metáfora (LACAN, 1998e) são formas de articulação do sintoma na linguagem, o discurso e a narrativa estruturam o sofrimento e o real, entendido aqui como letra e fracasso de nomeação, definindo a lógica repetitiva do mal-estar.

Nossa crítica da razão diagnóstica assume que a fronteira entre mal-estar, sofrimento e sintoma é uma fronteira socialmente definida. Ela pode estabelecer, por exemplo, o que merece tratamento e atenção e o que deve ser objeto de repressão ou exclusão, o que é uma forma digna ou indigna de sofrer, o que é uma narrativa legítima ou ilegítima para um determinado discurso. É como função da razão diagnóstica que uma determinada forma de sofrimento é privilegiada em detrimento de outras: a obesidade em vez da pobreza, por exemplo.

As articulações entre sintomas, formas de sofrimento e modalidade de mal-estar possuem uma história. Novos sintomas são descobertos, inventados ou sancionados. Certas inibições tornam-se normalopáticas. Aquilo que representava um déficit em um tempo pode se tornar funcional e adaptativo em outro, há formas de sofrimento que se tornam expectativas sociais a cumprir, outras que devem se tornar invisíveis e inaudíveis.

Freud afirmava que a tarefa do tratamento psicanalítico é transformar o sofrimento neurótico em miséria ordinária. Distinções como essa mostram como o domínio ético da felicidade ou da infelicidade, da satisfação e da insatisfação, da angústia ou covardia de existir, da dor ou do conforto ultrapassa muito a dimensão puramente clínica do silêncio dos órgãos. A funcionalidade harmônica do retorno a um estado anterior de adaptação, que justificaria a universalidade do ideal regulador de saúde, deriva da filosofia política, do vocabulário moral e da reflexão ética. O que há em comum entre a teoria da formação de sintomas, a teoria social do sofrimento e a ontologia da negatividade, sob a qual se erige a noção de mal-estar (como processo de desfusão das pulsões), é que em todos os casos presume-se que o campo do patológico seja constituído por operações de perda da experiência, no sentido freudiano do traumático e do desamparo, no sentido benjaminiano da *Erfahrung*, ou no sentido lacaniano do Real e da repetição.

Excesso de experiências improdutivas de determinação

Não há nenhum motivo para que a psicanálise, herdeira do debate das luzes, não seja considerada como um capítulo particular dessa metadiagnóstica da modernidade. A alegoria das três feridas narcísicas – Copérnico, Darwin... e a psicanálise – é um exemplo de como a própria história da psicanálise absorveu tal diagnóstico desde o início. A tese do declínio da autoridade paterna (LACAN, 2003b) é um exemplo insistente de como alterações em formas de vida tais como a família patriarcal implicam re-interpretações da perda de experiência, que trazem consigo reformulações de modos de sofrimento, expressos na contradição entre aspirações de reconhecimento e as determinações simbólicas pelas quais estas deveriam se efetuar.

Segundo Lacan (2003b, p. 76), "o sintoma neurótico representa no sujeito um momento de sua experiência em que ele não sabe se reconhecer, uma forma de divisão da personalidade". Divisão que se acentua com o chamado "declínio social da imago paterna". A descrição das formas de recomposição, degradação, soerguimento, enfraquecimento ou exageração da autoridade paterna é tão correlata da produção de sintomas que em uma de suas últimas reformulações teóricas Lacan (2007) chamou as diversas versões do Nome-do-Pai (*père version*) de *sinthoma*. É precisamente nesse lugar de determinação simbólica da lei e com essa função ordenadora (*non-du-pére*) e classificatória (*nom-du-pére*) da falta que o pai aparece como figura "totêmica" nos sintomas dos grandes casos clínicos de Freud. A paralisia de Elisabeth Von R. ou de Anna O. surge quando elas se veem libertas dos cuidados dispensados ao pai (FREUD; BREUER, 1988). A afonia de Dora testemunha que o pai, apesar de impotente, ainda se relaciona sexualmente com a Sra. K. (FREUD, 1988d). A fobia de cavalos do Pequeno Hans é um suplemento à função do pai (FREUD, 1988a). O Homem dos Ratos só pode decidir casar-se e concluir seus estudos se antes quitar a dívida legada por seu pai (FREUD, 1988b). O Homem dos Lobos está possuído pelo olhar que ele mesmo acrescenta à cena do lobo paterno copulando com sua mãe (FREUD, 1988c). Schreber constrói um delírio em torno de sua transformação em mulher e subsequente cópula com Deus-pai para dar origem a uma nova raça de seres humanos (FREUD, 1988e). Ou seja, o sintoma é uma determinação paterna, como significação e satisfação, que recai sobre o mal-estar, nomeando-o e estabelecendo a gramática na qual o sofrimento que ele veicula pode ser reconhecido como demanda suprimida, inarticulada ou informulada.

Nossos heróis psicanalíticos, assim como nossos heróis literários da modernidade, sofrem com o excesso de experiências que suplementam, reencenam, elevam ou denigrem as versões do pai, e consequentemente da lei que este representa. A loucura alucinatória de Dom Quixote, a erotomania de Dom Juan e Bovary, a obsessão de Kant, a paranoia de Kafka, a melancolia de Fausto, a depressão de Baudelaire, a histeria de Hamlet, Montaigne e Hegel, a megalomania de Crusoe são versões comensuráveis com o totemismo psicanalítico e seus temas relativos à perda da experiência: a transgressão, o sacrifício, a conversão, a interdição, a identificação, o luto. A lição legada pela dialética entre senhor e escravo, trazida por Lacan (1998d) para a psicanálise, a partir de uma leitura antropológica da *Fenomenologia do Espírito*, como modelo para uma teoria do reconhecimento, é de que a experiência é ela mesma uma dialética. Dialética cujo circuito ontológico formado pela perda da experiência e seu retorno como experiência de perda é Real.

Não é por outro motivo que Lacan sempre definiu a psicanálise como uma *experiência*. Primeiro tratava-se do tratamento psicanalítico como uma *experiência* dialética (LACAN, 1998g), em seguida da cura como *experiência* de subjetivação do desejo inconsciente (LACAN, 1998c), depois *experiência* de castração, de luto e de travessia de identificações (LACAN, 1988c), e, para terminar, *experiência* de queda do analista como objeto na transferência e na fantasia do analisante (LACAN, [s.d.]). Nesse sentido, o tratamento psicanalítico, como verdadeira e genuína experiência de reconhecimento, coordenada pela função lógica representada pelo totemismo paterno, seria uma aposta na *produção de uma experiência produtiva de determinação*.

O primeiro metadiagnóstico da modernidade interpreta a origem do sofrimento como *excesso de experiências improdutivas de determinação*. Ou seja, na forma de vida que caracteriza a modernidade, e particularmente em seus processos de individualização, há hipertrofia de sistemas, dispositivos, disciplinas e regramentos (FOUCAULT, 2008). Há demasiada racionalização do trabalho (MARX, 1973), da linguagem (BENJAMIN, 1994) e da vida (WEBER, 1963), que redunda em perda do caráter autêntico da experiência (*Erfahrung*) e da práxis, transformando a autoridade em exercício de poder (LACAN, 1998a). Há uma reificação generalizada da consciência (LUKÁCS, 1988) e uma hipertrofia do pensamento da identidade (ADORNO; HORKHEIMER, 1985), que se prolonga em uma colonização do mundo da vida (*Lebenswelt*) pela razão instrumental (HABERMAS, 1990). As estratégias de determinação e de discriminação, próprias ao mundo da técnica (*Gestellt*), acabam gerando vivências (*Erlebnis*) improdutivas (HEIDEGGER, 2002), incapazes de produzir reconhecimento social simbólico (JAMESON, 1992), o que acarreta mais ambivalência, indeterminação, indiscriminação (BAUMAN, 1999) e oscilação perpétua e entrópica entre controle e risco (BECK, 1997). Surge aqui uma noção de liberdade decorrente da submissão à lei, que caracteriza a linhagem paranoide da modernidade, com sua gramática da identidade e da negação, em narrativas do sofrimento como as de Dom Quixote, Hamlet e Don Juan, e, mais tarde, em Henry James (ŽIŽEK, 2008), Franz Kafka (SANTNER, 1997) e Gustave Flaubert (KEHL, 2008).

Déficit de experiências produtivas de indeterminação

Mas há um segundo metadiagnóstico da modernidade, baseado na hipótese do *déficit de experiências produtivas de indeterminação*. Certas experiências de indeterminação, necessárias para que a liberdade se exprima em ato real ou em estrutura de aposta e não apenas no reconhecimento indireto, através da submissão e mediação dos sistemas simbólicos, reunidos ou não em uma unidade teológico-política. Pensemos aqui na noção lacaniana de *objeto a*, como objeto sem especularidade, portanto sem a unidade produzida por uma imagem. Objeto cuja maior expressão subjetiva é a angústia e a perda da forma. Concerne ao *objeto a* uma gama de experiências de não identidade e de perda de unidade, que Lacan descreveu por meio da noção de gozo. Objeto cuja apreensão se dá apenas no interior de séries de repetição, ou então em processo de negação e ainda por subtração (como no estranho-familiar *Unheimlich*), ou deformação (como a anamorfose e o *trompe d'oil*). *Experiências produtivas de indeterminação.* Esse conjunto de experiências produtivas, mas de indeterminação, teria sido a preocupação fundamental da genealogia de Friedrich Nietzsche e da heterologia de Georges Bataille. A indeterminação não deve ser pensada apenas como negação da determinação, ela pode ser referida a uma substância ontológica contingente, como, aliás, aparece em alguns momentos da reflexão hegeliana. Onde a primeira estratégia diagnóstica percebe o déficit, a falta e a ausência de um tipo de experiência determinativa, o segundo diagnóstico localiza a diferença, a não identidade e a perspectiva. Portanto, há anomalias produtivas e improdutivas, assim como há declínios produtivos e improdutivos e ainda incidências produtivas e improdutivas da corporeidade. Invertendo a tese de Honneth, que falava do *sofrimento de indeterminação* como perda da determinação, postulamos um *sofrimento de determinação*, como perda da indeterminação.

As duas metadiagnósticas não são redutíveis nem complementares entre si, porque a *indeterminação* não é só a falta simétrica da *determinação* (HONNETH, 2007). A indeterminação possui estatuto ontológico próprio, mesmo que negativo, e não deve ser concebida apenas como negação, suspensão ou transgressão da lei (*automaton*), mas também como contingência e encontro (*tichê*). É isso que se encontra sistematicamente na noção lacaniana de gozo, ou seja, uma experiência de não identidade, de in-formidade, de estranhamento. Falta, contudo, um modelo antropológico do que seria uma forma de vida baseada nessa outra lógica de reconhecimento. Esse cruzamento entre *experiência* e *perda de experiência*, *determinação* e *indeterminação, falta* ou *excesso* foi proposto e desenvolvido por Vladimir Safatle no quadro de reflexão sobre a modernidade (SAFATLE, 2008) em teoria social crítica (SAFATLE, 2009).

Agrupamos nessa segunda metadiagnóstica a crítica da moral do ressentimento, da institucionalização da experiência e a asfixiante dependência sentida com relação às instâncias de representação (TAYLOR, 1997). Assim como o excesso de experiências de determinação aparece como mal-estar na forma de desconfiança, sentimento de solidão e insegurança social, o déficit de experiências produtivas de indeterminação aparece como mal-estar na forma de inadaptação, sentimento de vazio e valorização da anomia social. Como um dos casos analisados neste livro resumiu brilhantemente: "prefiro bater a não saber para onde ir". Por sua própria natureza, esse diagnóstico aparece de modo menos claro entre os teóricos da sociologia compreensiva, como colonização da esfera pública pela gramática privada do reconhecimento intersubjetivo (SENNETT, 1993) ou como encurtamento da narrativa amorosa (GIDDENS, 1993). Entre os filósofos da diferença, o diagnóstico reaparece como reconhecimento da indeterminação das relações entre crenças e práticas (DELEUZE, 2001) ou como reconhecimento da indeterminação do sentido em sua iteração (DERRIDA, 1973). Nessa linhagem esquizoide da modernidade, com sua gramática da unidade e da diferença, encontram-se inicialmente Crusoe e Fausto, depois Hölderlin (LAPLANCHE, 1991), Baudelaire (JAMESON, 2005), Joyce (LABERGE, 2007).

Estrutura clínica

O conceito de sintoma é o conceito primitivo da clínica e de qualquer racionalidade diagnóstica. As considerações diagnósticas de Lacan afastam-se de uma totalização geral dos quadros clínicos, ao modo de um sistema, mas elas também procuram substituir o historicismo e o desenvolvimentismo pelo método estrutural de abordagem dos sintomas. Porém, a noção de estrutura comporta duas acepções diferentes. Podemos falar de uma acepção interestrutural baseada na diferença e na irredutibilidade entre *neurose, psicose* ou *perversão*, estruturas definidas por um tipo específico de defesa ou de negação (recalque, foraclusão ou renegação). Mas podemos falar também de uma orientação intraestrutural de estrutura quando nos referimos às articulações entre os diferentes sintomas, inibições e angústias em um sujeito, ou, ainda, aos diferentes tipos clínicos que existem no interior de uma estrutura. Essa diferença é o que nos impede de equiparar a totalidade das estruturas e a totalidade de uma estrutura às categorias de um código exaustivo de síndromes ou transtornos. "Que os tipos clínicos decorrem da *estrutura*, eis o que já se pode escrever, embora não sem flutuação. Isso só é certo e transmissível pelo discurso histérico. É nele que se manifesta um real próximo do discurso histérico" (LACAN, 2003a, p. 554).

Por tipo clínico devemos entender as variantes internas de cada estrutura: histeria, neurose obsessiva e fobia para a neurose; esquizofrenia, paranoia e mania-depressão para a psicose; e masoquismo, sadismo e fetichismo para a perversão. Poderíamos falar ainda em subtipos, como a paranoia de autopunição e a paranoia de reinvindicação, no caso da paranoia; ou a neurose de angústia, a neurastenia e a hipocondria, para a neurose histérica, e a neurose obsessiva e a fobia, respectivamente. Isso nos levaria, por progressão estrutural, a falar em oposições entre sintomas: a conversão para a histeria; a ideia obsessiva e a compulsão para a neurose obsessiva; a fobia e as formações de esquiva para a neurose fóbica. Esse desmembramento poderia levar a incluir os tipos de caráter ou personalidade: o fálico narcisista para a histeria, o esquivo para a fobia, o anal para a neurose obsessiva. Teríamos então comunidades ou categorias psicopatológicas análogas às do DSM, mas com a diferença de que entre elas existira uma ordem etiológica diferencial e uma lógica de classificação que não seria nem convencional nem arbitrária. Mas o princípio permaneceria o mesmo: uma psicopatologia da totalidade. Apenas substituímos a totalidade exaustiva, baseada em critérios empíricos, por uma totalidade abstrata, mesmo que baseada em critérios estruturais. Isso nos levaria a pensar em uma espécie de linguagem comum a cada uma das estruturas e a cada um dos subtipos estruturais. Mas esse não parece ser o caso, pois: "Os sujeitos de um tipo, portanto, não tem utilidade para os outros do mesmo tipo. E é concebível que um obsessivo não possa dar o menor *sentido* ao discurso de outro obsessivo" (Lacan, 2001, p. 551).

Ou seja, o sintoma não faz uma comunidade de mútuo reconhecimento. É o sofrimento que gere a identificação necessária para isso. A classe de todas as classes, ou a ordem de todas as ordens, é o tipo de problema que Lacan examina com profundidade nesse momento de sua obra através dos paradoxos lógicos apresentados por matemáticos como Gottlob Frege, Bertrand Russell, Georg Cantor e Kurt Gödel. Mal-estar, sintoma e sofrimento formam uma unidade contingente. Nem todo sintoma faz sofrimento, nem todo sofrimento faz sintoma, nem todo mal-estar se nomeia por meio de um sintoma e se articula a uma narrativa de sofrimento. O fetiche pode ser um transtorno para os que cercam um sujeito na perversão, mas não para ele mesmo. Há inúmeras formas de sofrimento, como o luto, o estranhamento, os estilos de caráter, que não fazem sintoma.

Mas há um segundo nível no qual é preciso introduzir a hipótese de uma psicopatologia não-toda. Nível no qual não se verifica a totalidade formada entre sintomas e estrutura clínica, bem como entre a totalidade dos sintomas de um sujeito e sua estrutura (neurose, psicose ou perversão).

Essa ideia já aparecera na comparação entre histeria e neurose obsessiva, tendo por referência o grafo do desejo. Na histeria, o ponto de apoio falho está na relação entre o objeto e a imagem do objeto, ao passo que na neurose obsessiva o ponto de apoio falho está na relação do sujeito na fantasia (LACAN, 1999). Ora, nesse caso, "a estrutura" refere-se ao grafo como topologia do sujeito. Uso diferente de quando se trata de comparar "a estrutura" no esquema R referente à estrutura da neurose e no esquema I à estrutura da psicose (LACAN, 1998b, p. 559, 578). No fundo, a estrutura clínica é uma dedução dos modos de relação com a função paterna, como indutora dos processos de negação, de simbolização e de organização da realidade e do acesso ao "tipo ideal" de seu sexo: "Um pai só tem com o mestre – o falo do mestre tal como o conhecemos, tal como funciona – a mais longínqua das relações porque, em suma, ao menos na sociedade com que Freud lida, é ele quem trabalha para todo mundo" (LACAN, 1992, p. 94).

Chegamos assim a outro ponto crítico da teoria das estruturas, em seu primeiro desenvolvimento, ou seja, seu *neurótico-centrismo*. Este não decorre de uma apreensão moral da neurose sobre a psicose e de ambas sobre a perversão, mas de uma consequência do método estrutural. Define-se a psicose como "não ocorrência de uma afirmação ou simbolização primordial", ou como "foraclusão do Nome-do-Pai", ou como "irrealização da metáfora paterna". A primeira consequência crítica do neurótico-centrismo é nos levar a uma concepção deficitária das psicoses e das perversões. Ou seja, elas são descritas como uma espécie de déficit de funcionamento ou de experiência deduzida da neurose. Não é por outro motivo que Lacan apresenta pela primeira vez sua fórmula sobre a metáfora paterna no texto que tem por objetivo descrever a estrutura das psicoses. A segunda consequência crítica do neurótico-centrismo é que ele nos impede de ver que, desde Freud, existe uma multiplicidade de esquemas etiológicos, e que a teoria da defesa primária é um deles, mas não o único nem o único que pode ser estrutural. Por exemplo, a hipótese da fixação, a teoria do narcisismo, bem como a teoria da fusão–desfusão das pulsões, são tão estruturalizáveis quanto qualquer outra. Não há por que tomar partido da primazia das estruturas antropológicas, como se elas fossem o protótipo exclusivo da estrutura. O mesmo se poderia dizer das estruturas ontológicas. Um crítico da edipianização da psicanálise como Philippe Van Haute (VAN HAUTE; GEYSKENS, 2010) mostrou que, no caso Dora, Freud trabalha fora do esquema edipiano e que sua diagnóstica centra-se principalmente sobre o corpo e o descentramento entre certos sentimentos (nojo, vergonha, raiva, ciúmes) e suas raízes em experiências de subjetivação do próprio corpo entre o real, o simbólico e o imaginário.

Ora, é nesse ponto que devemos retomar a importância de manter a diferença entre estruturas antropológicas (constituição do sujeito, formação de sintoma, construção da fantasia) e estruturas ontológicas (Real, Simbólico e Imaginário). Lembremos que as estruturas clínicas são compostas heterogeneamente pela relação dialética entre as estruturas, e não deduções de uma teoria universal da constituição do sujeito, que prescreve os tipos desviantes a partir da normalidade neurótica. Ora, é exatamente essa reversão que encontramos nos estudos relativos à clínica borromeana (LACAN, 2007). Ou seja, nela é a psicose, através da hipótese da foraclusão generalizada, que conduz ao modelo mais simples e, portanto, mais universal e elementar de funcionamento da subjetividade.

Isso permitiria ressignificar a flutuação diagnóstica de uma categoria como a paranoia. Há a paranoia como modo de relação imaginário, inerente ao funcionamento do eu como sistema de projeção e identificação ao outro como objeto (LACAN, 1985). Há a paranoia como efeito do discurso do mestre (LACAN, 1992). Há a paranoia como sintoma estrutural da sexuação, manifestação do gozo do Outro (LACAN, 2007). Finalmente, no contexto da clínica borromeana, encontramos a ideia de que não há relação entre paranoia e personalidade, porque elas são a mesma (LACAN, 1992). Em outras palavras, a paranoia pode ser um tipo de funcionamento do eu, o sintoma de uma crise narcísica, um modo de relação com a falta, um tipo de recusa do gozo, um efeito de discurso, um tipo clínico. Tudo leva a crer que em Lacan a consistência da classe psicopatológica prende-se ao contexto específico de sua estruturalização. O sonho de classes consistentes, hierarquizadas em tipos clínicos regulares e estes em sintomas diferenciais mostra-se mais uma psiquiatrização da psicanálise lacaniana, movida pelo desejo de uniformidade didática, do que uma realidade textual diante das diferentes e heterogêneas estruturalizações que encontramos na obra e na experiência.

É por esse caminho dogmático que a teoria das estruturas clínicas se impede de pensar três elementos clínicos importantes: (a) o desencadeamento e a economia histórica dos sintomas e tipos clínicos; (b) o momento histórico de decisão da estrutura; e (c) uma concepção de transferência que realmente particularize a direção do tratamento em acordo com a especificidade do diagnóstico. A recusa sistemática em enfrentar esse conjunto de problemas nos conduz a uma crítica pela qual se imputa à noção de estrutura um inerente *essencialismo fonologista prisioneiro de uma metafísica da presença* (DERRIDA, 1997). Senão vejamos como essa objeção poderia ser contornada mediante o uso de outro aspecto tardio da teoria das estruturas em Lacan, a saber, a teoria dos quatro discursos. Os discursos são metaestruturas, porque versam não apenas sobre a organização mito-neurótica, mas também sobre os ritos ou trocas que constituem o laço social. Nesse caso, é a ideia de gozo e de *objeto a* que condensa a estrutura, conferindo a ela uma heterogeneidade entre saber e prática ausente nos primeiros desenvolvimentos: "De que desvio decorre a *eclosão de uma neurose*? [...] É esse o anaclitismo que enunciei da última vez. É aí que se designa o ponto de entrada pelo qual a estrutura do sujeito constitui um drama. [...] o peso que assume aí o objeto a, não por ele se presentificar nisso, mas por demonstrar, retroativamente que era ele que criava, antes, toda estrutura do sujeito" (LACAN, 2008, p. 312).

Recupera-se aqui a antiga noção freudiana de apoio (anáclise – *Anlehnung*) para designar essa sobreposição, esse "ponto de entrada", esse apoio, para voltar ao termo, entre sujeito e estrutura. É então o *objeto a*, o elemento conceitual no qual se concentrará essa articulação entre experiência negativa e representação impossível, que caracteriza, a partir daqui, a noção de estrutura. Ou seja, Lacan reposiciona a noção de estrutura clínica, tornando-a compatível com a transferência, por um lado, e com a gramática de gozo, por outro: "que é no nível do narcisismo secundário, sob forma característica de captura imaginária, que se apresenta para o neurótico, de maneira totalmente diferente da do perverso, o problema do objeto a. [...] [Existe] em algum lugar, para o neurótico, uma relação não de suplemento, mas de complemento no Um (LACAN, 2008, p. 252-253).

Isso traz uma vantagem adicional, pois localiza melhor qual é o papel do modo prevalente da economia de gozo na determinação da estrutura. Os tipos clínicos não podem ser descritos apenas pelo tipo de organização pulsional prevalente. Isso seria o mesmo que definir a neurose obsessiva pela analidade ou a histeria pela oralidade. Zoofilia, parafilia, voyeurismo, exibicionismo, sadismo ou masoquismo não são suficientes para definir uma perversão como estrutura clínica, nem do ponto de vista metapsicológico (podem ser apenas formas de fixação da libido) nem do ponto de vista clínico (podem exprimir formas de defesa). Elas podem ser meros sintomas ou mesmo tipos clínicos. Como tudo o mais na clínica sob transferência, não são as práticas que definem o diagnóstico, mas a posição subjetiva, o desejo, o discurso e a sexuação que se articulam nessas práticas. Os tipos clínicos também não podem ser descritos pelo tipo de escolha de objeto, pois isso estabelece apenas uma configuração do narcisismo, não uma posição subjetiva diante do desejo ou um tipo de inscrição de gozo.

Logo, o homoerotismo, como prática erótica ou tipo de laço desejante, não pode e não deve ser usado para caracterizar a perversão. Ou seja, desfaz-se assim a grande narrativa clínica que servira de referência à estruturalização da perversão, ou seja, a homossexualidade. A crítica de que as estruturas clínicas servem para *patologizar formas de gozo* (BARBERO, 2005), essencializando o sujeito, o desejo ou as formas de gozo, respectivamente na psicose, na neurose e na perversão, pode ser então relativizada no interior da teoria dos discursos. Nesse caso, o que é típico e diferencial não é a modalidade de gozo definida pelo objeto e meio preferencial da pulsão, mas o tipo estrutural de fracasso da experiência e do reconhecimento da experiência e da experiência de reconhecimento. Governar, educar, fazer desejar, analisar são práticas ou fazeres, caracterizados pela impotência ou pela impossibilidade. Contudo, aqui se poderia lembrar do caráter "assexuado" dos discursos, ou seja, não há o discurso do mestre-mulher e o discurso do mestre-homem, retomando objeções antes examinadas. Portanto, a solução que recorre aos discursos deve entendê-los como fazendo uma "mediação" entre os dois lados da sexuação. Ou seja, um "semblante" da relação sexual e uma forma de "nomeação" do gozo. O custo teórico dessa solução seria a descaracterização da perversão como estrutura.

Mas esse não parece um custo muito alto para transformar a psicopatologia estrutural kantiana em uma psicopatologia *não-toda* (*pas-tout*). Mais uma vez se mostra importante distinguir entre uma *diagnóstica da estrutura* (a relação entre o falo e o universal-necessário da lei simbólica), uma *diagnóstica da fantasia* (a relação de falta do objeto ao sujeito), uma *diagnóstica da sexuação* (a não relação entre uma e outra), acrescentando agora a *diagnóstica dos discursos* (como paradigma do laço social).

O paradigma histérico

As psicanálises não lacanianas debateram a multiplicidade de histerias desde o pós-guerra (RAMOS, 2006). No XXVIII Congresso da International Association of Psychoanalysis (IPA), ocorrido no México, em 1973, dedicado à "histeria hoje", e no encontro de Lisboa na década de 1980 há um esforço para unificar, ou re-unificar, a histeria. A teoria da sedução generalizada de Jean Laplanche, os trabalhos de Green sobre o Édipo, a recuperação da teoria do trauma, feita pelo casal Torock, no escopo da tradição de Sándor Ferenczi, são exemplos colaterais dessa busca de uma "teoria unificada da histeria". Notemos que é o mesmo período no qual a histeria deixa o DSM, como categoria independente, e passa a ser fragmentada em transtornos somatoformes, alimentares, de humor e de impulso.

As duas primeiras leituras de Lacan pensam na histeria como questão estrutural derivada de um tipo de defesa e como um tipo de defesa social padronizada que são os discursos como instâncias de des-sexualização. Se essas estratégias tentam apreender a histeria do ponto de vista da sua estratégia de criação e identidades, no final de sua obra Lacan parece propor uma teoria do fracasso da identidade, que revitalizaria a concepção de histeria, a saber, a teoria da sexuação. A sexuação aborda a histeria de uma maneira completamente distinta, pois não vai deduzi-la de um fracasso identificatório, que faria o crucial deslocamento do pai ao "tornar-se mulher". Se as teses sobre a defesa e sobre a histeria como estrutura clínica são expressões de uma teoria das relações (relações com a falta de objeto), a teoria da sexuação é uma teoria sobre as "não relações", uma maneira de pensar no fracasso das unidades sintéticas operadas pela fantasia para tornar os sexos proporcionais ou compatíveis, ao modo de gêneros como conjuntos fechados. "Bom, aquele que comanda, é isto que tentei produzir para vocês este ano, sob o título *Yad'lun*, não é? O que comanda é o *Um*, o *Um* faz o *Ser*. Pedi-lhes que fossem procurar isso no *Parmênides*. [...] O *Um* faz o Ser como a histérica faz o homem" (LACAN, 2011, p. 132).

Ora é aqui, nesse último Lacan, que a histeria volta a ser redefinida como recusa da feminilidade. Uma feminilidade não mais determinada pela posição diante do falo, por um tipo de desejo, mas uma forma de gozo, um gozo não-todo, um gozo que não faz Um, um gozo louco que Lacan associou com as místicas medievais. Observando de perto a vida dessas mulheres, que ousaram manter uma vida individual e autônoma em uma época de subordinação eclesiástica, percebemos como a loucura histérica, aquela no interior da qual Pierre Janet quis entender o êxtase religioso, é a clara demonstração de como o gozo feminino não cabe no laço social. E se ele for levado a cabo, ele é também o meio pelo qual aprendemos a localizar o fracasso e os limites do laço social, no contexto da individualização moderna.

Lacan diz que a *mulher* é um sintoma para o homem, não que a *histeria* é um sintoma para o homem. Pelo contrário, a histeria é a mulher constrangida ao laço social com o mestre. Inversamente, o homem é uma devastação para a mulher, não uma devastação para a histérica. Pelo contrário, tudo o que uma histérica precisa para se manter como tal, sem devastação, é de um homem, um homem que lhe dê lugar no mundo, um homem pelo qual valha a pena existir e desejar, um homem que é a sutura elementar entre o pai e o mestre.

Ao observarmos a trajetória lacaniana quanto ao tema da histeria, verificamos que ela foi abordada de maneira bastante distinta ao longo do tempo. No quadro do desenvolvimento da histeria como *estrutura clínica*, esta se define pelo desejo histérico como desejo insatisfeito, pela dificuldade de sustentar o lugar de sujeito diante do desejo, pela convergência assintótica entre desejo e demanda, e pela localização da falta no Outro para manter o desejo, no quadro do falicismo histérico dirigido ao Pai Simbólico.

Mas, no segundo momento, quando Lacan passa a privilegiar a *identificação histérica* em vez da estrutura histérica no quadro do desenvolvimento de sua hipótese do traço unário, a histeria, e consequentemente a neurose, passa a ser definida pela identificação da demanda ao desejo do Outro, pela reversão perpétua da demanda em identificação, pela Identificação etiológica com a causa do desejo, apoiando-se na estrutura e sobrepondo a imagem do objeto [i(a)] ao próprio objeto [a].

No terceiro momento, a histeria é redefinida pelo *discurso da histeria* no interior da teoria dos quatro discursos. Aqui é o sujeito dividido como semblante (agente) do discurso que define a histeria como posição discursiva na qual o significante mestre está no lugar do Outro, o saber inconsciente como produto da relação, e a verdade desse discurso remonta ao *objeto a*.

Finalmente, no quadro da teoria da sexuação, a histeria é pensada como rechaço ao gozo feminino, como fracasso de constituição de uma mulher. A histeria está identificada à política do ao-menos-um que escapa à castração (exceção), ao empuxo à verdade e a sua tendência a bancar "todo-homem" como versão do pai.

Ora, essa variação da teoria lacaniana da histeria combina admiravelmente com os desdobramentos do quadro histérico que se configuraram na psiquiatria do pós-guerra. A histeria de defesa, caracterizada pela neurose traumática e pelo recalcamento da sexualidade, com sintomas marcados de conversões por identificação histérica, oralidade e falicismo e pela onipresença da imago paterna de sedução, declina. Em seu lugar surge uma primeira versão depressiva da histeria, marcada pela imaturidade egoica,[5] pela copresença de conversões, obsessões e fobias, pelo desamparo, pela angústia e pelo sentimento de solidão. Em vez do pai onipresente, surge a mãe devastadora e o pai impotente, destituído de sua mestria.

A terceira variância da histeria inclui a neurose de caráter (falicismo), a neurose de destino e as de personalidade "como se". Agora o quadro se define pela idealização do objeto e depreciação do eu, pelo masoquismo e pelas práticas de "dar-se a ver", inveja e formações psicossomáticas. É a histeria que sofre por sua assimilação ao discurso, assim como por sua exclusão do discurso do mestre.

O quarto tipo de histeria teria dado origem ao tipo clínico *borderline*, descendente da antiga loucura histérica, psicose histérica ou síndrome de Briquet. Nesse caso, é a precariedade do laço com o outro, a indeterminação, a esquizoidia e a agressividade que são salientadas. A impulsividade e a somatização testemunham uma espécie de crise permanente diante do Outro. É esse quarto tipo que deu origem, aparentemente, ao conceito de psicose ordinária.[6]

Do tipo clínico ao semblante

O período conhecido como o *retorno a Freud* está marcado por dois movimentos cruzados. No primeiro Lacan mostra como o inconsciente está estruturado como uma linguagem. No segundo ele empreende uma leitura estrutural de casos clínicos e de estruturas clínicas com base em algumas oposições: psicose e neurose, fobia e fetiche, histeria e neurose obsessiva. Portanto, quando verifico modificações substanciais nos conceitos que organizavam a leitura do inconsciente estruturado como linguagem, tais como significante, falo e Nome-do-Pai, traz consequências e contradições com as definições, anteriormente postas, sobre as estruturas clínicas. Essa revisão da teoria do significante começa por uma desidentificação entre o campo da linguagem e o registro simbólico.

"O significante é idêntico ao status do semblante" (Lacan, 2009, p. 15) e o semblante é o que confere ao discurso sua aparência "natural" de unidade. Semblante ambíguo, visto que expresso pela partícula genitiva "de", que pode ser lida em versão objetiva, no sentido do que o discurso fala, sobre o que versam seus

---

[5] "A criança generalizada. Seguidamente pergunto a colegas: o que você entende por adulto, em que reconhece um adulto? Criança generalizada, com efeito, na medida em que sempre ligamos nossa conduta, nosso encaminhamento, nossa regulação à autoridade de um pai. Nessa perspectiva, é verdade, permanecemos numa posição de criança generalizada. O sujeito cuja conduta só se autoriza por ele mesmo, sabemos, é muito raro e mal visto" (MELMAN, 2003, p. 144-145).

[6] "A psicose compensada, a psicose suplementada, a psicose não desencadeada, a psicose medicada, a psicose evoluída, a psicose sinthomatizada [...] Tanto o francamente psicótico como o normal são variações – que dizer – da situação humana, de nossa posição de falantes no ser, da existência do *parletre*" (MILLER, 1999, p. 202).

fatos de enunciado; ou em versão genitiva subjetiva, no sentido de que o discurso fala de quem dele participa, por partilhar sua enunciação. Ou seja, o semblante recupera e amplia a antiga noção de *shifter* ou de dêitico, empregada por Lacan para designar o ponto no enunciado no qual se inscreve a enunciação. Lembremos que a função do *shifter* é associada à função do sujeito (LACAN, 1998h). Partículas pronominais do tipo "eu", "tu", "ele", "aqui", "lá", "agora", mas também "a coisa" (*das Ding*), "o negócio" (*gadget*), "isso" (ça), "acoisa" (*lachose*) são posições que nos convocam a substituir e trocar o sujeito da enunciação pelo sujeito do enunciado. Operação tão mágica quanto passar do oráculo a uma citação. É nessa posição que o sujeito se apresenta, em negação e dividido.

Se o semblante é uma aparência posta como aparência, ele comporta duas declinações importantes: o significante, seja ele o significante mestre ou o significante do saber; e também a letra. Esse "nó formado pelo enunciado, pela repetição e pelo gozo" (LACAN, 1998h, p. 19). Quando Lacan fala em *homem* ou em *mulher* como semblantes, essa afirmação remete a uma concepção de existências sem essências, da acepção de todo que se contradiz com o algum – pelo-menos-um (a famosa leitura da proposição particular como particular máxima (LE GAUFEY, 2007)) e objeto sob o qual não cai nenhum conceito (Frege), simplesmente porque ele vai tratar homem e mulher como dêiticos.

O problema é que nós não temos nenhum *discurso do homem* e nenhum *discurso da mulher*. Ou seja, se os quatro discursos giram em torno da produção de unidades – semblantes, se eles contornam o real (conforme observação precisa de Dominique), eles, por definição, devem *a-sexualizar* a experiência humana, ou ainda, conforme o neologismo lacaniano *homme sexuéle* o laço social, no sentido de pensá-lo como humano, no qual a divisão entre os sexos é fato de particularidade, e não de universalidade.

Ora, isso sugere que o semblante é um conceito forjado para dar unidade, mesmo que aparente, às noções empregadas até então de forma nocional de um significante no simbólico, como o Nome-do-Pai, um significante no real, tal como se verifica na teoria da psicose como retorno no real, e um significante no imaginário, tal como encontramos na teoria da fantasia. A fantasia é um significante aprisionado no imaginário, a alucinação é um significante no real, o sintoma é uma metáfora simbólica. Ocorre que o semblante faz a função da insígnia (LACAN, 1998h, p. 21) paterna ou de semblante arcaico (LACAN, 1998h, p. 32), ou seja, estabilizar ou coagular o campo da realidade como campo da unidade do gozo (por isso o gozo é semblante (LACAN, 1998h, p. 33)).

Ao que parece, é aqui que Marx é convocado como inventor do sintoma. Mas isso não esclarece exatamente qual é o ponto de homologia. É porque o discurso é um dispositivo de alienação, produtor de falsas consciências, agora chamadas de "semblantes"? Ou porque ele é um aparelho para extração da mais-valia, agora renomeada como caso particular da função *a-mais-de-gozar*? Ou será ainda porque o sintoma produz um falso universal, semelhante ao fetiche[7] da mercadoria? Ou será que Marx inventou o sintoma quando descreveu uma classe definida por uma enunciação, ou seja, por uma dêixis, uma classe chamada "proletário", que funciona como verdade, que oculta o antagonismo e a divisão inerente ao sistema? Aparentemente todas essas alternativas são viáveis em uma leitura que pretenda explicar por que Marx inventou o sintoma.

Mas aqui temos dois problemas. Os discursos não são a parte mais histórica do pensamento de Lacan. A diacronia enumerável: mestre, universitário, da histeria e do psicanalista[8] (com o genitivo) é insuficiente para representar o trabalho profundamente histórico, memorável, lembrável, envolvido na acepção freudiana de sintoma e consequentemente de simbolização. A dimensão histórica do sintoma será integrada à teoria dos discursos por associação com os quatro impossíveis, que são impossíveis de fazer, mas não de escrever. Governar, educar, fazer-desejar e analisar derivam de uma teoria social do sintoma, expressa por Freud em *O mal-estar na civilização*. A teoria das estruturas clínicas está para textos como *Psicopatologia da vida cotidiana*, "Dora" ou "Homem dos Ratos" assim como a teoria dos discursos está para *Além do princípio do prazer*. Mas, para tanto, devemos distinguir o sintoma, como metáfora do desejo, do "semblante de sintoma" (Lacan, 1998h, p. 49) que se produz pelo discurso.

O segundo problema é que a noção de semblante deve integrar a inflexão real da linguagem, a saber, a dimensão da escrita e da letra.[9] A distinção, antes flutuante, entre fala e escrita se torna agora crucial, bem como a diferença entre o que pode ser falado, o que pode ser escrito e em seguida o que não pode ser escrito.[10] A teoria lacaniana da linguagem se mostra nesse aspecto contrária à reflexão sobre o ser. Seu problema primitivo não é, como observou Vladimir Safatle (2012), uma expressão do *dasein*,[11] mas uma teoria do *diese*, ou seja, do *disso*, como designação ostensiva do que pode ser falado mas não escrito e do que pode ser escrito mas

---

[7] "[...] o fetiche este não-sei-que que tem que ser reposto em seu lugar por uma reviravolta do pensamento, na medida em que é, muito precisamente, semblante" (LACAN, 1998h, p. 154).

[8] "Esses discursos são instaurados numa certa ordem, a qual, é claro, só se justifica pela história" (LACAN, 1998h, p. 152).

[9] "[...] o inconsciente é estruturado como uma linguagem. Só que é uma linguagem em meio à qual apareceu a escrita" (LACAN, 1998h, p. 83).

[10] "O significante Isso [...] evoca um referente. Só que não pode ser o certo. Esta é a razão que o referente é sempre real, porque é impossível de designar. Mediante o que só resta construí-lo" (LACAN, 1998h, p. 43).

[11] "Acabou-se produzindo o ser-aí, que às vezes acabou-se traduzindo por presença, quer acrescentemos ou não o viva – enfim, em suma, o que para os doutos chama-se Dasein. [...]) a única maneira de ser-aí é colocar-se entre parênteses" (LACAN, 1998h, p. 71).

não falado. Ideia similar parece ter sido desenvolvida por Colette Soler (2012) em seu trabalho de recuperação da categoria do *Isso*, no interior da concepção do inconsciente estruturado como linguagem. Assim como o traço unário constitui a unidade simbólica do significante (unário), assim como a letra é uma unidade composta por traços, o semblante confere unidade ao conjunto heterogêneo de traços, signos e significantes. Nesse sentido, ele é uma categoria aproximável do que Foucault chama de dispositivos, ou seja, reunião de heterogeneidades que se apresentam em aparência como uma unidade ordenada e ordenante.

Se o que expusemos até aqui merece apreciação, podemos apresentar a hipótese de que a noção de semblante, lida na chave das estruturas clínicas, e não apenas na chave do inconsciente estruturado como linguagem, condensa as noções de sintoma (*Simptom*), de mal-estar (*Unbehagen*) e ainda a ideia pouco tematizada em Lacan, mas plenamente desenvolvida em *O mal-estar na civilização*, de sofrimento (*Leiden*). Os tipos clínicos só têm a unidade equivalente à de um semblante. Isso poderia nos abrir caminho para uma análise propriamente histórica das formas de nomeação do mal-estar, suas oscilações como ponto de captura e identificação do sofrimento coletivo, e até mesmo uma tentativa de compreender as transformações nos modos de apresentação do sofrimento psíquico e a hegemonia de certos sintomas ao longo do tempo. Sofrimento, sintoma e mal-estar fazem Um, um semblante. Possibilidade que nos levaria falar em sintomas dentro de um discurso, como por exemplo, o déficit de atenção com hiperatividade (TDAH) ou a dislexia parecem ser sintomas interiores a um determinado discurso mestre-universitário. Poderíamos falar ainda de sintomas na inclusão ou na inscrição (no sentido de letra) em um discurso. Esse seria o caso primeiro da psicose, mas por que não de outras formas de laço social caracterizadas pela precariedade de inclusão discursiva, como o mutismo seletivo ou os transtornos *borderlines*? A estrutura da neurose passa a ser a estrutura de uma ficção, e seu limite está em saber o que acontece quando a ficção fracassa, ainda que os discursos sejam estruturas referidas à verdade, e não ao real.

Do sintoma à sexuação

O segundo problema é relativo à inserção do real na linguagem. "A escrita, a letra está no real, e o significante no simbólico" (LACAN, 1998h, p. 114). Há um precedente imediato para essa oposição, que é a noção de ato. Assim como o ato suprime a letra, suprime o significante, duas incidências do real como negação. Contudo, há um grande inconveniente em reunir a teoria do ato com a teoria dos discursos. O ato é ato sexual, ato falho, ato de fala ou, como vimos anteriormente, características *homme-sexualles* do discurso lidam com a sexuação no nível dos particulares fálicos. A disjunção entre a teoria do ato e a teoria dos quatro discursos é crucial para entendermos como podem conviver em Lacan a tese de que *há Um*

(*Il y a de l'un*), mas não há dois (no sentido do dualismo). O que era antes *o ato* torna-se agora *a relação*, e é exatamente esta que não é um fato de discurso, mas um fato de escrita que condiciona toda topologia (LACAN, 1998h, p. 76). Por isso, a primeira vez que Lacan enuncia a tese que de iria se ocupar nos anos seguintes, ela aparece da seguinte maneira: "não há relação sexual no ser falante" (LACAN, 1998h, p. 60). É importante notar que se trata do *ser falante*, não no *ser escrevente*. Essa é uma tese que é re-enunciada no interior do que se pode chamar de uma *teoria das relações*, ou seja, a teoria dos discursos, como modalidades de laço social. Ou seja, o ato sexual não é uma relação, ele não faz uma relação, no sentido em que os discursos são a matriz relacionalista, um sistema que estabiliza as trocas entre ser e ter (LACAN, 1998h, p. 63). O rito e o mito não são o direito e o avesso da mesma superfície (LACAN, 1998h, p. 63).

Enfim, o que o discurso une a sexuação desune. Uma psicopatologia que se queira não-toda deve renunciar a integrar essas duas maneiras de lidar com as relações entre universais e particulares, entre o conceito e os objetos que lhe caem, entre as formas de relação e as formas de não relação.

Ora a introdução da noção de semblante, como unidade imaginário-simbólico-real de linguagem, possui um correlato importante em termos de teoria do sujeito. Abre-se aqui uma deriva que vai abrir o caminho para o desdobramento de noções como ser-falante, vivente, e para a mais problemática associação provisória com o indivíduo, tal como aparece em *O seminário, livro 20*. Ainda em *O seminário, livro 18* há a infiltração de uma categoria muito interessante, se a pensarmos como modalidade de inclusão no discurso, a saber, o *narrador*.

Assim como há uma flutuação quanto ao que devemos entender por Marx inventor do sintoma, na medida em que falta à teoria dos discursos elementos de historicidade, há um problema correlato em saber qual é o tipo de antropologia que Lacan está pressupondo em sua teoria da sexuação. Não parece um acaso que ao final de *O seminário, livro 18* reapareçam questões que remetem as estruturas clínicas aos discursos e que contornam as teses sobre a sexuação: a histérica em pessoa quer dizer máscara (LACAN, 1998h, p. 158), o pai nunca é senão um referencial (LACAN, 1998h, p. 161), o obsessivo se esquiva de existir (LACAN, 1998h, p. 165). O que não poderei apresentar aqui, além de uma pequena declaração indemonstrada, mas que aponta para o seguimento de minha pesquisa, é que as fórmulas da sexuação questionam diretamente o modelo clínico da metáfora paterna e seu desdobramento nos quatro discursos é seu totemismo. E por totemismo não se trata da oposição ou afirmação da função paterna ou do Nome-do-Pai, mas de um questionamento possível acerca da universalidade do totem-tabu como modelo de inteligibilidade para todas as formas de relação. Ora, ao introduzir uma teoria da *não relação*, ou uma teoria do fracasso da relação, Lacan não está apenas questionando os limites da função simbólica indexada pelo pai, ele está nos fazendo procurar um modelo não identitarista de laço social. Se o semblante é categoria central da teoria dos discursos, pois lhes confere unidade interna e a propriedade de troca recíproca, a sexuação é uma teoria sobre o fracasso do semblante. Uma vez que um todo é enunciado ($\forall$x. Φx), este está fundado na *existência de exceções* ($\exists$x.$\overline{\Phi}$ x), e no entanto *não há exceções* ($\overline{\exists x.\overline{\Phi}}$ x), o *que existe não se coletiviza em nenhuma totalidade* ($\overline{\forall x.\Phi x}$) (LE GAUFEY, 2007). Ou ainda, conforme a formulação de Lacan (2016, p. 260):

$$\exists x.\overline{\Phi}\ (x).$$

O que quer dizer: É preciso que um diga que não ao gozo fálico. Graças ao que, e *apenas graças ao que, existe* todos que *dizem* sim [($\forall$x. Φx]. E coloquei-os diante disto – devo tê-los confundido: *Existem outros entre os quais* não *existe quem diz não* [$\overline{\exists x.\overline{\Phi}}$ x]. Somente que isso tem por curiosa consequência que: *nesses outros*, não existe todo que *diga sim* [$\overline{\forall x.\Phi x}$].

Não temos em Lacan o que seria um modelo narrativo, não totemista e não sacrifical (fálico) de uma não relação. A relação sexual não pode ser escrita. Ocorre que isso deriva de certo entendimento sobre a relação entre linguagem e sociedade, na qual o único universal não natural é justamente a interdição do incesto (por suposto impossível). O que não ocorreu a Lacan, porque ainda nesse momento (assim como ao final de *O seminário, livro 17*), para pensar no mito individual do neurótico, ele recorre a Claude Lévi-Strauss, é a existência de sociedades que, sem excluírem o totemismo, organizam seus laços sociais a partir de outro princípio que não o do totemismo, ou seja, o animismo. Nesses povos, vigora o que o antropólogo brasileiro Eduardo Viveiros de Castro (2002) chamou de "perspectivismo animista", cujo correlato no texto lacaniano talvez sejam suas observações erráticas sobre o inconsciente no Oriente. Nesses povos, a função da dêixis é absolutamente idiossincrática, assim como a função social da nomeação. Sua regra parece ser a indeterminação, e a não a identidade pelo semblante. Sua estrutura de circulação fálica é pensada a partir do *encontro imprevisível na mata*, não pela troca entre mulheres e palavras. A novidade e sagacidade das fórmulas da sexuação é que elas não tomam essa diferença entre animismo e totemismo como uma nova forma de dualismo, mas como uma complexa reformulação da noção de universal, que se nega ao mesmo tempo que se constitui, que existe em sua forma não essencial de ser.

Até aqui não haveria nenhum motivo para não pensar que as diferenças entre a histeria em um homem e a histeria em uma mulher representem variantes clínicas diferentes, dois subconjuntos da mesma estrutura. Assim como a histeria, a neurose obsessiva e a fobia formariam as subclasses do conjunto formado pela estrutura neurótica. Mais ainda, a histeria seria o conjunto consistente que abrigaria, dentro de si, apenas e tão somente sintomas histéricos (conversões, angústias, dissociações etc.). Contudo, é exatamente essa impossibilidade que é demonstrada pela teoria da sexuação (LACAN, 1982). Ou seja, os dois lados não fazem um único conjunto, e um mesmo lado não forma um conjunto consistente, senão que formado por uma divisão.

Se observarmos o chamado andar inferior das fórmulas da sexuação, vemos que elas descrevem uma assimetria entre a fantasia e o gozo (entre *objeto a* e falo). Talvez seja por isso que é nesse mesmo momento da obra que Lacan introduz uma variante menos estrutural, no sentido de universalista da linguagem, que é a noção, sensivelmente mais histórica, de *alíngua*. Mas é preciso lembrar que a tentativa de estruturalizar o nível dos sintomas, por contraste às formas imaginárias da inibição, emoção e efusão, ou por contraste às formas reais da angústia, da passagem ao ato e do embaraço, representa uma sensível anomalia metodológica na obra de Lacan (LACAN, 2005).

Retornando ao contraste entre a teoria das estruturas clínicas, desenvolvida entre 1953 e 1958, e a teoria da sexuação, desenvolvida entre 1969 e 1973, percebemos que a primeira absorve com rigor o lado homem das fórmulas da sexuação, na qual encontramos uma relação de contradição entre o universal da castração e o elemento que lhe faz exceção. No entanto, a lógica da sexuação, como não-totalidade, representa uma crítica ao pensamento da identidade, a razão da inclusão gênero-espécie. Uma diagnóstica que leve em conta a lógica da sexuação nos levará a pensar, em vez de categorias ou classes, multiunidades ou unidades de inclusão problemática ao conjunto:

> Não podemos dizer todas as mulheres [...] porque isso é introduzido nesse mito em nome de que o Pai possui todas as mulheres, o que é, manifestamente, o signo de uma impossibilidade. [...] o que sublinho a propósito da Carta Roubada é que se existe apenas uma mulher, e não A Mulher – em outras palavras, a função da mulher só se desdobra a partir do que o grande matemático Brouwer, no contexto do que lhes expus agora há pouco sobre a discussão matemática, chama de multiunidade (LACAN, 2011, p. 200).

Podemos argumentar que é exatamente essa relação entre o universal e sua exceção que caracteriza a formalização inicial das estruturas, como alternação do objeto entre duas séries. Por exemplo, a diferença entre neurose e psicose remete-se à não inscrição do Nome-do-Pai (LACAN, 1998b). Dois efeitos: a zerificação da função fálica e a irrealização da metáfora paterna. Isso colocaria a psicose como equivalente do lado feminino nas fórmulas da sexuação, em acordo com a hipótese do "empuxo à mulher" presente nesses casos (LACAN, 2003a).

Se a lógica das séries define a estrutura, a retomada dos efeitos da estrutura no nível do sujeito define o tipo clínico. A questão que funda o tipo clínico da histeria – *o que quer uma mulher?* – em contraste com a questão estrutural da neurose obsessiva – *o que é a morte?* (LACAN, 1988b). Mas isso contrasta com a ideia de que os tipos clínicos são variações de uma única estrutura, a estrutura histérica, da qual os outros são ou um dialeto (neurose obsessiva) ou uma forma de transição (fobia) (Lacan, 1999). A histeria seria assim, ao mesmo tempo, uma estrutura e um tipo clínico. A psicose, ao contrário, não seria uma estrutura, mas uma espécie de antiestrutura ou de fracasso e dissolução estrutural.

Um terceiro exemplo diz respeito às diferenças estruturais entre fetiche e fobia (Lacan, 1995). Poder-se-ia inferir, seguindo a lógica inclusiva dos sintomas aos tipos clínicos e dos tipos clínicos à estrutura, que elas versam indiretamente sobre as diferenças entre neurose fóbica e fetichismo perverso. Mas não é em absoluto esse o caso. Há fetichismo na neurose, assim como se verificam verdadeiras fobias na perversão. Ou seja, assim como na teoria da sexuação a divisão é dupla, intrassexo e intersexos, a hierarquia entre estrutura, tipo e sintoma não faz uma classe consistente, mas uma paradoxalidade. O *caráter androcêntrico* das estruturas, constantemente apontado pelos críticos (Brennan, 1997), poderia ser mitigado se pensássemos que elas são descrições de um dos lados da sexuação, e não se as diluímos no universal de "a estrutura".

Outro aspecto interessante da teoria da sexuação que deveria servir para rever, no sentido de parcializar, a teoria das estruturas clínicas é o fato de que a sexuação organiza relações diferenciais no nível da fantasia. Desde o lado masculino a mulher é posta na posição de objeto na fantasia. Desde o lado feminino a mulher está exposta a um duplo gozo: gozo fálico e gozo do Outro. Lembremos que um dos impasses a que Lacan chega no desenvolvimento das teorias das estruturas clínicas diz respeito à natureza específica da diferença entre perversão e neurose (Lacan, 2008). A solução encontrada passa por argumentar que essa diferença não diz respeito à implantação do Nome-do-Pai, mas ao tipo de fantasia e à modalidade de angústia que dela decorre na relação com o outro, exatamente o tipo de raciocínio diagnóstico a que somos convidados a partir da teoria da sexuação.

Esse tipo de solução encontraria uma conhecida objeção crítica de que no fundo se está tentando introduzir "intermediários epistêmicos" entre a experiência e sua formalização, de tal forma que se multiplicam as soluções e as dificuldades, que proliferam um erro de origem, a saber: um dualismo ontológico, entre estrutura da sensibilidade e estrutura do entendimento. A resposta plausível a essa objeção é que seria preciso encontrar o "fio vermelho" das estruturas clínicas, ou seja, o elemento constante que atravessa, reúne e "apoia" as estruturas ontológicas, antropológicas e históricas em Lacan, a saber, a negatividade. Não há dualismo, porque a atitude lacaniana é realista (o real é racional) e monista, o que se expressa no aforismo *há Um* (Lacan, 2011). Mas não se deve confundir esse realismo monista com uma suposta clínica do Real, em oposição a uma clínica do simbólico (presente no primeiro Lacan) e uma clínica do imaginário (supostamente presente nos adversários do lacanismo). A diagnóstica é uma arte da complexidade – toda vez que uma vertente estrutural apresenta-se como unificadora ou soberana em relação a outras, o que temos é uma recusa da experiência.

É preciso desdobrar a diagnóstica das estruturas em uma *diagnóstica dos discursos*, na qual a noção de sofrimento (*Leiden*) possa ser introduzida como patologia do reconhecimento, e uma *diagnóstica da sexuação*, associada às versões do mal-estar, possa ser contemplada como experiência de não existência (o Outro não existe, a relação sexual não existe, a mulher não existe etc.). Isso resolveria dificuldades deixadas, por exemplo, no interior da teoria das psicoses, com relação à perturbação que necessariamente deveríamos encontrar, em todos esses sujeitos, com relação à função fálica. Como se depreende da argumentação de Lacan em sua tese de doutorado, nas paranoias do Supereu, como a paranoia de autopunição e a paranoia de reivindicação, assim como na melancolia, não há perturbação estrutural da função fálica (LACAN, 1987). Nos desenvolvimentos iniciais a diferença sexual era assimilada à diferença significante, e com isso a inscrição subjetiva como homem ou como mulher tornava-se uma conquista secundária, dependente do papel "normalizante" do complexo de Édipo e da assunção do "tipo ideal" de cada sexo. Isso expôs a teoria das estruturas clínicas à crítica de que elas representavam um exagero da teoria do complexo de Édipo, como paradigma psicanalítico em termos de psicopatologia. Ou seja, essa crítica enfatiza o caráter *falocêntrico e familiarista* da estrutura (DELEUZE; GUATTARI, 1976).

Referências

ADORNO, Theodor W. *Mínima moralia: reflexões a partir da vida danificada.* Tradução de Luis Eduardo Bicca. São Paulo: Ática, 1973.

ADORNO, Theodor W. *The Authoritarian Personality.* New York: Harper & Brothers, 1950.

ADORNO, Theodor W.; HORKHEIMER, Max. *Dialética do esclarecimento* [1944]. Rio de Janeiro: Jorge Zahar, 1985.

APA. *Diagnostic and Statistical Manual of mental Dosorders (DSM-V).* Washington, DC: American Psychyatric Association, 2013.

BARBERO, Graciela Haydée. *Homossexualidade e perversão na psicanálise.* São Paulo: Casa do Psicólogo; Fapesp, 2005.

BAUMAN, Zygmunt. *Modernidade e ambivalência.* Rio de Janeiro: Jorge Zahar, 1999.

BECK, Ulrich. A reinvenção da política: rumo a uma teoria da modernização reflexiva. In: *Modernização reflexiva.* São Paulo: Unesp, 1997.

BENJAMIN, Walter. Considerações sobre a obra de Nikolai Leskov [1936]. In: *Magia e técnica, arte e política.* São Paulo: Brasiliense, 1994. (Obras Escolhidas, 1).

BERRIOS, German E. *The History of Mental Symptoms.* Cambridge, UK: Cambridge University Press, 1996.

BREGGIN, Peter R. *Medication Madness*. New York: Saint Martin Press, 2008.

BRENNAN, Teresa (Org.). *Para além do falo: uma crítica a Lacan do ponto de vista da mulher*. Rio de Janeiro: Rosa dos Tempos, 1997.

CANGUILHEM, Georges. Poder e limites da racionalidade em medicina. In: *Estudos de história e filosofia das ciências*. Rio de Janeiro: Forense Universitária, 1978.

CASTRO, Eduardo Viveiros de. *A inconstância da alma selvagem*. São Paulo, Cosac Naify, 2002.

COSER, Orlando. *As metáforas farmacoquímicas com que vivemos*. Rio de Janeiro: Garamond; Faperj, 2010.

DELEUZE, Gilles. *Empirismo e subjetividade* [1953]. São Paulo: Editora 34, 2001.

DELEUZE, Gilles; GUATTARI, Félix. *O anti-Édipo*. Rio de Janeiro: Imago, 1976.

DERRIDA, Jacques. *Gramatologia* [1966]. São Paulo: Perspectiva, 1973.

DERRIDA, Jacques. *Resistências del psicanálise*. Buenos Aires: Letra Viva, 1997.

DUNKER, Christian. *Estrutura e constituição da clínica psicanalítica: uma arqueologia das práticas de cura, psicoterapia e tratamento*. São Paulo: Annablume, 2011.

DURKHEIM, Émile. *O suicídio: estudo de sociologia* [1887]. São Paulo: Martins Fontes, 2000.

EHRENBERG, Alain. *O culto da performance*. Aparecida, SP: Ideias & Letras, 2010.

FIRST, Michael. A Research Agenda for DSM-V: Summary of the DSM-V. *Preplanning White Papers*, Published in May 2002.

FOUCAULT, Michel. *História da sexualidade VI: A vontade de saber*. Rio de Janeiro: Graal, 1985.

FOUCAULT, Michel. *Nascimento da biopolítica* [1978-1979]. São Paulo: Martins Fontes, 2008.

FREUD, Sigmund. La análisis de la fobia de um niño de cinco años [Pequeño Hans] [1909]. In: *Obras completas de Sigmund Freud*. Traducción de José L. Etcheverry. Buenos Aires: Amorrortu, 1988a. v. 10.

FREUD, Sigmund. A proposito de um caso de neurosis obsessiva [El Hombre de las Ratas] [1909]. In: *Obras completas de Sigmund Freud*. Traducción de José L. Etcheverry. Buenos Aires: Amorrortu, 1988b. v. 10.

FREUD, Sigmund. De la historia de uma neurosis infantil [1918]. In: *Obras completas de Sigmund Freud*. Traducción de José L. Etcheverry. Buenos Aires: Amorrortu, 1988c. v. 17.

FREUD, Sigmund. . Fragmentos de la análisis de um cao de histeria [El Caso Dora] [1905]. In: *Obras completas de Sigmund Freud*. Traducción de José L. Etcheverry. Buenos Aires: Amorrortu, 1988d. v. 7.

FREUD, Sigmund. Observaciones psicoanalíticas de um caso de paranoia autobiograficamente descripto (Dementia paranoides) [Caso Schreber] [1911]. In: *Obras completas de Sigmund Freud*. Traducción de José L. Etcheverry. Buenos Aires: Amorrortu, 1988e. v. 12.

FREUD, Sigmund; BREUER, Josef. *Estudos sobre a histeria* [1895]. In: *Obras completas de Sigmund Freud*. Traducción de José L. Etcheverry. Buenos Aires: Amorrortu, 1988. v. 2.

GIDDENS, Anthony. *A transformação da intimidade*. São Paulo: Editora Unesp, 1993.

GROB, Gerald. N. Origins Of DSM-I: A Study In Appearance And Reality. *The American Journal of Psychiatry*, v. 148, n. 4, p. 421-431, Apr. 1991.

HABERMAS, Jürgen. *Pensamento pós-metafísico*. Rio de Janeiro: Tempo Brasileiro, 1990.

HEIDEGGER, Martin. A questão da técnica [1953]. In: *Ensaios e conferências*. Petrópolis: Vozes, 2002.

HONNETH, Axel. *Sofrimento de indeterminação: uma reatualização da filosofia do direito de Hegel*. Tradução de Rúrion Melo. São Paulo: Esfera Pública, 2007.

JACOBY, Russell. *Amnésia social*. Zahar: Rio de Janeiro, 1977.

JAMESON, Fredric. *Modernidade singular*. Rio de Janeiro: Civilização Brasileira, 2005.

JAMESON, Fredric. *O inconsciente político: a narrativa como ato socialmente simbólico*. São Paulo: Ática, 1992.

KEHL, Maria Rita. *Deslocamentos do feminino*. Rio de Janeiro: Imago, 2008.

LABERGE, Jacques (Org.). *Joyce-Lacan, o sinthoma*. Recife: Cia. Editora de Pernambuco, 2007.

LACAN, Jacques. A direção da cura e os princípios de seu poder [1958]. In: *Escritos*. Rio de Janeiro: Jorge Zahar, 1998a.

LACAN, Jacques. *Da psicose paranoica em suas relações com a personalidade* [1932]. Tradução de Aluisio Menezes, Marco Antonio Coutinho Jorge e Potiguara Mendes da Silveira Jr. Rio de Janeiro: Forense Universitária, 1987.

LACAN, Jacques. De uma questão preliminar a todo tratamento possível das psicoses [1958]. In: *Escritos*. Tradução de Vera Ribeiro. Rio de Janeiro: Jorge Zahar, 1998b.

LACAN, Jacques. Função e campo da fala e da linguagem em psicanálise [1956]. In: In: *Escritos*. Rio de Janeiro: Jorge Zahar, 1998c.

LACAN, Jacques. Intervenção sobre a transferência [1951]. In: *Escritos*. Rio de Janeiro: Jorge Zahar, 1998d.

LACAN, Jacques. Instância da letra no inconsciente, ou a razão desde Freud [1957]. In: *Escritos*. Rio de Janeiro: Jorge Zahar, 1998e.

LACAN, J. [1975] Introdução a Edição Alemã dos Escritos. In: *Outros Escritos*. Rio de Janeiro: Jorge Zahar, 2001.

LACAN, Jacques. O aturdito [1973]. In: *Outros escritos*. Rio de Janeiro, 2003a.

LACAN, Jacques. *O mito individual do neurótico* [1953]. Rio de Janeiro: Jorge Zahar, 2010.

LACAN, Jacques. *O seminário, livro 1: Os escritos técnicos de Freud* [1953]. Rio de Janeiro: Jorge Zahar, 1988a.

LACAN, Jacques. *O seminário, livro 2: O eu na teoria e na técnica da psicanálise* [1955-1956]. Rio de Janeiro: Jorge Zahar, 1985.

LACAN, Jacques. *O seminário, livro 3: As psicoses* [1955-1956]. Rio de Janeiro: Jorge Zahar, 1988b.

LACAN, Jacques. *O seminário, livro 4: A relação de objeto* [1956-1957]. Rio de Janeiro: Jorge Zahar, 1995.

LACAN, Jacques. *O seminário, livro 5: As formações do inconsciente* [1957-1958]. Rio de Janeiro: Jorge Zahar, 1999.

LACAN, Jacques. *O seminário, livro 7: A ética da psicanálise* [1960]. Rio de Janeiro: Jorge Zahar, 1998f.

LACAN, Jacques. *O seminário, livro 10: A angústia* [1962-1963]. Rio de Janeiro: Jorge Zahar, 2005.

LACAN, Jacques. *O seminário, livro 11: Os quatro conceitos fundamentais da psicanálise* [1964]. Rio de Janeiro: Jorge Zahar, 1988c.

LACAN, Jacques. *O seminário, livro 15: O ato psicanalítico* [1967-1968]. Separata, [s.d.].

LACAN, Jacques. *O seminário, livro 16: De um Outro ao outro* [1968-1969]. Rio de Janeiro: Jorge Zahar, 2008.

LACAN, Jacques. *O seminário, livro 17: O avesso da psicanálise* [1969-1970]. Rio de Janeiro: Jorge Zahar, 1992.

LACAN, Jacques. *O seminário, livro 18: de um discurso que não fosse semblante* [1971]. Rio de Janeiro: Jorge Zahar, 2009.

LACAN, Jacques. *O seminário, livro 19: ...ou pior* [1971-1972]. Rio de Janeiro: Jorge Zahar, 2011.

LACAN, Jacques. *O seminário, livro 20: ...mais ainda* [1972-1973]. Rio de Janeiro: Jorge Zahar, 1982.

LACAN, Jacques. *O seminário, livro 23: O sinthoma* [1975-1976]. Rio de Janeiro: Jorge Zahar, 2007.

LACAN, Jacques. Os complexos familiares. In: *Outros escritos*. Rio de Janeiro: Jorge Zahar, 2003b.

LACAN, J. [1973-1974]. *Os não-tolos vagueiam*. Salvador: Espaço Moebius, 2016.

LACAN, Jacques. Para além do princípio de realidade [1936]. In: *Escritos*. Rio de Janeiro: Jorge Zahar, 1998g.

LACAN, Jacques. R.S.I. *Ornicar?*, Paris, n. 4, 1975, p. 91-106.

LACAN, Jacques. Sobre a causalidade psíquica. In: *Escritos*. Rio de Janeiro: Jorge Zahar, 1946.

LACAN, Jacques. Subversão do sujeito e dialética do desejo [1960]. In: *Escritos*. Rio de Janeiro: Jorge Zahar, 1998h.

LAPLANCHE, Jean. *Hölderlin e a questão do pai* [1961]. Rio de Janeiro: Jorge Zahar, 1991.

LE GAUFEY, Guy. *El notodo de Lacan*. Buenos Aires: Literales, 2007.

LILIENFELD, Scott O.; LANDFIELD, Kristin. Science and Pseudoscience. *Law Enforcement: A User-Friendly Primer Criminal Justice and Behavior*, vol. 35, Issue 10, p. 1215-1230 October 1, 2008.

LUKÁCS, Georg. *História e consciência de classe* [1923]. Rio de Janeiro: Tempo Brasileiro, 1988.

LYOTARD, Jean-François. Le non et la position d'objet. In: *Discours, figure*. Paris: Klincksiek, 1971.

MARX, Karl. *Manuscritos econômico-filosóficos* [1844]. In: *Marx*. São Paulo: Abril Cultural, 1973. (Os Pensadores).

MAYES, Rick; HORWITZ, Allan V. DSM-III and the Revolution in the Classification of Mental Illness. *Journal of the History of the Behavioral Sciences*, v. 41, n. 3, p. 249-267, 2005.

MELMAN, Charles. *O Homem sem gravidade: gozar a qualquer preço*. Rio de Janeiro: Companhia de Freud, 2003.

MILLER, Jacques-Alain. ALa clínica borromeana – instrucciones de uso. In: *La Psicosis Ordinária*. Paídós: Buenos Aires: 1999.

RAMOS, Gustavo Adolfo. *Histeria e psicanálise depois de Freud*. Campinas: Editora Unicamp, 2006.

SAFATLE, Vladimir. *Cinismo e falência da crítica*. São Paulo: Boitempo, 2008.

SAFATLE, Vladimir. *Grande Hotel Abismo: para a reconstrução da teoria do reconhecimento*. São Paulo: Martins Fontes, 2012.

SAFATLE, Vladimir. *Grande Hotel Abrund*. 2009. Tese (Livre Docência) – Faculdade de Filosofia, Letras e Ciências Humanas, Universidade de São Paulo, São Paulo, 2009.

SANTNER, Eric. *A Alemanha de Schreber: a paranoia à luz de Freud, Kafka, Foucault*. Rio de Janeiro: Jorge Zahar, 1997.

SENNETT, Richard. *O declínio do homem público* [1973]. Rio de Janeiro: Companhia das Letras, 1993.

SOLER, Colette. *La querella de los diagnósticos*. Buenos Aires: Letra Viva, 2009.

SOLER, Colette. *O inconsciente: que é isso?* São Paulo: Annablume, 2012.

TAYLOR, Charles. *As fontes do self*. São Paulo: Loyola, 1997.

VAN HAUTE, Philippe; GEYSKENS, Tomas. Eu não acredito mais na minha neurótica: trauma e disposição após o abandono da teoria da sedução. *A Peste: Revista de Psicanálise e Sociedade e Filosofia*, v. 2, n. 1, 2010.

WATTERS, Ethan. *Crazy Like Us: Globalization of the American Psyche*. New York: Free Press, 2010.

WEBER, Max. A racionalização da educação em treinamento [1946]. In: *Ensaios de sociologia*. Rio de Janeiro: Jorge Zahar, 1963.

WIDIGER, T. A.; TRULL, T. J. Plate tectonics in the classification of personality disorder: shifting to a dimensional model. *Am Psychol*, v. 62, n. 2, p.71-83, Feb-Mar. 2007.

WILSON, Mitchell. DSM-III and the Transformation of American Psychiatry: A History. *The American Journal of Psychiatry*, v. 150, n. 3, p. 399-410, Mar. 1993.

ŽIŽEK, Slavoj. *A visão em paralaxe*. São Paulo: Boitempo, 2008.

ŽIŽEK, Slavoj. Como Marx inventou o sintoma? In: *Um mapa da ideologia*. Rio de Janeiro: Contraponto, 1996.

Este livro foi composto com tipografia Bembo Std e impresso
em papel Off-White 80g/m² na Formato Artes Gráficas.